Scheidungsväter

Gerhard Amendt ist Professor am Institut für Geschlechter- und Generationenforschung an der Universität Bremen und seit 2002 emeritiert. Seit 2000 befragte er in einem Forschungsprojekt mehr als 3.600 Scheidungsväter zu ihren Erfahrungen. Er veröffentlichte zahlreiche Bücher zum Verhältnis der Geschlechter.

Gerhard Amendt

Scheidungsväter

Wie Männer die Trennung von ihren Kindern erleben

Campus Verlag
Frankfurt/New York

Dieses Buch ist die aktualisierte und um die gesellschaftspolitischen Auswirkungen von Scheidungen erweiterte Fassung einer Publikation, die in der Schriftenreihe des Instituts für Geschlechter- und Generationenforschung an der Universität Bremen erschienen ist: Gerhard Amendt, Scheidungsväter, IGG, Band 6, Bremen 2004.

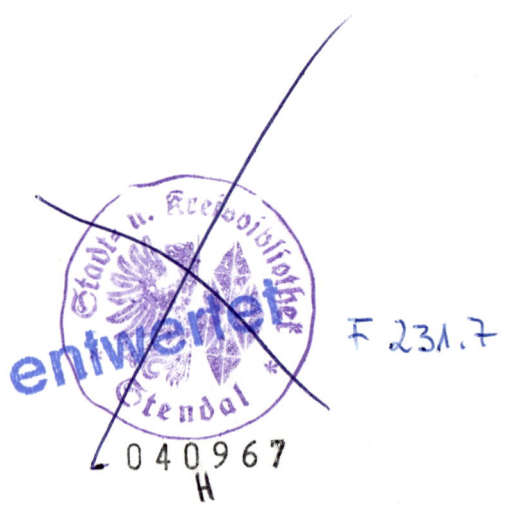
Bibliografische Information der Deutschen Nationalbibliothek
Die Deutsche Nationalbibliothek verzeichnet diese Publikation in der Deutschen Nationalbibliografie; detaillierte bibliografische Daten sind im Internet über http://dnb.d-nb.de abrufbar.
ISBN-13: 978-3-593-38216-6
ISBN-10: 3-593-38216-4

Umschlaggestaltung: Guido Klütsch, Köln
Umschlagfoto: Patrick Pleul © picture-alliance/ZB-Fotoreport
Satz: Campus Verlag
Druck und Bindung: Druckpartner Rübelmann, Hemsbach
Gedruckt auf säurefreiem und chlorfrei gebleichtem Papier.
Printed in Germany

Besuchen Sie uns im Internet: www.campus.de

Inhalt

Vorwort

Über die Erfahrungen von Scheidungsvätern und von Vätern nach einer Trennung wissen wir nur wenig – und das wenige, das wir zu wissen glauben, ist nicht selten von Vorurteilen geprägt. In einer groß angelegten Väterstudie am Institut für Geschlechter- und Generationenforschung der Universität Bremen haben wir uns deshalb zum Ziel gesetzt, was auch in der Wissenschaft bisher verabsäumt wurde: unvoreingenommen anzuhören, was Männer über ihre Probleme als Scheidungsväter zu berichten haben. Was wir herausgefunden haben, wird viele verwundern. Auch uns hat es verwundert. Wir hoffen, dass die Einblicke in die Welt von Scheidungsvätern aber nicht nur Erstaunen auslösen, sondern auch den Willen stärken, mit Scheidungs- bzw. Trennungskonflikten generell offener umzugehen. Der in diesem Buch verwendete Begriff »Scheidungsväter« bezieht also auch Männer ein, die mit der ehemaligen Partnerin ein Kind oder mehrere Kinder haben, mit ihr aber nicht verheiratet waren oder noch sind.

An dieser Stelle sei dem Mäzen für die Finanzierung des mehrjährigen Projektes gedankt. Sein Wunsch nach mehr Aufmerksamkeit für Scheidungsväter wie Scheidungskinder hat diese Studie überhaupt erst möglich gemacht. Nicht weniger sei den über 3.600 Männern gedankt, die durch ihre mündlichen und schriftlichen Auskünfte die Studie unterstützten. Wenn sie sich und ihre Kinder in den Interviews nicht wiedererkennen oder vergeblich nach ihrer Exfrau Ausschau halten, so war unser Versuch erfolgreich, ihre Identität wirksam zu schützen. Alle Namen sowie Alters-, Berufs- und Ortsangaben wurden von uns geändert, Ähnlichkeiten mit lebenden Personen sind deshalb zufällig. In ihrer Individualität, ihren Erfolgen und Niederlagen, ihren leidvollen und beglückenden Erfahrungen sind jedoch alle, die hier zu Wort kommen, dieselben geblieben.

Dank und Anerkennung gebührt dem Projektteam am Institut für Geschlechter- und Generationenforschung der Universität Bremen: Annette Rossalidis-Adamek für die Leitung der textanalytischen Interviewbearbeitung und Susanne Borchers-Tempel für die statistische Auswertung. Dank auch den Psychoanalytikern Dr. Michael Diercks in Wien und Dr. Michael Szonn in Bremen, die die Supervision unseres Arbeitsprozesses übernommen haben. Ganz besonderer Dank gilt meiner Frau, Dr. Nancy Amendt-Lyon, die neben den alltäglichen Erörterungen zu Aspekten dieses Buches mich im Hinblick auf die schwierigen Gedanken im Abschlusskapitel darauf verwies, dass nicht die Erkenntnis der Wahrheit als solche zählt, sondern allein die Art, wie sie vermittelt wird. Denn wozu taugt Erkenntnis, wenn sie so dargestellt wird, dass sie abschreckt statt aufzuklären?

Einleitung

Warum Männer über ihre Geheimnisse sprechen

Über 3.600 Scheidungsväter waren erstaunlicherweise bereit, über belastende und nicht selten schwer verletzende Erfahrungen bereitwillig Auskunft zu geben. Erklärt wird das gern damit, dass sich Männer während der vergangenen dreißig Jahre verändert hätten und deshalb offener über Gefühle sprechen könnten. Doch obwohl Männer sich tatsächlich verändert haben, ist die Erklärung nicht überzeugend. Sie weist eher auf die Verkennung der männlichen Psyche und auf Mythen über sie hin, die an die Stelle einfühlsamer Wahrnehmungen und Deutungen von Männlichkeit getreten sind. Männer waren vielmehr, das ist die Gegenthese, schon immer bereit, über ihre Gefühle zu sprechen, eben auf männliche Weise, nur war die Öffentlichkeit nicht gewillt, ihnen zuzuhören. Niemand äußert sich aber gern über schmerzliche Erfahrungen, wenn er auf taube Ohren stößt. Vor allem wird er nicht über Erlebnisse sprechen, die das Selbstwertgefühl kränken und seine Leistungsfähigkeit infrage stellen. Wer macht sich schon gerne zusätzlich verletzbar?

Wer sich auf das männliche Selbstwertgefühl verlässt und obendrein sein eigenes Leben auf die männliche Leistungskraft baut, wie das für Frauen im klassischen Geschlechterarrangement noch immer typisch ist, wird nicht hören wollen, was sie in ihrem Glauben verunsichern könnte. Anlehnungsbedürftigen Frauen entzieht das die psychischen und sozialen Gewissheiten, auf die sie nicht verzichten wollen. Die »Schwäche der Männer« ist ein Nachteil für die, die auf »starke Männer« angewiesen sind und auf sie bauen. Männer reden so lange nicht über ihre Schwächen, wie sie Gefahr laufen, unter Enttäuschten Verachtung zu provozieren. Wer über Schwierigkeiten sprechen will, wird das nur tun, wenn er sicher sein kann, dass seine Schwäche akzeptiert und sein schwankendes Selbstbewusstsein nicht mit Häme verfolgt wird.

Viele Frauen haben im ausgehenden letzten Jahrhundert, ermutigt von der Frauenbewegung, damit begonnen, offen über ihre Gefühle, Leidenschaften, unerfüllten Wünsche und sexuellen Phantasien zu sprechen und sogar ihre Neigung zu Handgreiflichkeiten gegenüber Kind und Partner an Nachfragende preiszugeben. Solche Bekenntnisse geschahen freilich nicht nur aus persönlichem Mut, sondern sie wurden von einer Öffentlichkeit auch dazu ermutigt, die auf einmal bereit war ihnen zuzuhören, ohne sie zu beschämen, sie zu verhöhnen oder sich irritiert von ihnen abzuwenden. Das traf auf die Familie, die Gemeinde, die Parteien, den Betrieb, die Wissenschaft und die Medien zu. Was Frauen früher schamhaft verschwiegen hatten, war auf einmal hörenswert und diskussionswürdig. Nicht zuletzt ist daraus auch die neue Frauenliteratur hervorgegangen.

Im Gefolge der 68er-Bewegung hat die moderne Frauenbewegung Frauen als historische Subjekte entworfen, denen sie große Fähigkeiten für die Gestaltung des eigenen wie des gesellschaftlichen Lebens wie selbstverständlich zutraute. Vom prekären politischen Genuss, ein weibliches Opfer zu sein, das von Tätern und Bösewichten überall umstellt ist, wollte sie anfangs rein gar nichts wissen.[1] Aber ein starker Trend im später sich anschließenden Feminismus hat Frauen dagegen zu Opfern dunkler Mächte stilisiert, was niemand so recht voraussehen konnte. Gewollt oder nicht, das Reden von Frauen über Privates wurde in die ungefragte Mitgliedschaft in den weltumspannenden Kreis der Frauen als universelle Opfer verwandelt. So wurde weniger dem Mut und der Aktivität von Frauen Lob gezollt, als die Bereitschaft anerkannt, sich mit der zugewiesenen Opferrolle zu identifizieren.

Ein vergleichbares Schicksal ist Scheidungsvätern nicht zu wünschen, und die meisten von ihnen werden trotz diskriminierender Erfahrungen im Scheidungsverlauf nicht dazu neigen, sich selber als Opfer zu stilisieren oder sich ungefragt von anderen dafür ausgeben zu lassen. Das weist auf die gattungsgeschichtliche Rolle der Männer hin, deren zupackende Aktivität zuvörderst außerhalb der Familie von Bedeutung war. Krieg, Gewalt und die ewige Geschichte von verlustreichen Versuchen, die Natur auf den Meeren, in den Bergwerken, den Fabrikhallen oder in der Luft zu beherrschen, hat der Identifikation der Männer mit dem Selbstbild, ein Opfer zu sein, weitgehend jeden verführerischen Reiz geraubt, denn die Bedrohung war so real wie der Tod. Sie waren teilweise die wirklichen, zumeist aber nur die vermeintlichen Akteure der Geschichte – vor allem außerhalb des Hauses und der Familie. Aber es gibt auch Männer, die der Passivität, die dem Opfer zugestanden wird, etwas Reizvolles abgewinnen können.[2]

In unserer Studie wollten wir deshalb die der Öffentlichkeit unbekannten Gefühle in Erfahrung bringen, die für Männer mit der Scheidung, der Besuchsregelung, mit den eigenen wie den Handgreiflichkeiten der Partnerin, mit psychischen wie körperlichen Erkrankungen und mit Unterhaltsstreitigkeiten verbunden waren. Das sind die Dimensionen scheidungsväterlicher Erfahrung, die in Gesellschaft und Politik fast gänzlich auf Desinteresse gestoßen sind, weil bestimmte Klischees von Männlichkeit den Blick auf die Realität von Männern verstellen. Wir wollten beim Namen nennen, was allgemein tabuisiert wird, und richteten unser Augenmerk auf das, was hinter der erzwungenen wie zugleich freiwilligen Heldenfassade in Männern ebenso anzutreffen ist: Schwäche, Selbstzweifel, Enttäuschung, Unsicherheit und auch der Wunsch, ebenfalls passiv sein zu können, ohne sich deshalb der Frau unterwerfen zu müssen. Wer Schambesetztes im Leben von Männern anerkennt, ohne mit Verachtung zu reagieren oder mit Ordnungsrufen, sich nicht zimperlich zu geben und seinen Mann wie gewohnt zu stehen, der trifft auf Gesprächsbereitschaft und verschüttete Gefühle. Mithilfe detaillierter Fragebögen, die eine Vielzahl von Zuordnungsmöglichkeiten und frei verfassten Kommentierungen boten, gelang es uns über einen Zeitraum von anderthalb Jahren, große Teile dieser Skala von verschütteten Erfahrungen aufzuzeichnen.

Die wissenschaftliche Beschäftigung mit alltäglichen Erfahrungen von Männern ist nicht nur ungewöhnlich, sie stößt auf Skepsis und mitunter schroffen Widerspruch. Wer deshalb über Scheidungsväter forscht, stößt eher auf Mythen über sie denn auf unvoreingenommene Identifikation mit deren innerer Wirklichkeit. Für eine Gruppe von Männern trifft das jedoch immer seltener zu. Es sind geschiedene Väter, die sich immer heftiger gegen die Vereinnahmung durch Geschlechterklischees zur Wehr setzen. Darüber hinaus beschreibt es eine Tendenz vor allem unter jungen Männern. Mit unseren Forschungsergebnissen wollen wir diesen Wandel vorantreiben und Erfahrungsberichte bereitstellen, die die Mythen über Männer mit deren Realität konfrontieren. Wir sind nicht nur zuversichtlich, sondern wir sehen es tagtäglich, dass Scheidungsväter anders wahrgenommen werden, als das vor wenigen Jahren noch üblich war. Und wer Scheidungsväter anders wahrnimmt, der muss auch Scheidungskinder anders sehen. Denn die einfühlsame Sicht auf Scheidungsväter lebt davon, dass das kindliche Bedürfnis, den Vater nicht zu verlieren, zuvor anerkannt wurde. Selbstverständlich ist diese Anerkennung aber noch lange nicht.

Eine groß angelegte Befragung nur von Männern zu ihren Scheidungserfahrungen muss freilich mit einem mächtigen Einwand rechnen. Er richtet sich gegen die Zuverlässigkeit der Befragung und lautet: »Das sagen aber nur die Männer! Was sagen die Frauen eigentlich dazu?« Dieser Einwand, der ernst genommen zu werden verdient, setzt gewissermaßen voraus, dass keine Forschung über Scheidungsväter wahr sein kann, solange Frauen nicht nach ihren Erfahrungen ebenfalls befragt worden sind. Möglicherweise schwingt sogar die Vorstellung mit, dass Männer sich rausreden und lügen, wenn sie befragt werden, womit wiederum Klischees beschworen werden. Nichtsdestotrotz bleibt der Einwand berechtigt, denn es lag in unserer Absicht, nur Männer zu befragen. Aber ist das ein gewichtiger Einwand gegen unsere Forschung? Wir begründen unsere Fokussierung auf Scheidungsväter eben keineswegs damit, dass jahrzehntelang über sie nicht geforscht wurde, weil männliche Lebenswelten jenseits des Arbeitsprozesses niemanden so recht interessierten, und dass jetzt gewissermaßen die nachholende Gerechtigkeit einsetzen müsse. Wir erheben auch nicht den Anspruch, dass unsere Forschung von Einseitigkeit gezeichnet sein dürfe, weil das vor dem Hintergrund geschehenen Unrechts einfach hinzunehmen sei. Das hätte nichts mit Wissenschaft, sondern mit Selbsttäuschung zu tun.

Der Einwand gegen das Projekt der Männerforschung scheint von prinzipieller Art zu sein, denn er unterstellt, dass Scheidungsväter keine wahren Erfahrungen machen können, weil ihre Wahrheit erst »stimmt«, wenn die Ehefrauen oder Partnerinnen ebenfalls angehört wurden. Sie müssen gewissermaßen als Bürgen gegenzeichnen, damit männliche Aussagen an Glaubwürdigkeit gewinnen. Ohne Zweifel ist es sinnvoll, ja geradezu wünschenswert, beide Geschiedene anzuhören, denn erst beider Einsicht zum Scheidungsablauf kann das Bild der Geschehnisse vervollständigen. Sowohl in Deutschland als auch in den USA wurde sehr zum Nachteil der Relevanz von Scheidungsforschung bislang diese Perspektive fast gänzlich außer Acht gelassen.

Wenn man wie wir auf diese Vorgehensweise verzichtet, heißt das nicht, dass man an der Wahrheit vorbeischlittert. Wäre es so, dann wären bereits aus diesem Grund die zahlreichen Forschungen über geschiedene Frauen und Mütter wie über Gewalterfahrungen von Frauen in der Partnerschaft aus den vergangenen Jahrzehnten allesamt an der Realität vorbeigeschlittert. Denn damals wurden die Männer nicht angehört. Es sei denn, man unterstellte, dass Frauen in Beziehungsfragen wahrheitsgemäß für beide aussagen können, nicht jedoch Männer. Es bleibt also bei der einfachen, erkenntnistheoretisch jedoch bedeutsamen Frage: Können Männer die Wahrheit gesagt haben, als sie nach ihren Erfahrungen befragt wurden? Die simple Antwort ist: ja. Und sie gilt auch für Frauen. Etwas anderes hingegen ist es, wenn persönliche Aussagen von politischen Bewegungen oder der Wissenschaft zu generellen Aussagen verarbeitet werden. Hier werden dann persönliche Aussagen in den Dienst von Ideologien gestellt.

Hinter dem genannten Einwand gegen unser Projekt steckt, wenn wir politische Motive fürs erste außer Acht lassen, die sehr komplizierte Frage, was Wirklichkeit denn eigentlich ist und wie sie zustande kommt. Diese wichtige Frage möchte ich ganz einfach beantworten: Was ein Mensch für wahr hält, das ist seine Realität. Und seiner Realität entsprechend wird er sich fühlen und handeln, sei es gut oder schlecht, befreit oder unterdrückt, glücklich oder unglücklich. Wenn jemand sagt, er sei unglücklich, dann lügt er nicht. Er bringt zum Ausdruck, wie er sich fühlt. Er handelt diesem Zustand gemäß, wenn er alles Erdenkliche tut, um sein Unglück hinter sich zu lassen. Sagt jemand, dass er glücklich sei, dann wird er danach trachten, diesen Zustand so lange wie möglich beizubehalten. Das sei an zwei polarisierenden Beispielen dargestellt. Ein Ehemann, der seine Frau für einen Engel hält, wird sie als Engel behandeln und voller Glückseligkeit betrachten. Eine Ehefrau, die ihren Mann für einen Teufel hält, wird ihn als Teufel fürchten und ihn voller Schrecken wahrscheinlich meiden. Es sei denn, sie ist eine Masochistin und bleibt bei ihm.

Doch die Wirklichkeit, dass ein Mann seine Frau für einen Engel hält und eine Frau ihren Mann für einen Teufel, ist grundsätzlich durch neue Erfahrungen und überzeugende Einwände veränderbar. Wenn der

Ehemann seinem Freund die eigene Frau als Engel beschreibt, so wird er höchstwahrscheinlich von ihm darüber belehrt werden, dass es keine Engel gibt, seine Frau demnach keiner sein kann, und dass seine Gefühle etwas Übertriebenes haben, was mit der bekanntermaßen blind machenden Liebe zu tun haben könnte.

Beschreibt andererseits eine Frau ihrer Freundin den eigenen Mann als Teufel, so wird die Freundin sie darüber belehren, dass es keine Teufel gibt, der Mann also keiner sein kann, und dass ihre Gefühle etwas Übertriebenes haben, was möglicherweise damit zu tun hat, dass enttäuschte Liebe bekanntermaßen blind für die Vorzüge einer Person machen kann.

Beide werden vermutlich, wenn sie lange genug mit klugen Freunden oder mit einem Psychotherapeuten darüber geredet haben, einsehen, dass sie ihre Sichtweise aufgeben müssen, weil sie der kritischen Prüfung nicht standhält. Sie werden buchstäblich dazulernen. Vorstellbar ist aber auch, dass sie in ihrem Urteil verharren und die anderen sich von diesen hoffnungslosen Fällen, die von Blindheit für die Wirklichkeit geschlagen sind, kopfschüttelnd abwenden.

Nicht selten sind aber auch die Zuhörer dieser Sichtweise verhaftet und betreiben nur zu gern selbst die Polarisierung in Schuld und Unschuld, Gut und Böse. Es ist leichter erträglich, die eigene Anschauung durch die Erzählungen anderer bestätigt zu wissen, als sich durch Zweifel irritieren zu lassen.

Wenn ein geschiedener Vater seinen Schmerz darüber beschreibt, dass er seine Kinder nicht mehr so oft sehen kann, wie er das möchte, so stellt das seine Wirklichkeit dar, an der er leidet und die ihm sein Leben vergällt. Eine ganz andere Frage ist, ob seine Exfrau ihm das glaubt oder ihn einen Lügner und Heuchler nennt. Sie mag das auf ihre Weise sehen und damit zum Klischee über Scheidungsväter beitragen. An *seiner* Wahrheit und Wirklichkeit ändert das jedoch nichts. Solche Wahrnehmungsunterschiede sind im Übrigen typisch für Geschiedene. Sie sind Ausdruck der Sprachzerstörung, die zwischen ihnen herrscht.

Denkbar ist auch, dass die geschiedene Partnerin die Trauer ihres Exmannes über die Trennung wahrnimmt und seinen Schmerz nachvollziehen kann. Beide stimmen dann in der Einschätzung der Gefühle des anderen überein. Sie haben die Gemeinsamkeiten wie das einfühlende Verstehen des anderen aus der guten Zeit nicht abgewertet und dem Vergessen nicht anheim gestellt. Das wird häufiger vorkommen als in den in diesem Buch geschilderten Geschichten. Denn wer seine Scheidung halbwegs zufriedenstellend bewältigt, hat geringeren Anlass, zu einer Studie wie dieser beizutragen, als jemand, der damit eine bedrückende Zeit von kurzer oder langer Dauer in seinem Leben verbindet – zumal das Glück nicht der Bestätigung durch die Forschung bedarf, das Unglück jedoch der Hilfe durch sie. Und zum anderen glauben wir, aus den Konflikten anderer mehr lernen zu können als aus den Bedingungen, unter denen sie glücklich sind.

Wir haben Väter nach einer Scheidung befragt, weil wir ihre Wahrheit kennen lernen wollten und weil sich anders die Beziehung zu ihren Kindern, die nach der Trennung der Eltern schweren Belastungen ausgesetzt sind, nicht verstehen lässt. Wir haben ihre Wahrheit gesucht, ohne ihren ehemaligen Partnerinnen – sei das Paar verheiratet gewesen oder nicht – deshalb Unrecht tun zu wollen. Das ist möglich, wenn aus der Wahrheit der Männer nicht umstandslos auf ihre Expartnerinnen geschlossen und ihnen nicht reflexartig die Schuld am Elend ihrer Männer zugewiesen wird. Und so wenig wie für das Elend der Männer die Ursachen allein bei den Frauen zu finden sind, so wenig sind diese allein verantwortlich für gesittet verlaufende Trennungen. Glück und Elend kennen beide als Handelnde, auch wenn die Sicht der beiden darauf weit auseinander klaffen kann.

Wir haben den Scheidungsvätern in kritischer Solidarität gegenübergestanden und sind ihrer Wahrheit mit großem Respekt, mit Sorgfalt und Einfühlsamkeit begegnet. Erst das hat uns befähigt zu fragen, wie sie aufgrund ihres Schmerzes, ihres Zorns, erfahrener Ungerechtigkeit und ihrer Empörung zu einer Wahrheit gelangten, die mitunter einseitig, verzerrt oder sogar lähmend für sie selbst war oder schlicht den Nagel auf den Kopf zu treffen schien. Um Forschung individuell und gesellschaftlich »hilfreich« – eben konfliktlösend – zu betreiben, wollten wir herausfinden, wie Wut, Schmerz, Ungerechtigkeit und obendrein soziale Diskriminierung dazu beitragen, dass die Vater-Kind-Beziehung auf ein Minimum beschränkt, schwer beschädigt oder gar abgebrochen oder trotz aller Widrigkeiten kämpferisch am Leben erhalten wird. Denn die subjektive Realität der Scheidungsväter wirkt sich langfristig auf die Beziehung zu ihren Kindern aus. Die Fähigkeit, seine Wahrnehmungen zu korrigieren, macht es wahrscheinlicher, dass die Beziehung des Vaters zu seinen Kindern unter extrem schweren Bedingungen überleben kann.

Väterlichkeit nach der Trennung

Väterlichkeit lässt sich nicht nur daran messen, wie oft ein Vater mit seinen Kindern auf den Spielplatz geht, mit ihnen Fußball spielt, wie oft er den Säugling wickelt oder die Windeln entsorgt. Diese Vorstellung ist gegen die lebendige Beziehung von Vater und Kind gerichtet. Väterlichkeit ist in der Vorstellungswelt von Männern etwas sehr viel Komplexeres als gemeinhin angenommen wird. Dieses komplexe Verhältnis wird mit der Scheidung erschüttert, und Väterlichkeit muss neu definiert werden. Egal wie die neue Vaterrolle aussieht, in keinem Fall lässt Väterlichkeit sich in der Weise fortsetzen wie in den glücklicheren Zeiten des Paares. Das gilt nicht weniger für die Mütterlichkeit. Auch sie ist keine Fortsetzung der Mütterlichkeit aus glücklichen Zeiten des Paares. Auch sie muss neu bestimmt werden. Dass Vater und Mutter sich haben scheiden lassen, hat ihrer Elterlichkeit ein definitives Ende bereitet. Dass die Kinder in den meisten Fällen weiterhin bei der Mutter leben, heißt deshalb gerade nicht, dass alles beim Alten bliebe. Wie das neue Arrangement von Vater und Mutter nach der Zerstörung der Elterlichkeit aussehen soll, führt unter vielen Geschiedenen zu heftigen und nicht selten von Handgreiflichkeiten begleiteten Auseinandersetzungen. Beide wollten sie die Trennung, aber kurz darauf streiten sie, wer mehr darunter zu leiden hat und wer wem Leid zugefügt hat. Der gesellschaftliche Diskurs fördert geradezu mit Leidenschaft, Frauen einen bevorzugten Platz als alleinige Leidtragende nach der Trennung zuzuweisen. Scheidungsväter stehen hingegen eher im Verdacht, sich die Rosinen herauszupicken und die Scheidungsmutter mit allen sich einstellenden sozialen und psychischen Problemen als »Alleinerziehende allein zu lassen«. Die Rede ist vom Suggardaddy, Freizeitvater oder Event-Vater.

Die väterliche Sicht ist eine andere. Für nicht wenige wird zum Problem verfehlter sozialer Gerechtigkeit, dass zwischen ihren Verpflichtungen zur Unterhaltszahlung und dem geringen Ausmaß, in dem sie weiterhin ihre Väterlichkeit leben dürfen, ein krasses Missverhältnis besteht, das sie nicht tolerieren wollen.[3] Aber jenseits des Missverhältnisses besteht für nicht wenige das grundsätzliche Problem darin, dass sie auf einmal wie bewährungspflichtige Bittsteller nur noch einen von der Expartnerin kontrollierten Zugang zu den Kindern erhalten – nach vielen Jahren gemeinsamen Zusammenlebens, Ferien, Ausflügen und zahlloser geteilter alltäglicher Routinen wie familiärer Höhen und Tiefen.

Die aktive Vaterschaft, die allerdings nicht alle Scheidungsväter praktizieren wollen, kann sowohl für die Exfrau als auch die Kinder eine Entlastung nach dem Auszug des Vaters sein. Werden Väter darin eingeschränkt und erleben sie das als Ungerechtigkeit, so wirkt sich das auf ihr Zahlungsgebaren aus. Im schlimmsten Fall kommt es so weit, dass sie die Beziehung zu ihren Kindern abbrechen. Anhand der Interviews können wir die Gefühlslage, die Kränkungen, den Zorn, den Trotz und die Verwirrungen nachzeichnen, die Scheidungsväter dazu bringen, die Beziehung zu ihren Kindern abzubrechen. Zumeist tun sie es mit dem Gefühl, missachtet und finanziell »ausgenommen« worden zu sein. Es sind ausnahmslos komplexe Abläufe. Kein Fall entspricht dem Mythos vom Scheidungsvater, der die Beziehung aus einer plötzlichen Laune heraus abbricht. Jeder Abbruch hat eine lange Vorgeschichte. Die längste, auf die wir gestoßen sind, währte 15 Jahre und fand ihr Ende, als die Tochter 19 Jahre alt war.

Wo aber Konflikte zutage treten, bietet sich zugleich die Chance, durch Gespräche und fremde Unterstützung den Lauf der Scheidung zum Besseren zu wenden und zumindest das Wohl des Kindes nicht aus den Augen zu verlieren. Das Interesse der Kinder steht und fällt mit der Bereitschaft von Vater und Mutter, sich im verminten nachpartnerschaftlichen Gelände zu verständigen. Zur Kooperation zwingt sie seit 1998[4] auch der Gesetzgeber, der mit dem neuen Kindschaftsrecht die gemeinsame elterliche Sorge für die einst verehelichten Eltern, nicht jedoch die lebenspartnerschaftlich verbundenen, die ledigen, vorsieht. Obwohl ein Gesetz und seine Anwendung zweierlei sind, so folgt eins daraus gewiss: Eltern müssen kooperieren. Wenn sie es nicht können, dann müssen sie es lernen. Und wenn es ihnen schwer fällt, dann müssen sie sich Hilfe holen. Denn die Bedürfnisse der Kinder dulden keine Abstriche. So will es das neue Kindschaftsrecht. Die zerrüttete Paarbeziehung ist das Schicksal der Erwachsenen. Sie ist von den Kindern deshalb fernzuhalten. Aber das deutsche Kindschaftsrecht ist im europäischen Rahmen fast schon eine seltene Sumpfblüte, da es unverheiratete Eltern ausschließt: Geschiedene Eheleute müssen gemeinsam für ihre Kinder nach der Scheidung Sorge tragen. Waren die Eltern jedoch nicht verheiratet, dann muss der Vater nur zahlen, hat aber sonst so gut wie keine Rechte. Das Recht nimmt ihm seine Kinder und stattet die ledige Mutter mit allmächtiger Willkür aus.

Aufbau des Buches

Das erste Kapitel geht ausgewählten Mythen nach, die in der Öffentlichkeit über Scheidungsväter vorherrschen, die aber deren Lebenswelt nur höchst ungenau abbilden. Vor dem Hintergrund des neuen Familienrechts von 1998, das Kindern erstmals das Recht auf beide Eltern verbürgt und sowohl Mutter als auch Vater zur Sorge verpflichtet, wird die Brisanz gezeigt, die sich aus dem Zusammenprall von tradierten und neuen Vorstellungen von Elterlichkeit ergeben: für die Geschiedenen selbst, aber auch für Richter oder Sozialpädagoginnen, die bei vielen Scheidungen ein Wort mitzureden haben. Es werden die gesellschaftlichen Auswirkungen beschrieben, die sich daraus ergeben, dass immer mehr Kinder auf die Erfahrung zuverlässiger Elterlichkeit verzichten müssen und so in ihren eigenen Entwürfen von Ehe, Partner- und Elternschaft nicht auf bewährte Vorbilder, sondern immer öfter auf beispielhaft Unzuverlässiges zurückgreifen müssen. Letztlich ist es ein ungelöstes gesellschaftliches Problem, dass die Freiheit der Eltern von ihren Kindern fordert, die Freiheit der Kindheit aufzugeben.

Im zweiten Kapitel wird in fünfzehn Fallbeispielen die Situation von Scheidungsvätern mit ihren vielfältigen Schwierigkeiten geschildert, wie sie die Betroffenen erleben und wie sie noch viele Jahre danach ihr Leben beherrschen. Es werden die Institutionen und Personen benannt, die den Rahmen abgeben, in dem solche Erfahrungen gemacht werden: Gerichte, Jugendämter, Gutachter, Arbeitsplatz, Arbeitsamt, Ärzte, Freunde und Verwandte, Nachbarn, die eigenen Eltern, Presse, Familien- und Psychotherapeuten. Männer berichten, wie sie um die Beziehung zu ihren Kindern kämpften, wie sie resignierten oder wie es ihnen gelang, auf raffinierte Weise ihre Interessen durchzusetzen. Jeder Bericht stellt eine typische Situation dar und steht stellvertretend für eine Zahl weiterer Scheidungsväter mit ganz ähnlichen Erfahrungen.

Das dritte Kapitel zeigt, auf welch unterschiedliche Weise Scheidungsväter den Umgang mit ihren Kindern gestalten. Oftmals haben sie Schwierigkeiten, die meist knapp bemessene Zeit gemeinsam zu verbringen. Betroffene schildern, welche Probleme es dabei zu bewältigen gilt und wie sehr es von den zerrütteten Familienverhältnissen abhängt, ob sie das schaffen oder nicht. So mancher nimmt die Hilfe der eigenen Eltern in Anspruch, andere suchen Vätervereine auf, um gemeinsam mit anderen Vätern Lösungen zu suchen. Weiterhin wird dargestellt, welche Formen von Väterlichkeit nach der Scheidung noch möglich sind. Vielfach werden Männer plötzlich in eine Vaterrolle gedrängt, die ihren eigenen Vorstellungen von einer guten Vater-Kind-Beziehung zuwiderläuft. So mancher, der seinem Kind weiterhin ein »Alltagsvater« sein wollte, findet sich in der Rolle des »Eventdaddys« wieder.

Im vierten Kapitel gehe ich der Frage nach, aus welchen Gründen Scheidungsväter den Kontakt zu ihren Kindern abbrechen. Zumeist gehen dem Abbruch schwierige Entscheidungen voraus, für die die Betroffenen unterschiedliche Erklärungen haben und für die sie weitgehend die Verantwortung übernehmen. Der Abbruch des Kontakts bedeutet für die Kinder ein schwerwiegendes Lebensereignis: Sie verlieren ihren Vater. Weil diese Weichenstellung zumeist im ersten Jahr nach der Scheidung erfolgt, ist es so bedeutsam, die Vorgänge und die Dynamik zu erkennen, die dorthin führen. So ist es künftig vielleicht möglich, manchen Kindern den Verlust des Vaters zu ersparen.[5]

Im fünften Kapitel wird anhand von Interviews und ausgewählten Statistiken gezeigt, wie Männer die Trennung als eine besonders schwere Lebenskrise durchleben und welche Erfahrung sie dabei insbesondere mit Handgreiflichkeiten machen. Darunter werden hier gewalttätig erlebte körperliche und psychische Episoden gefasst, die von den Männern selbst, von beiden Partnern oder in überwältigender Mehrheit auch von den Frauen ausgelöst werden. Handgreifliche Episoden und ihre Folgen werden erstmals als ein komplexes Geschehen dokumentiert, das nicht unvermittelt oder aufgrund »patriarchaler Dominanz« hereinbricht, sondern einer gut beschreibbaren partnerschaftlichen Krisendynamik entspringt.

Im Schlusskapitel wird der grundsätzlichen Frage nachgegangen, welche sozialpsychologische Bedeutung der Scheidung zukommt. Gefragt wird nach deren destruktiven Auswirkungen, die sich trotz der vor allem von Eltern unternommenen Kompensationsversuche als vergeblich herausstellen, weil es eine solche Wiedergutmachung nicht geben kann. Es wird erstmals der Versuch unternommen, die Scheidung aus der Sicht des kindlichen Erlebens zu beschreiben: wie Kinder auf die Trennung der Eltern als Paar reagieren und welche Erlebnisse von elterlicher Destruktivität damit einhergehen, wenn diese ihre Elterlichkeit aufgeben.

1. Scheidung einmal gesellschaftspolitisch betrachtet

Die Interessen der Kinder

Wenn Eltern sich trennen, dann tun sie das, weil sie sich einer als unerträglich erlebten Beziehung entziehen wollen, aber in Erwartung einer besseren Partnerschaft in der Zukunft. Die Hoffnungen der Kinder auf eine gute Zukunft schrumpfen hingegen merklich. Der Preis, den sie entrichten, kann nicht höher sein: sie verlieren die Elterlichkeit, jene Elterlichkeit, die Vater und Mutter als Paar eint und die Kinder deshalb sagen lässt: das sind meine Eltern. Aber kaum jemand fragt die Kinder bislang, ob sie damit einverstanden sind oder ob sie sich den elterlichen Plänen entgegenstellen oder ihnen die Scheidung am liebsten untersagen würden. Wer wollte seine Trennung schon an kindlichen Einwänden scheitern lassen!

Für Kinder gibt es bei Scheidungen nun einmal nichts zu gewinnen. So stehen den guten Hoffnungen der Eltern die kindlichen Entsagungen einer verdunkelten Zukunft gegenüber. Aber darüber spricht niemand gerne, weil es Einblick in so viel Unausgesprochenes enthält. Die einen nicht, weil sie selber als Kinder die Scheidung der Eltern erlebten und daran nur ungern erinnert werden wollen; die anderen, weil sie sich haben scheiden lassen und sich seitdem mit peinigenden Schuldgefühlen herumschlagen; und andere wiederum, weil sie die Scheidung anderer miterlebt und als höchst befremdlich, wenn nicht sogar als erschütternd erlebt haben. Und weil alle irgendwie ahnen, dass Kinder den Preis für die elterliche Freiheit entrichten, verleugnen sie das Unheilvolle und ziehen es vor, skandalisierten Scheidungen von Filmstars und Adeligen aus der Ferne zu folgen und überlassen anderen das Nachdenken darüber. Kein Kind möchte aber, dass seine Eltern sich scheiden lassen, gleichgültig ob sie verheiratet oder ledig sind. So ist es auch eine gewaltige Realitätsverkennung, wenn Scheidungen für Kinder als Zugewinn eines neuen Elternteils, neuer Geschwister, einer neuen Wohnung oder einer neuen Stadt ausgegeben werden – wie in der Rede von der »Bonusfamilie« analog zu kostenlosen Warenzugaben im Supermarkt – und nicht die Zerrissenheit gesehen wird, die damit über sie hereinbricht. Und selbst wenn Kinder die Scheidung einmal wünschen sollten, weil sie des Streitens, der Handgreiflichkeiten und der Depressionen der Eltern überdrüssig sind, handeln sie bereits unter dem verinnerlichten Zwang, einen von beiden Eltern von Schuld und Scham befreien zu sollen, die sich wegen der auflösenden Elterlichkeit eingestellt haben. Oder sie meinen einen von beiden für schuldig halten zu müssen, damit der andere sich schuldlos fühlen kann. Die Freiheiten der Kindheit, nämlich von den Eltern beschützt, versorgt und von deren Konflikten frei gehalten zu werden, sind dann bereits den Eltern geopfert worden.[6] Eine Rollenverkehrung setzt dann ein. Die Kinder sorgen, so gut sie es können, für das Wohlbefinden ihrer Eltern. Und sie tun das mit Geschick, wie man es ihnen gar nicht ohne weiteres zutraut. Bei vielen führt das zur psychischen Frühreife und zum Verlust der Unbefangenheit, die in unserer Kultur ansonsten als selbstverständlicher Schonraum für eine zum Glück befähigende Entwicklung und für die Hervorbringung des späteren Wunsches nach einer partnerschaftlichen Bindung und dann auch eigener Kinder angesehen wird.[7] Scheidungskindern wird dieser Schonraum weggenommen.

Jede Scheidung ist deshalb mit einem Dilemma nicht nur für die Eltern, sondern auch für die Gesellschaft behaftet, einerlei ob sie es sich bewusst machen oder ob sie es lieber im Halbdunkel ihres Alltagswissens bewahren: *Die Freiheit der Eltern fordert von den Kindern, Freiheiten der Kindheit aufzugeben.* Bislang sind nur wenige bereit, dieses Dilemma auch gesellschaftspolitisch zu erörtern. Es wird lieber beschwiegen als zur Erörterung freigegeben. Stattdessen gilt eher die frohbotschaftliche Illusion, dass vielerlei Kompensationen alles zum Besten der Kinder wenden könne. Und wer von Kompensation unkt, denkt in erster Linie an die Mütter. Interessanterweise richten sich die Illusionen einer weitgehend folgenlosen Scheidung auf sie, die damit schier uneinlösbaren Erwartungen ausgesetzt werden. Vielleicht wird diesem Dilemma nur zu oft reflexartig deshalb ausgewichen, weil befürchtet wird, dass eine sol-

che Auseinandersetzung allein auf die Verschärfung des Scheidungs-
rechtes hinauslaufen könnte. Nur böte das keine sinnvolle Lösung!
Die familienrechtliche Gesetzgebung von 1998 hat die gemeinsame
elterliche Sorge für geschiedene Ehepaare eingeführt. Die Vorteile dieser Reform sind unübersehbar.[8] Seitdem haben Kinder ein Anrecht auf
beide Eltern, weil das wissenschaftlich verbürgte Wissen, dass Kinder
beide Eltern brauchen, auch von den politischen Parteien übernommen
wurde. Beide Eltern gelten grundsätzlich als elterntauglich, und wer dem
anderen Elternteil diese Bedeutung abspricht, was vorzugsweise Männer
bislang traf, stellt seine eigene Tauglichkeit infrage. Die Abwertung des
Väterlichen steht damit als Waffe im Scheidungsverfahren nicht mehr
wie früher zur Verfügung.

Allerdings taugt ein Gesetz nicht dazu, Zerstrittene, wenn sie nach
Vergeltung und Rache für reale oder eingebildete Schmach dürsten, nur
einigermaßen von beidem abzuhalten. Tatsache ist aber, dass das gemeinsame Sorgerecht 1998 den traditionsreichen Kriegsschauplatz geschlossen hat, auf dem viele Eltern sich so gebärdeten, als müsse einer
um jeden Preis schuldig und strafwürdig und der andere um jeden Preis
unschuldig und mitleidwürdig den Kampfplatz verlassen. Ganz so, als
wäre seit 1977 im Scheidungsrecht das Schuldprinzip nicht durch das
Zerrüttungsprinzip ersetzt worden, weil die Gesellschaft darauf verzichten wollte, von außen in das komplexe Geflecht von streitenden
Eheleuten mit richterlichem Verdikten einzugreifen und zerfallende
Partnerschaften in einen guten und einen bösen Teil aufzuspalten. Zumindest in dieser Form lassen sich Gerichte für traditionelle Rachefeld-
züge nicht mehr instrumentalisieren. Aber damit sind die Wunden aus
Kränkungen und Enttäuschungen nicht geheilt. Die voneinander enttäuschten Partner schaffen sich neue Kampfzonen. Eine, die die Scheidungsmütter bevorzugen, ist die Hintertreibung von Besuchsrechten,
über die Väter ihre unmittelbare Beziehung zu ihren Kindern am Leben
zu erhalten versuchen. Besuchsrechte sind die Nabelschnur, die Väter
mit ihren Kindern nach der Scheidung verbindet. Der breite Fluss be-
deutungsvoller Alltäglichkeiten trocknet hingegen weitgehend aus. Die
Nabelschnur zu unterbrechen, trifft Väter schmerzhaft, und gar nicht so
selten gelingt es der Expartnerin, sie von der Welt der Kinder abzutren-
nen. Eine der bevorzugten Kampfzonen von Männern ist demgegen-
über die Zahlungsverweigerung. Vielfach ist sie die verzweifelte Antwort

auf mannigfaltig boykottierte Besuchsvereinbarungen, aber eben doch nicht nur; sie ist auch eine eigenständige Quelle von Revanche für Enttäuschungen und für das Gefühl, ausgenutzt worden zu sein. Trotz der Kampfzonenverschiebung sind die Reformen im Familienrecht von 1998 ein Gewinn für jeden Scheidungsvater, besonders aber für die Kinder und deshalb für die Gesellschaft insgesamt. Denn inmitten steigender Scheidungsraten wird Kindern vermittelt, dass kein Elternteil mehr Rechte auf ihre Zuwendung hat als der andere. Und dass die Hinwendung zum Vater kein Verrat an der Mutter ist. Denn Vater und Mutter werden eine gleichwertige Bedeutung für die Entwicklung ihrer Kinder zur Glücks-, Lebens- und Konfliktfähigkeit zugesprochen und zugleich unterschiedliche Bedeutungen, die sich daraus ergeben, dass der Vater ein Mann und die Mutter eine Frau ist. Für viele ist dieses Prinzip nach der Scheidung so selbstverständlich, wie es das schon zur Zeit der vermeintlich ewig währenden Liebe war. Wenn Eltern sich allerdings nicht einigen und bei Gerichten nach Schuldzuweisung ansuchen, dann zeigt sich, dass Männer wie Frauen im Richteramt ebenfalls noch von traditionellen Vater- und Mutterbildern in ihren Urteilen bestimmt werden. Der Glaube, dass *Mutter die Beste sei*, schlägt in nicht wenigen Urteilen durch. Dieses folkloristische Diktum hat offenbar einen verbrieften Bestand in den mythologischen Selbstmissverständnissen der Geschlechter. So vermögen viele Richter wie Richterinnen sich einfach nicht vorzustellen, dass Mütter auch nachtragende, bösartige, neidische und rachsüchtige Seiten neben ihren guten, liebevollen und bewahrenden haben und dass sie über ihren Expartner herfallen und die Folgen ihres Wütens für die Kinder – geschweige denn für den ehemaligen Partner – nicht bedenken. Dabei sticht die Idealisierung der alleinerziehenden Mutter ins Auge, die wie Witwen nach dem Zweiten Weltkrieg mit Mitgefühl überschüttet werden; allerdings ohne dass es sich um kriegsbedingtes Witwentum, sondern im Gegenteil um hoch individualisierte autonome Lebensentscheidungen handelt. Die richterlichen Urteile basieren oft auf dem Mythos von Mütterlichkeit, der besagt: »Wenn es der Mutter gut geht, geht es dem Kind auch gut. Also geben wir der Mutter das, was sie braucht, damit die Kinder sich wohlfühlen können.«

Den richterlichen Verkennungen der Wirklichkeit stehen solche unter Wissenschaftlern gegenüber, die den Kindern ebenfalls nicht gerecht werden. So werden Kinder aus Scheidungen traditionell wegen ihrer wenig wünschenswerten, eben störenden und ungepassten Verhaltensweisen wahrgenommen, über die niemand im Kindergarten, der Schule, der Familie, dem Freundeskreis oder im Sportklub begeistert ist.[9] Diese Verhaltensweisen werden vermessen, gewichtet und zu Entwicklungsprognosen verdichtet. Dabei geht es um die Frage: Weichen Scheidungskinder von Nicht-Scheidungskindern ab, ja oder nein, und wie weit weichen sie von der Normalität ab? Dabei wird feinsinnig unterstellt, dass es ihnen besser ginge, wenn die Eltern darauf verzichtet hätten, sich scheiden zu lassen. Damit wird indirekt unterstellt, dass die rechtliche Erschwerung der Scheidung Kindern helfen könnte. Oder es wird unterstellt, Kinder würden sich weigern, sich der Nachscheidungssituation anzupassen und stattdessen Widerstand auf kindliche Weise leisten. Das kommt dem Vorwurf kindlicher Aufsässigkeit und selbst verschuldetem Leid schon recht nahe. Dabei ist unübersehbar, dass Eltern sich damit von Schuldgefühlen und Politiker sich von Verantwortung entlasten wollen.

Aber anstatt Scheidungen rechtlich zu erschweren, sollten ihre Auswirkungen auf Kinder vielmehr einer ethischen Beurteilung in der Öffentlichkeit unterworfen werden. Dies sollte aus der einfühlsamen Identifikation mit dem Schicksal von Kindern sich entwickeln. Eine solche ethische Betrachtung würde erstmals die im ausgehenden 20. Jahrhundert zumeist recht umstandslos etablierten Freiheitsrechte in einem Prozess nachholender Reflektion einbeziehen. Zur öffentlichen Angelegenheit würde die Frage werden, wie Kinder die Scheidung erleben, wie sie ihre Erfahrungen beschreiben und ihre zerstörten Wünsche wiedergeben und welche Schlussfolgerungen eine Gesellschaft und jeder Einzelne daraus ziehen will; wie Kinder ihre Erfahrungen beschreiben und wie sie ihre zerstörten Wünsche selber erleben.[10] Was bedeutet für Kinder das Ende der gemeinsamen Elterlichkeit? Antworten würden den Blick darauf freigeben, wie Individualisierungsrechte und -ansprüche von Eltern Kindern Leid zufügen und wie diese das wahrnehmen.

Ein grundsätzlicher Mangel der meisten Scheidungsforschung ist, dass Scheidungs- und Trennungskinder nicht als Wünschende, als Kritisierende, als Beschwerdeführende und erst recht nicht als Träger schwer erträglicher kindlicher Gefühle zugelassen werden; zum Beispiel als Hassende, die ihren Eltern die Trennung nicht vergeben wollen und sie ihnen lebenslang nachtragen.[11] Dass diese Perspektive zu kurz kommt, ist kein Zufall. Sie entspricht der weit verbreiteten Vermutung, Eltern würden durchaus das Richtige tun. Dass Kinder auf Glück und Unbeschwertheit verzichten müssen, wird als Problem deshalb gar nicht erst zugelassen, weil das viele Forscher und Forscherinnen selber betreffen würde.

Solange in einer Gesellschaft über Scheidungen weiterhin nur oberflächlich auf der Ebene von unversöhnten Spannungen von Freiheitsrechten der Erwachsenen und selten nur vom Leid der Kinder geredet wird, solange wird es Geschiedenen und Getrennten schwer fallen, eine verantwortungsethische Haltung zu ihrer Entscheidung und damit gegenüber ihren Kindern einzunehmen.

Wer allerdings aus dem Widerstreit moralischer Orientierungen wie freiheitsrechtlich begründeter Selbstbestimmung und andererseits der Liebe zu seinen Kindern keinen Ausweg findet oder gar nicht erst sucht, der wird nicht nur in Widersprüchen befangen, sondern in Schuldgefühlen verheddert bleiben. Und genau das scheint das Schicksal vieler Geschiedener zu sein. In Schuldgefühlen befangen zu sein, ist aber weder Ausdruck von Tugendhaftigkeit noch von moralischer Gesinnung, geschweige denn ein Zeichen von Verantwortung für das, was man getan, unterlassen, geduldet oder verhindert hat. Mit unbewussten Schuldgefühlen sich zu quälen, die von ihren Ursachen entkoppelt sind, nämlich den Kindern die Elterlichkeit genommen zu haben, hilft niemandem weiter, auch nicht den Kindern. Denn die Einsicht in die Ursachen der Schuld, eben das Wissen, was Kinder verletzt und sie zur Sprachlosigkeit darüber verdammt, bleibt dabei im Dunkeln. In der Scheidung ist das die Ahnung: eine glücklose Beziehung rechtlich zwar auflösen zu können, zugleich den Kindern damit aber Feindseliges zuzumuten. So gesellen sich dem Genuss der Freiheiten bedrückende Gefühle von diffuser Schuld hinzu. Aber auch in der weiteren Gesellschaft könnte es solche Schuldgefühle geben, weil die Kinder die eigentlichen Verlierer sind und weil Politik und Gesellschaft das nur halbherzig zur Kenntnis nehmen.

Paradoxerweise lassen sich Schuldgefühle immer dort vermuten, wo objektive Schuld und Versagen nicht akzeptiert werden, sondern mit aufwändigen psychischen Rationalisierungen, eben »Ausreden«, verschleiert werden. Andere sollen sich vielmehr die Rationalisierungen zu eigen machen, damit sie die Sinnfälligkeit von Scheidungen bestätigen mögen. Dass einerseits elterliche Schuld und andererseits Zumutung für Kinder voneinander getrennt werden, lässt sich nachvollziehen. Denn wenn die eigene Glückssuche damit belastet wird, dass der Preis der Freiheit von den Kindern zu entrichten ist, die einem besonders nahe stehen und die man vor Schäden beschützen möchte, dann fällt es niemandem leicht, damit zu leben. Dieses Buch will zu dieser Bewusstwerdung und ethischen Verantwortung beitragen.

Die hohe Scheidungsrate als gesellschaftspolitisches Risiko

Die Gründe, die einer ethischen Auseinandersetzung über kindliche Scheidungserfahrungen entgegenstehen, sind vielfältig. Die meisten sind im Arrangement der Geschlechter verankert, eben der Art, wie Männer und Frauen ihre Beziehung innerhalb einer Gesellschaft zueinander gestalten. So scheint es gesellschaftspolitisch kaum jemanden zu stören, dass das Arrangement der Geschlechter ein Verständnis über Männer und somit deren väterliche Beziehung zu ihren Kindern zulässt, das stark von Mythen beherrscht wird. Dagegen zeigen wir in diesem Buch, wie geschiedene Männer sich gegen den Mythos vom desinteressierten Nachscheidungsvater stemmen, indem sie teilweise erfolgreich und teilweise vergeblich für eine lebensfähige Väterlichkeit[12] nach der Scheidung mutig und ideenreich, aber ebenso hilf- und phantasielos kämpfen. Manche treten zu diesem Kampf von Anfang aber auch gar nicht erst an. Wie immer Väter die Beziehungen zu ihren Kindern erleben, in der Öffentlichkeit will das niemand so genau wissen. Allerdings beginnen die Massenmedien damit, vorsichtig über sie zu berichten, immer fürchtend, sie könnten für die Infragestellung des Mythos von dessen willfährigen Anhängern abgestraft werden. Das würde nämlich die Mythen über Männer erschüttern und die Berichte über Scheidungen in den Medien mit wechselseitigen Aspekten des Geschehens verkomplizieren.[13] Der alltagsweltliche Zentralmythos würde erschüttert, demzufolge alle Scheidungsväter das Interesse an ihren Kinder verlieren, dass sie sich neuen Partnerinnen zuwenden, vorzugsweise viel jüngeren, dass sie ihre Kinder vergessen, keinen Unterhalt zahlen und dass sie ihre Exfrau »die Suppe auslöffeln« lassen und dergestalt den Typ der *neuen Witwe* hervorbringen, für den die steuerfinanzierten Sozialkassen herhalten müssen. Diese Mythen beginnen zu bröckeln.

Politische Debatten mit Väterorganisationen und öffentliche Debatten haben uns darin bestärkt, die Malaise der Scheidungen jedoch nicht nur auf die individuelle Erlebnisperspektive zu verengen. So sehr Psychotherapie, Beratung und Organisationen wie der *Väteraufbruch für Kinder* (VafK)[14] hilfreich bei der Bewältigung von Scheidungsproblemen sind, so sehr muss die Scheidung doch als ein zeitgenössisches Gesellschaftsproblem von weitgehend unentdeckter Brisanz eingestuft werden. So registrierte die amtliche Statistik im Jahr 2003 einen weiteren Anstieg der Zahl der jährlichen Ehescheidungen in Deutschland. Mit 213.980 geschiedenen Ehen (plus 4,8 Prozent gegenüber 2002) wurde ein neuer Höchststand erreicht. Gegenüber dem Vorjahr ist die Zahl der minderjährigen Kinder, die von der Scheidung ihrer Eltern betroffen waren, im Jahr 2003 weiter um 10.160 auf 170.260 Kinder angewachsen. Der Anteil der geschiedenen Ehen mit minderjährigen Kindern lag bundesweit – bezogen auf alle Scheidungsfälle – bei 50,4 Prozent (2002: 49,9 Prozent).[15] Wer vom »demographischen Schwinden der Deutschen«[16] spricht, kommt um die Bedeutung der Scheidung als einem Grund für den verkümmernden Wunsch nach Kindern nicht herum. Zwar ist jede Scheidung ein Einzelfall. Sie ist aber zugleich Teil eines konfliktträchtigen Massenphänomens.[17] Immerhin wird jede zweite Ehe im städtischen Milieu geschieden und die Hälfte davon mit Kindern. Dazu kommt die nur schwer bezifferbare jedoch ständig steigende Zahl lediger Partnerschaften. Die Trennung der Eltern wirkt sich auf die familiäre wie die gesellschaftliche Sozialisation der Kinder aus und gefährdet die Familie in ihrer einzigartigen Funktion, nicht nur Kinder in die Erwachsenheit zu führen, sondern ebenso die Generationenfolge und das Verwandtschaftssystem zu erhalten. Dazu zählt ganz besonders die Fähigkeit, außerhalb des Verwandtschaftssystems Beziehungen einzugehen, um Kinder zu zeugen und aufzuziehen. Dass das immer prekärer wird, zeigt die Allgegenwart von ›Partnerschaftsbörsen‹, die den modernen Typus der arrangierten Ehe verkörpern. Darüber hinaus bringt eine im Wesentlichen funktionierende Familie die Fähigkeit zur Beziehungsbindung hervor und trägt damit zur Zivilisierung des allgemeinen gesellschaftlichen Lebens grundlegend bei.

Die Scheidung ist eben nicht nur ein statistisches Ereignis, sondern ein Vorgang, der weit über die Familienauflösung hinaus alle anderen gesellschaftlichen Teilsysteme tangiert.[18] So wurde 2004 mit großer Erregtheit über die fehlende Neigung von Frauen zum Gebären geklagt. Deutschland schrumpfe wegen der Gebärunwilligkeit seiner Akademikerinnen. Sinkende Geburtenziffern wurden erörtert, weibliche Lebensplanung außerhalb der Familie abermals infrage gestellt und die Rabenmutter als weibliche Wesensverfehlung kasteit. Dabei fiel dann auf, dass alle demographischen Hoffnungen auf Entscheidungen von jungen Frauen gesetzt werden, als spiele beim Kinderwunsch eines Paares der Mann keine Rolle[19] und als hätten Männer eigentlich gar keinen eigenen Kinderwunsch. Es konnte der Eindruck entstehen, Männer würden schon zeugen wollen, es sei denn, die Frau würde sie darin hindern. In dieser Hinsicht ändert sich die Wahrnehmung der Öffentlichkeit. Sowohl der Kinderwunsch der Männer als auch deren Vorstellungen von Väterlichkeit werden als bedeutsam anerkannt.[20]

Eine fest verankerte Kultur mythisch begründeter Männlichkeitsbilder kann nur langfristig durch Mentalitätsveränderungen wirkungsvoll verändert werden. Einige Mythen beginnen sich bereits zu verflüchtigen. Aber von den noch immer bestehenden geht weiterhin eine permanente Beschädigung des Kinderwunsches von Männern aus. An die Stelle des Beschädigenden müsste eigentlich eine Kultur der Ermutigung zur Väterlichkeit treten, da sie anders als die Mütterlichkeit biologisch weniger eindringlich begründet ist. Der Wunsch ein Vater zu sein, ist ein eher sozialer Wunsch, und er muss deshalb innerhalb einer Gesellschaftskultur hervorgebracht werden. Und nichts liegt deshalb näher, als dass abschreckende Episoden, wie sie in unserer Kultur der Scheidungsabwicklung oft vorkommen, gerade jungen Männern den Wunsch nach Kindern austreiben. Viele fragen sich mittlerweile, warum sie Vater werden sollen, wenn ihnen die Väterlichkeit bei der Scheidung ohne viel Federlesen weggenommen oder eingeschränkt werden kann. Und warum sollen sie Kinder zeugen, wenn ihre Väterlichkeit gering geschätzt wird und sie sich zu Dukateneseln degradiert wähnen?[21] Vieles entmutigt junge Männer nicht nur, sondern lehrt sie die Vaterschaft zu fürchten. Die Berichte von Scheidungsvätern, die von Ritualen der Unterwerfung unter die Exfrau und von einem eisernen Zeitkorsett berichten, das die Besuche der Kinder reglementiert, ermutigen nicht zur Vaterschaft. Ein Zeitkorsett, das womöglich nach unendlichen Querelen, langer Trennung von den Kindern und mühseligen Gerichtsverfahren zustande gekommen ist! Und das dann nicht einmal respektiert wird, weil die geschiedene Partnerin darauf setzt, dass Richter einer unbotmäßigen Mutter die Kinder nicht wegnehmen werden, noch eine Geldstrafe über sie verhängen, denn das würde letztlich nur die Kinder treffen. Herr Schlosser, 32 Jahre, verkörpert die entmutigte Sicht vieler jüngerer Männer auf die Zukunft der Familie.

»Ich habe große Sehnsucht danach, eine neue Familie zu haben, vielleicht auch mit eigenen Kindern. Aber es ist so furchtbar gefährlich für Männer! Ich habe Angst, eine erneute Trennung und den erneuten Verlust von Kindern noch einmal halbwegs seelisch verschmerzen zu müssen und außerdem wäre es mein finanzieller Bankrott. Möglicherweise nehme ich mir eine Freundin, die bereits ein Kind hat. Dann habe ich wieder eine kleine Familie, aber im Trennungsfall muss jemand anders für das Kind zahlen.«[22]

Noch entmutigender ist die Diskriminierung von ledigen Vätern. Sie stehen selbst nach langjähriger Partnerschaft mit gemeinsamen Kindern rechtlos dar. Denn nach geltendem Recht ist es ins Belieben der Expartnerin gestellt, ob ein lediger Vater überhaupt, ob regelmäßig, zu welcher Zeit und für wie lange die Kinder sehen, ob er an Elternversammlungen der Schule oder des Kindergartens teilnehmen darf, ob die Großeltern besucht werden dürfen und ob Krankheiten der Kinder ihm mitgeteilt werden müssen. Und wie lange und wie oft ein Chat im Internet oder am Telefon mit den Kindern dauern darf. Respekt vor dem Väterlichen kommt darin nicht zum Ausdruck. Wer die Interessen der Kinder gerade auch während und nach der Scheidung geschützt sehen möchte, der muss ihren Wunsch nach einer ungebrochenen Beziehung zum Vater anerkennen. Sowohl der Alltag als auch die politischen und wissenschaftlichen Ansichten von der Bedeutung des Vaters sind dabei keineswegs einhellig. Sie reichen von dessen Anerkennung[23] bis zu dessen vermeintlicher Überflüssigkeit.[24]

2. Wie Männer über ihre Scheidung sprechen:

Fünfzehn Fallgeschichten

Scheidung per Fax – Martin W.

Für viele Scheidungsväter ist die Trennung ein einschneidendes Erlebnis, das sie zumindest vorübergehend die Fassung verlieren lässt und sie daran hindert, ihren Alltag wie gewohnt fortzusetzen. Die Scheidung berührt nicht nur ihr privates Leben, sondern wirkt sich in auffällig vielen Fällen auf die berufliche Tätigkeit aus. Manch einer verliert zeitweise seine Handlungsfähigkeit, wird depressiv oder reagiert auf seine Umwelt unangemessen heftig.

Umso beeindruckender ist die Art und Weise, wie Martin W. darum kämpfte, die Beziehung zu seinem Kind aufrechtzuerhalten, nachdem ihn seine Frau verlassen hatte. Ihm gelang es, einen kühlen Kopf zu bewahren, sich ganz auf die Beziehung zu seinem Kind zu konzentrieren und Anwälte und Richter durch wohl durchdachte Planungen für die eigenen Interessen zu nutzen. Herrn W. ist gelungen, was sich andere Väter oft nur wünschen können, nämlich nicht zum Spielball von Justiz, Gutachtern und Sozialpädagoginnen zu werden. Die Möglichkeit, seine Arbeit flexibel zu organisieren, gab zusätzlich den idealen Rahmen ab, um seine private Situation neu zu regeln.

Martin W., geboren 1958, ist leitender Angestellter eines großen Konzerns mit Niederlassungen in aller Welt. Zur Zeit der Trennung lebte er mit seiner Familie in der Türkei. Er war dort einer der maßgeblichen Repräsentanten seines Konzerns. Martin W. war 11 Jahre mit seiner Frau verheiratet. Die gemeinsame Tochter ist heute 10 Jahre alt. Seit nunmehr zweieinhalb Jahren ist das Ehepaar getrennt. Martin W. lebt heute mit seiner Tochter in Köln, während seine Exfrau gemeinsam mit einem neuen Mann, der der Anlass für die Trennung war, zurück in die Türkei gegangen ist.

Bis heute kann sich Martin W. nicht erklären, was seine damalige Ehefrau veranlasste, die – nach seinen Worten – gut funktionierende Partnerschaft aufzukündigen.

»Was mich besonders bewegt und verletzt hat, ist die Art und Weise, wie meine Frau die Trennung vollzogen hat. Und dass ich eigentlich bis auf den heutigen Tag nicht genau weiß, ob es einen weiteren Grund für die Trennung gibt, außer der Tatsache, dass sie einen anderen kennen gelernt hat. Ich sage der Einfachheit halber ›meine Frau‹ und lasse das ›ehemalig‹ weg, das stört nur. Wir hatten damals eine schwierige Zeit an meinem Dienstort. Ich war leitender Angestellter eines internationalen Unternehmens mit Sitz in der Türkei. Das war eine schwere Zeit. Ich habe fast rund um die Uhr gearbeitet, weil mein Chef krank war. Ich war der so genannte zweite Mann im Unternehmen. Und irgendwann hat meine Frau gesagt, sie müsste unbedingt nach Deutschland fliegen, denn sie hätte ein gynäkologisches Problem, das man in der Türkei nicht abklären könnte. Und dann ist sie mit meiner Tochter, ich meine, mit unserer Tochter, nach Deutschland geflogen. Am neunten Tag ihres Deutschland-Aufenthaltes – wir haben jeden Tag telefoniert – sagte sie mir, ich solle mein Fax-Gerät in der Privatwohnung eingeschaltet lassen. Sie wolle mir etwas faxen. Am nächsten Tag kam ein fünfseitiges Schreiben eines mir bis dahin unbekannten Rechtsanwaltes, dass meine Frau die Absicht hätte, sich von mir scheiden zu lassen. Beigefügt war eine umfangreiche Unterhaltsberechnung. Und – das war es dann!«

Obwohl die Trennung für Martin W. völlig überraschend kommt und eine Scheidung per Fax dazu angetan sein könnte, bereits mäßig zartbesaitete Männer aus der Fassung zu bringen, gelingt es Martin W., nicht den Boden unter den Füßen zu verlieren. Er behandelt die angekündigte Scheidung ähnlich wie ein plötzlich im Konzern auftauchendes schwerwiegendes Problem. Noch am selben Tag konsultiert er den Betriebspsychologen des Unternehmens und berät sich mit ihm. Dieser empfiehlt ihm, umgehend nach Deutschland zu fliegen, um dort vor Ort zu »retten, was zu retten ist«.

»Der Betriebspsychologe unseres Unternehmens, der die Vorgehensweise meiner Frau ziemlich skandalös fand, hat sich freundlicherweise als Gesprächspartner angeboten. Der hat von Anfang an immer gesagt: ›Sie müssen wissen, was Sie wollen. Und wenn Sie davon überzeugt sind, hängen Sie sich dahinter. Denn Sie können nur das durchsetzen, von dem Sie auch wirklich überzeugt sind. Und lassen Sie sich nicht von Rechtslagen und Rechtsberatung und solchen

Angelegenheiten abschrecken. Jeder Fall ist individuell und Sie müssen für sich klären, was Sie wirklich wollen.«

Diesen Rat hat Martin W. beherzigt.

»Das habe ich gemacht und bin gänzlich überraschend für meine Frau nach Hause geflogen und habe mich bei ihr von meiner Heimatstadt aus gemeldet und gesagt, dass ich sie unbedingt sprechen müsse. Da hat sie mir genau 45 Minuten gegeben, in denen wir in einem Café miteinander gesprochen haben. Sie hat gesagt, sie hätte keine Lust mehr, mir zu erklären, was passiert sei. Außerdem habe sie einen neuen Lebenspartner. Ansonsten hätte alles, was dazu zu sagen wäre, der Rechtsanwalt bereits geschrieben. Das mit dem Lebenspartner hat sich schnell klären lassen. Es handelt sich um einen Mann, den sie nachweislich erst ungefähr drei Wochen vorher kennen gelernt hatte. Vorher befand der sich noch gar nicht in der Türkei. Ich kannte den, der hat sie auf einer Party bei uns zu Hause kennen gelernt. Die war geschäftlich.«

Dem Rat des Psychologen folgend, verstrickt sich Martin W. gar nicht erst in einen Kampf, der ihm seine Frau zurückbringen soll. Für ihn war wohl klar, dass er nicht um die Beziehung kämpfen wollte und dass er keine Chancen in einer solchen Auseinandersetzung hatte. Auf den neuen Mann an der Seite seiner Frau – seinen Rivalen – geht er im Interview nie direkt ein. Er erklärt das Scheitern seiner Ehe eher mit den zeitaufwändigen Pflichten seiner Arbeit, die sich seine Exfrau nicht mehr hat zumuten wollen. Dass sich seine Frau aufgrund der Attraktivität des neuen Liebhabers von ihm abgewandt haben könnte, hätte Martin W. auf Befragung wohl nicht ausgeschlossen, aber besonders wichtig schien ihm das nicht. Er räumt ein, dass seine Frau und er »Konflikte vielleicht nur immer diplomatisch umschifft« hätten statt sie zu benennen.

Seine Haltung mag nicht besonders förderlich für seine Liebesbeziehung gewesen sein. Für die Scheidung und die Zeit nach der Trennung sollte sich die Routine seines gut organisierten geschäftlichen Umgangs jedoch als förderlich erweisen. Später wird er sagen, dass der erfolgreiche Kampf um seine Tochter sein größter geschäftlicher Erfolg seines 16-jährigen Berufslebens war.

Während Frau W. nun ganz offensichtlich unter dem aufwühlenden Eindruck einer neuen, sexuell aufregenden Liebe steht, die bekanntlich für eine gewisse Zeit blind machen kann, ist Martin W. von derlei Ablenkungen frei und konzentriert sich zielstrebig darauf, die Beziehung mit der Tochter zu organisieren.

Nach der kurzen Aussprache in Köln und nachdem die Scheidung eingereicht ist, kehren alle wieder in die Türkei zurück. Die Frau verlässt das gemeinsame Haus und zieht mit der Tochter zu ihrem neuen Partner. Obwohl sich das getrennte Paar um eine eher sachliche Ebene der Auseinandersetzung bemüht, sendet die Ehefrau Signale, dass sie gedenkt, dem Vater die Tochter vorzuenthalten. Martin W. legt jedoch schnell und unmissverständlich seine Position dar:

»Ich habe dann, nachdem meine Frau sich bereits hervorragend anwaltlich hat beraten lassen, selber Rechtsberatung eingeholt. Ich nahm zur Kenntnis, dass es mit dem Umgangsrecht für meine Tochter wahrscheinlich auf das so genannte Berliner Modell hinauslaufen würde. Eben alle vierzehn Tage für ein Wochenende. Dagegen habe ich mich gewehrt und gesagt: ›Das kann doch wohl nicht wahr sein. Unsere Tochter hat uns nie streiten sehen. Die weiß überhaupt nicht, was da passiert ist. Ich möchte gerne erstens, dass meine Tochter sowieso bei mir wohnt statt bei einem wildfremden Mann. Und zweitens möchte ich ein ausgedehntes Umgangsrecht haben.‹ Dem hat sie sich aber verweigert. Solange wir in der Türkei waren, konnte ich nichts dagegen tun, weil die Rechtslage damals nicht geklärt war.«

Da Familie W. als Auslandsdeutsche in der Türkei lebten, war es nicht leicht, rechtliche Fragen vor Ort zu klären. Beide Partner vermieden es daher, komplizierte Verfahren mit unsicherem Ausgang anzustreben. Herr und Frau W. bewegten sich, was die Umgangsregelung betraf, in einer rechtlichen Grauzone. Martin W. wusste, dass seine Frau Verfehlungen seinerseits nicht umgehend polizeilich ahnden lassen würde. Eine derart ungeregelte Situation birgt natürlich die Gefahr in sich, dass die Konflikte sich verselbstständigen. Dem Paar gelingt es aber glücklicherweise, die Auseinandersetzungen auf einer relativ tolerierbaren Ebene zu halten. Hier zeigt sich wiederum, dass keiner der beiden den Kampf ums Kind bis zum Äußersten treiben wollte.

»Dann habe ich aus der Nachbarschaft bei uns in der Türkei erfahren, dass meine Frau häufig bei den Nachbarn ist, weil die auch ein kleines Kind im Alter meiner Tochter hatten. Diese Nachbarin hat mir gesagt, dass meine Tochter gesagt hätte, wenn sie nicht bald zu ihrem Papa dürfte, würde sie aufhören zu essen. Es war dann praktisch meine Tochter, die bewirkt hat, dass meine Frau sich über das so genannte Berliner Modell hinaus hat erweichen lassen, dass ich

Umgang zu meiner Tochter bekam. Meine Tochter war damals 8 Jahre alt. Den Umgang habe ich mir eigentlich mehr oder weniger erzwungen, indem ich sie einfach an ihrer Vorschule mittags abgeholt habe, fünf Minuten bevor meine Frau kam. Da konnte meine Frau auch nichts machen, weil das deutsche Rechtsverhältnisse waren. Sie hätte mich anzeigen können wegen Kindesentführung oder wie auch immer. Da wäre aber keinerlei Reaktion drauf erfolgt.«

Der Zuneigung beider Eltern ist die Tochter sich offenbar sicher. Deshalb beginnt sie mutig ihre Ansprüche zu formulieren. In der Hochphase der Verliebtheit scheint es Frau W. und ihrem neuen Partner schwer zu fallen, dem Kind einen familienähnlichen Rahmen zu geben. Beide waren ein Paar, aber keine Stieffamilie. Stark mit sich und ihrer neuen Liebe beschäftigt, gerät der Mutter die Tochter für einige Zeit aus dem Blick. Die frei gewordenen Räume weiß der Vater schnell für sich und das Mädchen zu nutzen.

»Ich hatte meine Tochter dann jedes Wochenende, und zwar von Freitagnachmittag bis Mittwochmorgen. Das lag daran, dass der Lebenspartner meiner Frau das Kind nicht leiden konnte. Und das Kind ihn auch nicht. Das Kind hat ihn gehänselt, und er hat das Kind gehänselt, und Anna hat dann immer geweint und geschrieen und ihn beschimpft und gesagt: ›Ich will zu Papa.‹ Dann muss es wohl so gewesen sein, dass er sich den Störfaktor – jedenfalls am Wochenende – vom Hals halten wollte.«

Herrn W. kommen die Schwierigkeiten seiner Frau, zwischen ihrer neuen Liebe und dem Kind eine Balance zu finden, keineswegs ungelegen. Gerne hat er das Kind bei sich, zumal ihn wohl unangenehme Vorstellungen plagen, wenn er seine Tochter in der Nähe eines sie hänselnden fremden Mannes wähnt.

»Ich habe zwar gesehen, dass meine Frau darüber nicht besonders glücklich war. Meine Tochter hat mir einige Sachen erzählt, die ich haarsträubend fand. Beispielsweise, dass der Typ meine Frau praktisch Brötchen holen schickt, und wenn ihm die Brötchen zu dunkel waren, sie nochmals geschickt hat und sie auch gegangen ist. Das hätte es bei uns zu Hause nie gegeben. Der hat eine ziemlich starke Körperbehaarung, und dann hat sie ihm mithilfe von Wachs im Beisein meiner Tochter die Haare von den Schulterblättern gerissen. Das sind Sachen, die fand ich einfach unappetitlich, und die sollten nicht vor den Augen eines Kindes geschehen.«

Noch bevor sich die Eheleute trennten, war es eine beschlossene Sache, dass sie von der Türkei nach Köln übersiedeln würden. Geplant war, dass Frau W. schon zu Beginn des neuen Schuljahres mit der Tochter umzieht und Martin W. zu seinem Versetzungstermin später folgen würde. Martin W. befürchtete jedoch, die Situation könnte sich sehr zu seinem Nachteil verändern, wenn er seiner Tochter in Köln nicht als Vater zur Seite stünde. So bittet er seinen Arbeitgeber, ihn früher nach Deutschland zu versetzen. Dieser zeigt sich verständnisvoll und erfüllt ihm den Wunsch.

»Ich bin zur Personalabteilung und habe gesagt, dass ich sofort nach Köln will, um in der Nähe meiner Tochter zu sein. Weil wir in unserem Unternehmen immer diese Eheproblematiken wegen der Auslandsaufenthalte haben, sind die sehr sensibilisiert und versuchen zu retten, was zu retten ist. Falls etwas zu retten ist. Die haben mich innerhalb von zwei Monaten umgehend versetzt. Ich bin nach Köln versetzt worden und habe eine Wohnung gesucht. Die sollte ganz in der Nähe der Schule meiner Tochter sein. Sicherheitshalber! Meine Tochter habe ich entsprechend dem Berliner Modell regelmäßig sehen können, dass heißt alle zwei Wochen ein Wochenende. Und dann habe ich in einer Art Salamitaktik mir einen Tag um den anderen Tag zusätzlich ertrotzt.«

Martin W. bleibt dem Rat des Betriebspsychologen treu, sich ganz auf seine Tochter zu konzentrieren. Durch eine glückliche Fügung ermöglichen es ihm seine Lebensumstände, den Arbeits- und Wohnort ganz nach den Gegebenheiten seiner Tochter auszurichten. Die für ihn unbefriedigende Umgangsregelung versucht er nicht vor Gerichten zu ändern, sondern er führt durch ständige Präsenz nach und nach einen neuen Status quo ein. Sämtliche Räume, die seine Frau unbesetzt lässt, füllt er aus. So gelingt es ihm nicht nur, seine Frau zur Kooperation zu veranlassen, er erwirbt sich auch innerhalb des Lebensbereichs seiner Tochter die Anerkennung als Vater. Bis zum gerichtlichen Scheidungstermin hatte er Tatsachen geschaffen, die seine Frau vor größte Schwierigkeiten stellen würden, falls sie versuchen sollte, ihm das Sorgerecht abzusprechen.

»Ich habe meine Frau dazu bewegen können, die Umgangsregelung zu erweitern. Das stand für mich im Vordergrund. Ich habe mich wirklich voll und ganz auf meine Tochter konzentriert. Ich habe Elternsprechtage besucht und bin zur Elternversammlung gegangen. Da hatte meine Frau nie so einen besonderen Trieb, so etwas wahrzunehmen, also habe ich das gemacht. Meine Frau wurde auch aus irgendwelchen anderen mir nicht nachvollziehbaren Gründen freundlicher. ›Guten Tag‹ und ›Auf Wiedersehen‹ hat sie zwar nicht gesagt, solange unsere Tochter jedenfalls dabei war, aber wir konnten uns sachlich über bestimmte Sachen unterhalten. – Ja, dann kam der Scheidungstermin. Das war im Januar 2001. Das hat nur fünf Minuten gedauert. Die Ehe wurde geschieden, weil – na ja, Zerrüttungsprinzip. Dann hat die Richterin gesagt: ›Ich gehe davon aus, dass es beim gemeinsamen Sorgerecht bleiben soll‹, wie das vom neuen Kindschaftsrecht vorgesehen ist. Und da haben wir beide gesagt: ›Ja, dabei bleibt es.‹ Und das war es dann.«

Möglicherweise hätte sich diese positive Entwicklung fortgesetzt, wenn die Mutter nicht eine ganz neue Wende herbeigeführt hätte. Sie teilt ihrem Exmann mit, dass sie mit ihrem Freund und der Tochter zurück in die Türkei gehen möchte. In seiner mittlerweile bekannt kompetenten Art weiß Martin W. das zu verhindern. Auf dem Weg, seine Interessen und die seines Kindes zu vertreten, lässt er sich von keinerlei Widerstand beeindrucken. Seine Anwältin, die ihm wenig Hoffnung darauf macht, erfolgreich das Sorgerecht für sich beantragen zu können, entbindet er kurzerhand von ihrem Mandat und gewinnt den Prozess ums Sorgerecht.

»Ich habe meine Frau zu mir ins Büro kommen lassen und ihr gesagt: ›Dein Entschluss ist, zu deinem Freund zu ziehen. Ihr wollt auch heiraten und du möchtest Anna mitnehmen. Aber das kommt nicht infrage. Du bist wegen des Kindes nach Köln übergesiedelt, damit das Kind hier auf die Schule gehen kann. Warum soll es eine gute Schule verlassen und auf eine türkische Schule gehen?‹ Da hat sie gesagt: ›Dann werde ich Mittel und Wege finden, das zu bewirken.‹ Sie hat eine Sorgerechtsklage angestrengt. Da hatte ich keine andere Möglichkeit als zu beantragen, die Klage abzuweisen und das Sorgerecht mir zu übertragen. Das war die juristisch einzige Möglichkeit. Und meine Staranwältin hat gesagt: ›Das kriegen Sie doch nicht. Sie sollten sich als Vater und als Mann in Ihr Schicksal fügen. Es ist eben so, dass die Frauen die Männer verlassen, und sie gehen ins Leben hinaus, und es ist eben so. Sorgerechtsklage hin oder Sorgerechtsklage her.‹ Und da habe ich gesagt: ›Damit kann ich mich nicht einverstanden erklären.‹ An dieser Stelle habe ich ihr das Mandat entzogen und mir einen anderen Anwalt genommen. Allerdings muss ich sagen, ich habe meine Schriftsätze selber formuliert. Die Anwälte haben das nur gering überarbeitet. Ich bin ganz gut im Formulieren und es kam zum Gerichtstermin. Nach dem Verfahrensrecht ist es so, dass man immer bei der gleichen Kammer bleibt und beim gleichen Richter. Wir sahen also unsere Richterin wieder. Die hat gesagt: ›Hier in Köln ist es üblich, dass Kinder ab dem sechsten Lebensjahr gehört werden.‹«

Sie hat angeordnet, Anna zu hören.

»Vor der Verhandlung hat sie sich eine halbe Stunde mit ihr allein unterhalten. Anschließend hat sie gesagt, sie hätte sich nun einen guten Eindruck verschafft. Jetzt möchten wir unsere Argumente vortragen, warum das Kind jetzt bei dem einen oder bei dem anderen in Köln oder in Istanbul bleiben sollte. Zu meinem und meines Anwalts Erstaunen hat sie gesagt, sie kann keinen Vorteil darin erkennen, dass das Kind aus einem Lebenskreis, den es seit zwei Jahren kennt, Köln und seine Schule und den Vater, den es offenbar liebt und der Zeit genug für sie hat, herausgerissen wird. Warum das Kind nach Istanbul soll, wo Istanbul nun nicht gerade als Kinderparadies bekannt ist. Und wir sollten nochmals gemeinsam darüber nachdenken, ob wir nicht eine andere Lösung hätten. Da hat meine Frau gesagt, wenn sie mit mir reden wollte, hätte sie sich ja nicht von mir scheiden lassen. Die Richterin solle mal – jetzt wörtlich – solle mal ihre Arbeit machen und Recht sprechen. Da war die Richterin sichtlich genervt, was man ja auch verstehen kann, und hat gesagt, bevor sie ein Urteil spricht, wollte sie Folgendes klarstellen. Dass sie Istanbul nicht für ein Kinderparadies hält, und wenn meine Frau an ihrem Vorhaben festhält, das Kind in die Türkei mitzunehmen, würde sie eine sorgerechtliche Entscheidung treffen, die nicht in ihrem Sinne wäre. Und jetzt gibt sie uns eine halbe Stunde Zeit, mit unseren Anwälten zu sprechen. Nach einer halben Stunde haben wir uns getroffen und meine Frau hat durch ihre Anwältin erklären lassen, dass sie zustimmt, dass das Kind in Köln bleibt.«

Wir wollten von Martin W. wissen, was ihm aus seiner Sicht geholfen hat, so erfolgreich um die Beziehung zu seiner Tochter zu kämpfen. Er nennt erneut den Betriebspsychologen, der ihm geraten hatte, auf seine eigene Art für seine Sache zu kämpfen.

»Der Psychologe hat mir gesagt: ›Das kann nicht sein, dass man immer nur nach 08/15 entscheidet. Bleiben Sie da dran. Das ist Ihre Meinung und vertreten Sie die als Ihre Meinung und nicht ein abstraktes Rechtskonstrukt.‹ So ist es dann gelaufen. Meine Frau hat sich vor Gericht wirklich saudumm verhalten. Wäre sie anders gewesen, hätte sie auch die Richterin nicht gleich gegen sich aufgebracht. Denn die Richterin hat sie ja nackt erpresst.«

Nur verhältnismäßig wenige Konflikte zwischen den Geschiedenen wurden hier über Gerichte, Gutachter oder die Jugendämter ausgefochten. Martin W. wusste sehr genau, was er wollte, und beherrschte die Instrumente, mit denen er seine Ziele durchsetzen konnte. Während seine Frau vor Gericht als kratzbürstig und verwirrt erscheint und damit die Richterin verärgert, glänzt er durch Selbstbeherrschung. Mit Autoritäten geht er selbstbewusst um. Er selbst ist ein erfolgreicher Manager und vertritt Tag für Tag geschäftliche Interessen seines Konzerns. Das können viele Männer. Aber die gleiche Klarheit im Umgang mit Expartnerinnen oder Exfrauen vertreten, das können, wie unsere Befragungen ergaben, nur wenige. Martin W. übernimmt weder eine passive Rolle, noch lässt er sich emotional aus der Reserve locken und zu unkontrolliertem Verhalten hinreißen. Er kann etwas, was viele andere Männer nicht können oder was ihnen schwer fällt: ihre Aktivität nicht nur auf das Berufsleben zu beschränken, sondern auch in der Familie am Leben zu erhalten.

Seit einer Woche lebt Anna bei ihrem Vater. Die Mutter ist in die Türkei zurückgegangen. Auch jetzt hat Martin W. alles im Griff. Der Tagesablauf seiner Tochter ist exakt durchgeplant, sodass er auch weiterhin seiner Berufstätigkeit nachgehen kann. Er führt vor, wie Beruf und Kindererziehung unter einen Hut zu bringen sind:

»Das geht so vonstatten: Es hat sich bezahlt gemacht, dass ich meine Wohnung nicht an meiner Arbeitsstelle ausgerichtet habe, sondern an der Schule meiner Tochter. Wir gehen morgens zur gleichen Zeit um halb acht aus dem Haus. Dann fährt sie mit dem Bus zwei Stationen in die eine Richtung und ich mit dem Bus in die andere. Und sie bleibt in der Schule bis 16.15 Uhr. Das ist mit einer Englisch sprechenden Nachmittagsbetreuung gesichert. Am Montagnachmittag fährt sie mit dem Bus eine Station in Richtung Wohnung. Da ist ein betreuter Abenteuerspielplatz. Da hat sie so ein geleastes Meerschweinchen. Da macht sie, bis ich aus dem Büro komme, eine Haustierpflege. Dann hole ich sie ab, und wir gehen nach Hause und machen die Hausaufgaben fertig und haben einen schönen Abend. Dienstags fährt sie mit dem gleichen Bus ein paar Stationen weiter über die Schule hinaus und geht zum Reiten. Mittwochs geht sie neben der Schule in die Pfarrkirche. Donnerstags fährt sie mit dem Bus drei Stationen weiter, da ist ihre Tanzschule. Und freitags hole ich sie nachmittags von der Schule ab, wenn ich das Büro verlasse. Ich schiebe augenblicklich ein Zeitkonto vor mir her, sodass ich in Notfällen jederzeit abkömmlich bin und mich mit der Gleitzeit ausbuchen kann. In dem Konzern, in dem ich tätig bin, merkt niemand, dass ich allein für meine Tochter sorge. Es stört nichts und niemanden. Bei meinem Vorgesetzten habe ich dazu jegliche Unterstützung. Und beim Vorstand des Unternehmens sowieso.«

Mit einer Mischung aus dezenter Rechtfertigung und Stolz beschreibt uns Martin W., wie er die Herausforderung meistert, allein zu erziehen. Er möchte seiner Tochter nach der Scheidung viel bieten und ihre Wünsche, so gut es geht, erfüllen. So ist über die zweisprachige Schule, den

Abenteuerspielplatz, das Leasing-Meerschweinchen, die Mädchenträume vom Reiten und Tanzen bis hin zur Teilnahme an der kirchlichen Gemeinschaft alles abgedeckt, was Freude macht und zugleich für eine anspruchsvolle Ausbildung vorbereitet.

Was fehlt, übrigens auch Martin W., ist die Mutter des Kindes. Sie plant, einmal im Monat nach Köln zu fliegen, um ihre Tochter zu sehen. Für diese Wochenenden bietet Martin W. seiner Exfrau seine Wohnung an, die er selbst zum Wandern verlassen will.

»Es sind gegenseitige Besuche geplant. Meine Frau kommt Ende dieses Monats zum ersten Mal, am letzten Augustwochenende. Und ich habe ihr angeboten, hier zu wohnen. Das hat sie nach einigem Zögern mit Freude aufgenommen. Sie hat deswegen zwar Krach mit ihrem Neuen, aber Köln ist kein preiswertes Pflaster, wo man eben mal ein Wochenende im Hotel wohnt. Außerdem kann meine Tochter in ihrer gewohnten Umgebung bleiben, und ich weiß schon, was ich mache. Ich gehe irgendwo wandern.«

Die Genugtuung darüber, dass sich der neue Partner seiner Exfrau über die Regelung ärgern wird, kann er aber doch nicht verhehlen:

»Ich beteilige meine Frau informativ, wo ich nur kann. Letzte Woche musste ich mit meiner Tochter zum Kinderarzt. Obwohl es eine Bagatelle war, habe ich ihr natürlich gesagt, dass ich beim Kinderarzt war, sie sich aber keine Sorgen zu machen braucht. Ich habe den Eindruck, dass meine Frau an solchen Mitteilungen besonders interessiert ist. Ich habe insgeheim den Eindruck, dass sie argwöhnt, ich wollte auf diese Weise eine Beziehung zu ihr wiederherstellen. Deswegen ist das immer so eine Abwägung. Während der Ferien beispielsweise, ob und in welchem Umfang ich mit ihr in Kontakt trete. Weil ich von meiner Tochter weiß, dass sie anschließend oft Krach mit ihrem Neuen hat.«

Für die Wochen, in denen sich Mutter und Tochter nicht sehen können, hat der Vater eine ganz moderne Lösung via Computer vorgesehen.

»Meine Frau und meine Tochter können von meinem Telefonapparat aus telefonieren, so lange, wie sie wollen. Merkwürdigerweise ruft meine Frau relativ selten an. Und meine Tochter muss ich ermahnen, ihre Mutter anzurufen. Das irritiert mich ein bisschen. Ich hoffe, dass das Umzugsgut meiner Frau möglichst bald in Istanbul eintrifft und der Computer aufgebaut wird, weil wir uns darauf geeinigt haben, dass wir beide mittels Net-Meeting Teleconferencing machen. Das haben wir in Köln schon ausprobiert und es funktioniert. Dann können die beiden vorm Bildschirm mit so einer kleinen Kamera sitzen und praktisch kostenlos miteinander telefonieren und sich sehen.«

Diese Form der Kommunikation zwischen Mutter und Tochter scheint sich jedoch noch einspielen zu müssen. Es bleibt abzuwarten, wie alle Beteiligten auf Dauer mit der Situation zurechtkommen. Das Leben mit beiden Eltern nach der Scheidung ist in diesem Fall schwierig, weil es sich in zwei verschiedenen Ländern abspielt. Mutter und Tochter werden sich nicht so oft sehen, wie es gut für sie wäre. Dennoch scheinen alle bemüht zu sein, das Beste aus der Situation zu machen.

Auf unsere abschließende Frage an Martin W., ob er mit der jetzigen Regelung zufrieden sei, antwortete er etwas ungläubig: »Ja, alle Beteiligten sind damit zufrieden, komischerweise.« So möge es denn bleiben.

Vaterschaft nach dem Verlust der Elterlichkeit – Peter T.

Die Trennung kam für Herrn und Frau T. nach fünfzehnjähriger Ehe nicht sonderlich überraschend, da Konflikte zwischen ihnen schon lange bestanden, aber nie offen erörtert wurden. Keiner fand einen Weg, die Spannungen zu benennen. Folglich gab es auch keinen Weg, sie aufzulösen. Beide empfanden die schleichende Unzufriedenheit und zunehmende Bedrücktheit, die sich eingestellt hatten, doch der Schritt zur befreienden Rede fiel beiden schwer und geschah offenbar zu spät. Selbst den – später bestätigten – Verdacht, seine Frau sei ihm untreu geworden, erwähnte Peter T. ihr gegenüber nie. Die außereheliche Beziehung von Frau T. führte letztlich zur Trennung. Zu diesem Zeitpunkt waren die beiden Kinder des Lehrerehepaares 10 und 8 Jahre alt.

Peter T. suchte aufgrund der Belastungen, die sich durch die Scheidung ergaben, therapeutische Hilfe. Er zählt damit zu jenen 30 Prozent der von uns befragten Scheidungsväter, die wegen der Trennung, der Probleme beim Regeln des Umgangs oder ihrer Schwierigkeiten, mit der neuen Situation emotional fertig zu werden, eine Psychotherapie begannen oder andere professionelle Hilfe in Anspruch nahmen. Das Interview steht unter dem Eindruck seiner Therapieerfahrung.

Als wir mit Herrn T. sprechen, liegt seine Scheidung fünf Jahre zurück. Im Interview zeigt er für seine Frau großes Verständnis. Er beschreibt einfühlsam ihren Wunsch nach mehr Freiraum innerhalb der Familie, da sie sich sehr schnell eingeengt fühlte:

»Sie hatte immer einen sehr starken Anspruch, der stark nach außen drängte, weil sie sich von der Familie stark eingeengt fühlte. Sie machte das sehr deutlich. Ich habe eigentlich meine Aufgabe darin gesehen, ihr Freiräume freizuschaufeln, etwa was die Kinderbetreuung betrifft. Sie nannte das Magenkribbeln, wenn sie sich von der Familie bedrängt fühlte.«

Endgültiger Anlass für die Trennung aber war die außereheliche Beziehung seiner Frau.

»Sie hat mir erzählt, dass sie schon seit längerer Zeit eine Beziehung zu einem anderen Mann hatte und dass sie jetzt diesen Druck nicht mehr aushielt, sodass sie das nicht mehr so nebeneinander laufen lassen wollte. Sie wollte das offen legen und dann sehen, was daraus entsteht. Sie hat wohl damit gerechnet, dass ich irgendwie ausrasten würde und das Ganze sofort beendet sei. Ich habe aber als erste Reaktion sofort um eine Paartherapie gebeten. Alles das kam ja nicht von ungefähr, man merkt schon, wenn etwas nicht stimmt. Die Frage ist, ob man es anspricht. Da brodelte unendlich viel unterm Kessel, und im Grunde gab es keine offenen Streitereien. Es war einfach diese Entfremdung da, was wahrscheinlich in ganz vielen Beziehungen passiert. Dieses Voneinander-genervt-Sein und das Gemeinsame nicht mehr suchen und finden.«

Auf die Frage, ob Peter T. etwas von der Beziehung zu einem anderen Mann gemerkt habe:

»Um ehrlich zu sein: Ich hatte eher das Gefühl, sie hat vielleicht eine Partnerin. Weil sie angeblich immer zu Freundinnen ging. Von daher habe ich mir tatsächlich die Frage gestellt, ob sie möglicherweise eine Seitenbeziehung auf der lesbischen Ebene hat. Aber das habe ich nie angesprochen. Ich bin halt so einer, der solche Dinge damals sehr viel in sich hineingefressen hat. Ich habe eben nie diese Fragen gestellt und habe auf bestimmte Anzeichen, die vorher da waren und die mich frustrierten, nie geantwortet. Beim Jahreswechsel '95/'96 waren wir gemeinsam weg. Da hat sie die erstbeste Gelegenheit genutzt, um wieder nach Hause zu fahren. Einige Zeit später habe ich erfahren, dass sie zu ihrem neuen Partner gefahren ist.«

Schon hier zeigt sich, dass Peter T. sehr differenziert auf die Geschichte seiner Ehe zurückblickt. Er betrachtet seine Exfrau nicht als die Alleinschuldige am Scheitern der Beziehung, obwohl sie diejenige war, die sie schließlich beendete. Er ist sich bewusst, dass seine Neigung, klärenden Gesprächen aus dem Weg zu gehen, wohl nicht wenig zur gegenseitigen Entfremdung beigetragen hat. Rückblickend kann er sich in die Gefühle und Wünsche seiner Frau hineinversetzen und ihre damalige Zerrissenheit nachvollziehen, die dazu führte, dass sie ihre Beziehung nicht länger verheimlichen wollte.

»Sie hat mich angerufen, sie war in diesem Fall tatsächlich bei einer Freundin, und hat mir gesagt: ›Geh mal an den Schreibtisch, da liegt ein Brief.‹ Und dann habe ich den Brief aufgemacht. Da hatte sie alles geschrieben, was da seit einem

Jahr schon passiert war. Dann habe ich sie bald angerufen und mein erster Satz war: ›Ich will eine Paartherapie machen.‹ Klingt natürlich jetzt toll. War aber wirklich so. Ja, sie war völlig baff über meine erste Reaktion. – Dann ist sie irgendwann nach Hause gekommen. Und dann habe ich eben nur geheult; dann habe ich halt nochmals darum gebeten, auf jeden Fall diese Therapie zu machen. Ich habe mich auch selbst um den Therapieplatz gekümmert.«

Frau T. willigt zwar in den Vorschlag ihres Mannes ein, doch die nun begonnene Familientherapie steht unter keinem guten Stern. Schon nach wenigen Sitzungen wird deutlich, dass sich Frau T. aus ganz anderen Gründen für die Therapie entschieden hat als ihr Mann. Während Peter T. mit professioneller Hilfe seine Ehe retten möchte, sieht sie darin vielmehr eine Chance, die Trennung möglichst ohne überflüssige gegenseitige Verletzungen zu vollziehen.

»Meine Frau hat das mehr trennungsbegleitend verstanden. Sie wollte ein Trennungsgespräch daraus machen. Das war wiederum aber nicht meine Intention. Und von daher würde ich sagen: Wenn zwei Leute in so eine Therapie mit unterschiedlichen Intentionen gehen, ist das etwas schwierig.«

Dass vonseiten des Therapeuten verabsäumt wird, vor Therapiebeginn die unterschiedlichen Erwartungen zu klären, ist ein Problem, auf das wir bei unseren Gesprächen mit Scheidungsvätern wiederholt stießen. Doch statt das verspätet wahrgenommene Dilemma zu besprechen, versteigt sich der Therapeut zu hellseherischen Aussagen, indem er bekundet, er kenne viele Paare, deren Trennung er für durchaus angebracht hielte. Diese »Phantasie« habe er bei ihnen jedoch nicht. Er hält die Beziehung für »reparierbar« und gibt damit sein eigenes Therapieziel vor. Frau T., die den heimlichen Einigungszwang bemerkt und sich einer sanften Manipulation ausgesetzt fühlt, verlässt schließlich die Therapie.

»Sie hatte es letztlich wohl abgebrochen, weil es ihrem Partner schlecht ging, der hatte wohl einen Schlaganfall. Und dann hat sie gesagt: ›Nee, das will ich nicht mehr. Der ist mir zu katholisch.‹ Und zwar bezogen auf die eine ›phantasievolle‹ Äußerung, weil der Therapeut uns wohl letzten Endes nicht auseinander lassen wollte: aus katholischen Gründen!«

Im Nachhinein beurteilt auch Peter T. den Verlauf der Therapie als eher negativ. So wie seiner Frau gibt ihm zu denken, dass Scheidungen nicht nur Betroffenen Probleme bereiten, sondern mitunter auch jenen, die versprechen, ihnen bei der Lösung ihrer Konflikte professionell zur Seite zu stehen. In diesem Fall schien der Therapeut eine Scheidung um jeden Preis verhindern zu wollen und sich zu diesem Zweck seiner Autorität in leicht beeinflussender Absicht zu bedienen. Für Herrn und Frau T. steht nach der abgebrochenen Therapie noch keineswegs fest, dass die Beziehung beendet ist. Beide wohnen weiter im gemeinsamen Haus. Die Schlafzimmer sind schon lange getrennt. Zunächst möchte seine Frau diesen Zustand beibehalten und zugleich die Beziehung zu ihrem neuen Freund fortführen. Doch den ungeklärten Zustand kann Peter T. nicht ertragen. Schon wegen der beiden Kinder besteht er auf einer faktischen und häuslichen Trennung. Er bewegt seine Frau dazu, aus dem gemeinsamen Haus auszuziehen.

»Bis Ende '96 haben wir noch regelrecht zusammengelebt und alle Räume miteinander geteilt. Sie wollte praktisch die Trennung innerhalb des Hauses haben. Und da habe ich strikt nein gesagt, weil ich dachte, das wird eine endlose Geschichte, und das halte ich einfach nicht aus. Ich bin ein Mensch, der eher sagt: ›Dann lass uns die Konsequenzen ziehen!‹ Das wollte ich deswegen, weil die Kinder zu diesem Zeitpunkt noch nicht voll eingeweiht waren. Das passierte erst so peu à peu. […] Dann hat meine Exfrau sehr sinnig am Heiligabend '96, als die Kinder im Bett waren, zu mir gesagt: ›So, jetzt müssen Nägel mit Köpfen gemacht werden!‹ Wie das mit dem Auseinanderziehen laufen solle? Das habe ich mir abgespeichert, weil ich das am Heiligabend für mich sehr brutal fand! Das war ein Freitagabend, an dem sie mir das eröffnet hat. Am Sonntag saß ich bei meinem besten Freund und hab mich ausgeheult. Und der hat mir von einem Therapeuten aus Frankfurt erzählt, bei dem er mal war. Den folgenden Dienstag habe ich dann angerufen und am Mittwoch saß ich schon bei dem. Und daraus hat sich dann eben die knapp zweieinhalbjährige Therapie entwickelt.«

In der Exklusivität einer Psychotherapie, in der es nur um ihn geht, hat Peter T. erstmals die Möglichkeit, ausführlich über seine Frau und seine verletzten Gefühle zu sprechen. Er kann seiner Wut Luft machen, ohne Strafe oder Beschämung fürchten zu müssen.

»Es ging aber nicht nur um die Beziehung zu meiner Frau, sondern auch um die Beziehung zu mir selbst und zu meiner Umwelt insgesamt. Da habe ich allerdings letzte Fragen zu dem Zeitpunkt noch nicht stellen wollen. Aber ich habe gemerkt: Da musst du jetzt noch ran! Irgendwie muss ich weitermachen. Ich sollte eigentlich über mich reden und habe immer nur über meine Frau geredet. Über alle möglichen Ultimaten, und was mag die tun und was kann ich da tun und was wäre möglich und was nicht. Aber ich bin mir dann über meine Position doch klarer geworden; habe stärkere eigene Positionen entwickelt. Das Ganze hat für mich eine ziemlich durchschlagende Wirkung gehabt, das muss ich schon sagen. Zum Teil erst Jahre später. So ein Trickle-down-Effekt.«

Im weiteren Verlauf der Therapie kann sich Peter T. auf die Frage konzentrieren, wie er eigentlich die weitere Beziehung zu seinen Kindern gestalten möchte.

»Elterlichkeit im Sinne meiner eigenen Gestaltung, meiner eigenen Beziehung zu meinen Kindern! Ja, die Therapie hat mir sehr geholfen, was mein Vatersein angeht. Was bin ich jetzt eigentlich für ein Vater, ein Vater ohne Familie, ohne Frau, ganz alleine? Und auf der anderen Seite wurde mir schrittweise klar, dass es eine andere Form von Elternschaft nach einer Trennung gibt. Die alte Elternschaft ist für immer verschwunden, da beißt keine Maus einen Faden ab. Sowohl für mich, für meine Frau, und für die Kinder natürlich ebenso! Aber es gibt eine neue Vaterschaft, so wie es eine neue Mutterschaft gibt. Deswegen Druck auf meine Exfrau zu entwickeln, was die Kinder betraf, das wäre doof gewesen, weil es überhaupt nicht meine Intention war, meine Frau aus der Erziehung rauszulassen. Ich hatte die Sorge, dass wir uns in eine Situation begeben, wo wir uns gegenseitig blockieren. Oder blockieren würden. In bestimmten Entscheidungen, zum Beispiel: Welche Schule besucht unsere Tochter? [...] Da hatte ich einfach die Sorge, dass die Kiste, die da zwischen meiner Frau und mir ablief, doch letztendlich über die Kinder ausgetragen würde. Weil sich plötzlich bestimmte Dinge völlig veränderten, was vorher Erziehung war, da liefen wir plötzlich auseinander.«

Peter T., der die Beziehung zu seinen Kindern keinesfalls beenden will, schätzt die Chancen gering ein, sich mit seiner Frau zu einigen. Mit dieser Befürchtung steht er nicht allein da. Nicht selten finden das tiefe Misstrauen und die Enttäuschung von Frauen nach der Trennung darin ihren Ausdruck, dem Mann zu unterstellen, als Vater gänzlich untauglich zu sein – auch wenn solche Zweifel in den guten Zeiten der Ehe nie eine Rolle gespielt haben. Peter T. berichtet von dieser kurz aufflackernden Angst:

»Ich hatte die Sorge, dass die zerrüttete Beziehungsebene zwischen mir und meiner Frau sich auf Regelungen von Einzelfragen, etwa den Umgang, durchschlagen könnte und dass unsere Konflikte uns blockieren würden. Ich wollte sichergehen, dass vonseiten meiner Frau [...] keine Blockadepolitik betrieben würde. Von daher fand ich das gut, wenn einer das Sorgerecht hat, nämlich ich, aber der Kontakt und alles andere im Grunde völlig normal sein sollte. Unmittelbar vor der Verhandlung habe ich diesen Antrag zurückgezogen.«

Mit dem Antrag auf alleiniges Sorgerecht hatte sich Peter T. voreilig den Zielen seiner offensiv orientierten Rechtsanwältin angeschlossen. Im Zuge seiner Psychotherapie gewann er jedoch die Gewissheit über seine eigenen Wünsche bald zurück:

»Es kam während der Therapie raus, dass die alleinige Sorge nicht das war, was ich wollte. Das wusste ich eigentlich schon vorher. Aber dass das letztlich irgendwie ein taktisches Instrument sei oder so was; es war mir vielleicht nicht ganz klar, was das bedeutet mit dem Sorgerecht. Das ist schon auf der Sachebene dann geklärt worden, ebenso wie auf der emotionalen Ebene. Die Unsicherheit jetzt: Was macht meine Frau in Bezug auf die Kinder? Weil da auf einmal nicht mehr ein gemeinsames Erziehen bestand, sondern ein getrenntes und zum Teil auch ein auseinander laufendes. Keine gemeinsame Elternschaft mehr! Das muss man erst mal aushalten. Und ich denke schon, dass mein Therapeut mir zur Klarheit verholfen hat, dass das alleinige Sorgerecht keine Chancen hatte.«

Damit wird eine wichtige Einsicht vermittelt, der sich viele andere Scheidungsväter – wie unsere Interviews zeigten – nur allzu gerne verweigern. Das Gefühl der Elternschaft ist nach der Scheidung für jeden Elternteil weitgehend nur noch über die Kinder unmittelbar erfahrbar – und nicht mehr über die Gemeinsamkeit des Paares und den Alltag, den sie mit den Kindern teilen. Damit verändert sich etwas Wesentliches in der Beziehung von Vater und Mutter zu ihren Kindern.

Die Sorgerechtsregelung, die im Fall T. schließlich getroffen wird, erleben beide als zufriedenstellend. Die Kinder verbringen eine Hälfte der Woche beim Vater, die andere bei der Mutter. Peter T. empfindet diese Lösung als ideal für die Kinder und sich selbst. Er hegt dabei keine Illusionen, die gewohnte Vaterrolle beibehalten zu können. Jeder übernimmt seinen Teil, aber zur Elternschaft von früher lässt sich das nicht mehr zusammenfügen. Diese Veränderung hat er akzeptiert und arrangiert sich mit seiner Frau auf dieser Basis. Beide führen heute getrennte Leben, deren Berührungspunkte ihre Kinder sind. Der Kontakt verläuft zwar nicht reibungslos, da die Kommunikation verständlicherweise nicht besser funktioniert als während der Ehe, aber organisatorisch gelingt zumeist eine Einigung.

»Die Spannungen sind zwar noch da, bestimmte Dinge haben wir regeln können, aber ich würde sagen, die Grundspannung, der Grundkonflikt, ist im Grunde nicht gelöst. Wir reden, glaube ich, über sehr vieles nach wie vor nicht. [...] Das Organisatorische klappt aber wirklich gut: was Ferien betrifft, was Wochenenden betrifft, was zum Beispiel Versorgung betrifft, wenn einer dann nicht da ist. Ich fahr einmal im Jahr mit Schülern nach Paris zum Beispiel. Dann kriegt meine Frau frühzeitig Bescheid. Wenn sie auf Klassenfahrt ist, weiß ich das ebenfalls frühzeitig. Und man kann sich auch immer wieder zwischendurch mal absprechen: ›Hör mal, geht es jetzt mal, [...] dass sie nicht erst am Freitag kommen, sondern schon am Donnerstag?‹ Solche Dinge sind möglich und eigentlich immer relativ unkompliziert.«

Dieses Arrangement von Vaterschaft und Mutterschaft nach der Scheidung veranschaulicht, wie beide zugleich, aber jeder für sich gute Eltern sein können. Gemeinsame Elternschaft endet mit der Scheidung. Das eingesehen und emotional verarbeitet zu haben, befähigt jeden von ihnen, nicht der Illusion von gemeinsamer Elternschaft nachzueilen, was eine bestehende Partnerschaft voraussetzt. Peter T. und seine Exfrau scheinen sich beide weitgehend mit dem Verlust abfinden zu können, der ihnen aus der Scheidung erwuchs: dem Verlust der Elterlichkeit, die an die bestehende Beziehung als Paar gebunden ist.

Um die gemeinsame Elternschaft im Alltag mit ihren angenehmen wie unangenehmen Aspekten teilen zu können, musste die Beziehung als Ehepaar keineswegs ideal sein. Wesentlich war nur, dass beide bei allen Schwankungen während ihrer Ehe in einer spannungsreichen, letztlich jedoch liebevollen Beziehung als Mann und Frau zueinander standen. Die Preisgabe der Illusion von der gemeinsamen Elternschaft nach dem Ende der Beziehung schützt beide davor, das Unmögliche für erreichbar zu halten. So erkennen wir in den Schilderungen von Herrn T., dass es beiden sogar gelingt, ein bestimmtes Maß an Spontaneität zurückzugewinnen, wenn es um Fragen der »Kinder-Organisation« geht. Vielen Geschiedenen gelingt das nicht, weil sie jedes Entgegenkommen für eine Freundlichkeit halten, die der andere wegen der unerledigten Altlasten nicht verdient hat und sich wohl nie wieder wird verdienen können.

Darüber hinaus zeigt die Geschichte von Herrn T., warum so viele Männer – durchaus entgegen landläufigen Vorurteilen – Psychotherapeuten oder Berater aufsuchen, um die Konflikte zu erkennen und zu bearbeiten, die mit einer Scheidung eigentlich immer verbunden sind. Psychotherapie kann dabei helfen, Widersprüche der eigenen Erwartungen zu klären. Das hilft Männern wie Frauen und macht es zumeist möglich, dass die Kinder weniger als üblich in die Wirren der erwachsenen Enttäuschungen über eine gescheiterte Liebesbeziehung hineingezogen werden. Peter T. abschließend:

»Ich würde schon sagen: Ich bin heute glücklich geschieden. Aber das bedeutet nicht, dass wir jetzt beste Freunde sind und uns zum Geburtstag anrufen und so was wie eine glückliche Trennungsfamilie sind. Glücklich geschieden deswegen, weil ich mit der Therapie das Gefühl gewonnen habe, dass ich mir die Tür zu mir selbst weit geöffnet habe und ich die Möglichkeit hatte, da hindurchzugehen. Ich bin mit mir selber heute mehr im Reinen als früher.«

Im Verlauf dieser Scheidung scheint es beiden Partnern mehr oder weniger spontan und mit therapeutischer Unterstützung gelungen zu sein, die Scheidung als eine Trennung eines nicht mehr glücklichen Paares zu betreiben. So lässt sich erklären, dass die Kinder nur am Rande erwähnt werden. Sie scheinen einen gesicherten Platz gefunden zu haben, was ausschließt, dass sie Kampfmaterial für den einen oder anderen geworden sind. Das Bewusstsein, dass die neue Elternschaft sich wesentlich von der alten – gemeinsamen – Elternschaft unterscheidet, und das Akzeptierenkönnen dieser Veränderung haben dazu beigetragen, dass die Kinder weitestgehend unbehelligt blieben.

Urlaubsvater per Gerichtsurteil –
Reinhardt B.

Reinhardt B. ist einer jener Männer, die um die Anerkennung ihrer Väterlichkeit nach der Scheidung kämpfen und die Abwertung zum Wochenendvater nicht hinnehmen wollen. Das Besondere an seiner Geschichte ist, dass er trotz Trennung und Scheidung eine innige Verbindung zu seinem Sohn bewahren konnte. Er hat dafür ein sehr anschauliches Bild:

»Die Beziehung zwischen ihm und mir ist sehr intensiv. Ich fühle mich ihm super verbunden. So eine ganz tiefe innere Pipeline. Ich denke, die Bindung zu meinem Sohn ist genauso stark wie meine Bindung zu meinen Eltern. Dieser unterirdische Kanal! Deshalb tut es mir auch so weh, wenn da jemand drauflatscht.«

Reinhardt B. ist freiberuflich tätiger Fotograf und zum Zeitpunkt des Interviews 37 Jahre alt. Seine Ehe dauerte dreieinhalb Jahre. Die Scheidung erfolgte 2002 nach zweijähriger Trennung. Jonathan, der gemeinsame Sohn, ist fünfeinhalb Jahre alt und lebt bei der Mutter. Reinhardt B. ist inzwischen eine neue Partnerschaft eingegangen. Seine jetzige Partnerin brachte zwei Kinder mit in die Beziehung, zudem haben beide ein gemeinsames Kind im Alter von drei Monaten. Seine Exfrau lebt nach wie vor allein. Der gerichtlich festgelegte Umgang erlaubt es Herrn B., Jonathan jedes zweite Wochenende sowie an Mittwochnachmittagen zu sehen – eine Regelung, die er sich erst erkämpfen musste, wie die folgende Falldarstellung zeigt.

Im Zuge des Interviews wird deutlich, dass sowohl Reinhardt B. als auch seine Exfrau eine besonders enge Beziehung zu ihrem Sohn Jonathan haben. Jedoch weniger in verbundener Elterlichkeit als jeder einzeln für sich. Reinhardt B. gibt an, dass seine Exfrau das Kind schon während der Ehe und daher auch nach der Trennung geradezu »annektiert« habe. Dennoch wuchs die emotionale Bindung zwischen ihm und seinem Sohn stetig. Im Gegensatz zu vielen anderen Vätern musste er nicht fürchten, die Beziehung könnte zu ihm infolge der Scheidung zerbrechen. Er ist sich der Liebe seines Sohnes sicher.

Die Trennung von seiner Frau führt Reinhardt B. auf seine mangelnde Reife für eine Partnerschaft zurück: »Ich sehe, dass ich viel zu schnell jemanden geheiratet habe, den ich gar nicht kannte.« Um das näher zu erklären, bemüht Reinhardt B. die Chemie, womit zwar alles gesagt zu sein scheint, andererseits tieferen Einsichten erfolgreich ausgewichen wird: »Wir passen einfach nicht zusammen. So sehe ich es. Insofern sind wir beide unschuldig. Die Chemie zwischen uns hat nicht gestimmt.«

Schon bald nach der Geburt ihres ersten Kindes ging dem Paar die gemeinsame Basis verloren. Reinhardt B. fühlte sich nur noch in der Rolle des »Finanziers« und empfand Mutter und Kind als Einheit, an der er nicht teilhaben sollte. Er hatte den Eindruck, dass seine Frau Jonathan als *ihr* Kind betrachtete, ihn als Vater, vor allem aber als Mann nicht mehr wahrnahm: Während er sich ausgeschlossen wähnte, warf ihm seine Frau vor, er nehme sich weder für sie noch für Jonathan genügend Zeit.

Wie schwierig es für ein Paar, das sich nicht lange kennt, sein kann, sich nach der Geburt eines Kindes auf die neue Situation einzustellen, beschreibt Reinhardt B. sehr anschaulich. Schnell stellte sich heraus, dass beide Partner in »so unterschiedlichen Sprachen« kommunizierten und in »so unterschiedlichen Welten« lebten, dass ein gemeinsames Leben schier unmöglich schien. Er betont, wie wichtig es gewesen wäre, über Probleme, Wünsche und Bedürfnisse zu sprechen und sich vielleicht professionelle Hilfe in Form einer Familien- oder Paartherapie zu suchen. Seine Frau jedoch lehnte ab. Sie war »hundertprozentig auf das Kind fixiert. Ich denke, dass sie die Partnerschaft zu ihrem Mann hat völlig schleifen lassen. Dann hat sie zur gleichen Zeit noch angefangen, ihr Abitur nachzumachen. Damit fühlte ich mich wirklich auf Platz drei. Erst kam das Kind, dann ihre Schule und ganz am Schluss kam irgendwie die Beziehung zu ihrem Mann.« Zumal seine Frau überhaupt nicht daran dachte, das Kind einmal abzugeben: Das Paar unternahm nichts mehr ohne den Säugling. Und so lebten sie in ihren »unterschiedlichen Welten« – er mittlerweile in der »klassischen Ernährersituation«, der

»draußen« das Geld verdiente, und sie anfangs »nur noch zu Hause« mit dem Kind, das sie ganz für sich beanspruchte.

»Ich habe versucht, mich von Anfang an irgendwie um unseren Sohn zu bemühen, aber es dauerte zwei Jahre, bis sie überhaupt bereit war, den ersten Babysitter zu buchen. Ich hatte von Anfang an gesagt: ›Hey, das ist eine gefährliche Geschichte. Wir müssen aufpassen, dass wir uns als Paar nicht verlieren.‹ Und zwar als Paar ohne Kind. Dass wir das Kind einfach mal in den Schrank stellen und ins Kino gehen und was essen gehen und das Baby mal für vier Stunden einfach vergessen. Da gab es keine Bereitschaft und wahrscheinlich keine Fähigkeit.«

Nach dreieinhalb Jahren zunehmender Entfremdung beendete Reinhardt B. die Beziehung. »Der Auslöser war, dass mir klar wurde, dass ich einfach nicht mehr mit dieser Frau zusammenleben möchte.« Seine Frau sieht das jedoch völlig anders: »Also ihre Wahrnehmung ist: Ich habe sie aus dem Blauen heraus verlassen. Und ich denke halt, das war eine jahrelang schleichende Entwicklung [...], das war irgendwie klar erkennbar, dass es so enden würde.«

Nachdem er die Absicht geäußert hatte, sich scheiden zu lassen, konsultierte seine Frau einen Anwalt und seitdem, sagt Reinhardt B., »herrschte irgendwie Krieg«. In diesem Fall, so scheint es, glich das Einschalten des Anwalts einer Art »Erstschlag«. Die Rechtsberatung löste sowohl bei ihm als auch bei seiner Frau eine Feindseligkeit aus, die die noch verbliebene Gemeinsamkeit zum Verschwinden brachte und den schwach entwickelten Wunsch ein Eltern*paar* zu sein, noch mehr verblassen ließ.

»Und da kam gleich eine Unterhaltsforderung über 1.500 Euro. Sofort nachdem ich diesen Brief aus dem Blauen heraus gekriegt hatte, der nicht angekündigt worden war, hab ich sofort meinen Scheidungsantrag gestellt und dachte: ›Wenn das so losgeht, dann muss auch ich schnell sein.‹«

Beide räumten das Feld ihren Anwälten. In diesem Rechtsstreit setzte Frau B. nun das Kind als »Waffe« ein, um den Vater außer Gefecht zu setzen. Die Kränkung der Frau durch den Scheidungswunsch ihres Mannes wird nicht auf der Ebene des Paares geführt, sondern stellvertretend auf der Ebene der Elternschaft – nach dem Motto: »Du hast mich verlassen, dann sollst du mein Kind auch nicht kriegen.«

Trotzdem versuchten Herr und Frau B., nachdem die Scheidung eingereicht war, die bestehenden Konflikte in einer Mediation zu lösen. Obwohl der Erfolg ausblieb, äußert sich Reinhardt B. sehr positiv über diese Art der Konfliktbearbeitung:

»Da gab es siebenmal eine 90-minütige Plattform, die ich ganz wichtig fand. Ich hatte so das Gefühl, ich kriege sehr großen Rückhalt durch die Mediatoren; ich kann halt ausreden und werde nicht niedergeredet, sondern ich fand das eine sehr gute Situation, die man sich da schaffen kann. Nach dem Abbruch der Mediation gab es eigentlich kein Gespräch mehr. Es geht dann alles nur noch über die Anwälte.«

Nachdem die Mediation gescheitert war, stellte Reinhardt B. schließlich einen Antrag beim Familiengericht, seine Besuche beim Kind verbindlich festzulegen, weil die Kindesmutter lediglich einem äußerst eingeschränkten Umgang zwischen Vater und Sohn zustimmen wollte.

»Im Prinzip war meine Ex lediglich einverstanden, dass ich ihn alle zwei Wochen sehe. Bezüglich irgendwelcher Urlaube war sie zu keiner Verbindlichkeit bereit. Sein Kind nur alle zwei Wochen zu sehen, das schrammt beim kleinen Kind, finde ich, schon hart an der Entfremdungsgrenze lang.«

Reinhardt B., der an den Entwicklungsfortschritten des kleinen Jonathan weiterhin teilhaben wollte, hoffte auf eine baldige Entscheidung. Es sollte jedoch eineinhalb Jahre dauern, bis das Gericht einen Beschluss erließ.

»Es brauchte tatsächlich so lange, bis die Umgangsregelung ausgesprochen wurde. Das stelle man sich einmal vor, bei einem Kind, das so jung ist, ist nach anderthalb Jahren die Erinnerung an den Vater fast weg. Ich hatte Glück im Unglück, dass ich meinen Sohn auch in der Zeit, in der mein Antrag lief, alle zwei Wochen gesehen hab. Aber wenn jemand den Umgang total verweigert, was ja oft vorkommt, dann hängt man bei diesem Gericht einfach fest. Das ist schon ein ganz großer Missstand mit diesem Familiengericht in K. Es ist extrem überlastet und kein wirksames Instrument mehr, weil die so spät auf alles reagieren. Selbst auf einstweilige Anordnungen wartet man Monate, bis etwas passiert. Das ist eine ganz dramatische Situation, weil die halbe Stadt mit diesem Gericht zu tun hat. Zwei Monate braucht man, um einen popeligen Stempel zu kriegen. Das ist ein Behördenskandal. Das ist zwar ein schicker Neubau, aber dahinter hängt alles völlig fest.«

Als endlich beide Elternteile vor Gericht angehört werden, bringt Reinhardt B. seinen Wunsch vor, Jonathan zusätzlich einmal in der Woche über Nacht bei sich zu behalten. Auf diese Weise hoffte er, wenigstens ein bisschen Alltag mit seinem Sohn zu verleben. Auch wäre es für ihn nicht unwesentlich gewesen, wenn er nach außen hin, etwa gegenüber dem Kindergarten, noch als Vater hätte in Erscheinung treten können. Seine Exfrau ist allerdings strikt gegen die Übernachtung und weigert sich, der Regelung zuzustimmen. Das Verfahren ist schwierig. Die Richterin sucht nach einem Kompromiss und entscheidet, dass Jonathan seinen Vater an jedem zweiten Wochenende und an jedem Mittwochnachmittag besuchen kann – allerdings ohne Übernachtung. Sie erklärt, dass Besuche des Kindes beim Vater von beiden Elternteilen gewünscht sein müssten. Eine Regelung gegen die Mutter durchzusetzen sei nur schwer denkbar. Für weniger problematisch hingegen hält sie es, eine Regelung durchzusetzen, die der Vater nicht will. Recht überraschend gibt sie ihren Beschluss bekannt.

»In dieser Umgangsregelung hat die Richterin schwarz auf weiß Folgendes geliefert: Dass die Umgangsregelung aus dem Grund nicht ausgeweitet wird, weil es wichtig für die Entwicklung des Kindes ist, dass der Kontakt mit dem Vater seinen Urlaubscharakter behält. Ich habe mit der Richterin noch drüber diskutiert, und dann kam als letztes Argument: ›Ja, Reinhardt B., meinen Sie, ich mache den Job hier gerne?‹«

Ihr Urteil begründet die Richterin folgendermaßen:

»Die festgesetzten Umgangszeiten sind notwendig, aber auch ausreichend und angemessen, den Zweck des Umgangsrechts zu erreichen. Auch ohne zusätzliche Übernachtung bei den geregelten Besuchen am Mittwoch jeder Woche verbleibt ein zeitlich angemessener Umgang zwischen Vater und Kind. Hinzu kommt, dass die Kindeseltern gerade über diese Übernachtungsmöglichkeit stritten und es deshalb zur Vermeidung von Nachteilen für die Entwicklung des Kindes (Loyalitätskonflikt wegen eines solchen Streites) hinsichtlich des Umfangs des Umgangs bei einer Regelung bleiben sollte, die beide Eltern tragen.«

Reinhardt B. wehrt sich gegen diese Art der Festlegung seiner Vaterrolle.

»Zuerst dachte ich, das ist doch eine Ungeheuerlichkeit, was mir die Richterin da erzählt. Ich plädiere nämlich für die Variante des natürlichen Alltagsvaters. Eben dieser stinknormale Typ und nicht diese Lichtgestalt, die mit Bergen von

Geschenken ab und zu mal auftaucht. Und dann das Kind mit Lego zuschmeißt, mit Alf überhäuft und dann wieder abhaut. Eher so der Typ, der sein Auto repariert, irgendwie so was! Daraufhin habe ich zwei Sachen gemacht: Ich bin erstens dem VAfK – Väteraufbruch für Kinder – beigetreten. Da bin ich relativ aktiv geworden. Und die zweite Geschichte: Ich habe Beschwerde gegen diesen ungeheuerlichen Richterbeschluss in der nächsten Instanz beim Oberlandesgericht eingelegt. Das lasse ich mir einfach nicht erzählen, dass ich lediglich der Urlaubsvater für meinen Sohn bin und nicht mehr. Das ist noch in der Schwebe. Man wird sehen, wie sich dieses Gericht entscheiden wird.«

Die Richterin hatte einen Verfahrenspfleger beauftragt, der als Anwalt des Kindes die Interessen des Jungen vertreten sollte.

»Der musste zwei Gutachten in Bezug auf Sorgerecht und in Bezug auf Umgang schreiben. Das war der erste Typ, der mich wirklich eingehend angehört hat. Wir haben uns zwei Stunden lang unterhalten. Der tendiert in seinem Gutachten zur Erweiterung des Umgangs und zur Beibehaltung des gemeinsamen Sorgerechts. Der Verfahrenspfleger ist ein Lichtblick. Das scheint das erste moderne Ding zu sein, was ab und zu eingesetzt wird.«

Der Verfahrenspfleger betonte die Bedeutung des Vaters. In seiner Stellungnahme an das Gericht schrieb er:

»Eine zusätzliche Übernachtung Jonathans beim Kindesvater wird grundsätzlich befürwortet. Insbesondere eine Übernachtung in der Woche würde dem Umgang den bisherigen Besuchscharakter nehmen und Jonathan somit ermöglichen, den Kindesvater auch im Alltag ein Stück zu erleben. Hinsichtlich des vom Amtsgericht favorisierten Besuchscharakters der Umgangsregelung teilt der Verfahrenspfleger keineswegs die Auffassung des Amtsgerichtes. Schließlich geht es hier nicht um den Besuch bei einem guten Onkel, sondern um Kontakte, die der Aufrechterhaltung einer positiven Vater-Kind-Beziehung dienen sollen. Umgangskontakte sollten für Jonathan daher gerade keinen Besuchscharakter besitzen, sondern ihm vielmehr ermöglichen, den Kindesvater im Alltag authentisch zu erleben. Ansonsten würde Jonathan die Beziehung zum Kindesvater in absehbarer Zeit nur noch über Wochenendaktivitäten und Geschenke definieren.«

Die Position des Verfahrenspflegers wurde vom Gericht jedoch nicht berücksichtigt, sodass sich Reinhardt B. damit begnügen muss, seinen Sohn jedes zweite Wochenende sowie mittwochs von 14 bis 19 Uhr zu sehen. Reinhardt B.: »Ich meine, das ist immer noch ein Minimalumgang. Na ja, im Vergleich zu anderen Vätern bin ich da schon Krösus, was den Umgang angeht. Aber ich finde es einfach zu wenig.« Dabei könne er noch von Glück reden, dass er »diese verbindliche Umgangsregelung, was den Alltag betrifft, quasi schwarz auf weiß« hat.

Obwohl das Verfahren nach dem neuen Familienrecht abgewickelt wurde und Gesetzestext wie Kommentare die gleichwertige Bedeutung beider Eltern für das Kind festschreiben, wurde im Fall von Herrn B. eine höchst eigentümliche Definition der Vaterrolle vorgenommen. Vatersein wird in direkten Zusammenhang mit Urlaub gebracht, was nahe legt, dass die Mutter hingegen das Leben mit seinen täglichen Beschwernissen zu bestreiten hätte. Ein Elternteil steht für Freude, der andere für Last! Der richterliche Beschluss machte Herrn B. zu dem, was er gar nicht sein will: ein Freizeit-Daddy. Unnötig zu erwähnen, dass das Urteil nicht weniger befremdlich wäre, träfe es eine Mutter, deren Kinder ihren Lebensmittelpunkt beim Vater haben.

Obwohl es Reinhardt B. trotz langer Kämpfe nicht gelungen ist, eine Umgangsregelung durchzusetzen, die seinen Wünschen von einer intensiven Vater-Sohn-Beziehung nahe kommt, scheint es ihm geglückt zu sein, das Leben seines Sohnes mit dem eigenen in der Kürze der zur Verfügung stehenden Zeit so miteinander zu verbinden, dass eine gemeinsame Lebenswelt entstanden ist.

»Ich lebe in einer neuen Partnerschaft. Meine Freundin hat zwei Kinder, und jetzt haben wir noch ein gemeinsames Kind. Wenn mein Sohn auch noch dazukommt, dann sind wir quasi zu viert, und das ist natürlich irgendwie eine tolle Situation für meinen Sohn, weil es irgendwie immer spannend und immer Villa Kunterbunt ist. Das Alter ist von drei Monaten bis fast acht Jahren und mein Sohn fühlt sich hier sehr wohl.«

Heute, so scheint es, lebt Reinhardt B. in einer Partnerschaft, in der er als Mann und Vater voll anerkannt wird, und er vermittelt den Eindruck, dass er das Leben in der neuen Familie sehr genießt.

Wenn die Frau für verrückt erklärt wird – Ignatz L.

Ignatz L. berichtete uns im Interview von der panischen Angst, in die ihn das eigensinnige Verhalten seiner Frau immer wieder versetzt hat. Wiederholt unternahm sie mit dem gemeinsamen Kind Reisen in ihr Heimatland Italien. Als sie von ihrer jüngsten Reise zur vereinbarten Zeit nicht zurückkam, sondern weit länger blieb als abgesprochen, fürchtete ihr Mann, er könnte sein Kind verlieren. Auch heute, knapp zwei Jahre nach der Trennung, lebt er weiter mit der Angst, seine Ex-frau könnte die gemeinsame Tochter in ihre Heimat entführen. Nicht weniger tiefe Spuren hinterließ bei Herrn L., dass seine Frau ihn immer wieder schlug.

Ignatz L. ist ein 32-jähriger Mann mit Hochschulreife. Er ist freiberuflich tätig. Seine Ehe bestand sechs Jahre, die Trennung erfolgte auf Betreiben seiner Frau. Er hat aus einer früheren Beziehung einen zehnjährigen Sohn, und aus der hier beschriebenen Ehe ging eine gemeinsame Tochter hervor. Ihr Name ist Maria. Sie ist heute 4 Jahre alt.

Als Ignatz L. im Gespräch auf seine Beziehung zurückblickt, beschreibt er sie als von Anbeginn an unglücklich, ja sogar katastrophal.

»Die Beziehung lief drei Jahre katastrophal, bis sie total eskalierte. Davor waren wir allerdings zwei Jahre in Rom, in denen es einigermaßen lief. Unter anderem deswegen, weil man – blöderweise – sagen könnte, dass ich in Rom keine gründliche Kontrolle über sie ausgeübt habe. In Rom habe ich viele Dinge auch nicht mitbekommen. Und wir hatten natürlich kein Kind. Insofern waren mir bestimmte Dinge egal. Wenn sie in Rom gesagt hat: ›Du, ich fahr jetzt für eine oder zwei Wochen weg‹ und kam nach drei Wochen erst wieder, dann hab ich halt gesagt: ›Gut, sie hatte halt Lust wegzufahren.‹ Und in Düsseldorf, mit dem Aus-der-Welt-Sein unseres Kindes, habe ich es ebenfalls toleriert, und das ist mein entscheidender Fehler gewesen. Es geht nicht darum, dass sie wegfährt, sondern dass sie mit dem Kind weggefahren ist. Als ich das nicht mehr toleriert habe, kam es dann zur Eskalation.«

Ignatz L. hatte mit der Geburt des Kindes die Beziehung zu seiner Frau Susanna nachdrücklich verändern wollen. Er hatte das Gefühl, dass das Leben mit Maria sich nicht so fortführen ließe wie bislang. Solange sie kinderlos waren, fand er sich mit der Unberechenbarkeit seiner Frau ab und unterließ es mehr oder weniger, auf der Einhaltung von Abmachungen zu bestehen. Vielleicht lag im sprunghaften Verhalten seiner Partnerin sogar ein gewisser Reiz für Herrn L. Mit der Geburt der Tochter wollte er jedoch als Vater ein größeres Maß an Verlässlichkeit für sein Kind einführen. Die Hartnäckigkeit, mit der seine Frau allerdings die bisherige unverbindliche Lebensweise verteidigte und keine Veränderung dulden wollte, löste bei ihm zunehmend Hilflosigkeit aus. Überfordert, wie er sich fühlte, suchte Ignatz L. Hilfe bei einem Psychotherapeuten. Er wählte einen Paartherapeuten, mit dessen Hilfe er eine Lösung für das Chaos zu Hause gemeinsam mit seiner Frau finden wollte.

»Meine Frau hat in diese Paartherapie durchaus eingewilligt. Ich hab ihr sogar zusätzlich eine Psychotherapeutin ausfindig gemacht, die italienisch spricht. Was in Düsseldorf nicht ganz einfach ist. Ihrer Therapeutin hat sie dann damals einen Brief geschrieben, sie wäre ja nicht verrückt und bräuchte keine Therapie. Auf die Paartherapie hat sie sich aber eingelassen, weil ich ihr die Pistole auf die Brust gesetzt habe. Sie hatte richtig Gewaltanfälle und dann hat sie mich mehrmals geschlagen. Das war eigentlich der wichtigste Grund, weswegen ich überhaupt zu der Familienberatungsstelle gegangen bin. Ich hab gesagt: ›Hören Sie mal, meine Frau schlägt mich. Was kann ich denn da machen?‹ So gesehen war sie da unter Druck. Wir haben dann diese Paartherapie gemacht. Ich glaube, wir sind insgesamt achtmal dorthin gegangen. Das erste Mal vor ihrer letzten Reise. Bei diesem Treffen hat sie mir dann hoch und heilig versprochen, nur drei Wochen wegzubleiben, und daraus wurden dann vier Monate. Und beim letzten Mal hat sie der Sozialarbeiterin und der Psychologin gesagt, die beiden könnten sowieso nicht beurteilen, was bei uns daheim passiert, weil sie nicht mit uns zusammen wohnen würden. Die Bereitschaft, etwas zu machen, war bei ihr nur kurz da, und dann hat sie nur noch abgeblockt.

Die Konflikte wurden von mir angesprochen, aber von ihr nicht als Konflikte erkannt. Sie verzeihen, wenn ich jetzt keine objektiven Stellungnahmen abgebe, aber das kann ich in meiner Situation gar nicht. Es ist meine Sicht der Beziehung, die ich Ihnen hier mitteile.

Meine Frau meinte damals, dass sie gar keine Hilfe nötig habe. Und schon der Versuch ihr zu helfen sei bereits eine Frechheit und ein Eindringen in ihre Intimsphäre. Wie beispielsweise eine Paarberaterin, die sagt: ›Frau L., Sie müssen sich doch auf bestimmte Absprachen einlassen.‹ Sie hat übrigens auch später jede Form von Beratung durchs Gericht und den Gutachter abgelehnt.«

So scheiterten alle Versuche, die Beziehung neu zu gestalten. Je mehr Ignatz L. unternahm, desto bedrückender erschien ihm die Aussichtslosigkeit seines Vorhabens. Ohne Zweifel war diese Situation für ihn lähmend und ohne Perspektive, denn wenn seine Frau sich weigerte, professionelle Hilfe zu nutzen, wie sollte er es alleine schaffen, ihrem Chaos zu Leibe zu rücken? Was blieb ihm zu tun, wenn selbst Psychotherapeuten seine Frau nicht erreichen konnten?

Nun hätte Ignatz L. zu dem Schluss kommen können, dass es mit seiner Frau unter solchen Umständen eben keine gemeinsame Zukunft geben könne. Nicht weil man zu wenig Gemeinsamkeiten hat, sondern weil es im alltäglichen Leben keinen Weg gibt, den man zusammen beschreiten kann. Zumal sie aus Konflikten nicht herauskommen würden und vor allem dem Kind keine Stabilität bieten könnten. Trotz dieser Aussichtslosigkeit kommt für Herrn L. eine Trennung nicht infrage. Obwohl seine Frau ihn immer wieder bedroht und massiv handgreiflich wird, hält er mutig an der Beziehung fest – und er findet für sich einen Ausweg, um mit der Situation leichter fertig zu werden: Schritt für Schritt beginnt er, die aggressiven Ausbrüche seiner Frau als etwas Besonderes zu betrachten, dem er seine Aufmerksamkeit schenken sollte. Wenn sie ihn schlägt, dann sieht er das nun mit einem neuen Blick. Er wird zum interessierten Beobachter ihrer Handgreiflichkeiten, die er zugleich abzuwehren versucht. So, als wollte er sich über die Belastungen und ihre tätlichen Übergriffe hinwegtrösten, reift in ihm mehr und mehr der Gedanke heran, dass jemand, der so aggressiv und chaotisch ist wie seine Frau, zumal gegen jemanden, den er liebt, mit anderen Augen gesehen werden müsse als ein normaler Mensch. Er mutmaßt, seine Frau könne psychisch krank sein. Um das festzustellen, sucht er im Internet nach Krankheitsbildern, die mit dem übereinstimmen, was er an seiner Frau als auffällig und abweichend empfindet. So entsteht in ihm eine Vorstellung von ihrer Krankheit, die er im Interview mit Fachausdrücken vor allem der Psychiatrie sehr lebendig und für den Zuhörer anschaulich zu beschreiben vermag.

Sehr zu seinem Bedauern ist die psychotherapeutische Behandlung zwar gescheitert, bevor überhaupt wichtige Probleme der Beziehung berührt werden konnten, aber es scheint, als ob Ignatz L. sich dafür einen Ersatz geschaffen hat. Dieses muss allerdings ohne das aktive Zutun seiner Frau auskommen. Ignatz L. nimmt immer mehr die Position eines Gutachters ein. Damit kann er zwar an den Problemen nichts ändern – das wäre nur in der Therapie möglich gewesen –, aber er macht sich als »Wissender« über sie seine Gedanken. Auf jeden Fall scheint ihm das zu helfen und sein Gefühl der Hilflosigkeit einzudämmen. Sein Wissen aus dem Internet, das er über Homepages von Selbsthilfe- und Betroffenengruppen bezieht, verwendet er nicht dazu, seine Frau abzuwerten und ihr die Liebe zu entziehen, wie das oft bei psychischen Erkrankungen der Fall ist. Ebenso wenig versucht er, sich ihr als selbst ernannter Psychiater anzudienen. Er sieht sie weiterhin als seine Partnerin, aber doch auch als Kranke und so weit beeinträchtigt, dass er nicht die Anforderungen an sie heranträgt, die er an eine Gesunde herantragen würde.

In den für ihn schwierigen Situationen, vor allem wenn seine Frau ihn schlägt, wird Ignatz L. immer mehr zum außenstehenden Beobachter. Er nimmt die Haltung eines Arztes gegenüber seiner Patientin ein. Den Arzt interessiert das Symptom, das Zeichen der Krankheit, dem er sich diagnostisch nähert und dem er zu Leibe rücken möchte, um das Leiden zu beenden. Alles andere interessiert ihn nicht. Etwas Vergleichbares macht Ignatz L. Er schreibt seiner Frau eine Krankheit zu. Vom Arzt unterscheidet ihn dabei, dass ihn ganz persönliche Gründen leiten, und zwar ohne Wissen seiner Frau, die sich gar nicht krank fühlt und sicherlich heftigen Einspruch erheben würde. Der Arzt will heilen und auch Geld verdienen. Das will und kann Ignatz L. nicht. Was er aber kann und was heilsam für ihn ist: Es fällt ihm leichter, sich mit ihrem unberechenbaren und aggressiven Verhalten abzufinden, wenn es ihm als Krankheit verstehbar erscheint. So kann er ihr gegenüber leichter loyal bleiben und vor sich selbst begründen, warum er sie nicht im Stich lassen will.

Allerdings führt die ärztliche Pose, die Ignatz L. einnimmt, allmählich doch zu einer tiefgreifenden Wandlung. Er sieht nur noch die vermeintliche Krankheit seiner Frau und gerät phantasierend immer mehr in die Haltung des Experten. Fachwissen – so stellt sich ihm das aus dem Internet gewonnene Material inzwischen dar – befähigt ihn dazu, seine Frau zu beurteilen. Dabei gerät ihm jedoch aus dem Blick, in welche Rolle er selbst zusehends gerät. Er ist nämlich nicht der Arzt seiner Frau, sondern ihr Ehemann. Er hat eine liebevolle und sexuelle Beziehung zu ihr, und die neutrale Haltung nach Art des Arztes ist für die Beziehung tödlich. Denn selbst für den gewöhnlichen Patienten ist die sachliche Distanz des Arztes mitunter belastend und nicht gesundheitsförderlich. Um wie viel weniger ist es die Haltung eines falschen Arztes, der der Liebhaber der »Patientin« ist.

Schon lange gelingt es Herrn L. nicht mehr, sich mit seiner Frau darüber zu verständigen, wie sie die gemeinsame Verantwortung für ihre Tochter wahrnehmen wollen. Letztlich gibt er dieses Vorhaben auf, weil sie »nicht normal darauf reagieren« könne. Dass seine eigenen Reaktionen ebenfalls nicht geeignet sind, das gegenseitige Verständnis zu fördern, scheint ihm nicht bewusst zu sein. Als Frau L. während der Paartherapie plötzlich mit der Tochter im Ausland verschwindet, löst das in ihm die schreckliche Befürchtung aus, er könnte seine Tochter nicht mehr wiedersehen. Doch auf ihre nicht minder unvorhergesehene Rückkehr reagiert er mit einem Wiedersehensfest. Angst und Ärger sind vergessen. Ignatz L. erklärt, er sei überglücklich gewesen, dass sie überhaupt zurückgekommen sei, nachdem ihm das Kind »schrecklich gefehlt« habe.

»Dann habe ich versucht, sie möglichst vorsichtig wieder in das normale Leben und vor allem die Sprachschule, die ich ihr gezahlt habe, reinzuschieben. Aber sie ist einfach nicht hingegangen. Entweder war das Kind oder sie selber krank. Manchmal hat sie einfach gesagt: ›Ich hab einfach keine Lust.‹ Und ich musste leider arbeiten gehen, um das Geld dafür zu verdienen, damit sie keine Lust haben konnte. Ich hab versucht, da ruhig ranzugehen. Das letzte Mal war ich in der Paarberatung auch ohne sie.

Mit der Freude über ihre Rückkehr war das so wie bei Teenagern. Du kriegst Ärger mit deinen Eltern, wenn du eine halbe Stunde zu spät kommst. Wenn du am nächsten Morgen kommst, freuen sie sich, dass du überhaupt zurückkommst. Über den Punkt ärgerlich zu sein, war ich drüber weg, weil ich derartige Angstzustände in der Zwischenzeit gehabt habe. Da war gar kein Platz mehr für Ärger. Ärgerlich war ich wahrscheinlich die ersten sechs Wochen, und dann hab ich sechs Wochen lang nur noch Angst gehabt. Der Rest war dann irgendwie der Versuch, alles zum Positiven zu wenden. Nach dieser viermonatigen Reise ist mir sonnenklar gewesen, dass das nichts ist um mich zu ärgern.

Sondern ein Verzweiflungsschrei mit völlig irrationaler Handlung. Man muss sich noch dazu vorstellen: Sie ist nach Rom gefahren um dort ihren Job zu sichern. In dem Job hat sie 1.500 Euro im Monat verdient. Sie hat aber eine Tagesmutter gebraucht, die in Rom 100 Euro am Tag kostet. Das heißt, es ist von vorne bis hinten eine irrationale Aktion gewesen. Vielleicht war ich viel zu beunruhigt, dass meine Frau einen psychischen Schaden hat. Mir war überhaupt nicht klar, dass es psychische Schäden in dieser Form gibt. Insofern ist Ärger wirklich das letzte Gefühl. Ich war nur noch panisch, dass sie eventuell gar nicht zurückkommt beziehungsweise, dass ich dann in Rom eine Polizeiaktion lostreten müsste. Das würde sie fürchterlich beschädigen, weil das eine Stadt mit einer entsprechenden Klatsch-Struktur ist. Wenn bei der die Polizei zu Hause gewesen ist, dann vergisst die Nachbarschaft das die nächsten 50 Jahre nicht. Und das wäre halt furchtbar selbst für das damals noch sehr kleine Kind gewesen. Nachdem sie zurück war, war am Anfang alles ganz toll. Ich muss ihr wohl gefehlt haben oder sie konnte extrem gut schauspielern. Aber dann wurde es sukzessive schlechter. Je mehr ich dann gesagt habe: ›Hör mal, du, es macht keinen Sinn, dass ich dir eine teure Schule zahle und du gehst nicht hin‹, und je mehr ich insistiert habe, dass sie morgens aufsteht, je mehr Wert ich darauf gelegt habe, dass das Kind zur Tagesmutter kommt und wieder pünktlich abgeholt wird, und je mehr solche Sachen sich wiederholt haben, umso mehr war das Kind angeblich krank. Abends wollte Susanna aber ausgehen und hat Maria einfach zu einer Nachbarin gebracht und sie dort schlafen lassen. Da war's dann egal. Je mehr von diesen größeren Streits wir gehabt haben, desto mehr ist die Situation eskaliert. Nach drei Wochen bin ich das erste Mal wieder geschlagen worden, und nach sechs Wochen ist sie das erste Mal über Nacht mit dem Kind weggeblieben. Mit dem Erfolg, dass ich Tausende von Freunden angerufen habe und die ganze Nacht vor Angst nicht schlafen konnte. – Bis zu dem berühmten Auszug.«

Ignatz L. hat die bedrückende Erfahrung langer Ungewissheit hinter sich, ob seine Frau und sein Kind je wieder zu ihm zurückkehren würden. Sicher war er erleichtert, als sie wieder zu Hause waren, aber er hält nicht inne, um sich zu fragen, wie es weitergehen soll und ob er eine solche Situation noch einmal durchleben will. Er macht sich nicht klar, was es heißt, kein Vertrauen in die Partnerin zu haben. Stattdessen demonstriert er vor seinen Freunden ungetrübte Freude darüber, dass seine Frau wieder da ist und sie ein glückliches Paar sind. Fast scheint es, als versuchte Ignatz L. sich selbst einzureden, dass alles wieder gut werden würde. Den Freunden, die an seinem Kummer über ungewisse Monate hinweg teilhatten, signalisiert er mit der Willkommensparty, dass es keinen Grund gebe, sich weiterhin Sorgen um seine Beziehung zu machen. Als Maria geboren wurde, hatte Ignatz L. noch versucht, die neue familiäre Situation nach seinen Wünschen zu gestalten. Nun scheint er alles zu tun, um seine Frau halten zu können. Und tatsächlich sagt er an einer Stelle des Interviews, dass er eigentlich die Beziehung nicht hatte verlassen wollen. Er wäre heute noch bei seiner Frau, trotz der Erniedrigungen und der Ängste, die sie ihm zugemutet hat. Ignatz L. hat viele Lösungen ausprobiert und manche Prügel dafür bezogen.

»Sagen wir mal: Eigentlich ging's drei Jahre lang. Das fing damals in der Schwangerschaft schon an. Allerdings noch nicht mit Schlagen. Vom ersten Schlagen bis zu ihrem Auszug waren es zwei Jahre. [...] Ausgehalten habe ich, weil wir ein kleines Kind haben. Was wäre die Alternative zum Aushalten gewesen? Ich hätte mit dem Kind zusammen ausziehen und in ein Männerhaus gehen können. Aber das ist noch zu avantgardistisch, um so was zu tun. Ich habe begriffen, dass die Frau ein psychologisches Problem hat, und wollte sie in der Situation nicht alleine lassen. Ich bin nicht ausgezogen! Sie hat versucht, mich zum Auszug zu bringen. Als das nicht geklappt hat, ist sie in ein Frauenhaus gegangen. Ich war davon ausgegangen, dass es in Beziehungen Schwierigkeiten gibt, und mir ist schon klar, dass Frauen, die Kinder kriegen, sich verändern. Das ist nun nicht mein erstes Kind. Ich sehe diese Verantwortung nach wie vor. Was heißt Verantwortung? Es ist auf das Kind bezogen eine Notwendigkeit, dass die Mutter irgendwann sich mit sich selbst beschäftigt und ihre Probleme angeht.«

Ignatz L. nimmt eine bemerkenswerte Haltung ein. Einerseits begründet er das Scheitern der Ehe damit, dass nichts berechenbar und seine Frau gewalttätig war, andererseits erklärt er nicht, warum er dennoch bei ihr blieb und sich weiterhin den Belastungen aussetzte. Die Vorstellung, sich mit seiner Frau auseinander zu setzen oder die Beziehung sogar zu beenden, war für Herrn L. wohl noch bedrohlicher als sich weiterhin duldsam in das eigene Unglück zu fügen. Er war der Ansicht, dass er die Tochter innerhalb der fortbestehenden Paarbeziehung besser vor der Mutter schützen könne, als wenn er sie ganz aufgäbe. Seine Angst war, die Mutter könnte sich eines Tages ebenso gewalttätig gegen die Tochter wenden wie gegen ihn. Schließlich geriet Ignatz L. immer tiefer und unentrinnbarer in eine Lage, in der er nur noch von einem Tag zum anderen durchzuhalten schien. Er begann die Maßstäbe dafür zu verlieren, was angemessene Reaktionen auf das Verhalten seiner Frau sein könnten.

Wir wissen nicht, wie Frau L. die Beziehung zu ihrem Mann erlebt hat, dennoch wollen wir folgende Überlegung anstellen, die zunächst überraschen mag. So halten wir es keineswegs für ausgeschlossen, dass Frau L. das Verhalten ihres Mannes ihrerseits als aggressiv erlebt haben könnte. Denn aggressiv ist keineswegs nur, was Schlägen, Tritten, Messerstichen und Faustschlägen ähnelt. Aggressiv und zornig kann auch eine passive Haltung sein, die scheinbar großzügig alles geschehen lässt, indem Verbindlichkeit und Aufmerksamkeit dem anderen gegenüber zurückgenommen werden. Aggressiv und herausfordernd, wenn auch zugleich von Besorgtheit geprägt, ist ohne jeden Zweifel Herrn L.s Versuch, seiner Frau eine psychische Erkrankung zuzuschreiben. Er will verstehen, er hat es mit dem Angebot der Paartherapie in einer früheren Phase ernst gemeint, aber in dem Bemühen, sich als Facharzt zu betätigen, macht er seine Frau zum Objekt. Die Gegenseitigkeit des Verstehens gerät immer mehr aus dem Blick.

Ein Mann, der seiner Partnerin keinerlei Grenzen setzt und der nicht auf vereinbarten Gemeinsamkeiten besteht, signalisiert, dass er die Partnerin nicht ernst genug nimmt, um sich mit ihr auseinander zu setzen. Auf keine von Susannas Abwesenheiten reagiert Ignatz L. hilfreich. Er lässt sie von seiner Angst nichts erkennen, nichts von seiner Verzweiflung und der Furcht, sie könnte nicht zurückkommen und er sein Kind verlieren. Er konfrontiert seine Frau nicht mit sich selbst – allenfalls mit den scheinbar unproblematischen Seiten: Er gibt sich als Sonnyboy, als sie plötzlich wieder in die Wohnung hineinschneit, und demonstriert, dass er viel wegstecken kann und das auch tut. Statt ihr die Angst zu schildern, die sie in ihm durch ihr unberechenbares Verhalten auslöst, statt ihr eine Vorstellung davon zu geben, was sie ihm zufügt, zimmert er sich seine eigene Erklärung zurecht. Seine Überzeugung, dass seine Frau psychisch gestört sei, bestimmt sein Handeln: Einer psychisch Kranken kann man nicht normal begegnen. So fällt ihm die ganze Verantwortung für die Tochter Maria zu.

Selbst nach der Trennung kann er nicht von ihr lassen. Obwohl er sie als arbeitsscheu und unzuverlässig erlebt, bezahlt er weiterhin die Tagesmutter. Mit der Trennung von seiner Frau könnte er sich selbst von dieser offenbar unlösbaren Auseinandersetzung um einen geregelten Tagesablauf verabschieden und sich endlich frei machen.

»Nein, ich zahle überhaupt keinen Unterhalt. Ich bin ökonomisch gar nicht mehr dazu in der Lage. Ich betreue drei Nachmittage in der Woche meine Kinder, vorausgesetzt, meine Tochter wird zu mir gebracht. Ansonsten gibt es noch meinen Sohn. Was ich verdiene, reicht gerade so, um die Miete und meinem Sohn weiterhin seine Kindertagesstätte zu bezahlen. Meiner Tochter zahle ich nach wie vor eine Tagesmutter. Ansonsten zahle ich natürlich alles an den Tagen, wo die Kinder da sind. Susanna lebt jetzt von Sozialhilfe und macht gar nichts. Entscheidet offensichtlich jeden Tag immer wieder aufs Neue, ob sie aufsteht oder nicht, ob das Kind zur Tagesmutter oder zur Schule kommt. Sie macht keine Ausbildung und um einen Arbeitsplatz sorgt sie sich ebenfalls nicht. Insofern haben wir den Konflikt gar nicht gelöst, sondern nur verschoben.«

Ignatz L. beschreibt ein Problem, auf das wir unter geschiedenen oder getrennten Vätern keineswegs selten stießen. Es bereitet ihnen große Schwierigkeiten, ihre finanziellen Leistungen nach der Trennung ganz unpathetisch nur noch als Unterhaltszahlungen zu sehen, die eine Rechtsverbindlichkeit gegenüber ihren Kindern und gegebenenfalls der Exfrau sind. Sie können sich nur schwer damit abfinden, dass sie Geld abliefern sollen, dass aber von der gewohnten Erfahrung, Vater zu sein und seine Kinder Tag für Tag zu sehen, so gut wie nichts mehr übrig bleibt. Das steht in krassem Widerspruch zu ihrer früheren Bedeutung als möglicherweise alleiniger oder doch wichtigster Brotverdiener in der Familie. Früher hat die Familie stillschweigend und zufrieden seine Erfolge anerkannt – oder in schwierigen Zeiten der Arbeitslosigkeit ihn stumm gemahnt, das nicht hinzunehmen und der Familie den alten Zustand der sozialen Sicherheit wiederzugeben. Diese Form der Bestätigung ist nach der Scheidung dahin, denn es gibt das gemeinsame Leben nicht mehr, in dem solche Erfahrungen gemacht werden konnten. Mit der Scheidung kommt Vätern in den meisten Fällen die Chance abhanden, auf das familiäre Leben in der gewohnten Weise Einfluss zu nehmen, sich als Mitglied der Familie und als sorgender Vater zu erleben. Es verbleiben ihnen zwar Rechte und Freiräume, die sie mit der Exfrau ausgestalten können, aber das ähnelt nur wenig den Familienerfahrungen der Vergangenheit. Für Väter, die nicht verheiratet waren, ist die Situation noch schwieriger. Sie sind der ehemaligen Partnerin fast auf Gedeih und Verderb ausgeliefert, wenn es um die Beziehung zu ihren Kindern geht. So will es bislang das deutsche Familienrecht. Sollten die Kinder ihren Lebensmittelpunkt hingegen beim Vater haben, so können Exfrauen im Prinzip in die gleiche Situation geraten. Mit der Folge, dass die Erfahrung von familiärem Leben schwindet und damit die Anerkennung für Leistungen und Sorge. Pflichten herrschen vor, aber die Anerkennung bleibt unpersönlich. Sie besteht weitgehend darin, gesetzlichen Pflichten entsprochen zu haben.

Für Herrn L. hat sich die Beziehung zu seiner Exfrau ungewöhnlich schwierig gestaltet. Es hätte ihm das Leben erleichtert, wenn er sich mit der gesetzlichen Regelung begnügt hätte. Damit hätte er jedoch seinen Wunsch aufgeben müssen, im Interesse des Kindes weiterhin auf die Frau »erzieherisch« einwirken zu können. Wie wir sahen, hat Ignatz L. diese Absicht immer wieder verfolgt, auch wenn ihm Erfolg dabei versagt blieb. Darum führt er mit seiner Exfrau den Kampf fort, den sie bereits in der Beziehung führten. Weil sie ein gemeinsames Kind haben, sieht er sich verpflichtet und berechtigt, Ansprüche an ihre Lebensführung zu stellen. Vor allem, wenn es um das Leben seiner Tochter Maria geht. Ob seine Exfrau ihre Sprachkurse vernachlässigt, spielt unter Geschiedenen rechtlich keine Rolle mehr. Ignatz L. hat den Kampf in der Ehe verloren, und die Trennung hätte der Schlussstrich sein können. Doch er hält am Kampf fest. Obwohl er die amtlich festgelegte Unterhaltszahlung nicht akzeptiert, weil er sie für unangemessen hoch hält, zahlt er freiwillig die Tagesmutter. Dazu ist er weder verpflichtet, noch scheint seine Großzügigkeit förderlich zu sein. Warum er es dennoch tut, ist leicht nachzuvollziehen. Wie anderen Scheidungsvätern auch, fällt es ihm nämlich sehr schwer, jemand anderes an seiner Stelle in direkten Kontakt zu seiner Exfrau treten zu lassen. Seien es Gesetz, Richter oder Jugendamt – sie alle schwächen seinen gewohnten Einfluss auf die Familie. Rechtsverhältnisse sind nun einmal etwas völlig anderes als die von Emotionen und gemeinsamer Elternschaft geprägten Beziehungen und langjährigen Erfahrungen. Selbst wenn sie von Anfang an einigermaßen chaotisch sind wie in der Familie L.

Durch Arbeit Geld zu verdienen, das die Familie zum Leben braucht, ist für die meisten Männer eine Selbstverständlichkeit, die ihrem Leben überhaupt erst einen tragenden Sinn verleiht. Dass Arbeit auch Spaß machen kann, reicht als Motivation offenbar nicht aus. Die

Familie ist der Ort, wo allein dieser Sinn erlebt werden kann. Dass Männer aus anderen Betätigungen noch zusätzlich Befriedigung beziehen, liegt auf der Hand, aber keine Sphäre erscheint den meisten so sinnstiftend wie die Sorge für die Familie. Nach der Scheidung nur noch nach Gesetzeslage und Richterbeschluss zu zahlen, kann das Bedürfnis nach Anerkennung nicht mehr befriedigen. Deshalb versuchen Väter nach der Scheidung häufig, sich gegen den Verlust ihres Lebenssinns zu wehren. Gegen die Abhalfterung seines Lebenssinns stemmt sich auch Ignatz L. Er will in Zukunft weiter als Vater etwas zu sagen haben.

Wir können nicht darüber befinden, ob seine Exfrau ihm lediglich die Einmischung in ihr Leben versagte oder ob sie wirklich Probleme hatte, den Alltag für sich und die Tochter zuverlässig zu gestalten. Doch selbst wenn seine Kritik an der Lebensgestaltung seiner Exfrau zutrifft, hat er kein Recht, auf sie Einfluss zu nehmen. Er ist nun einmal geschieden, auch wenn es ihm schwer fällt, das zu akzeptieren. Allenfalls könnte er gerichtlich wegen Kindesvernachlässigung gegen seine Exfrau vorgehen, wenn ihm das angemessen erscheint. Gerichte würden dann entscheiden, aber Ignatz L. selbst kann darüber nicht mehr befinden. Indem er wie gebannt an seinen unerfüllten Forderungen festhält, kann er nur die Unzulänglichkeiten seiner Exfrau immer wieder betonen. Damit blendet er die Frage aus, warum er keinen Weg fand, den Teufelskreis von körperlichen Angriffen und ihn ängstigenden Abbrüchen der Beziehung zu durchbrechen. Somit muss er sich auch nicht der Einsicht stellen, dass er selbst aktiv an seinem Unglück mitgewirkt hat.

Obwohl Ignatz L. einen gar friedfertigen, fast pazifistischen Eindruck von sich vermittelt, vermeint er, aus eigener Kraft gegen die sporadisch wiederkehrenden Handgreiflichkeiten seiner Exfrau nichts tun zu können. So lehnt er es ab zurückzuschlagen und glaubt damit, seine eigene Friedfertigkeit zu demonstrieren. Gewalt abzulehnen, bedeutet aber wesentlich mehr, als nur selbst nicht zu schlagen oder andere moralisch für etwas zu verurteilen, was man selbst nicht tun würde. Gewaltfrei zu sein bedeutet, selbst dazu beitragen, dass der andere ebenfalls nicht in die verzweifelte Lage gerät, nur noch mit Handgreiflichkeiten seine Interessen durchsetzen zu können. Dabei spielt es keine Rolle, von wem die Aggression ausgeht und wer die Sprache als Mittel der Verständigung ablehnt. Wer sich vom anderen demütigen oder schlagen lässt und die Schläge durch Duldung begünstigt, ist keineswegs friedfertig. Er ist so friedlos wie der andere. Ignatz L. hat mit jeder Handgreiflichkeit seiner Exfrau mitgeteilt, dass Gewaltanwendung von ihm widerspruchslos hingenommen wird und kein Anlass ist, die Beziehung zu beenden. Er hat über die Jahre eine Art von Toleranz entwickelt, die seine Frau in ihrem destruktiven Verhalten sogar bestärkte. Ignatz L. würde sich selbst sicherlich als friedfertig bezeichnen, und doch lebte er mit seiner Frau wie im Krieg.

Offen bleibt, in welcher Form die Tochter Maria das Verhalten ihres Vaters eines Tages infrage stellen könnte. Vielleicht wird sie wissen wollen, warum es ihm nicht gelungen ist, eine häusliche, beschützende Atmosphäre zu schaffen. Vielleicht wird sie ihren Vater fragen, warum er erst so spät bemerkt hat, dass die Mutter ihr kindliches Leben so ungeordnet hat ablaufen lassen und sie zu allen möglichen Menschen weitergereicht worden ist. Vielleicht kann Ignatz L. dann die Fragen seiner Tochter offen beantworten und ihr zeigen, dass es ihm leid tut, ihr keine bessere Familie bieten zu können.

Wie andere Betroffene auch, quält Herrn L. die tief sitzende Angst, dass die Beziehung zu seiner Tochter so scheitern könnte wie die Beziehung zu seiner Frau. Für seine Tochter fürchtet er, dass sie so werden könnte wie seine Frau. Nicht unbegründet hofft er auf Hilfe von außen.

»Es muss irgendeine sachliche Ebene oder Instanz geben, die meine Exfrau sanktioniert und Druck ausübt. Ansonsten befürchte ich dieses uneinsichtige Verhalten, was eben an Borderline gemahnt. Und da fürchte ich, dass das dann eines Tages mein Kind einholt.«

Nur wenn es Herrn L. gelingt, seine eigene Geschichte zu verstehen, kann er das Risiko mindern, dass seine Tochter ebenfalls in einen Teufelskreis aus unerfüllten Wünschen, Hilflosigkeit und Demütigung gerät. Das Schicksal von Eltern kann sich an ihre Kinder »vererben«. Aber diese Art der Vererbung folgt keiner biologischen Gesetzmäßigkeit. Wir wissen, dass Kinder geschiedener Eltern zwar eine höhere Wahrscheinlichkeit haben, selbst als Erwachsene in ihrer Ehe zu scheitern, als Kinder aus glücklichen Ehen. Kinder identifizieren sich unbewusst mit ihren Eltern und wiederholen, was diese taten. Aber sie können sich der Wiederholung auch widersetzen.

Wenn das Jugendamt sich mit der Mutter verbündet – Friedrich H.

In unseren Gesprächen mit Scheidungsvätern wurden wir wiederholt mit Erlebnissen konfrontiert, die so unwahrscheinlich klangen, dass wir sie zunächst infrage stellten und als subjektiv verzerrte Darstellungen betrachteten. Wir wollten nicht glauben, was Scheidungsväter über Jugendämter, Gerichte, Gutachterinnen, ihre Exfrauen oder -partnerinnen berichteten. Doch in vielen Fällen zeigte sich, dass die Berichte den tatsächlichen Erlebnissen der Männer entsprachen. Die Geschichte von Friedrich H. ist hierfür ein Beispiel – bei weitem nicht das spektakulärste, das uns begegnet ist. Schilderungen wie seine haben uns über das persönliche Schicksal hinaus Einblicke in die äußeren Verhältnisse gewährt, mit denen Scheidungsväter konfrontiert sind.

Wie alle Menschen, die starkem Schmerz, Wut oder traumatischen Belastungen ausgesetzt sind, neigen auch Scheidungsväter und -mütter dazu, ihre Sicht der Dinge auf die Außenwelt zu übertragen. Der Bezug zur Realität kann stark beeinträchtigt sein, sodass sich die Wahrnehmung verselbstständigt. Was man außen zu sehen meint, entspricht im Grunde dem inneren seelischen Zustand. Man sieht draußen, was es dort nicht gibt. So stellten wir uns anfangs die Frage, ob die Erfahrungen, die Friedrich H. machen musste, geeignet sein könnten, seine Wahrnehmung in diesem Sinn zu beeinträchtigen.

Als wir das Interview mit Friedrich H. führten, war er 37 Jahre alt und die Trennung von seiner Frau lag bereits vier Jahre zurück. Kurioserweise beendete er mit der Heirat eine elf-jährige Beziehung. Die Ehe wurde bereits nach kurzer Zeit für zerrüttet erklärt. Aus der Beziehung gingen zwei Söhne hervor, Stephan und Ralf, die heute 7 und 4 Jahre alt sind. Zum Zeitpunkt der Trennung aber war der jüngere noch nicht geboren. Frau H. war zu dieser Zeit mit ihm schwanger. Friedrich H. zählt zu jener Gruppe von Männern, die über ein sehr geringes Einkommen verfügen. Der entscheidende Grund dafür ist, dass er infolge der Trennung seinen Arbeitsplatz verlor. Über die Beziehung zu seiner Exfrau berichtet Friedrich H. aus wechselnden Blickwinkeln. Einmal spricht er über sie voller zärtlicher Erinnerungen an die guten gemeinsamen Zeiten, dann wieder erzählt er von ihrer ausgeprägten Eifersucht und ihrem bedrohlichen Hang zu aggressiven Ausbrüchen. Diese waren gegen ihn, besonders aber gegen das Kind gerichtet. Vor allem die Gewalttätigkeiten dem Sohn gegenüber belasteten Friedrich H. sehr:

»Alles war super, alles hat geklappt. Die Mahlzeiten und die Verpflegung von Stephan, das war alles gesichert. Wir haben zwar als Eltern gerade beim ersten Kind ein bisschen mit der Erziehung Schwierigkeiten gehabt. Vor allem, weil meine Frau ein sehr aggressiver Typ war und sehr schnell zugelangt hat. Gut, dann haben wir aber darüber gesprochen! Wir waren in einer Elternberatung, wo viele Eltern mit Kindern waren, die Probleme mit dem Beginn der Kindheitsphase hatten. Ich sag mal so: Da wird immer schnell zugelangt, um den Stress abzubauen, so 'n bisschen zumindest. Und da hat meine Frau viele Frauen kennen gelernt, und die haben sich nebenbei noch mit den Kindern getroffen. Also das war rückblickend eigentlich eine sehr, sehr schöne Zeit.«

Trotz der aggressiven Ausbrüche seiner Frau spricht Friedrich H. nicht abwertend über sie. Es scheint, als habe das Paar aus eigener Initiative einen Weg gefunden, sich den konfliktreichen Seiten der Beziehung und der Kindererziehung zu stellen. Zu Recht, wenn nicht sogar mit ein wenig Stolz, nennt Friedrich H. das eine Bereicherung, denn es schien den beiden gelungen zu sein, gemeinsam an einem partnerschaftlichen Problem zu arbeiten.

Das Leben des Paares orientierte sich am traditionellen Rollenbild. Frau H. ging keiner bezahlten Arbeit nach und kümmerte sich um Erziehung und Haushalt. Friedrich H. versuchte im Rahmen seiner Möglichkeiten Karriere zu machen und kann auf berufliche Erfolge zurückblicken. Alsbald tauchten jedoch Probleme auf. Frau H. hielt ihrem Mann bei Streitigkeiten immer wieder vor, dass sie nicht verheiratet seien und dass sie aus diesem Grund im Fall einer Trennung das alleinige Sorgerecht für den Sohn beantragen würde. Von gemeinsamer Verantwortung wollte sie in dieser Situation nichts wissen. Rückhalt bot ihr dabei die Gesetzeslage, die für Unverheiratete kein gemeinsames Sorgerecht vorsieht, falls das nicht zuvor vereinbart wurde. Verständlicherweise sah Friedrich H. durch solche Bemerkungen seine Väterlichkeit zunehmend infrage gestellt, zuletzt sogar bedroht. Und so berichtet er:

»Da wurde denn gleich rumgeschrieen: ›Die Erziehung geht dich gar nichts an‹ und ›Wir sind nicht verheiratet‹ und ›Das ist mein Kind, du hast gar nichts zu melden!‹. Es war, als Stephan anfing zu krabbeln. Da hat er einen großen Blumenstock im Wohnzimmer aus der Erde rausgebuddelt. Und dann hat sie ihm gleich eine auf den Po gehauen: ›Das sollst du nicht!‹ und hat ihn ins Laufgitter gesperrt. Und ich habe versucht, ihm zu erzählen, warum das nicht geht, wie man das eben so macht. Und dann fing sie gleich an rumzuschreien: ›Das ist nicht dein Sohn. Ich bin hier die erziehungsberechtigte Person. Du hast hier überhaupt nichts zu melden.‹ Dann haben wir Stephan abends gemeinsam ins Bett gebracht, uns anschließend hingesetzt, und ich habe ihr gesagt, dass ich mit diesen aggressiven Übergriffen nicht einverstanden bin. Dass man das in Ruhe erklären und nicht gleich zuschlagen sollte.«

Obwohl Friedrich H. trotz aller Zurückweisungen immer wieder das Gespräch mit seiner Partnerin suchte, fühlte er sich durch ihre Ausbrüche und die Schmähungen ob seiner angemaßten Vaterschaft tief beschämt.

»Ich habe mich dann immer – ich sage mal – wie menschlicher Abfall gefühlt. Dieses ›Du bist nur da, um hier Geld ranzuschleppen und dafür zu sorgen, dass wir ernährt werden‹, das hat mich erniedrigt. Später, als ich in die Therapie ging, hat sich dieses Gefühl bei mir ein bisschen gemildert. Aber ich bin da nie drüber hinweggekommen. Ich kann so was nicht ertragen. Ich mag das nicht, wenn man einen Menschen so abfällig behandelt. Es kam aber immer mal wieder vor, wenn auch größere Zeitsprünge dazwischen lagen.«

Allmählich spitzten sich die Auseinandersetzungen zu. Frau H. bedrängte ihren Mann mit Eifersuchtsphantasien und bestand auf einer Heirat – auch gegen seinen Willen. Mit der Drohung, ihm das Kind zu entziehen, versuchte sie ihn gefügig zu machen.

»Es war ja damals gesetzlich noch so, dass man die Kinder nach der Vollendung des dritten Lebensjahres adoptieren musste. Sie sprach mich darauf an, ob wir heiraten wollen, und ich habe gesagt: ›Nein, ich will nicht heiraten. Das reicht mir so aus.‹ Und dann wurde gestichelt über meine Eltern und über meine Schwiegermutter. Immer wieder kam das Thema auf den Tisch: ›Du musst doch heiraten‹ und ›Sicherheit der Familie‹. Dann war ich zu einem Lehrgang für eine

Woche und da gab's nur Ärger am Telefon: ›Du betrügst mich. Du hurst da rum.‹ Sie war sehr, sehr eifersüchtig. Dann bin ich wiedergekommen. Das war ungefähr drei Monate vor Stephans drittem Geburtstag, und dann hat sie gesagt: ›Lass uns doch nun endlich heiraten.‹ Und denn hab ich gesagt: ›Nö, ich will nicht heiraten.‹ ›Okay, dann machen wir das so: Dann ziehst du aus und dann siehst du dein Kind nie wieder.‹ Und dann habe ich mich beim Anwalt erkundigt, wie das gesetzlich aussieht. Und dann hat der zu mir gesagt: ›Sie haben keinen Anspruch, sie können Ihren Sohn stundenweise zwei- oder dreimal bei Ihrer Frau besuchen. Das ist der Anspruch, den Sie haben.‹ Und dann bin ich zum zweiten Anwalt in Hamburg gegangen und habe mich noch einmal erkundigt. Das war eine Anwältin. Die hat das bestätigt, und dann habe ich zu mir selber gesagt: ›Okay, Friedrich H., du willst deinen Sohn sehen. Du liebst Stephan abgöttisch und er ist dein Ein und Alles. Dann heiratest du eben und danach ziehst du aus.‹ Das stand für mich damit fest.«

Die außergewöhnliche Entscheidung, die Herr H. damit traf, zeigt, welch seltsame Wege Männer mitunter beschreiten, wenn es darum geht, die Beziehung zu ihrem Kind aufrechtzuerhalten. Zunächst schien die Strategie auch aufzugehen. Friedrich H. berichtet von regelmäßigen Wochenendbesuchen seines Sohnes.

»Ich habe mit Stephan einen sehr guten Kontakt gehabt; alle vierzehn Tage von freitags bis sonntags abends, bis er mir berichtete, dass er von seiner Mutter misshandelt wird. Ja, und dann wollte er nicht mehr nach Hause. Er hat sich geweigert, mit all seiner Kraft, die er hat, nach Hause zu gehen. Ich habe Gespräche mit meiner Frau darüber geführt, und ich habe das Jugendamt eingeschaltet. Und habe Stephan dann wieder zurückgebracht. Und vierzehn Tage später kam er wieder zu mir und wollte gar nicht mehr nach Hause. Da hab ich den Sozialen Notdienst des Jugendamtes eingeschaltet. Und die Dame hat zu mir gesagt, ich sollte sofort die entsprechenden Anträge stellen, denn die Misshandlungen sind sichtbar und dann bleibt Stephan bei mir.«

So beantragte Friedrich H. das Aufenthaltsbestimmungsrecht für seinen Sohn. Mittlerweile hatte sich jedoch im Jugendamt eine neue Mitarbeiterin des Falls angenommen, die in einer ausgesprochen freundschaftlichen Beziehung zu seiner Frau stand, was Friedrich H. jedoch nicht wusste. Damit begann der Fall eine eigentümliche Wendung zu nehmen – eine Wendung, die wir auch in anderen Fällen beobachteten und die wir anfangs geneigt waren, für die verzerrte Wahrnehmung eines enttäuschten und wütenden Ehemanns zu halten. Doch der Bericht von Friedrich H. ist von einer solchen Detailfülle, dass unser Zweifel schwand und eine Erfindung der Abläufe ausgeschlossen werden kann. Friedrich H. berichtet:

»Ich habe dann das Aufenthaltsbestimmungsrecht für meinen Sohn beim Amtsgericht beantragt. Und dann ist mein Sohn vom Richter im Beisein einer Mitarbeiterin des Jugendamts angehört worden. In meinem Schreiben stand: Vorladung Stephan an dem und dem Tag um die und die Uhrzeit zur richterlichen Anhörung. Und dann bin ich mit Stephan zum Amtsgericht gefahren. Und dann kam der Richter, der hat uns begrüßt, ganz nett und freundlich. Und dann kam eine Dame, die als Frau K. vom Jugendamt vorgestellt wurde. Die hat Stephan angeguckt und wollte meinem Sohn die Hand geben, aber Stephan hat sich hinter mir versteckt und gesagt: ›Mama Freundin!‹ Und dann habe ich gedacht: ›Na ja! Wie Kinder so sind, man geht lieber dem Widerborstigen aus dem Weg, schließlich ist man ja auch ein bisschen aufgeregt vorm Richter.‹ Und dann sind wir in den Gerichtssaal gegangen. Der Richter hat das sehr gut gemacht, hat Stephan alles erklärt, was das so ist, und danach sind wir ins Richterzimmer gegangen. Und dann hat er Stephan erklärt, dass er mit ihm sprechen möchte. Und dass Papa da nicht dabei sein darf. Stephan hat sich ganz massiv geweigert dazubleiben. Ich habe dann mit Stephan gesprochen, ich hatte auch Spielzeug mitgenommen und ihm gesagt, dass er in diesem Zimmer mit dem Richter reden wird, dass der Richter ihm Fragen stellen wird, und er möchte sie doch bitte beantworten. Und dass Papa hinter der Tür ist und auf ihn aufpasst. So, und dann bin ich rausgegangen, und Stephan hat sich noch einmal vergewissert, dass ich auch im Wartezimmer sitze. Dann durfte der Richter die Tür zumachen. Und dann ist Stephan etwa eine halbe Stunde befragt worden. Am nächsten Tag hatten meine Frau und ich einen Termin beim Richter. Da hat der Richter meinem Anwalt und der Anwältin meiner Frau das Protokoll von Stephans Anhörung übergeben. Und da hat mein Anwalt zu mir gesagt: ›Friedrich H., das hat sich erledigt. Stephan kommt zu Ihnen, machen Sie sich da mal keine Sorgen mehr!‹«

Bis zu diesem Zeitpunkt empfand Friedrich H. den Verlauf und die Stimmung im Verfahren als sehr günstig für sich. Der Prozess nahm jedoch eine jähe Wendung, als die Mitarbeiterin des Jugendamtes befragt wurde.

»Obwohl mein Sohn kundgetan hat, dass er bei Papa bleiben will und nicht bei Mama, weil sie ihn schlägt und wegsperrt, und nachdem der Richter mich und meine Frau befragt hat, fängt dann die Jugendamtsmitarbeiterin zu sprechen an. In ihrem Vortrag hat sie gesagt: Also, wie in dem Gespräch herausgekommen ist, wollte Friedrich H. mit Stephan mit einem Wohnmobil in Urlaub fahren, das sei eine Bestechung. Und Friedrich H. hat Stephan Spielzeug gekauft, und das sei eine massive finanzielle Beeinflussung von Stephan. Sie sei deshalb zwingend dafür, nach dem, was sie hier sehe, dass Stephan zu seiner Mutter zurückmüsse. Ja. – Und dann hat der Richter gesagt: ›Ich stimme dem Antrag der Jugendamtshilfe zu‹, und ich habe die Welt nicht mehr verstanden!«

Vor der Verhandlung war es Friedrich H. nicht gelungen, einen Termin bei der Mitarbeiterin des Jugendamtes zu erhalten – eigentümlich genug, ist es doch ihre Aufgabe, sich gutachterlich zur Eignung beider Elternteile zu äußern. Mit ihrer Aussage nahm der Prozess einen Verlauf, der nicht vorherzusehen war, schien sich doch bis dahin die Einschätzung von Friedrich H. mit der des Richters und des Rechtsanwalts zu decken. Wie war es möglich, so fragten auch wir uns, dass die wenig überzeugenden Ausführungen der Mitarbeiterin des Jugendamtes, wonach Urlaub Bestechung und Spielzeug eine massive Beeinflussung darstellten, den richterlichen Entscheid dermaßen bestimmen konnten? Mit der Jugendamtsvertreterin betrat eine Frau die Szene, der kraft ihres Amtes Kompetenz in Beziehungsfragen zugeschrieben wird und ebenso begründete Kenntnis dessen, was zum Besten der Kinder in Scheidungssituationen ist. Aus professioneller Sicht wäre zu erwarten gewesen, dass sie sich für das Wohl eines jeden Kindes einsetzt. Zu diesem Zeitpunkt waren alle Beteiligten noch davon überzeugt, dass gerade Friedrich H.s Verhalten gegenüber seinem Sohn von Fürsorglichkeit geprägt war, indem er das Kind vor den gewalttätigen Ausbrüchen seiner Mutter zu schützen versuchte. Alle teilten seine Befürchtung, die Mutter könnte dem Sohn abermals Gewalt antun. Auch die Aussagen des Jungen passten gut in dieses Bild. Überraschenderweise reichten aber die Aussagen der Gutachterin aus, um den fürsorglichen Vater in den Augen des Richters zum berechnenden und bestechenden Vater zu machen. Offenbar wagte dieser es nicht, seine unabhängige richterliche Meinung weiterhin zu vertreten, zu der er verpflichtet war. Gutachter sind nur Gutachter und können die Zuständigkeit eines Richters für den Richterspruch niemals ersetzen. Erstaunlich ist, dass er keinen Grund sah, den Widerspruch zwischen seinem eigenen Eindruck und dem der Jugendamtsmitarbeiterin zu schlichten. Stattdessen vollzog er eine für die Verfahrensbeteiligten schwer nachvollziehbare Kehrtwende.

Man kann sich des Eindrucks nicht erwehren, dass er durch die Vertreterin des Jugendamtes die Einschätzung, die er in seinen Gesprächen mit den Eltern und Stephan gewonnen hatte, geradezu ängstlich hat fallen lassen. Als hätte in Erziehungsangelegenheiten die Frau nicht nur das letzte, sondern auch das gewichtigere Wort und als hätte er sich auf ein Terrain gewagt, das einem Mann nicht zusteht. Was also gab dem Prozess diese Wende? Das Gefühlsleben eines Privatmannes, der sich hinter der Robe des Richters verbirgt und sein Amt in diesem Fall von seinen persönlichen Ansichten unterhöhlen ließ?

Nicht nur im Fall von Friedrich H. stellten wir fest, dass Familienrechtsangelegenheiten vom Alltagsverständnis der Richter und Richterinnen beherrscht werden können, was einem Mann als Vater und was einer Frau als Mutter geziemt. Demnach müsste der Richter die Äußerungen der Jugendamtsmitarbeiterin wie die Äußerung einer Mutter erlebt haben, die von vornherein alles besser weiß, was Kinder betrifft.

Dass Friedrich H. nach dem Urteil völlig außer sich das Gerichtsgebäude verließ, kann niemanden verwundern. Auf dem nahe gelegenen Parkplatz kam es dann zum vorläufigen Finale der Geschichte.

»Wir haben die Gerichtsverhandlung verlassen. Ich habe mich noch kurz mit meinem Anwalt unterhalten. Auch meine Frau verließ das Amtsgericht. Ich hatte hinten auf dem Parkplatz geparkt. Meine Frau ging weg, weil sie wohl mit dem Bus fahren wollte. Und da habe ich auf dem Parkplatz gestanden, habe geflennt und gebrüllt. Ich sah die Gutachterin an ihrem Pkw 20, 30 Meter von mir entfernt – und auf einmal kam meine Frau über einen Nebenweg auf sie zu. Dann haben sie sich Küsschen gegeben. Ich habe mich um mehrere VW-Busse rumgeschlichen, und dann konnte ich verstehen, was die beiden sagten. Frau K. sagte: ›Das haben wir doch gut hinbekommen – wir beide!‹ ›Wir treffen uns nachher zum Kaffee.‹ Ich bin gleich ins Gerichtsgebäude zurück und habe versucht, den Richter noch zu erreichen. Der war aber in einer Besprechung. Ich bin dann sofort zu meinem Anwalt gefahren und habe ihm das erklärt. Der hat sofort einen Antrag wegen Befangenheit gestellt. Der ist vom Amtsgericht zwar abgelehnt worden, aber vom Oberlandesgericht in München ist dem Befangenheitsantrag stattgegeben worden. Die Gutachterin [...] ist dann vom Jugendamt entfernt worden.«

Hier wurde zur Realität, was sich der Vorstellungskraft fast entzieht, worauf im Übrigen Stephan seinen Vater mit den beiden Worten »Mama Freundin« verstohlen bereits aufmerksam gemacht hat. Nun wird auch verständlich, weshalb die Mitarbeiterin des Jugendamtes Friedrich H. keinen Termin gewährt hatte. In ihrer gutachterlichen Stellungnahme vor Gericht, in der sie dem Mann vorwirft, das Kind vorsätzlich zu manipulieren, ist man noch immer geneigt, den neutralen Sachverstand am Werk zu sehen. Bis dahin blieb der Zweifel, ob die Darstellung Friedrich H.s nicht zu subjektiv sei. Doch wie im letzten Akt eines Dramas kommt es schließlich zu dem alles erklärenden vertrauten Küsschen zwischen der Mitarbeiterin des Jugendamtes und der Exfrau. Der Verlust der Professionalität ist sichtbar besiegelt und die Parteilichkeit wird deutlich, die das Kindeswohl gegen einen Gefallen für die Freundin eingetauscht hat.

Ein großes Problem bei der Klärung von Sorgerechtsfragen und Umgangsregelungen ist deren Dauer. Je länger sie dauern, umso mehr leisten sie der Entfremdung zwischen Vater (oder Mutter) und Kind Vorschub. Genau das geschah im weiteren Verlauf der Geschichte von Friedrich H. Das Verhalten der Gutachterin hatte zwar zu ihrer Entlassung geführt, die Umgangsregelung, die durch das Urteil geschaffen wurde, ist jedoch nicht mehr neu bewertet worden. So fährt Friedrich H. fort:

»Ich habe Stephan dann fünf Monate nicht gesehen und keinen Kontakt zu ihm gehabt, nichts mehr, weder telefonischen noch sonst etwas. Und dann habe ich einen Antrag auf Besuchsrecht gestellt und abermals das Aufenthaltsbestimmungsrecht gefordert. Und dann bekamen wir [Friedrich H. und sein Kind] einen Jugendamtsmitarbeiter, der den Job von Frau K. übernommen hat. Der hat in der Gerichtsverhandlung gesagt, dass er mich für hochgradig gewalttätig und aggressiv hält. Er hat all das geschrieben, was Frau H. in den Briefen über ihre Anwältin hat mitteilen lassen. Es kam dann zu einer erneuten richterlichen Anhörung. Weil ich Stephan dann schon mehrere Monate lang nicht mehr gesehen habe, sagte der Richter: ›Wir machen ein betreutes Umgangsrecht.‹«

Mit dieser Regelung wurde die Beziehung zwischen Vater und Sohn eigentlich zerstört. Der Vater, der sein Kind vor der schlagenden Mutter bewahren wollte, wird nun selbst als Belastung des Kindes dargestellt. Der Staat muss das Kind vor seinem fürsorglichen Vater »beschützen«, deshalb wird betreuter Umgang angeordnet.

»Die erste Zeit war der betreute Umgang sehr bedrückend – wie im Gefängnis. Ich habe jetzt sogar ein betreutes Telefonkontakt-Recht, ich darf meine Kinder zweimal die Woche anrufen. Einmal am Mittwoch, einmal am Sonnabend, jeweils eine halbe Stunde. Das ist nach wie vor eine sehr bedrückende Situation, weil man immer auf Zwang anrufen muss. Es ist keine Freiwilligkeit mehr da. Das ist für Stephan sehr bedrückend. Er hat mir manchmal nichts zu erzählen.

Weil er immer punktgenau um diese Uhrzeit mit mir telefonieren muss. Und der Richter hat damals gesagt: Solange es keine Absprache zwischen den Eltern gibt, bleibt das so festgelegt. Frau H. – meine Frau – will keine Absprache. Ich habe sie mehrfach gebeten, dass Stephan mich anrufen kann, wenn er möchte. – Gar nichts! Die hört jedes Telefonat mit, und wenn Stephan anfängt mir zu erzählen, dass er geschlagen oder eingesperrt wird, beendet sie sofort das Gespräch.«

Mit dem Fall H. waren im Weiteren vier Richter sowie Mitarbeiter des Jugendamtes und Gutachter befasst. Friedrich H. ist in der Zwischenzeit zum Langzeitkämpfer geworden. Sein Ringen um Anerkennung seiner Väterlichkeit verliert sich immer mehr in juristischen Finessen und der Eigendynamik von Gerichtsverfahren und rechtsanwaltlichen Schriftsätzen. Während der Kampf allmählich zum Selbstzweck wird, verschwindet die Väterlichkeit selbst aus der Lebenspraxis und die bewährte Beziehung zum Sohn beginnt sich aufzulösen. Selbst wenn Friedrich H. mit einem juristischen Erfolg eines Tages Zugang zu Stephan erlangen sollte, wird er nicht mehr ohne weiteres an die gemeinsame Beziehung der Vergangenheit anknüpfen können.

Scheidungsväter oder getrennt lebende Partner sind mitunter zehn und mehr Jahre in Gerichtsverfahren verwickelt, an deren Ende die Unfassbarkeit über das steht, was ihnen geschieht. Auf Außenstehende wirkt solches Handeln an der juristischen Front mitunter als Kampf gegen das Irreale. Friedrich H. sieht nur zu genau, dass er damit in eine für ihn selbst nicht ungefährliche Entwicklung hineingezogen wird, die er möglicherweise nicht mehr beeinflussen kann:

»Wenn ich das weiterhin mitmache, fürchte ich, dass ich abdrehen werde. Weil ich meine Kinder liebe und weil ich mit Äußerungen von meinen Kindern leben muss, dass sie misshandelt und geschlagen werden, und dass Nachbarn mir das bestätigen. Die Nachbarn haben ans Jugendamt geschrieben, dass Stephan misshandelt wird – so wie früher. Aber das verschwindet alles in Schubladen.«

Und so will Friedrich H. sich letztlich diesen Belastungen nicht ewig aussetzen. Lieber verzichtet er ganz auf den Kontakt mit seinen Kindern. Rückhalt bietet ihm dabei die Beziehung zu seiner neuen Partnerin. Er spielt mit dem Gedanken, eine neue Familie zu gründen, was ihm seine folgenschwere Entscheidung und das bedrückende Eingeständnis, jahrelang vergebens für die Beziehung zu seinen Kindern gekämpft zu haben, wahrscheinlich erleichtert.

»Sobald ich geschieden bin, werden wir heiraten. Und dann werden wir auch wieder Kinder in die Welt setzen. Sie ist zehn Jahre jünger als ich und sie hat Kinderwünsche. Wenn man mir bei der Scheidung das Sorgerecht aberkennt und ich meine Kinder weiterhin nur mit einem Aufpasser an der Seite sehen darf, dann bin ich mittlerweile so weit, dass ich sage: ›Okay, dann breche ich den Kontakt zu Stephan und Ralf komplett ab.‹«

Die Wendung zu einer erfreulicheren Zukunft, die Friedrich H. zuletzt seinem Leben gab, ist nicht ungewöhnlich. Einer Reihe von Männern gelingt die Loslösung von der alten Familie mitunter erst über eine neue Partnerschaft. Zumal wenn eine zerstörerische Beziehung über jahrelange Kämpfe fortbesteht, die an die Stelle der längst untergegangenen guten Beziehungsphase getreten ist. Sie wird zum Ersatz für die alte Beziehung, die so nie wirklich beendet wurde. Aus diesem Grund ist es so schwierig, den Kontakt zu den Kindern aus erster Ehe in die zweite zu integrieren. Mit dem Kontakt zu den Kindern wird immer wieder auch ein Teil der alten Beziehung durch intensive Gefühle wiederbelebt. Im Fall von Friedrich H. jedoch ist es möglich, dass die neue Partnerschaft ihm tatsächlich einen neuen Lebenssinn gibt.

Wenn Kinder über die Beziehung entscheiden sollen – August S.

Als August S. sich von seiner Frau trennte, war er gerade 30 Jahre alt. Heute, im Alter von 48 Jahren, beschäftigt ihn noch immer, was sich damals ereignet hat. Seine Gefühle und seine Träume werden weiterhin von der Frage beherrscht: War er ein guter Vater, war er überhaupt ein Vater und wie erlebte Daniela, seine Tochter, seine Art der Väterlichkeit? Den starken Wunsch, für seine Tochter da zu sein, hat August S. in all den Jahren seit der Scheidung nicht aufgegeben, und doch quält ihn, dass er keinen, geschweige denn einen selbstbewussten Weg gefunden hat, ihr ein Vater zu sein, den sie anerkennen kann und den sie liebt.

In der Zeit nach der Trennung wurde August S. immer unsicherer, ob er Daniela, die nun bei der Mutter lebte, seine väterliche Zuneigung und Sorge überhaupt zeigen sollte und wenn ja, in welcher Form. Er sah sich vor eine wichtige Entscheidung gestellt. Doch diese für die Zukunft so bedeutsame Entscheidung traf er nicht selbst, sondern er überließ sie seiner Tochter. *Sie* sollte bestimmen, ob sie ihren Vater weiterhin sehen wollte. Daniela war zu dieser Zeit gerade 5 Jahre alt. Ungewöhnlich, wie diese Anforderung von August S. an seine Tochter war, hat sie sie gänzlich überfordert. So überließ er es ihr, darüber zu bestimmen, ob es für sie eine gemeinsame Zukunft mit ihrem Vater geben sollte. Das Mädchen entschied sich schließlich, aus einer plötzlichen Laune heraus, wie August S. berichtet, aus Missmut oder Enttäuschung in recht kindlicher Weise für den Rückzug vom Vater.

Noch achtzehn Jahre nach dieser schmerzhaften Entscheidung ist August S. in gewisser Weise stolz, dass er der Tochter mit seinem Wunsch nach Väterlichkeit nicht zu nahe getreten ist und die Entscheidung der Fünfjährigen noch immer respektiert.

August S. heiratete in sehr jungen Jahren seine Jugendfreundin, von der er sagt, dass sie mit großen psychischen Problemen belastet war.

Nach der Geburt von Daniela verschärfte sich die Situation immer mehr. Immer wieder kam es zu längeren Klinikaufenthalten seiner Frau. August S. übernahm die Pflege des Kindes. Schließlich wurde ihm die Belastung zu groß und er beendete die Beziehung. Nach acht Jahren wurde die Ehe geschieden.

»Zum Zeitpunkt der Trennung war Daniela 4 Jahre alt. Es waren vier Jahre, in denen ich mich überwiegend um meine Tochter gekümmert habe. Daneben gab es die Krankheitsgeschichten mit meiner Frau. Mehrere Krankenhausaufenthalte mit langen Therapien und einer Zuspitzung nach wiederholten Selbstmordversuchen, die schon Zeichen an mich gewesen sind. So habe ich das jedenfalls verstanden. Aber ich konnte damit nicht umgehen. Zu diesem Zeitpunkt war ich selber in einer begleitenden Therapie. Und als meine Frau den letzten Versuch einer eigenen Therapie gar nicht erst begonnen hatte, war das für mich ein spontaner Entschluss zu sagen: ›Ich kann diese Beziehung nicht mehr halten.‹ Und das war dann ein sehr spontaner Bruch, aber einer, der eine Entscheidung nach einer langen Kette von immer wieder angestrengten Bemühungen ohne Ergebnis war. Und mir war die Trennung in dieser Situation nicht anders möglich als meine Sachen zu packen und zu gehen. Daniela ist zunächst bei meiner Frau geblieben.«

Die Trennung verletzte Frau S. dermaßen, dass sie nicht bereit war, an einer einvernehmlichen Besuchsregelung mitzuwirken. Weil die Gespräche darüber sich als äußerst schwierig erwiesen, überlegte August S., das alleinige Sorgerecht zu beantragen. Dass er damals zögerte, diese Entscheidung zu treffen, bewertet er nachträglich als Fehler.

»Ich wollte das alleinige Sorgerecht für mich beantragen. Es hat auf Empfehlung sowohl des Anwaltes als auch eines Psychiaters, den wir herangezogen hatten, ein Beratungsgespräch gegeben. Daran nahm auch die Patentante meiner Tochter teil, zu der inzwischen schon lange jeglicher Kontakt abgebrochen ist. Wir haben sehr eingehend beraten und haben die Gefahr letztendlich gesehen, dass gar keine Beruhigung sich einstellen wird, wenn ich das Sorgerecht beantrage, weil da mit meiner vollen Zustimmung meiner Frau Besuchsrechte einzuräumen gewesen wären. Angesichts der großen psychischen Labilität meiner geschiedenen Frau und der verrückten Möglichkeit, dass sie zum Beispiel das Kind auf der Straße aufgreifen und nicht wieder rausrücken würde und all solche Sachen, haben wir die Bedrohlichkeit sehr hoch eingeschätzt. Gleichwohl würde ich aus heutiger Sicht sagen, dass man ganz anders an eine solche Entscheidung herangehen muss, als wir das damals getan haben.«

Seine zögerliche Haltung begründet August S. immer wieder mit dem psychischen Zustand seiner Exfrau. Bei genauerem Hinsehen zeigt sich aber, dass die Schwierigkeiten in seiner Beziehung zur Tochter weniger von seiner Exfrau herrühren als von seiner eigenen Unsicherheit. Er zweifelte offenbar an seiner Fähigkeit, Daniela ein hinreichend selbstbewusster Vater sein und ihr eine beschützte Kindheit bieten zu können. Sein Bestreben, sich zurückzuhalten und das Kind entscheiden zu lassen, zieht sich fortan wie ein roter Faden durch seine Beziehung zu Daniela.

Nach der Trennung sieht August S. seine Tochter nicht so oft, wie er sich das gewünscht hätte. So wird der Vierzehn-Tage-Rhythmus der Besuche, wie das bei Geschiedenen sehr oft der Fall ist, nicht eingehalten, weil die Exfrau das Recht des Vaters auf sein Kind und das Recht des Kindes auf seinen Vater nicht sonderlich ernst nimmt.

Inzwischen hat August S. eine neue Partnerin, die eine Tochter aus ihrer ebenfalls geschiedenen Ehe mit in die Partnerschaft brachte. In dieser neuen und für Daniela – wie für jedes andere Kind – erst einmal ungewohnten und befremdlichen Situation äußert sie plötzlich den Wunsch, die Besuche beim Vater einzustellen. Sie will ihn nicht mehr sehen. Zugleich heißt das wohl auch, dass sie seine neue Partnerin nicht um sich haben will. Auch das ist für Kinder in dieser Situation nichts Ungewöhnliches. Es fällt ihnen schwer, die neue Frau an der Seite des Vaters zu akzeptieren, die unerwünscht ist, weil sie als der Anlass wahrgenommen wird, dass die Mutter nicht mehr beim Vater ist. Das hat damit zu tun, dass Kinder, zumal im Alter von Daniela, die Endgültigkeit der Trennung ganz und gar nicht akzeptieren können. Die Krankheit der Mutter, die das Kind sicher belastet, spielt dabei zweifellos nur eine geringe Rolle. Bedeutsamer ist da schon die Tochter der neuen Lebensgefährtin ihres Vaters. Das andere Mädchen ist eine Rivalin um die knappe väterliche Gunst. Es ist dieselbe Rivalität, die auftritt, wenn Geschwister geboren werden. Es bedarf des elterlichen Trostes und der Versicherung, dass die Veränderung nicht das Ende der elterlichen Liebe bedeutet, auch wenn sie mit einem anderen Kind geteilt werden muss. Zumeist übernimmt der Vater die tröstende Rolle, der mit dem Säugling weniger intensiv verbunden ist als die Mutter in der Zeit nach der Geburt. Er versichert durch seine Nähe dem größeren Kind, dass der Säugling ihm nicht die Liebe der Eltern nimmt.

Vor diesem Hintergrund trifft Daniela eine leicht nachvollziehbare hochemotionale Entscheidung, wie sie kein Erwachsener treffen würde, der alle Aspekte erwogen hat. Ihr Zorn über die Rivalin und die Trauer über den Verlust ihres angestammten Platzes als einziges Kind bedrücken sie. Zudem droht die neue Partnerin ihr den Platz beim Vater ebenfalls streitig zu machen. Statt aber die Ankündigung seiner Tochter, ihn nicht mehr sehen zu wollen, als spontane und hilflose Geste des Alleingelassenseins und als Ruf nach Trost aufzufassen, nimmt August S. sie für bare Münze.

Daniela wollte sich lediglich der väterlichen Liebe vergewissern, und es hätte sie erleichtert, hätte ihr Vater sie gefragt, warum sie ihn nicht mehr sehen möchte, was sie an der neuen Situation, der neuen Partnerin und dem neuen quasi geschwisterlichen Kind stört. Doch diese Fragen stellte August S. seiner Tochter offenbar nicht. Ohne viel Federlesens akzeptiert er ihren Wunsch, die Besuche abzubrechen, so als handle es sich um eine Anordnung.

»Daniela machte Schluss. Das war sehr schmerzlich für mich, aber ich fand es bewundernswert, dass sie mit ihren 5 Jahren gekommen ist und gesagt hat: ›Ich möchte jetzt diese Besuche nicht mehr machen. Ich möchte das nicht mehr.‹ Das hat sie selber so gesagt! Meine Exfrau hat ihr häufiger vorher gesagt: ›Ja, wenn du mir jetzt sagst, dass du da nicht hinwillst, dann sage es deinem Vater bitte selber.‹ Diese Situation ist sehr häufig vorher schon so gewesen. Und dann kam irgendwann der Tag, wo sie gesagt hat: ›So, Papa, ich komm jetzt nicht mehr, ich will das nicht mehr.‹ Sie hat das nicht weiter erklärt. Aber ›ich will es nicht mehr‹ und dann hab ich gesagt: ›Gut. Ich möchte aber gerne, dass wir uns später noch einmal wiedersehen. Aber wenn du jetzt sagst, du möchtest mich im Moment nicht mehr treffen, dann ist das in Ordnung so.‹ Das war der letzte echte Kontakt. Das war sozusagen – das war sehr schmerzhaft. Die ganze Geschichte hat sich zwei Jahre hingezogen. Immer mit diesem Wechsel. Es gab zwischendurch Phasen, wo keine Besuchsregelung galt, weil sie wieder infrage gestellt war. Das war heftig. Und ich vermute, dass diese ganze Situation für meine Tochter mit Sicherheit noch heftiger gewesen ist als für mich. Sonst hätte sie nicht so klar gesagt, wie die Situation war. Was dahinter gesteckt hat, war wohl: ›Ich will die Situation bereinigt haben. Lass mir meinen Frieden.‹«

Wir alle kennen die Reaktion kleiner Kinder, die empört und zornig über ihre Eltern den Spielkoffer packen und wie *Hänschen klein* mit erhobenem Kopf aus dem Haus spazieren wollen. Den Versuch, sich aus dem Schutz der Eltern zu lösen, wagt gerade nur jenes Kind, das sich seines Platzes in der Familie sicher sein kann, weil es die Erfahrung gemacht hat, dass die Eltern an ihm bedingungslos festhalten. Sie verstoßen es nicht, sie behüten es davor, sich selbst zu beschädigen, und lassen es nicht fortgehen. Solche hochfahrenden Entscheidungen wie die von Daniela sind bei Kindern immer Ausdruck eines großen Ärgers und vor allem einer tiefen Kränkung. Sie fühlen sich verloren und suchen ihr Heil in der Selbstüberschätzung. Auch Daniela spielt auf ihre Weise *Hänschen klein,* um Aufmerksamkeit und Trost für ihre realen Ängste zu erhalten. Doch in ihrem Fall endet diese Phantasie nicht wie bei jenen Kindern, die am Abend gemeinsam mit ihren Eltern über dieses Erlebnis lachen können und in ihrem Bettchen geborgen einschlafen. August S. verkehrt die zornig eifersüchtige Aussage seiner Tochter in tödlichen Ernst. Er lässt sie ziehen.

Dabei hat er seiner Tochter gewiss nichts Böses zufügen wollen. Im Gegenteil, er erlebte sich als einfühlsam und verständig. Er glaubte, indem er ein gehöriges Maß an Respekt für die kleine Tochter aufbrachte, vielleicht sogar verständiger als andere Väter zu sein. Im gut gemeinten Bemühen, das Kind »beim Wort« zu nehmen, ging ihm aber das Gespür für die kindlichen Motive ihrer Äußerungen verloren. Wer die Aussagen von Kindern immer wörtlich nimmt, der übersieht leicht die dahinter verborgenen Gefühle, insbesondere solche, die Kinder selbst nicht auszusprechen wagen.

Für die Tochter wäre es eine Erlösung gewesen, wenn der Vater damals nicht zurückgewichen wäre, sondern ihr signalisiert hätte, dass es schwierig und manchmal traurig ist mit Scheidungseltern zu leben, dass das Leben aber, wenn auch in anderer Form, dennoch mit Vater und Mutter weitergeht.

Aus Gründen, die er heute noch nicht nachvollziehen kann, hat August S. das töchterliche Urteil nicht als etwas Vorläufiges und Voreiliges gelten lassen, sondern über all die weiteren Jahre akzeptiert und zum Anlass genommen, ängstlichen Abstand zu wahren. Er beschreibt die Zeit nach diesem folgenschweren Ereignis als sehr quälend. Als vertriebener Vater, als der er sich fühlt, wagt er nicht mehr, sich der Tochter zu nähern. Er beobachtet Daniela fortan nur noch heimlich.

»Alle meine Kontakte zu meiner Tochter sind nach dieser Trennung jedenfalls mehr oder weniger von ihr unbemerkt verlaufen. Sie hatte Gesangsunterricht, und als sie älter war, hat sie in einem Chor gesungen: Ich bin zu den Konzerten gegangen und habe sie dort gesehen. Dann gab es Situationen, dass sie im Eingang vor dem Konzert mit ihren Freundinnen sich unterhalten hat. Ich weiß nicht, ob sie mich gesehen hat. Ich hatte einfach nicht den Mut, mich ihr zu nähern! Ich habe ihr geschrieben, dass ich nicht den Mut hatte, auf sie zuzugehen und zu sagen: ›Hallo, Daniela!‹ Und das war furchtbar. Und so ist es heute noch, wenn ich daran denke. Es ist einfach furchtbar! Das passierte mehrmals. Ich habe das gemacht, weil ich die Distanz, die sie im Grunde als Fünfjährige gewollt hatte, wahren wollte: ›Halt bitte die Distanz ein! Ich besuch dich nicht mehr.‹ Diese Distanz wollte ich nicht stören. Was ich regelmäßig gemacht habe: Ich habe ihr immer zum Geburtstag geschrieben. Zuerst habe ich noch geschrieben: ›Sag mir bitte, was du zum Geburtstag geschenkt haben möchtest.‹ Das ging aber immer über die Mutter, die hat gesagt: Ja, das und das. Es waren in der Regel die Wünsche der Mutter – was sie meinte, was für Daniela richtig ist. Aber trotzdem habe ich das weitergemacht. Und als diese Wünsche nicht mehr benannt wurden, habe ich halt Schecks geschickt. Schecks deshalb, weil ich sehen wollte, ob sie eingelöst werden. Einfach einen Geldschein, da hätte ich kein Feedback und nie eine Antwort gehabt. Ich habe nie auf irgendeinen Brief, den ich geschrieben hab, eine Antwort bekommen. Ich habe nie auf irgendein Geschenk oder irgendeinen Scheck oder sonst etwas eine Antwort bekommen. Das gab es nicht.

Sie hat nicht geantwortet. Ich hab einen recht emotionalen Brief geschrieben, in dem ich ihr meine Gefühle mitgeteilt habe. In dem ich ihr gesagt habe, wie es für mich war, als ich vor ihr stand und mich nicht getraut hätte, einfach feige gewesen wäre, sie anzusprechen. Und ich hab ihr geschrieben, was ich aus dem Konzert und an ihrer Leistung wahrgenommen habe und dass es mir gefallen hat. Es gibt keine Antwort auf so was. Drei Telefongespräche hatte ich mit ihr in all den Jahren geführt.

Ich habe sie schon eingeladen: ›Lass uns einfach mal abends zum Essen treffen. Schreib mir! Ruf mich an. Nur als Angebot! Dann kannst du mir mal sagen, was es eigentlich ist, was dich so verletzt, dass du auf mich nicht reagieren magst. Du kannst mir das sagen. Ich bin dir da nicht böse drum. Aber ich möchte es einfach gerne wissen. Was habe ich falsch gemacht in deinen Augen?‹ – Nein, keine Antwort. Und keine Antwort ist eine Antwort, aber es ist gleichzeitig keine Antwort.«

Die heranwachsende Tochter bleibt ihrem Vater gegenüber reserviert. Sie versucht der unterschwelligen Scham darüber zu entkommen, dass sie es war, die vor vielen Jahren den Vater vertrieben hat. Denn das war es, was geschah, als der Vater ihrer kindlichen Phantasie eine erwachsene Bedeutung mit entsprechenden Konsequenzen unterlegte.

Dadurch bürdete er Daniela die Verantwortung für den abgebrochenen Kontakt auf. Eine Bürde, die das Kind ängstlich trug, weil es durch sie erfahren hat, welche Macht seine Vorstellungen haben können. Sie können so mächtig sein, dass sie den Vater davonjagen. Was Daniela nach der Vertreibung des Vaters blieb, war die bedingungslose Zuflucht zur Mutter, und die Beziehung zu ihr durfte sie fortan nicht aufs Spiel setzen, sonst hätte sie beide Eltern verloren. Ganz gegen seine Absicht hat August S. also dazu beigetragen, dass Daniela so in eine besonders enge Bindung zu ihrer Mutter geriet. Einer Mutter, die offenbar sehr labil und oft krank ist.

Die Frage, die August S. seiner Tochter stellen möchte, wird wohl unbeantwortet bleiben. Ihre Motive waren kindliche Motive und sie wird sie nicht wissen. Vielleicht aber wird sie ihm eines Tages erklären, dass die Gründe nicht bei ihr zu finden sind, weil aus ihrer Sicht er es war, der sie verließ.

Einige wenige Male versucht August S. seiner Tochter Kontakte anzubieten, die sie jedoch überfordern. So drehen sich die wenigen Telefonate, die August S. in all den Jahren mit seiner Tochter führt, um den Tod ihm nahe stehender Menschen.

»Der erste Telefonkontakt war, als meine Schwester gestorben war. Da habe ich ihr das mitgeteilt. Ich habe sie gefragt, ob es in Ordnung ist, wenn sie mit auf der Todesanzeige steht. Was sie bejaht hat. Der zweite Telefonkontakt war mit gleichem Ansinnen anlässlich des Todes meines Vaters. Im dritten Telefonkontakt wollte ich sie darauf aufmerksam machen, dass es eine Gelegenheit gibt, die ganze Familie ihres Großvaters kennen zu lernen. Es gab ein großes Familientreffen. Das war gar nicht lange her. Ich wollte ihr das erzählen und wollte ihr die Einladung und die Wegbeschreibung und so weiter zuschicken. Das hat sie zur Kenntnis genommen und gesagt: ›Nein, das bräuchte ich nicht‹ Sie hätte schon alles gekriegt. Aber sie hat sich darauf nicht weiter gerührt. Und das ist jetzt ein paar Wochen erst her.

Sie hat also nie Gelegenheit gehabt, diese Familie voll und ganz kennen zu lernen. Das wollte ich ihr ermöglichen. Gut, das ist aber ihre Entscheidung. Das ist auch in Ordnung. Das hat mich auch weniger verletzt, weil ich verstehen kann, dass eine junge Frau mit 23 vielleicht kein so großes Interesse für die Familie hat. Anders ist es bei den Beerdigungen … Bei der Beerdigung meines Vaters war sie schon über 18. Und bei der meiner Schwester ungefähr zehn. Ja, genau!«

Man kann verstehen, dass Daniela von diesen doch eher beängstigenden Kontakten zu seiner Familie nicht sonderlich begeistert gewesen sein wird. Sie hatten nur indirekt mit ihm als Vater zu tun. August S. hatte offenbar keine Vorstellung davon, was seine Tochter ihrem Alter entsprechend zu leisten vermochte und was sie überforderte. Er konfrontierte das zehnjährige Mädchen mit dem Tod ihrer Tante und mit Fragen wie der Kranzgestaltung. Beim Tod des Vaters war die Tochter zwar schon erwachsen, aber abermals wandte sich August S. in einer emotional belastenden Situation an sie. Es ist schon unter ungezwungeneren Umständen eine große Herausforderung, sich dem Vater zu stellen, den die junge Frau so viele Jahre nicht mehr gesehen hat. Diese Begegnung in den Rahmen einer Beerdigung einzubetten, mit einem Vater, der mit dem schmerzhaften Verlust eines Elternteils beschäftigt ist, ist eine Überforderung.

Andere Gelegenheiten hingegen, die in der Erlebniswelt des Mädchens selbst angesiedelt gewesen wären, nahm August S. nicht wahr, obwohl ihn sogar seine Exfrau dazu ermutigte.

»Meine Tochter machte im Übrigen immer, wenn ich sie in diesen seltenen Gelegenheiten gesehen hab, einen eher stabilen Eindruck, in der Begegnung mit anderen sogar fröhlichen Eindruck. Und sie hat immer ein extrem gutes Verhältnis zu ihren Lehrerinnen gehabt. In diesem Fall zur Englischlehrerin. Die anderen Lehrer kann ich nicht beurteilen. Sie hat einen ausgezeichneten Abiturabschluss gemacht. Irgendwann hatte mir meine Frau gesagt: ›Du kannst gerne die Zeugnisse sehen, wenn du sie sehen willst.‹ Ich will das überhaupt nicht kontrollieren, aber ich freue mich darüber, wenn sie gut sind. Das ist überhaupt nicht die Frage. Da gab es Jahre, da gab es glatte Einser-Zeugnisse.«

Die von der Mutter offenbar unterstützten Gelegenheiten, an bedeutungsvollen Ereignissen im Leben seiner Tochter teilzunehmen, gehen ungenutzt vorüber. Konfrontiert hat August S. Daniela stets nur mit seiner Welt – mit dem Tod seines Vaters, mit seiner Familie, die das Mädchen nicht zu kennen scheint. Es stellt sich die Frage, ob er je wirklich versucht hat, sich ein Bild von Daniela zu machen, das ihre ganze Lebenswirklichkeit umschließt, und ihr darin zu begegnen.

An einer Stelle des Interviews wird sich August S. der Fremdheit zwischen ihm und seiner jetzt erwachsenen Tochter bewusst.

»Ich hätte wahrscheinlich, wenn sie sich ankündigen würde, auf jeden Fall Herzrasen und wahrscheinlich ein Stück weit Angst. Was begegnet mir? Wie werde ich fertig mit dem, was mir begegnet? Es ist eine Fremdheit eingetreten in einer ganz tiefen Vertrautheit, die auf der einen Seite in der Erinnerung da ist – an ein vierjähriges Mädchen. Ist eine Fremdheit zu der 23-Jährigen da? Nein. Ich wunder mich auch nicht darüber. Das ist irrsinnig. Und die 18 Jahre sind für mich wie nix. Ich habe sie jetzt inzwischen schon groß gesehen, aber trotzdem habe ich eine Assoziation. Ich habe nur diese Sprünge gesehen. Diese ganz großen Sprünge. Sie haben gefragt: ›Was war das Schmerzhafte an dieser Trennung?‹ Die Antwort wäre kurz: dieser ganze Prozess, den ich eben beschrieben habe!«

Vielleicht bringt August S. eines Tages den Mut auf, seiner Tochter gegenüberzutreten. Er beschreibt eine paradoxe Situation, die nur schwer zu meistern ist. Sie betrifft aber viele geschiedene Männer, die für Jahre hinweg den Kontakt zu ihren Kindern verloren haben. Sie wissen, dass sie einem erwachsenen Menschen begegnen werden, doch die Erinnerung ist von den Gefühlen aus den Zeiten der frühen Kindheit beherrscht.

Gerade August S. hatte eine nicht alltägliche Beziehung zu seiner Tochter, weil er wegen der Krankheit seiner Frau die Sorge für den Säugling übernehmen musste und Daniela in den ersten vier Lebensjahren mehr oder weniger allein betreute. Das Mädchen verlebte die Phase der größten Abhängigkeit in ihrem Leben in der Obhut eines fürsorglichen Vaters. Das sind Erfahrungen von Nähe, die die gemeinsame Lebensgeschichte prägen und von denen viele andere Väter ausgeschlossen sind. Auch die Gefühle für die erwachsene Tochter zehren von dieser frühen Beziehung zwischen beiden.

Inzwischen ist Daniela aber eine junge Frau. Sie stellt andere Anforderungen an die Beziehung zum Vater als damals. An die frühen Erfahrungen lässt sich mit einer Erwachsenen nicht anknüpfen. Wie viele andere Scheidungsväter erlebt auch August S., wie unendlich schwierig es ist, nach vielen Jahren der Trennung den Kontakt zu den Kindern wiederherzustellen und die eingetretene Fremdheit zu überwinden. Deutlich zeigt sich, welche Bedeutung Beständigkeit für das Wesen einer Beziehung hat. Die symbolische Vertretung des abwesenden Elternteils allein kann über längere Zeit kein Ersatz für lebendige Kommunikation sein, die Sprache, Berührungen und Gefühle mit einschließt.

Beziehung ist eben nicht nur Erinnerung, sondern lebendiger Austausch in der Gegenwart.

Zweifel sind angebracht, ob Daniela die Ereignisse ihrer Kindheit und Jugend so empfindet, wie ihr Vater das tut. Der Kontakt ist zwar abgebrochen, August S. sieht seine Tochter nicht mehr, aber mit Sicherheit hat Daniela ihren Vater nie »vergessen«. Immerhin teilen sie fünf Jahre gemeinsamen Lebens. August S. wollte es so, dass Daniela mit dem Gefühl leben muss, dass sie diejenige war, die den Vater zurückstieß. Möglicherweise wird sie ihm das als grausame und quälende Erfahrung vorhalten und ihm vorwerfen, von ihm verstoßen worden zu sein, weil er sie damals grundlos hat *in die weite Welt gehen* lassen.

Last minute nach Jamaika – Klaus O.

Nach der Trennung von seiner Frau machte Klaus O. die bedrückende Erfahrung, dass er als Vater nur so lange anerkannt wurde, wie er finanziell leistungsfähig war. Als er noch gut verdiente, war sein Kontakt zu den Kindern gern gesehen. Als er aber arbeitslos wurde und die Unterhaltszahlungen geringer ausfielen, schränkte seine Exfrau die Besuche Schritt für Schritt ein. So zeigt sich an seiner dramatischen Trennungsgeschichte, wie zerbrechlich Vaterschaft sein kann, wenn sie nicht mehr in die Familie eingebettet ist.

Klaus O., 1957 geboren, hat einen mittleren Bildungsabschluss und ist Angestellter in einer privaten Firma. Er war neun Jahre verheiratet. Seit 1995 ist er geschieden. Zu seinen beiden Söhnen Carsten und Benjamin, die heute 13 und 15 Jahre alt sind, hat er keinen Kontakt mehr.

Von Anfang an hatte das Ehepaar O. in traditioneller Weise geregelt, wer wofür zuständig war. Klaus O. ging einer zeitaufwändigen, aber lukrativen Tätigkeit in der freien Wirtschaft nach. Seine Frau gab mit der ersten Schwangerschaft ihren Beruf auf und übernahm die Rolle der Hausfrau und Mutter. Die Familie lebte im eigenen Haus auf dem Land und genoss einen gehobenen Lebensstandard. Mit den Jahren schlich sich Unzufriedenheit ein. Frau O. begann ihrem Mann vorzuwerfen, dass er sich zu sehr in seine Arbeit stürze, die Kinder und sie vernachlässige und ihr nicht im Haushalt helfe. Klaus O. hingegen war sich sicher, für Frau und Kinder liebevoll zu sorgen, schließlich kamen die Früchte seiner erfolgreichen beruflichen Tätigkeit der Familie zugute und ermöglichten ihr ein Leben im Wohlstand. Ihm fiel es schwer nachzuvollziehen, was seine Frau an ihm auszusetzen hatte und warum sie seine Leistung, die ihm so viel bedeutete, nicht anerkannte. Klaus O. arbeitete täglich zwölf Stunden und war zudem anderthalb Stunden unterwegs, um zu seiner Firma und wieder nach Hause zu gelangen.

Gemeinsame Aktivitäten als Paar und als Familie waren deshalb nur am Wochenende möglich. Frau O., die sich im Alltag mit den Kindern allein gelassen fühlte, engagierte sich zunehmend außerhalb der Familie und begann sich für Esoterik zu interessieren.

»Ich habe damals sehr viel gearbeitet und ich arbeite auch heute noch viel. Ich habe eine neue Tätigkeit bei einer Firma im Ausland angenommen und ich habe einiges Geld verdient. Das war alles zwar sehr angenehm für sie. Sie hat alles immer jeden Monat ausgegeben. Sie hat ein eigenes Auto gefahren. Wir hatten ein schönes großes Haus mit 180 Quadratmeter Wohnfläche. Aber das war ihr alles nicht gut genug! Jetzt hat ihr nur noch einer gefehlt, der ihr jeden Tag den Mülleimer runterträgt und die Kinder versorgt – so ungefähr. An der Stelle hat es einfach gekrankt. Man kann nicht auf der anderen Seite ein Brutto-Gehalt von 4.000 Euro verdienen und um 6 Uhr den Bleistift fallen lassen. Den Job gibt's in Deutschland nicht. Das hat sie nicht verstanden. Und da hab ich ihr gesagt: ›Gehe du erst einmal in der freien Wirtschaft arbeiten. Dann siehst du mal, wie das ausschaut, und dann siehst du auch, was zwölf Stunden sind. Die sind nämlich normal heute.‹«

Klaus O. spricht im Interview offen über das Unverständnis seiner Exfrau. Damals war ihm das nicht so ohne weiteres möglich. Dass sie ihr Leben gerade in der Krise unterschiedlich wahrnahmen, darüber konnten sie sich nur schwer verständigen. Stattdessen machten sie sich gegenseitig Vorwürfe, wobei sich jeder, wie das vor Scheidungen zumeist der Fall ist, im Recht wähnte. Wie vielen anderen Paaren in vergleichbaren Situationen fiel es ihnen schwer, die Welt mit den Augen des anderen zu sehen, und so fehlte ihnen denn auch das Verständnis für das Verhalten des Partners. Anfang 1994 versuchen sie noch einen letzten gemeinsamen Schritt: eine Eheberatung. Allerdings wird schnell deutlich, dass Frau O. keine gemeinsame Zukunft mehr sieht. Sie will, dass die Eheberatung die Trennung erleichtert. Er hingegen hofft auf Versöhnung und Wiederannäherung. Als die gegensätzlichen Erwartungen deutlich werden, brechen sie die Beratung ab und trennen sich. Klaus O. zieht im April 1994 aus dem gemeinsamen Haus aus.

Zunächst verläuft der Kontakt mit seinen Söhnen weitgehend unproblematisch. Beide Eltern halten sich an die gerichtlich festgelegte Regelung des Umgangs. Klaus O. pflegt ein sehr intensives und liebevolles Verhältnis zu seinen Kindern.

»Alle vierzehn Tage kamen sie übers Wochenende zu mir. Und wenn zwischendurch irgendetwas Besonderes war, dann auch. Der Große war damals schon bei den Pfadfindern, und dann hat er gesagt: ›Du, Papa, nächstes Wochenende haben wir da eine Festivität. Kommst du auch mit hin? Dann bin ich natürlich mit hingegangen. Weil er mir dann halt auch zeigen wollte, wie er schon mit den Techniken umzugehen weiß und dergleichen mehr. Das war relativ unkritisch. Ja, ja, ich hatte ein Topverhältnis zu meinen Kindern! Sie sind gerne zu mir gekommen!«

Zu dieser Zeit zahlt Klaus O. jeden Monat den vollen Unterhaltsbetrag für Exfrau und Kinder. Doch dann kommt es zur Kündigung.

»Da ich 1995 gekündigt wurde, stand ich erst einmal unter Schock. Die Firma, wo ich vorher war, hat gesagt: ›Tut mir leid, Klaus O., Ihre Position haben wir natürlich vergeben, nachdem Sie gewechselt haben.‹ Dann stand ich auf der Straße und habe überlegt, was ich tun kann. Ich habe mich selbstständig gemacht, um überhaupt wieder eine Tätigkeit und eine Perspektive zu haben. Und dann bin ich natürlich zu meinem Anwalt. Hab gesagt: ›Hier: wovon? So viel Geld wie früher habe ich nicht mehr. Vielleicht in der Zukunft, aber zurzeit nicht! Und ich kann nicht unzählige Kredite aufnehmen, nur um das bodenlose Fass meiner Frau zu füllen, das funktioniert nicht.‹ Und dann ist mein Anwalt vor Gericht gegangen und hat eine Unterhaltsabänderungsklage angestrebt. Und die haben wir letztendlich im Jahre 1996 vorm Oberlandesgericht in Köln ausgefochten, wo wir uns auf Drängen des Familienrichters auf einen Vergleich geeinigt haben.«

Im Gerichtsverfahren legt Klaus O. seine finanzielle Situation offen. Der Richter berechnet daraufhin den Ehegattenunterhalt neu. Aber Frau O. ist mit dem Vergleich nicht einverstanden. Sie will die Verringerung des Unterhaltsbetrages nicht hinnehmen und sieht Böswilligkeit am Werk, wohl deshalb, weil seine Arbeitslosigkeit für sie sozialen Abstieg bedeutet.

»Nachdem wir uns in Köln vorm Oberlandesgericht auf diesen Vergleich geeinigt hatten, fing es an, schwierig für mich zu werden die Kinder zu sehen. Die Retourkutsche kam über die Kinder. Sie wusste genau, wie sehr ich meine Söhne liebe und dass sie mir damit richtig eins reinwürgen konnte. Ich meine: Mehr als mich faktisch vorm Richter auszuziehen und alles mit Eiden und Schwüren zu belegen und alle Nachweise und Kontoauszüge, eben alles darzulegen, mehr kann ich nicht. Dann wurden die Treffs halt immer schwieriger. Auf einmal waren die Kinder nicht mehr daheim oder sie war nicht da. Bin hingefahren, die Wohnung war verwaist und die Kinder waren weg mit ihr.

Telefonate kamen dann: ›Ja, tut mir leid, da hab ich nicht dran gedacht‹, und dann kamen Ausreden und irgendwann ließ sie die Katze aus dem Sack: ›Weißt du, die Kinder wollen dich sowieso nicht mehr sehen.‹ Sag ich: ›Was habe ich den Kindern getan?‹ ›Ja, bei dir wäre es nicht so schön.‹ Da sage ich: ›Ja entschuldige mal, aber mehr als eine Einzimmerwohnung mit einer Schlafcouch kann ich mir nicht leisten. Ich habe kein Geld, mir eine Dreizimmerwohnung mit Kinderzimmer da hinzubauen, die sie alle vierzehn Tage benutzen. Das Geld habe ich nicht!‹ Das hat sie aber alles nicht interessiert. Und dann ging das halt 1996 los. Ich bin dreimal hintereinander bei meinen Kindern gewesen und dreimal hintereinander haben mir meine Kinder gesagt: ›Papa, wir haben etwas anderes am Wochenende vor. Wir wollen nicht mit zu dir.‹ ›Ja gut, ich kann euch ja nicht zwingen, aber es tut mir halt leid.‹ Dann kam irgendwann Weihnachten und da habe ich sie auch nicht gesehen. Dann bin ich hingefahren und dann stand sie in ihrer Wohnungstür – mit den Kindern so vor sich – da. Reingelassen hat sie mich nie. Also ich war der absolut nicht gern gesehene Gast bei ihr im Hause. Und dann sagte sie: ›Ich weiß gar nicht, was du willst! Guck dir doch die Kinder an, die wollen sowieso nichts mehr von dir wissen.‹«

Obwohl Klaus O. ahnt, dass seine Söhne von der Mutter gegen ihn aufgebracht werden und ihn nicht aus eigenem Antrieb meiden, spürt man in seinen Aussagen die tiefe Kränkung und den Zorn, den die Abwendung der Kinder in ihm auslösen. Er fühlt sich in seiner Väterlichkeit stark infrage gestellt. Ohne Kontakt mit seinen Söhnen ist Vatersein für Klaus O. nicht vorstellbar. Die väterliche Pflicht der Unterhaltszahlung allein verschafft ihm nicht die Gewissheit, noch Vater zu sein.

»Ich habe mich dann in die Hocke mit meinen Kindern begeben, hab die beiden mal so ein bisschen an mich geknuddelt und hab gemerkt, da kommt was zurück. Ich hab den Kleinen auf den Arm genommen, hab mich wieder hingestellt und habe ihn dann so vorm Bauch sitzend, so die Füße hinten ums Kreuz rum geschwungen …

Dann hat er sich bei mir oben eingehängt und hat mit mir geknuddelt. Und dann sag ich zum Carsten, und zum Benjamin natürlich auch, weil der daneben stand, den hatte ich dann so mit der Hand und dem Köpfchen ein bisschen an mich gedrückt. Sag ich: ›Jungs, ich will euch mal eines sagen: Dem Papa blutet das Herz. Der Papa ist so was von traurig, dass ihr nicht mehr zu ihm kommen wollt. Aber ich will euch trotzdem eines sagen: So weh mir das jetzt alles tut, der Papa wird euch immer lieben. Und das müsst ihr wissen. Ich werde euch nie vergessen und ich werde immer an euch denken‹ – und alles drum und dran. Da dreht sich der Kleine bei mir auf dem Arm um, guckt seine Mutter an, die in der Tür steht, und sagt: ›Siehst du, Mama, der Papa hat mich doch noch lieb.‹«

Klaus O. ist verzweifelt. Auf der einen Seite merkt er, dass die Exfrau ihn absichtlich vor den Kindern schlecht macht. Auf der anderen Seite spürt er die Ohnmacht und den Zorn seiner tief enttäuschten Exfrau, die sich nicht damit abfinden will, dass er ihr nicht mehr das sorglose Leben von einst bieten kann.

»Das war dann für mich der Punkt, wo ich gepasst habe: Das tue ich mir nicht mehr an, und ich werde es meinen Kindern nicht mehr antun. Ich werde das Ganze auf telefonische Kontakte erst einmal runterschrauben. Jedes Mal, wenn ich nach Hause gefahren bin, habe ich im Auto geflennt, sodass ich beinahe nicht mehr fahren konnte. Ich war fix und fertig nach diesen Kontakten, wenn meine Kinder mir ins Gesicht gesagt haben: ›Papa, wir wollen nicht mit!‹ Mit dem Scheidungstermin wurden die Umgangsregelungen beim Familiengericht festgezogen. Nur, die wurden von ihr nicht eingehalten. Gut! Dann habe ich wieder einen Prozess vor dem Familiengericht in Köln angestrebt und habe gesagt: ›Ich will meine Kinder wiedersehen. Es muss wieder eine Umgangsregelung geben, an die sich auch meine Frau halten muss.‹«

Die Gerichtsprozesse ziehen sich über zwei Jahre hin. In den Verhandlungen wird dokumentiert, wie die Mutter die beiden damals sieben- und neunjährigen Jungen in den nachehelichen Konflikt hineingezogen hat. Auch der Richter ist nach einem Gespräch mit den Söhnen erschüttert und erklärt – in den Worten von Klaus O.:

»Was er gerade erlebt hätte, das werde ihm so schnell nicht mehr aus dem Kopf gehen. Wie sehr die Kinder in diesem ehelichen Konflikt um das Geld, die Versorgung und dergleichen mehr involviert worden wären und welche Einblicke sie darin haben. Das heißt, alles, was mich negativ betroffen haben könnte, hat sie den Jungen erst mal erzählt.

Es steht sogar in dem Urteil drin, dass meine Frau es nicht schaffen würde, den Umgang mit mir wieder auf ein normales Maß zu bringen und damit den Kindern zu signalisieren, dass es nichts Böses ist, wenn sie das Wochenende mit mir verbringen. Und dass sie aufhören muss, den Kindern permanent nur negative Dinge über ihren Vater zu erzählen. Wenn sie das nicht schafft, dass sie dann als erziehungsunfähig gelten müsse.«

Erstaunlicherweise werden Frau O. – wie anderen geschiedenen Frauen, die den Umgang von Vater und Kindern hintertreiben – vom Richter keinerlei Konsequenzen angedroht. Seit einigen Monaten werden Umgangstermine in Kraft gesetzt, was jedoch an Herrn O.s Situation wenig ändert. Auch das Jugendamt, an das er sich wendet, bietet keine Hilfe:

»Das hat alles nichts gebracht. Ich bin dann wieder hingefahren und ich habe wegen des nächsten Abholtermins angerufen. Und wieder waren die Kinder nicht da oder die Kinder haben wieder gesagt: ›Papa, wir haben das Wochenende etwas anderes vor, wir wollen mit der Mama da und dahin fahren.‹«

Im Herbst 1999 hat Klaus O. ein Schlüsselerlebnis. Nachdem der Kampf ums Umgangsrecht für ihn nahezu aussichtslos verlaufen ist und er seine Söhne in den letzten Jahren nur sehr selten gesehen hat, fällt er aus allen Wolken, als sein ältester Sohn eines Tages unvermittelt in seinem Büro auftaucht:

»Im ersten Moment schießt mir natürlich durch den Kopf: Was kann passiert sein, dass der Junge freiwillig zu mir kommt? Die Mutter im Krankenhaus? Unfall? Ich weiß ja nicht. Da sind die schlimmsten Szenarien mir innerhalb von drei Sekunden durch den Kopf geschossen. Ich frage ihn natürlich: ›Benjamin, gibt es irgendetwas Besonderes, ist irgendetwas passiert?‹ ›Nö!‹, sagt der. ›Nö, Papa. Nö, ich wollte einfach nur mal vorbeikommen.‹

Dann saßen wir zusammen. Und er sagt gleich – ruck, zuck war der bei mir auf'm Schoß und hat mich geküsst und gedrückt und was nicht alles – das tat so gut! Ich habe gedacht: ›Mensch, klasse, jetzt geht das endlich mal in vernünftige Wege über. Jetzt sind sie so alt, jetzt denken sie mal selber nach.‹ Und wir haben uns unterhalten – also bestimmt bis um halb vier. Beim heiligsten Schwur, den ich ablegen kann: Kein böses Wort ist von meiner Seite aus über die Mutter gefallen, auch nicht von seiner. Wir haben uns wirklich nur über Dinge unterhalten, die ihn und mich angehen – und seinen Bruder. Aber kein böses Wort über die Mutter nach dem Motto: ›Wisst ihr, das hättet ihr schon seit längerer Zeit haben können. – Böse Mutti!‹ Habe ich nicht gemacht. Das war auch nicht meine Intention, weil ich damit wahrscheinlich genau das Gegenteil erreicht hätte. Um vier Uhr sagt er zu mir: ›Du, ich glaube, es ist besser, ich fahre jetzt nach Hause.‹ Sag ich: ›Ja, Benjamin, das sehe ich genauso!‹ Sag ich: ›Magste denn nächste Woche mal wieder vorbeikommen?‹ ›Ja, wenn ich darf?‹ Sag ich: ›Benjamin, guck, wenn's Auto da steht, das kennst du ja, klingelste, kommste rein, hab ich immer Zeit für dich.‹ ›Ah toll, Papa! Klasse!‹ Und er hat sich gefreut, dass wir uns so toll unterhalten haben und dass er wieder Kontakt zu mir hat. Und beim Rausgehen an der Bürotür sagt er zu mir: ›Weißt du, Papa, das hat mir so gut gefallen, das muss ich heute Abend unbedingt Mama und Oma erzählen.‹ – Und ich denke mir so: ›Na, ob das so gut ist?‹ Und ich war am Hadern mit mir selber, ob ich nicht dazu irgendetwas sagen soll. So nach dem Motto: ›Behalte es erst mal für dich!‹ Oder: ›Komm erst mal nächste Woche, lass uns dann da noch mal drüber reden, ob das wirklich so eine gute Idee ist.‹ Und das habe ich dann auch gesagt. Ich wollte ja nur keine negativen Schwingungen da reinbringen. Heute ärgere ich mich, dass ich das gesagt habe, denn der Junge ist nie wiedergekommen.«

Warum das so kam, vermag Klaus O. nicht zu sagen. Möglicherweise war Benjamin von seinem Vater maßlos enttäuscht. Ihn aufzusuchen war für den Jungen eine mutige Entscheidung. Er tat damit etwas, was seine Mutter als Illoyalität empfunden haben könnte, hätte sie davon erfahren. Benjamin hat viel riskiert, weil er auf den Vater nicht verzichten wollte. Die Sehnsucht nach ihm muss aber auf irgendeine Art enttäuscht worden sein. Sicher wäre Benjamin gerne gestärkt und zuversichtlich nach Hause gegangen. Er wollte kein Geheimnis mit dem Vater, denn mit der Mutter gab es bereits genug schreckliche Geheimnisse, die ihn bedrücken mussten. Ihm könnte das zu viel gewesen sein.

Der Vater hat den Weg der Vorsicht sicher ganz spontan und in guter Absicht, wohl aber nicht angstfrei eingeschlagen. Er wollte den Sohn schützen. Aber Geheimnisse mit Kindern sind nie gut. Es sei denn, es sind die spielerischen Geheimnisse, mit denen sie einmal augenzwinkernd testen wollen, wie es ist, wenn man sich mit jemandem zusammentut, um einen anderen auszugrenzen. Für Benjamin war damit wohl eine neue Loyalitätsverpflichtung zu der schon bestehenden dazugekommen.

Klaus O. hatte gefürchtet, die Offenheit gegenüber der Mutter könnte den Sohn mehr belasten als eine Geheimniskrämerei mit dem Vater. Benjamin aber hat möglicherweise als Unentschlossenheit und Zögern des Vaters aufgefasst, was von diesem als Schutz gemeint war. Wenn sich Benjamin aber deshalb an den Vater wandte, weil er der Enge der Beziehung mit der Mutter entkommen wollte und das Bedürfnis hatte, beide Eltern wiederzuhaben, dann muss er sich vom Vater vernachlässigt gefühlt haben. Er mag dann gedacht haben: »Von meinem Vater habe ich offenbar nichts zu erwarten, denn der ist ja genauso ängstlich wie ich. Der hat vor der Mutter so viel Angst wie ich selber. Den Schutz, den ich von ihm brauche, damit ich mich ihm zuwenden kann, den kann ich von ihm nicht erwarten. Aber schutzlos kann ich mich ihm nicht anvertrauen. Also kann ich nicht mehr zu ihm gehen. Wenn ich den Kampf gegen die Mutter aufnehme und ihren Zorn zu spüren bekomme, wird es der Vater in seiner eigenen Angst nicht wagen, mir zur Seite zu stehen.«

Es wäre ja auch vorstellbar gewesen, dass er mit dem Sohn vereinbart, offen über seinen Besuch zu sprechen. Denn keiner von beiden hat etwas Verbotenes getan. Das einzige unausgesprochene Verbot ist das der Mutter, die nicht möchte, dass der Vater seine Kinder sieht. Benjamin gegenüber hätte Klaus O. die Chance gehabt zu zeigen, dass er sich von seiner Frau nichts verbieten lässt. Doch er nützt diese Chance nicht, vielleicht aus Furcht, den Kontakt zu seinen Söhnen sonst ganz zu verlieren.

Wenn Benjamin versucht haben sollte, zusammenzufügen, was die Eltern auseinander gerissen haben, so hat die vermeintliche Rücksichtnahme seines Vaters diesen Versuch unmöglich gemacht. Benjamin konnte Vater und Mutter nicht einmal in einem Gespräch vereinen. Dazu hätte Klaus O. zunächst die Feindseligkeit einräumen und sie dann wiederum als Angelegenheit der Eltern vom Sohn fernhalten müssen. Weil er das nicht tat, trieb er Benjamin in einen Loyalitätskonflikt.

Klaus O. verlor nach diesem Erlebnis den Boden unter den Füßen. Er kehrte für zwei Jahre Deutschland den Rücken und verließ das Land, ohne eine Adresse zu hinterlassen. Am Flughafen buchte er eine Last-Minute-Reise nach Jamaika.

»Ich hatte keine Lust mehr. Nicht hier in Deutschland. Nicht bei diesen Gesetzen, nicht bei der fehlenden Unterstützung von Jugendämtern und dergleichen. Ich habe mir gesagt: ›So, Freunde. Ich habe die Schnauze voll. Ich kann nichts tun. Ich bin nur derjenige, der zahlen darf.‹ Da hab ich gesagt: ›So, Freunde, jetzt könnt ihr mal gucken, wie ihr ohne mich klarkommt. Denn anscheinend wollt ihr ja alle von mir nichts mehr wissen. Oder ihr dürft nichts mehr von mir wissen oder was auch immer. Ich weiß nicht, was ich euch allen getan habe.‹ Und nach diesem Erlebnis habe ich mir gesagt: ›Jetzt ist Schluss mit lustig.‹«

Die tiefe Kränkung, die der Beziehungsverlust zu seinen Söhnen bedeutete, beantwortete Klaus O. mit einer kindlichen Geste. Deren Botschaft war: »Wenn ich jetzt ganz weg bin, dann werdet ihr endlich sehen, was ihr an mir verloren habt.« Das Entsetzen, das er auslösen wollte, um der geschiedenen Frau und den Kindern seine Bedeutung vor Augen zu führen, hat er mit Sicherheit zustande gebracht. Zugleich zwang er sie zum Gang in die Sozialhilfe.

Die Gefühle von Klaus O. sind nur zu verständlich: All seine Bemühungen, die Beziehung zu seinen Söhnen am Leben zu erhalten, sind letztlich im Sande verlaufen. Er musste erfahren, wie seine Väterlichkeit Schritt für Schritt eingeschränkt wurde, wie zwar sein Zahlungsgebaren überprüft, andererseits jedoch nichts unternommen wurde, als seine Frau den Umgang hintertrieb. Dennoch rechtfertigt das Unrecht, das ihm widerfahren ist, nicht, was er den Söhnen antat. Indem Klaus O. plötzlich als Vater entschwindet und seinen finanziellen Verpflichtungen nicht mehr nachkommt, wird seinen Söhnen auf sehr schmerzhafte Art und Weise bewusst, wie sehr sie auf die Versorgung durch ihn angewiesen waren. In dieser Hinsicht hat er tatsächlich sein Ziel erreicht. Damit ließ er aber Realität werden, was seine Exfrau ihm zu Unrecht vorgeworfen hatte. Er ist nun tatsächlich der böse Vater, der seine Kinder mit zu wenig Geld versorgt. »Der Vater hat euch nicht mehr lieb!«, wurde für sie zur Wahrheit.

Anfang 2002 kehrt Klaus O. nach Deutschland zurück. Hier wird er mit Haftbefehl gesucht, weil er seinen Unterhaltsverpflichtungen nicht nachgekommen ist. Am Flughafen wird er festgehalten. Vor seiner Rückkehr hatte er einen Anwalt mit der Wahrnehmung seiner Interessen beauftragt und seine Eltern gebeten, die offenen Unterhaltsforderungen zu begleichen. Kurz nach seiner Ankunft nimmt er Kontakt mit seinen Kindern auf. Er schreibt seinen Söhnen jeweils einen Brief. Wir wollten wissen, ob die Kinder reagiert haben. »Jaaa! Sie haben reagiert. Der Brief kam nach einer Woche ungeöffnet wieder zurück. Mit Kinderhandschrift versehen ›Annahme verweigert!‹«

Auch der Versuch sie telefonisch zu erreichen scheitert:

»Ich habe am 5. April meinem Großen, Benjamin, zum Geburtstag gratulieren wollen. Zu diesem Zeitpunkt hatte ich schon wieder Arbeit gefunden und konnte aus eigenen Mitteln bis dato meine monatlichen Unterhaltsleistungen erfüllen. Jetzt bin ich nach München gezogen. […] Ich habe ihn auch direkt am Telefon gehabt. Und musste mir eine Beschimpfungskanonade von ihm anhören. Was ich doch für ein Schwein wäre. Und er würde wohl nie mehr mit mir reden wollen. Und ich solle ihm mal den Buckel runterrutschen – und dergleichen mehr. Und dann hat er den Hörer aufgelegt. Ich habe dann noch mehrmals hinterher probiert. Da ging aber überhaupt nichts mehr. Als dann der Carsten am 21. Mai Geburtstag hatte, habe ich feststellen müssen, dass meine

Exfrau kurzerhand ihre Telefonnummer hat ändern lassen. Die war nirgends eingetragen. Auch die Post kommt ungeöffnet zurück.«

Über die Gründe für das Verhalten der beiden Jungen mutmaßt Klaus O.:
»Jetzt war ich der absolut böse Mann. Denn ich habe ab Januar 2000 nichts mehr gezahlt. Damit hatte sie absolutes Oberwasser bei den Kindern. Die hat die beiden über zwei Jahre so kirre gemacht, was ihren Vater anbetrifft. Aber warum und wieso ich mich zu diesem Weg entschlossen habe, das hat sie ihnen mit Sicherheit nicht erklärt.«

Von seiner Exfrau war das ohnehin kaum zu erwarten. Denn letztlich hat Klaus O. ihr die Gründe in die Hand gegeben, die sie früher wahrheitswidrig den Söhnen nahe zu bringen versucht hatte. Letztlich war es ihr gelungen, ihn zu dem Bösewicht und Rabenvater zu machen, der er früher nicht war. Es erstaunt, wie Klaus O. sich noch wundern kann, dass sich seine Söhne über die zwei Jahre kein gutes Bild von ihm bewahrt haben, umso mehr, da er doch weiß, wie sehr die Kinder unter dem Einfluss ihrer Mutter stehen und dass er sie tatsächlich zwei Jahre lang sträflich vernachlässigt hat. Mittlerweile hat er einen Weg gefunden, mit der Situation fertig zu werden.

»Ich habe inzwischen irgendwo resigniert. Ich mache mich jetzt nicht mehr unbedingt an jedem Weihnachten eine Woche lang kirre und sitze heulend irgendwo in einer Ecke, wenn ich an meine Kinder denke. Oder am Geburtstag, an dem ich schon intensiver an sie denke. Es kommt immer mal wieder so jedes Vierteljahr, da sitze ich halt irgendwo und lasse das alles Revue passieren. Dann werde ich halt traurig und dann heule ich mal ein bisschen.«

Doch er hat noch einen letzten Trumpf in der Hand, mit dem er eines Tages seinen Kindern zeigen will, dass ihre Mutter nicht ihr Wohl im Auge hatte, sondern nach egoistischen Motiven handelte. Dann sollen sie merken, dass er doch für sie gesorgt hat.

»Wenn meine Jungen 18 sind, müssen sie irgendwie an mich herantreten. Dann wird die Sache ganz, ganz lustig für meine liebe Exfrau. Denn es gibt zwischen uns eine notariell beglaubigte Trennungsvereinbarung. Die haben wir vor der Scheidung aus Kostengründen geschlossen und weil ich sehr klare Verhältnisse schaffen wollte. Klare Verhältnisse im Finanziellen wie im Umgangsbereich. Darin ist festgelegt, dass mir als unterhaltsverpflichteter Vater 50 Prozent des Kindergeldes zustehen. Das war damals so. In dieser Trennungsvereinbarung habe ich das Geld meinen Kindern zur Verfügung gestellt und meine Frau gleichzeitig verpflichtet, über diesen Betrag eine Ausbildungsversicherung abzuschließen, die mit dem 18. Geburtstag zur Auszahlung kommt.«

Und weil Klaus O. annimmt, dass seine Exfrau dieser Verpflichtung nicht nachgekommen ist, sondern das Geld verbraucht hat, werde Folgendes passieren:

»Die Kinder werden 18, meine Zahlungsverpflichtung erlischt und die Kinder kommen und sagen: ›Papa – Geld! Wir wollen studieren!‹ Dann wird es interessant, denn ich sage dann: ›Ihr habt Geld. Ihr habt eine Ausbildungsversicherung seit zwölf Jahren laufen. Ich habe das hochgerechnet, da müssten zurzeit 38.000 Euro drin sein – für jeden von euch.‹ In dieser außergerichtlichen notariellen Vereinbarung hat sie sich verpflichtet, das Geld zu gleichen Teilen in eine Ausbildungsversicherung zu stecken. Da würde ich einfach mal vermuten, dass sie das nicht gemacht hat. Und dann passiert nämlich eins, ich werde meinen Kindern sagen: ›Sorry! Ich habe dafür vorgesorgt, dass ihr ganz locker studieren könnt, wenn ihr 18 seid, das Geld dafür hat eure Mutter verwaltet.‹ Ist dieses Geld heute nicht da, sag ich: ›Liebe Jungs, seid mir nicht bös, aber ihr müsst zu eurer Mutter gehen. Nicht zu mir!‹ Und dann wird es nämlich ganz lustig. Und dann bin ich mal gespannt, was ihr dann als Ausrede einfällt.«

So hofft er nach all den Kränkungen, dass er am Ende als der Redliche dastehen wird und dass die Kinder, wenn auch in einer höchst schmerzlichen Weise, wahrnehmen, wer von den Eltern wirklich der bessere Versorger war. Die Zukunft könnte ihm Recht geben. Doch selbst wenn es so kommen sollte, steht er am Ende weiterhin ohne Kinder da.

Beide Eltern erwiesen sich in wesentlichen Phasen ihrer Beziehung den Söhnen gegenüber als unzuverlässig. Es scheint ein wenig, als habe Klaus O. in seinem harten Kampf sich sogar seine Söhne zu Gegnern auserkoren. Er lässt sie leiden, und sei es nur in Gedanken, weil er ihnen die Schlechtigkeit der Mutter vor Augen führen will. Dabei übersieht er, dass er selbst damit begonnen hat, seine Söhne zu manipulieren, um seine Exfrau der Garstigkeiten zu überführen, die sie den Kindern über ihren Vater eingeflüstert hat. Aber wie können Kinder die Väterlichkeit anerkennen, wenn sie dafür einen hohen Preis zu zahlen haben? Die Exfrau mag ihre egoistischen Absichten gegenüber ihrem Exmann lange Jahre verfolgt haben. Aber darf ein Vater, der seinen Kindern den Nachweis liefern möchte, dass er sich um sie gesorgt hat, sich Mittel bedienen, die letztlich den Kindern auch die guten Seiten der Mutter rauben?

Selbst im Freundes- und Verwandtenkreis wird Klaus O. keine Unterstützung finden. Wer wagt es schon, gegen eine Frau zu sein, die ihre Kinder allein erzieht und deren Mann sich in die Karibik abgesetzt hat? Aus ungewohnter Perspektive zeigt diese Geschichte, wie Frau O. konsequent darauf hingearbeitet hat, zur alleinerziehenden Mutter zu werden, obwohl der Vater den Kindern zur Seite stehen wollte. Wer diese Geschichte nur vom Ende her liest, wird Mitleid mit ihr und Zorn gegen ihn empfinden: Alleinerziehende, finanziell nicht abgesicherte Mutter gegen einen Vater, der sich seiner Verantwortung entzieht, um unter der Karibiksonne ein gutes Leben zu führen. Das Ende des Dramas ist schließlich deckungsgleich mit dem Klischee von den zurückgelassenen Müttern und ihren Kindern.

»Papa, du zahlst ja keinen Unterhalt!« – Harry T.

Harry T. ist 48 Jahre alt und arbeitet als Psychotherapeut in einer Beratungsstelle. Er lebt mit seiner jetzigen langjährigen Lebensgefährtin in der Schweiz. Sie sind kinderlos. Die Trennungsgeschichte, über die uns Harry T. im Interview berichtete, liegt bereits 17 Jahre zurück. Mit seiner damaligen Partnerin, mit der er in der DDR acht Jahre zusammenlebte, war er nicht verheiratet. Die Frau brachte ein Kind, Peter, mit in die Beziehung, für das Harry T. ohne Einschränkung alle Pflichten eines Vaters übernahm. Ein weiteres Kind, Thomas, wurde innerhalb der Beziehung geboren. Der älteste Sohn ist 23 Jahre alt. Das gemeinsame Kind ist 15 Jahre alt. Die Geschichte von Herrn T. ist ein beeindruckendes Beispiel für die besonderen Probleme, die Väter haben, die mit der Mutter ihres Kindes nicht verheiratet waren. Zumal, wenn sie nach der Trennung die Beziehung zu ihrem Kind aufrechterhalten möchten.

»Was mich immer noch berührt und mir immer noch in den Knochen steckt, ist, dass meine Expartnerin sich bis heute verweigert, zusammen eine Form zu finden, auch nur über die Kinder zu reden. Und ich habe zwölf Jahre lang das Gespräch gesucht: ›Wir sollten zusammen über die Kinder reden.‹ Das stellt für mich wirklich eine absolute Kränkung dar, weil sie mich als Vater überhaupt nicht ernst nimmt. Das interessiert sie nicht. Das trifft mich nach wie vor sehr. Das war der Punkt, wo ich vor drei Jahren gesagt habe: ›Jetzt sind die Kinder alt genug, jetzt brauche ich sie nicht mehr, jetzt lasse ich los.‹ Aber nach wie vor bohrt das in mir. Das zweite, was mit ein Problem war, war, dass sie so viel übers Geld austrägt. Sachen, wo ich mich dann im Jugendamt wiederfinde, aber jetzt habe ich mir zum ersten Mal eine Anwältin genommen. Was ich nie wollte. Ich habe lieber nachgegeben als mich irgendwie auf juristische Streitereien einzulassen. Jetzt aber, da ich arbeitslos war, da wollte sie nicht zustimmen, dass das Geld um 53 Euro runtergesetzt wird. Das ist kränkend. Als unverheirateter Vater habe ich weder ein Sorgerecht noch ein Besuchsrecht; eben gar nichts.

Deshalb kam ich mir immer wie ein Bittsteller vor. Was ich ihr allerdings zugute halte, ist, dass sie meinem Sohn nie gesagt hat, du darfst oder du darfst deinen Vater nicht sehen – oder zu mir: ›Du darfst die Kinder nicht mehr sehen‹, das hat sie nie gemacht. Das halte ich ihr zugute. Was sie gemacht hat, sie hat sich wie ein Tier dazwischen gestellt, sodass die Kinder im Konflikt waren, ob sie kommen sollten oder ob ich meine Weihnachtsgeschenke abgeben konnte oder ob ich im Hausflur abgefertigt wurde. Irgendwann durfte ich die Wohnung nicht mehr betreten. Diese Formen, die sind kränkend, die kann ich nicht vergessen und die haben mich in meiner Rolle als Vater nun überhaupt nicht gestärkt. Es war immer so eine subtile Form gewesen: ›Du hast hier überhaupt nichts zu sagen‹, das hat sie mich schon spüren lassen. Ich sage mal so: Wenn ich im Sommerurlaub gesagt habe, dann und dann würde ich gerne mit den Kindern wegfahren, dann war klar, wenn sie ›nee‹ sagt, dass dann die Kinder nicht mitgekommen sind. Das war keine gleichberechtigte Handlungsbasis, die war überhaupt niemals möglich.«

Als lediger Vater ist Harry T. mehr oder weniger rechtlos. Seiner Beziehung zu den Kindern sind unüberwindbare gesetzliche Grenzen gesetzt. So ist er darauf angewiesen, dass seine Expartnerin ihm die Kinder nicht entzieht. Zwar verweigert sie ihm den Umgang mit ihnen nicht, wie er sagt, aber sie lässt keinen Zweifel aufkommen, dass die Chancen seiner Väterlichkeit mit ihrem guten Willen stehen oder fallen. Sie gibt den Kindern keine Weisungen, den Vater zu vergessen oder zu schmähen. Das tut sie nicht. Aber offensichtlich verwickelt sie sie in Loyalitätskonflikte. Sie steht dazwischen wie »ein Tier«. Die Kinder müssen sie umgehen, überwinden oder austricksen, um zum Vater zu gelangen. Der Unterschied zwischen einer Mutter, die die Kinder ausdrücklich am Kontakt mit dem Vater hindert, und einer, die dieses Ziel auf subtilere Weise ansteuert, ist so groß wie der Unterschied zwischen prügelnden Eltern und solchen, die ihre Kinder mit Schweigen strafen statt mit Schlägen. Die Wirkung ist dieselbe.

Gerade für Väter, die eine eigenständige Vater-Kind-Beziehung entwickelt haben, ist es besonders schmerzlich, wenn sie für die gemeinsame Zeit mit ihren Kindern jedes Mal eine Erlaubnis einholen müssen. In ihrer rechtlich schwachen Situation haben sie keine Möglichkeit, beim Aufwachsen der Kinder eine Rolle zu spielen.

Und noch eines wird im Fall von Harry T. deutlich. Er ist kein Mann, der innerhalb der Liebesbeziehung Verantwortung verweigert und sich den Mühen einer mal gut, mal schlecht verlaufenden Partnerschaft entzieht. Ebenso wenig hat er seine Väterlichkeit aufgegeben. Und er hat die angenommene Vaterschaft für den Stiefsohn über all die Jahre aufrechterhalten. Seiner Expartnerin gegenüber hält er in der Erinnerung an den schönen Zeiten fest und denkt gern an die zärtlichen Gefühle, die er für sie hegte. Seinen eigenen Anteil an der Trennung vermag er recht deutlich zu sehen.

»Ich habe diese Frau wirklich sehr geliebt, das weiß ich. Aber ich hatte das Gefühl, da kommt nichts zurück. Es ist nicht im Gleichgewicht gewesen, das sind meine Worte heute. Und ich wollte dann gehen. Aber dann hat sie mich festgehalten. Wann immer ich gehen wollte, kam: ›Bleib!‹ Aber wir haben uns zu wenig geliebt.

Es sind große Worte, aber ich würde es so sagen. Es war auch im Sexuellen so, dass sie sich immer verweigert hat. Mehr oder weniger. – Und heute denke ich, mein Gott, ich hätte doch nach einem Jahr spätestens gehen müssen. Es ist mein Ding, dass ich so lange geblieben bin und dass dann noch ein Kind kam. Aber letztendlich lag es an mir. Ich habe ganz viel versucht zu investieren. Ich habe den großen Sohn bis heute mit aufgezogen. Der sagt zu mir Papa und will von meinem ganzen therapeutischen Quatsch nichts wissen, wie er sagt. Er sagt so ungefähr: ›Hör auf mit dem Quatsch.‹

Ich bin gegangen. Es gab eine Trennung, aber da war der zweite Sohn noch nicht da. Und ich bin gegangen, und dann hat sie sich plötzlich neu in mich verliebt. Und dann dachte ich natürlich: ›Aha, jetzt ist es da.‹ Ich bin zurückgekommen, und dann war die Liebe wieder weg. Und sie sagt: ›Ich weiß auch nicht, wo sie ist.‹ Heute würde ich mir das kein halbes Jahr angucken. Und insofern verstehe ich ihr Gefühl der Kränkung auch nicht. Ich glaube, es hat nicht so viel mit mir als Person zu tun. Aber es ist trotzdem kränkend, wenn der andere geht. Nur, es muss nicht zehn oder zwölf Jahre lang kränkend sein.«

Wir können hier gut sehen, dass Konflikte, die während der Trennung nicht bearbeitet wurden, weil beide oder einer von beiden nicht so recht wollte, auch später nicht mehr in Angriff genommen werden.

»Ich habe sozusagen den Versuch aufgegeben, mit ihr zu reden. Wir kommunizieren nicht miteinander. Außer wenn ich sie mal am Telefon habe, dann sagt sie: ›Ja, ich gebe dir den Sohn.‹ Da war keine gemeinsame Elternschaft in dem Sinne möglich, dass man mich irgendwie zu etwas braucht. Ich hatte immer gesagt: ›Ich möchte mit dir irgendwie eine Gesprächsform finden. Mensch, lass uns einmal im Monat zusammensetzen und über die Kinder reden. Das wünsche ich mir. Und wenn wir es nicht zu zweit schaffen, dann lass uns in eine Beratungsstelle gehen.‹ Das war wirklich immer wieder so meine Idee. ›So schaffen wir das miteinander nicht. Unabhängig davon, an wem es liegt. Lass uns woanders hingehen. Mediation – bla bla bla.‹ ›Nee‹, hat sie gesagt, ›ich will nicht!‹ Ich sei so furchtbar. ›Wenn ich so furchtbar bin, dann lass uns doch irgendwo hingehen. Ich sehe mich nicht so furchtbar. Ich erlebe mich auch in anderen Beziehungen nicht furchtbar.‹ Natürlich ist es mit mir schwierig, wie mit jedem anderen auch. Aber ich denke, es ist möglich.

Warum sie so ist, kann ich Ihnen nicht sagen. Ich kann nur phantasieren, dass es irgendwelche Kränkungen waren, die sie sich nie eingestehen konnte. Das ist mein Bild. Also bleibt sie einfach sitzen. Ich war irre gekränkt über viele Jahre. Ich habe viele Therapien machen müssen, um mich davon zu entfernen und ein bisschen versöhnlicher alles zu sehen. Ich meine, wir sind uns nichts schuldig geblieben. Also an Verletzungen und Kränkungen, unterm Strich, [...] ja, da sind wir uns nichts schuldig geblieben. Wie das so in einer Beziehung ist. Jeder fühlt sich am gekränktesten.«

Harry T. gibt sich nicht der rosigen Vorstellung hin, dass nach einer Trennung – sei sie schwierig oder nicht – die Partner weiterhin das harmonische Elternpaar sein können. Als Mann, der seine Erfahrungen als lediger Vater gesammelt hat, weiß er nur zu gut, dass Zurückweisungen, die sich während der Beziehung ereignen, nicht gemildert werden, wenn die Beziehung beendet ist. Trotzdem widersteht er der Versuchung, die Brücken zu den Kindern hinter sich abzubrechen.

»Das hat mich runtergedrückt und immer wieder viel Kraft gekostet, um dann zu sagen: ›Nee, und ich trenne mich trotzdem nicht von den Kindern.‹ Ich war immer wieder drauf und dran zu sagen: ›Das kann ich nicht mit mir machen lassen. Diese Art von Demütigung, das mache ich nicht.‹ Und immer wieder so zu sagen: ›Nee, das hat nichts mit den Kindern zu tun, ich bleib dran.‹ Aber das ist ein mühsamer Prozess – bis heute!«

Harry T. entschied sich, trotz vieler Erschwernisse, den Kindern ein guter Vater zu bleiben. Obwohl für ihn nur schwer zu ertragen war, dass es ihm nicht vergönnt war, ihnen mehr zu sein als ein Vater nach dem Berliner Modell. Nicht einmal in Notfällen oder bei Engpässen griff seine ehemalige Partnerin auf ihn zurück. Nur einmal war ihre Not so groß, dass sie ihn um Hilfe bat. Später gab sie sich aber nie wieder eine solche Blöße, denn als solche muss sie ihre Bedürftigkeit wohl empfunden haben.

»Ich habe versucht, dass sie meine Wohnung auch als ein Zuhause erleben. Aber ich bin mir nicht sicher, ob mir das gelungen ist und ob so was überhaupt möglich ist, dass sie das als zweites Zuhause empfinden. Dazu hätte die Mutter sie mehr loslassen müssen. Es war so: Wenn die Kinder krank waren, habe ich keine Infos bekommen, ›Du, die Kinder sind krank!‹ Nur wenn es schwerer war, dann schon. Wenn sie krank waren, habe ich das nie als Erster erfahren. In dem Sinne: Wir müssen jetzt gucken, wie wir das machen. Oder wenn sie in Not kam, entweder auf der Arbeit oder wenn sie mal wegfahren wollte, dann hat sie nicht mich gefragt, ob ich die Kinder nehme, sondern eine Freundin oder ihre Mutter. Das, glaube ich, hat verhindert, dass da so etwas wie ein zweites Zuhause für die Kinder entsteht. Ich hätte das Alltagsleben mit den Kindern so gerne geteilt. Ich habe das versucht, so weit es ging. Aber ich habe von ihr nicht gespürt, dass sie das will. Das ist jetzt zehn Jahre her, dass sie sagte: ›Ich gehe jetzt acht Wochen in die Klinik. Kannst du die Kinder übernehmen?‹ Dafür bin ich ihr so unendlich dankbar. Davon hätte ich gerne mehr gehabt. Sie hat mir aber nur diese eine Gelegenheit gegeben. Das war gut so. Insofern bin ich nicht sicher, ob es wirklich ein zweites Zuhause war, schon irgendetwas dazwischen.«

Wenn heute über Scheidungsväter in der Öffentlichkeit, in der Politik, aber auch unter Bekannten und Freunden gesprochen wird, dann sind kränkende und abwertende, wenn nicht sogar erniedrigende Szenen, wie Harry T. sie beschreibt, eher zufälliger Bestandteil von Gesprächen. Es wird im politischen wie im wissenschaftlichen Leben übersehen, dass Elternschaft nach der Trennung – wie beim ledigen Vater T. – sehr belastend ist. Dass Mütter belastet werden, das wissen wir hinreichend. Aber auch Trennungsväter müssen mit großen psychischen und materiellen Anstrengungen kämpfen, um ihre Beziehung zu den Kindern aufrechtzuerhalten.

Harry T. litt unter der Stellung des ledigen Mannes und Vaters ohne Sorgerecht. Aber er haderte nicht mit dem Schicksal. Das hätte ihn wahrscheinlich daran gehindert, die verbliebenen spärlichen Spielräume zu nutzen. Um seine Beziehung zu Thomas und Peter nicht aufs Spiel zu setzen, fügte sich Harry T. in die Grenzen, die ihm seine Expartnerin zog und innerhalb deren er etwas gestalten konnte.

Das Einzige, was er seiner ehemaligen Lebensgefährtin hatte entgegensetzen und als Machtmittel einsetzen können, war ihre Abhängigkeit von seinen Unterhaltszahlungen. Das ließ Harry T. als Steuerungsmittel nicht aus und er schlug dafür einen besonderen Weg ein. So umsichtig er gefährliche Konfrontationen vermied, um – wie er es ausdrückte – mit dem »Tier« zwischen ihm und den Kindern nicht aneinander zu geraten, so feinsinnig betrieb er auf dem Spielfeld der Unterhaltszahlungen ein ausgeklügeltes Spiel, das letztlich dazu führen sollte, dass seine

Väterlichkeit anerkannt werden muss – nämlich von seiner Expartnerin. So unterlief er immer wieder die starre Regelung der monatlichen Unterhaltszahlungen. Nicht dass er weniger zahlte als festgesetzt. Das tun eher geschiedene Männer mit knappen Mitteln. Was ihm nach Maßgabe von Gesetzen und gerichtlichen Festlegungen vorgegeben war, das wurde von ihm gerade überboten. Er besserte den Überweisungsbetrag auf und zahlte freiwillig mehr, als er zahlen musste. Er tat das in einer so verwirrenden Art, dass es uns recht schwer gefallen ist, das System zu durchschauen, nach dem er seine Entscheidungen traf. Er tat demnach nichts, um sich seiner Verpflichtung zu entledigen.

Fast hatte es den Anschein, als sei die Familie wieder von ihm abhängig, wie zu den guten Zeiten. Sein Sohn nahm das jedoch anders wahr.

»Peter war vielleicht acht, neun gewesen und an meiner Hand, als er sagte: ›Papa, du zahlst ja keinen Unterhalt.‹ Erstens: Wie kommt er dazu, das so zu kommunizieren? Das kann er nur von ihr haben. Zweitens habe ich damals an das Jugendamt gezahlt und das Jugendamt hat ihr das Geld gegeben. Daraufhin bin ich zum Jugendamt und habe gesagt: ›Ich möchte von jetzt an selber an die Mutter zahlen. Es muss spürbar sein, dass das Geld von mir kommt.‹ Das habe ich erreicht, weil das Jugendamt gesehen hat, dass ich mehr als vorgeschrieben gezahlt habe und mehr als zahlungswillig war. Das hatte aber in den nächsten Jahren zur Folge, dass meine Expartnerin die Amtsvormundschaft an das Jugendamt abgegeben hat. Die sind von Amts wegen berechtigt und verpflichtet zu prüfen, wie ich Unterhalt zahle. Das ist die Rechtslage in der DDR gewesen. Sie werden dann plötzlich geprüft und ich hatte auf einmal irre Nachzahlungen. Aus einem Grund: Ich hatte auf dem Zettel als Verwendungszweck nicht angegeben ›Unterhalt‹, sondern ›Ferien‹ oder ›Fahrrad‹ oder ›Bücher‹. Das wurde nicht als Unterhalt anerkannt, sondern als großzügige Sonderzahlungen. Das machte mich irrsinnig wütend.«

Kurz gesagt: Harry T. wollte seiner Expartnerin das Geld nicht ohne Verwendungszweck überlassen. Er wollte von den anonymen Zahlungen weg und für die Kinder als sichtbarer Vater für besonders schöne Seiten des Lebens ebenfalls in Erscheinung treten. Wenn die Kinder zu Hause ein Buch lesen, dann ist das das Buch vom Vater. Beide Kinder wissen es und der Mutter entgeht es auch nicht. Der Vater ist vertreten und in einer ganz bestimmten Weise anwesend. Harry T. hatte ein sehr feines Gespür dafür, dass man ihn im Treppenhaus zwar abspeisen oder vor der Tür stehen lassen konnte. Aber er ist sozusagen durch die Hintertür in die Familienräume wieder eingetreten. Sein Trick waren freiwillige Zahlungen, von denen er wusste, dass seine Expartnerin sie niemals ablehnen würde, weil sie sich damit ins eigene Fleisch geschnitten hätte. Einerseits hat Harry T. verstanden, dass die alte Wohnung jetzt der private Bereich seiner Expartnerin ist, in dem er nichts mehr zu suchen hat und in dem sie auch neue Bekanntschaften treffen will, ohne fürchten zu müssen, dass ihr Expartner plötzlich im Türrahmen steht. Andererseits aber will er konkret in der Wohnung anzutreffen sein. Peter sagt zu seinem Bruder oder zur Mutter: »Gib mir doch mal das Buch, das mir Papa geschenkt hat!« Dann passiert, was Harry T. möchte, er ist gegenwärtig. Jeder sieht sein Geschenk. Mit Sicherheit werden Thomas und Peter die Bedeutung dieser Gegenwart spüren, und die Mutter wird sich ärgern – das »Tier« zwischen Vater und Söhnen ist umgangen worden.

Dass der Vater sichtbar vertreten ist, hat für die Söhne eine nicht zu unterschätzende Wirkung nach außen. Auf ein neues Fahrrad reagieren Freunde und Nachbarn mit Aufmerksamkeit, und stolz erzählen die Kinder, wer es ihnen geschenkt hat. In seinem besonderen Verwendungszweck, den Harry T. auf den Überweisungsformularen angegeben hat, steckt der Wunsch, sein Sohn möge stolz berichten, dass sein Vater es war, der ihm das Fahrrad geschenkt hat. Er muss sich dann nicht schämen, dass er ohne Vater aufwächst, wie so viele Scheidungskinder es tun.

Das Bedürfnis nach Anerkennung ist grundlegend für alle Menschen. In der Anerkennung, die immer nur durch die anderen vollzogen werden kann, drückt sich die Vitalität der eigenen Lebensgestaltung aus. Harry T. steht hier demnach nicht alleine. Das Problem, als Vater nicht anerkannt zu werden, ist aber in der Gruppe der unverheirateten Väter besonders ausgeprägt. Für sie rückt der Kindesunterhalt als einzige Pforte zur Anerkennung zu einer besonderen Bedeutung auf. Eine Pforte, die allerdings sehr eng ist. Ledige Mütter müssen die Zahlungsleistung der ledigen Väter nicht würdigen, weil sie aus deren Sicht nur rechtlichen Verpflichtungen nachkommen. Das unterstützt die geltende Rechtsprechung nachhaltig. Andererseits verstärkt die Herabwürdigung des ledigen Vaters zum Geldautomaten die bei ledigen Müttern bereits vorhandene Geringschätzung des Kindesvaters.

Die kindswohlpolitisch nicht nachvollziehbare und wissenschaftlich nicht haltbare Ausgrenzung der ledigen Väter, die in unserer Gesellschaft immer noch herrscht, trägt dazu bei, dass der Gesetzgeber den Kindern den Vater nimmt, obwohl er mit dem neuen Familienrechtsgesetz formal anerkannt hat, was in der Psychoanalyse und der Sozialisationsforschung schon lange gesichertes Wissen ist: dass Kinder beide Eltern brauchen.

Gerade engagierte Väter, zu denen Harry T. zählt, haben den starken Wunsch, ihre Väterlichkeit jenseits der reinen Rechtsverbindlichkeit für sich selbst erlebbar zu gestalten. Allerdings sind sie hier der Willkür der einstigen Partnerin ausgesetzt. Harry T. hat die Spontaneität gegenüber seinen Kindern auf eine besondere Weise für sich zu retten versucht. Es war die Art, wie er seine Zahlungen vorgenommen und erweitert hat. Phantasievoll und gut verständlich, wie das war, bedeutete es doch gleichzeitig einen riskanten Schritt. Empfehlenswert ist diese Handhabung nicht. Davon abgesehen, sind Trennungsväter der unteren Einkommensgruppen nach der Unterhaltszahlung regelmäßig am Ende ihrer finanziellen Möglichkeiten angelangt. Das wird allzu gerne übersehen. Alle reden vom materiellen Elend geschiedener Frauen, aber niemand spricht über die Deklassierung, die für Männer in den unteren sozialen Schichten mit der Scheidung verbunden ist. Zahlungsunfähigkeit wird nur allzu gerne als Boshaftigkeit interpretiert. Geschiedene Frauen mit Kindern, die auf Sozialhilfe angewiesen sind, haben in aller Regel einen geschiedenen Partner, der selbst auf Sozialhilfeniveau lebt.

Bei Harry T. bleibt unverständlich, warum eine Zahlung, die nicht ausdrücklich als »Unterhalt« gekennzeichnet ist, nicht als solche anerkannt wird. Warum wird mit den kleinen Sehnsüchten eines rechtlosen Trennungsvaters, der seinen Anteil an der materiellen Ausstattung des Sohnes sichtbar machen möchte, so hart ins Gericht gegangen – zumal seine Absicht zu sorgen niemand bestreiten kann?

Über Zahlungsbesonderheiten will Harry T. seine Expartnerin zur Kommunikation zwingen, die sie ihm grundlos verweigert. Wenn es ihm finanziell gut geht, ist er bemüht, mehr Unterhalt zu zahlen. Wenn ihm weniger zur Verfügung steht, scheut er sich nicht, die Zahlungen entsprechend zu kürzen. Er signalisiert damit, dass er sich weder mehr abverlangen lässt, als er in der Lage ist zu leisten, noch dass er sich in seinem Bedürfnis, dem Sohn gegenüber großzügig zu sein, einschränken lässt. Seine frühere Partnerin scheint auch nur noch an einer finanziell funktionierenden Väterlichkeit interessiert zu sein, die im Alltagsleben der Kinder keine sichtbaren Spuren hinterlässt. Der Vater soll als Teil der kindlichen Lebensgeschichte möglichst ausradiert werden. Dass zwischen der Sicherung des Lebensstandards und den Unterhaltszahlungen ein Zusammenhang besteht, verdeutlicht die Mutter ihren Kindern nur dann, wenn Harry T. ihrer Meinung nach diesen Lebensstandard nicht ausreichend sichert.

»Da ist eines Tages mein Großer – mittlerweile, Gott sei Dank – mit 23 Jahren gekommen und sagt: ›Was ist denn da los?‹ Er sagt, es ging wieder um Geld: ›Mama ist in Tränen ausgebrochen.‹ Ich würde keinen Unterhalt zahlen. Sie wüsste nicht, wie sie klarkommen soll. Und dann hat es mir erst einmal die Sprache verschlagen und dann haben meine neue Lebenspartnerin und ich ihm versucht zu erklären, wie das von meiner Seite aussieht. Dann sagte er: ›Pfff – was mache ich jetzt damit? Das ist ja eine völlig andere Darstellung.‹ Da habe ich gesagt: ›Das ist genau das Problem. Daraus wollte ich euch immer raushalten. Du willst es jetzt wissen, und dann erzähle ich es dir. Ich kann dir nicht sagen, was du damit machen sollst. Ich könnte es dir, wenn du willst, sogar beweisen. Aber ich will nicht in solch ein Feld reinkommen. Das ist eine schwierige Lage für dich.‹ Ich habe ihm gesagt, meine Unterhaltszahlung ist runtergegangen, weil ich in die Schweiz gegangen bin. Das war eine absolute Not- und Krisensituation bei mir. Ich war arbeitslos und habe statt 500 Mark nur noch 400 Mark gezahlt. Daraufhin brach meine Expartnerin wohl in Tränen aus und sagte: ›Ich komme jetzt nicht mehr klar.‹ Da habe ich zu ihm gesagt: ›Hat sie dich angestrahlt, als ich immer mehr gezahlt habe? Hat sie dann gesagt: Oh toll, jetzt zahlt er 100 Mark mehr. Oh toll, jetzt hat er mir das in die Hand gedrückt?‹

Die Kinder sind nicht gekommen, weil sie im Konflikt waren. Das war immer zu spüren. Irgendwann ist es dann einem von beiden rausgerutscht, was Mama gesagt hätte. Dann kamen sie sich so vor, als ob sie Mama verraten haben, weil sie meinen Einkommensbeleg sahen. Das ist doch furchtbar. Ich will das nicht. Und meine Lebenspartnerin hat mir immer gesagt: ›Du klemmst den Schwanz ein!‹ So sag ich jetzt mal auf Deutsch. ›Du musst das klarstellen.‹ Und ich habe immer gesagt: ›Ich will die Kinder damit nicht belasten.‹ Je älter sie werden, dann ist was anderes möglich. Aber – ich habe gesagt: ›Ich will das nicht.‹«

Für die Expartnerin war es sicher eine äußerst widersprüchliche Angelegenheit, sich gelegentlich zusätzliches Geld von ihrem Expartner »in die Hand drücken« zu lassen. Ohne Zweifel konnte sie es gut gebrauchen und es zurückzuweisen wäre ihr angesichts ihres schmalen Monatsbudgets sehr schwer gefallen. Andererseits kommen die spontanen Zuwendungen fast einem massiven Eingriff in ihre Intimsphäre gleich, die Harry T. im Umgang mit ihrer Wohnung wohlweislich wahrte. Zahlungen, die keine Rechtsgrundlage haben, sind etwas sehr Persönliches und wahrhaft Intimes. Sie bewirken eine eigentümliche Abhängigkeit. Seine Expartnerin ist emotional mit seinem beruflichen Wohlergehen verbunden und teilt seine Erfolge und Misserfolge. Seine Misserfolge sind ihre Enttäuschung. Seine Erfolge sind ihre Freude. Es geht Harry T. eben nicht nur um Geld, sondern auch um Anerkennung seines beruflichen Erfolges, eine Art Qualitätssiegel für seine Väterlichkeit aus der Hand seiner Expartnerin. Dank wird erwartet oder eine andere persönliche Geste, denn Harry T. signalisiert: »Wenn mir danach ist, dann gebe ich dir mehr als dir zusteht.«

Indem die Expartnerin eine Amtsvormundschaft bestellt, scheint sie sich vor der Versuchung schützen zu wollen, seinen spontanen Gaben aus Bedürftigkeit anheim zu fallen und ihn in ihre private Welt der Ängste und Hoffnungen wieder eindringen zu lassen. Es scheint, als hätten Harry T. und seine ehemalige Partnerin unausgesprochen verstanden, dass die konfusen Unterhaltszahlungen einen neuen Schauplatz eröffneten, der die aufgelöste Beziehung zumindest ein wenig wiederherstellen sollte.

Harry T. gelang es, bis auf seinen Ausreißer in Sachen Unterhalt, seine Aggressionen so weit zu kontrollieren, dass er sich nicht in ausweglose Kämpfe stürzte. Heute ist er froh darüber, dass der Kontakt zu seinen Söhnen sich trotz aller Schwierigkeiten aufrechterhalten ließ.

»Als meine Eltern sich haben scheiden lassen, ist mein Vater gegangen und hat sich von meiner Mutter in die Flucht schlagen lassen. Und ich bin schon noch stolz darauf, dass ich dem nicht gefolgt bin. Als ich genug hatte, hätte ich ja sagen können: ›Nee, dann leck mich!‹ Ich glaube, man kann es doch ein Stück besser machen als die Vorgänger. Insofern ist das so, dass ich stolz bin, dass ich die Verbindung gehalten habe. Die Jungs sind gut geworden. Und ich sehe da viel von mir wieder. Für den Großen vor allem sehe ich jetzt deutlich, wie wichtig es war, dass ich auch zu ihm in einer Vaterrolle gestanden habe. Da gibt es viel Stolz und ich kann auf die Kinder gucken und denke: ›Das ist doch irgendwie ...‹, und ich finde mich da wieder!

Heute löst sich das auf, weil die Kinder immer selbstständiger werden. Und jetzt suche ich endlich die Auseinandersetzung mit dem Sohn. Ich habe ihm gesagt: ›Wenn du Kontakt willst, musst du das jetzt selber in die Hand nehmen.‹ Je älter die Kinder werden, umso mehr nehme ich sie da raus, dass sie Opfer der Mutter sind. Dass nur die Mutter bestimmt, wie viel Kontakt wir haben und wie der sich gestaltet. Jetzt mache ich das mit den Kindern aus. Ich denke, das ist richtig und gut so.«

Wir haben uns abschließend die Frage gestellt, ob Väter – seien sie geschieden oder ledig – grundsätzlich nicht mehr zahlen sollten, als durch richterlichen Beschluss festgelegt wurde. Für die Mehrheit der geschiedenen Väter erübrigt sich diese Frage, weil sie nach Zahlung ihrer Unterhaltsverpflichtungen keine solche finanzielle Freiheit mehr haben. Wie unsere Interviews zeigten, ist Harry T. jedoch kein Einzelfall.

Gibt es eine Möglichkeit, die Kinder zusätzlich zu fördern, die nicht mit dem Problem behaftet ist, dass die Exfrau oder -partnerin dadurch in eine eigentümliche Abhängigkeit gerät? Solche außergewöhnlichen Zahlungen sollten unmittelbar für die Kinder bestimmt sein. Es sollten Geschenke sein oder die klar umrissene Finanzierung etwa eines Ferienaufenthalts mit der Schulklasse oder Ähnliches. Auf keinen Fall sollte es sich um eine zusätzliche Zahlung zum allgemeinen Lebensunterhalt handeln. Jener Elternteil, bei dem die Kinder nach der Scheidung oder Trennung leben, trägt die Verantwortung für die Verwendung der Mittel. Man darf sie ihm nicht nehmen. Wann sich der unterhaltsberechtigte Elternteil in der Lage sieht, von diesem Geld dem Kind besondere Geschenke zu machen, das kann und soll nur er allein entscheiden. Auch wenn es verständlich ist, dass Väter wünschen, ihre finanziellen Zuwendungen mögen für die Kinder erfahrbar werden, so geht dies nur über gesonderte Regelungen, die die laufenden Unterhaltszahlungen nicht berühren. Alles andere muss als Eingriff in den Intimbereich des Elternteils, der die Verantwortung für das alltägliche Leben der Kinder übernommen hat, gesehen werden und wird wohl auch als solcher empfunden.

Wenn die Tochter sich um den Vater kümmert – Philip M.

Philip M. ist nach der Trennung von seiner Lebensgefährtin gelungen, wovon die meisten ledigen Väter nur träumen können. Er hat erreicht, dass seine Tochter größtenteils bei ihm wohnt. Obwohl er mit der Mutter nicht verheiratet gewesen war und nach deutschem Recht als lediger Vater fast gänzlich auf das Wohlwollen der Kindesmutter angewiesen ist, haben die beiden diese ungewöhnliche Regelung unter vier Augen getroffen.

Philip M. ist 47 Jahre alt und hat einen Universitätsabschluss. Mit Sandra, seiner früheren Partnerin, lebte er neun Jahre in einer »eheähnlichen Beziehung«, aus der die Tochter Charlotta hervorging. Sie ist 8 Jahre alt. Die Trennung liegt zweieinhalb Jahre zurück. Nach Sandras Auszug aus der Wohnung verständigten sie sich außergerichtlich darauf, dass Charlotta die Hälfte der Zeit beim Vater, die andere bei der Mutter verbringen sollte. Nach einiger Zeit stellte sich die Tochter, die das alles als »verwirrend und einfach nur stressig« empfand, gegen diese Regelung. Ein Facharzt konstatierte zudem eine Verzögerung in Charlottas Entwicklung, die mit der Umgangsregelung zusammenhinge. Darauf berieten sich die Eltern und beschlossen, dass die Tochter künftig zwei Wochentage bei der Mutter verbringen, aber ansonsten beim Vater leben solle.

Philip M. vermittelte in dem langen Interview, das wir mit ihm führten, den Eindruck eines nachdenklichen, beinahe philosophischen Mannes mit ausgeprägtem Pflichtbewusstsein seiner Familie gegenüber. So unterstützt er beispielsweise seine ehemalige Freundin noch immer finanziell. Seine finanzielle Großzügigkeit dürfte, neben seiner besonnenen Art, wohl auch wesentlich dazu beigetragen haben, dass die Umgangsregelung so einfach zustande kam.

Auf die Frage, weshalb die Beziehung auseinander gegangen sei, nannte er uns verschiedene Gründe. Zu seiner rationalen Art passte es, dass er sich zuallererst auf die statistische Wahrscheinlichkeit einer Trennung in Großstädten bezog:

»Wenn man sich entschließt, ein Kind zu haben, und dazu noch in einer Großstadt lebt, dann ist die Wahrscheinlichkeit, dass man sich trennt, bevor das Kind zehn ist, größer als 50 Prozent. So ist das! Darüber nicht nachzudenken wäre einfach dumm. Also denkt man darüber nach. So habe ich es gemacht. Das ist halt so. Ich weiß nicht, wie man sonst anders damit umgehen soll. Das ist halt meine Art damit umzugehen. Sie hat sich auch häufig drüber beschwert, dass ich damit so technokratisch umgehen würde, aber – das ist halt meine Art.«

Die meisten Menschen haben Angst vor Trennungen, denn sie schmerzen, sie reißen alte Wunden auf und fügen neue hinzu. Nicht selten zählen Trennungen zu den schwierigsten Erfahrungen im Leben überhaupt. Indem Philip M. Zahlen heranzieht und sich mit statistischen Scheidungswahrscheinlichkeiten tröstet, bewahrt er sich einen distanzierten Blick auf seine eigene Trennung. Das ist sicher einer seiner Wege, den Schmerz zu beherrschen. Er betrachtet sich als Mitglied des städtischen Scheidungskollektivs und gibt damit zu verstehen, andere Menschen hätten ähnliche Probleme. Der Schmerz der anderen, so will es scheinen, könnte vielleicht den von Philip M. mildern. Diese Betrachtungsweise war wohl, was seine ehemalige Lebenspartnerin als »technokratisch« empfand. Die hohe Scheidungsrate in Großstädten erklärt nämlich keineswegs, warum gerade er sich von seiner Lebensgefährtin trennte. Wenn die unpersönliche Statistik gewissermaßen zum persönlichen Schicksal wird, dann muss über Ärger und Kränkungen nicht mehr gesprochen werden und man erspart sich die mühselige und zeitaufwändige Auseinandersetzung über partnerschaftliche Konflikte.

Mit dieser Sichtweise hatte Philip M. wohl schon in den glücklichen Zeiten seiner Partnerin signalisiert, dass Konfliktbereitschaft in Krisenzeiten von ihm kaum zu erwarten sei. Als weiteren Trennungsgrund nannte er sein berufliches Engagement. Seine Arbeit sei ihm schon immer wichtig gewesen und er wurde während der Beziehung zunehmend kompromissloser, wenn es darum ging, das Arbeitspensum zu erhöhen. Er tat das aus Verantwortungsbewusstsein für seine Familie.

Dies klingt ganz und gar nach traditioneller Männerrolle: Ein Mann zeigt seine Fürsorge in erster Linie durch erfolgreiches Geldverdienen. Gerade im Anschluss an die Geburt – zumeist des ersten Kindes – können sich dahinter aber auch Fluchtwünsche verbergen. In vielen Fällen meiden Männer die neue Familie mit dem alles durch seine Bedürftigkeit bestimmenden Kind, um sich anderswo nützlich zu machen. Daraus erwachsen häufig Spannungen: Der Vater glaubt seine Väterlichkeit zu diesem Zeitpunkt ganz besonders zu beweisen, indem er die Familie nach Kräften finanziell versorgt und eine Basis für die Zukunft aufbaut. Frau und Kinder jedoch spüren unmittelbar zuerst einmal nur, dass der Vater oft fehlt und im Familiengeschehen eher zur Randfigur geworden ist. Die aufkommende Unzufriedenheit gibt dem Mann wiederum das Gefühl, er werde nicht hinreichend anerkannt für das, was er leistet. Er fühlt sich dann schnell missachtet und ungerecht behandelt.

»Es gab mehrere Konfliktgründe. Aber alles zusammen zu beschreiben, ist wahrscheinlich ein bisschen schwer. Aber es war schon so, dass ich in dem Maße, wie ich für diese Familie diese Verantwortung gespürt habe, mich mehr auf meine Arbeit konzentriert habe, als ich das früher getan habe. Ich habe früher meine Arbeit leichter genommen. Ich habe halt angefangen, mehr zu arbeiten, und ich bin ganz bestimmt in vielen Dingen kompromissloser geworden.«

Sandra ist sehr viel jünger als er. Aufgeschlossen, wie er sich gab, fand Philip M., dass sie noch einiges zu erforschen hatte, was schon lange zu seinen Lebenserfahrungen zählte. Großzügig sei er nicht nur in Geldangelegenheiten, sondern auch in Fragen der Sexualität. Hieraus ergab sich ein weiterer Trennungsgrund.

»Sandra war auf der anderen Seite halt noch jung. Sie hat entdeckt, dass es eben noch viele andere schöne Sachen, wie andere schöne Männer, auf der Welt gibt. Das konnte ich ihr nicht richtig vorwerfen. Das habe ich irgendwie verstanden, und sie war eben so jung. Und dann ging das halt verschiedene Wege.

Was sie noch an Entwicklung oder an sexueller Erfahrung haben wollte, konnte sie mit mir zusammen gar nicht erleben. Das ging gar nicht. Also dafür ist so eine Familie einfach zu eng. Eine Familie lebt auch immer sehr stark von Absprachen und von verbindlichem Verhalten. Wenn man zusammenlebt, dann sagt der eine dem anderen, ich verhalte mich in einer Situation so und so. Darauf verlässt sich der andere. Man kriegt gewissermaßen einen Rahmen für Verhaltensweisen. Um wirklich ganz andere Sachen zu machen, sind das außerordentlich schlechte Voraussetzungen. Das macht man besser woanders. Was sie da an Erfahrungen sammeln wollte, wäre in einer Beziehung nicht gegangen. Natürlich hat das eine Rolle gespielt, dass ich viel gearbeitet habe. Die Zeit allerdings, in der wir uns kennen gelernt haben und wir wirklich glücklich miteinander gelebt haben, in der Zeit habe ich auch viel gearbeitet.«

Philip M. bringt die Besonderheiten des Familienlebens durchaus treffend auf den Punkt. Die Spontaneität des Single-Daseins ist nur schlecht mit einer Familie unter einen Hut zu bringen. Warum er allerdings meint, dass Sexualität von seiner Freundin nicht befriedigend und beglückend mit ihm selbst erlebt werden kann und es bei ihrer »mangelnden Erfahrung« außerpartnerschaftlicher Übungen bedarf, ist nicht unbedingt nachzuvollziehen. Der große Altersunterschied zwischen Sandra und ihm kann nicht der Grund dafür gewesen sein, warum sie sexuelle Erfahrungen ohne ihn machen sollte. Dieser Altersunterschied gilt eher als sehr reizvoll und für das sexuell-erotische Verlangen geradezu beflügelnd, denn er ähnelt stark dem von Vater und Tochter. Hier werden unbewusst Grenzen übersprungen, die – wenn es sich tatsächlich um Vater und Tochter handelt – eben nicht übersprungen werden dürfen. Gerade wegen der prickelnden Brisanz der Überschreitung der Grenze zwischen zwei Generationen handeln Unterhaltungsmagazine davon in schöner Regelmäßigkeit. Philip M. beschreibt in seiner nüchternen Art das Leben mit seiner Partnerin so, als hätte es dort keinen Raum für Verrücktheiten, wollüstige Grenzüberschreitungen und Spontaneität gegeben. Seine Beschreibungen zeichnen ein Bild von einer sehr jungen, eher unreifen Frau:

»Ich denke einfach, dass bei ihr wirklich ein ganzer Entwicklungsschritt einfach noch fehlte, der nämlich zur wirklich vollständigen Unabhängigkeit. Sie ist direkt aus dem Elternhaus über die Schulzeit ins Studium rein und dann haben wir uns auch schon kennen gelernt. Dazwischen gab es nicht diese Zeit, wo man sich wirklich vollständig von allen Abhängigkeiten loslöst, sein eigenes Geld verdient, seine eigene Wohnung hat und wirklich unabhängig ist. Diese Entwicklungsphase, die fehlte ihr im Prinzip. Und die macht sie jetzt gerade ziemlich erfolgreich durch.«

Das hört sich ganz und gar väterlich an. Eine unfertige Pubertierende hat einen verständnisvollen und wohlmeinenden Förderer gefunden, der sie nicht überfordern möchte. Er hat sie auf ihrem Weg zum Erwachsenwerden begleitet, sie dabei geschwängert. Wie ein Vater, der die

Entwicklung seiner Tochter mit gemischten Gefühlen verfolgt, hält er sie aber für nicht selbstständig. Er will, dass sie unabhängig wird, aber zugleich betreibt er, was er nicht will: die Trennung von ihr. Den Altersunterschied zwischen ihnen, der für Sandra eine nie aufholbare Lebenserfahrung bedeutet, macht sich Philip M. gelegentlich für seine eigenen Zwecke zunutze, wie er offen zugibt.

»Es gab Konfliktsituationen, in denen ich die 18 Jahre Lebenserfahrung, die ich mehr habe, ziemlich eiskalt eingesetzt habe. Durch Argumentation oder einfach durch Erfahrung. Ich habe meinen Erfahrungsvorsprung ihr gegenüber ziemlich unbedacht genutzt. Was sie immer in die Ecke gedrängt hat, wo sie gerade nicht hinwollte, ich sie aber hinhaben wollte.«

Noch während der Schwangerschaft hatten Philip M. und Sandra sich darauf geeinigt, dass sie im Fall einer Trennung den Umgang für ihr Kind ohne Gericht vereinbaren wollten. Beide hielten sich daran. Allerdings ging die Vereinbarung nur drei Monate gut. Dann erwies sich, dass diese Regelung die Tochter überforderte:

»Nach ein paar Monaten war Charlotta nur noch damit beschäftigt, sich zu überlegen, bei wem sie in drei Tagen ist. Und das hat sie vor und zurück überlegt. Und zum Ende 2000 ist das sozusagen kollabiert. Danach haben wir uns entschlossen, dass das Kind zwei Tage in der Woche bei der Mutter ist, und zwar montags und dienstags.«

Die Ereignisse rund um den Jahreswechsel, die zum »Kollabieren« führten und Anlass für die neue Regelung wurden, beschreibt Philip M. ausführlich:

»Wie gesagt: Erst hatten wir dieses ›zwei-zwei-fünf-fünf‹-Modell. Das hätte mir persönlich ganz gut gepasst. Da hätte ich sehr vieles von dem noch weitermachen können, was ich beruflich eh schon gemacht habe. Ich hätte auch so etwas wie ein Privatleben für mich allein gehabt. Aber wie gesagt, das Kind hat da nicht mitgespielt. Da gab's dann halt diese Silvester 2000 auf 2001. Da waren wir in einer Freizeit auf einem prächtigen Landsitz, und das war ganz klasse und ganz toll, das waren wirklich schöne Tage. Das war Winterlandschaft, es hatte ganz toll geschneit, und es war ein Riesenwald herum. Man konnte mit dem Schlitten stundenlang rumfahren und es gab einen großen Kamin und einen großen Saal, wo man tanzen konnte. Und was weiß ich. Das waren ein paar wunderschöne Tage. Aber ich musste am ersten Januar wieder ganz pünktlich in Kassel zurück sein. Jedenfalls musste ich ganz früh morgens los. Ich habe die Tochter ins Auto gepackt und dann sind wir durch diese Winterlandschaft gefahren, die Sonne schien. Die erste halbe Stunde war total klasse. Wir haben geredet und haben gelacht und gesungen. Und dann ganz plötzlich kippte sie um und war nicht mehr einzufangen. Sie heulte und krampfte und spuckte, das war für sie offensichtlich das emotionale Ende dieser Geschichte. Noch von der Fahrt aus habe ich Sandra angerufen und habe ihr das gesagt, dass ich jetzt mal gucken werde, was da alles passiert, aber dass ich das Kind nicht zu ihr bringen werde. Dann war zuerst Ruhe. Am Nachmittag habe ich noch mal telefoniert und ihr gesagt: ›Sandra, ich mach's nicht. Also wenn du meinst, dass du sie jetzt haben musst, dann hole sie ab. Aber ich bringe sie nicht, ich schaffe das nicht.‹ Sandra kam dann noch an diesem Tag, sie hat mit Charlotta geredet. Aber Charlotta hat sich gesträubt und geblockt, sie wollte nicht zur Mutter. Das war sozusagen der Anfang von der Regelung, die wir jetzt noch haben.«

An Überschwänglichkeit, an außer Rand und Band geratenen töchterlichen Gefühlen und an einem überforderten Vater, der zwischen Idylle und Realität hilflos herumflattert, an all dem mangelt es in dieser phantastischen Winterlandschaft nicht. Von der sonst so sachlichen Art, die Philip M. auszeichnet, scheint an diesem Wochenende wenig übrig geblieben zu sein. Er beschreibt ein wunderschönes Wochenende der Zweisamkeit, weit weg vom Alltag. Es scheint eine weiße, friedliche, unbeschwerte und unschuldige Märchenlandschaft gewesen zu sein, in der Charlotta wenige Tage wie eine Prinzessin an der Seite des Königs auf dessen Schloss leben durfte. Ein Schloss, auf dem es keine Königin zu geben schien. Dieses Wochenende war für beide eine einmalige Erfahrung. Vater und Tochter haben sich besonders gut verstanden. Und es scheint, als sei eine große Nähe vorhanden gewesen, die es vielleicht so vorher nicht gegeben hat. Der Abschied vom Vater muss nach solcher Innigkeit für Charlotta besonders schmerzlich gewesen sein. Er ähnelt ein bisschen der Vertreibung aus dem Paradies – einem Neujahrsparadies. Wer das Paradies zerstört, macht sich nicht beliebt. Es war die Mutter, die diese Idylle störte, denn Charlotta wusste, dass sie wieder zu ihr musste.

Das Mädchen erleidet einen hysterischen Anfall, weil sie mit ihren widerstreitenden Gefühlen nicht zurechtkommt. Sie kann nicht ausdrücken, was sie plagt. Der Vater versteht es ebenfalls nicht und er gibt Charlotta nach. Seinen Schilderungen zufolge überlässt er es seiner Partnerin, alles Weitere zu entscheiden. Er lässt sie als diejenige erscheinen, die Charlotta brutal aus der Welt der nachsilvesterlichen Zweisamkeit mit dem Vater herausriss. Er selbst bleibt somit für die Tochter ein wenig der gute Prinz.

Um ihrer Tochter zu helfen, treffen die Eltern im Anschluss an diese Szene eine neue Vereinbarung – zum Nachteil der Mutter. Während dieser Unterredung macht Philip M. Sandra klar, dass er sein Leben nicht wie bisher weiterführen möchte. Er meldet große Ansprüche auf seine Tochter an, aber vor allem will er nicht mehr nur als Arbeitstier angesehen werden. Er lässt Sandra wohl recht barsch wissen, dass das Leben zukünftig deshalb keinesfalls so ablaufen wird, wie sie sich das möglicherweise vorgestellt hat. Sie akzeptiert die neue Vereinbarung, was ihn erstaunt.

»Also, wenn man einer Mutter sagt: ›Du, mein Kind will dich nicht mehr sehen und auch ich will, dass du das Kind eine Zeit lang nicht mehr siehst‹ und sie dann irgendwie heulend sagt: ›Ja, okay, machen wir das so‹, dann ist das schon eine ganze Menge für eine Mutter, denke ich zumindest.«

Nach dieser Szene ist die Mutter nicht mehr die, die sie einmal war. Die Tochter hat sie als Frau verdrängt und Philip M. hat ihr dabei auf seine Art geholfen. Somit ist sie für die Tochter, obwohl zugleich geliebte Mutter, keine ganz so mächtige Rivalin mehr. Auch der Vater ist nach dieser Episode die mütterliche Rivalin, um den Preis gute Elternschaft, los. Hier zeigt sich, wie sehr Kinder ihre Eltern manipulieren können, wenn diese es zulassen. Zwar versuchen auch in intakten Ehen oder Partnerschaften die Kinder auf spielerische Weise die Mutter oder den Vater ganz für sich zu gewinnen. Zumeist misslingt ihnen das. Die kindlichen Eifersüchteleien auf die besondere Beziehung der Eltern als Mann und Frau verlaufen sich mit der Zeit. Meistens werden sie noch nicht einmal bemerkt. Ein geschiedenes Elternpaar ist jedoch für Kinder eine besondere Verlockung, um eine enge Beziehung herzustellen. - Töchter versuchen das mit dem Vater, Söhne mit der Mutter.

Wenn Papa und Mama getrennt sind, warum sollte sich die kleine Charlotta dann nicht der Phantasie hingeben, dass sie den Papa ganz für sich allein haben kann? Die Mama will ihn ohnehin nicht mehr. Da er aber eine Frau an seiner Seite braucht, warum soll das dann nicht die kleine Charlotta sein? Zumal sie, so mag sie fantasieren, der Mutter jetzt nicht den Mann wegnimmt. Sie muss also keine Schuldgefühle haben.

Und das Silvesterwochenende hat ja gezeigt, wie schön es sein kann, wenn sie mit dem Papa ganz allein ist.

Wenn ein Elternteil nach der Scheidung sein Kind gegen den anderen ausspielt, so fördert er unter Umständen dessen Wunsch nach einer besonders engen Beziehung, eben weil er nicht weiß, was er in der Phantasiewelt des Kindes auslöst. Das ist eine der Folgen, die mit Scheidungen mehr oder weniger ausgeprägt immer einhergehen. Sie ist nicht vermeidbar. Die Lösung, die Charlotta durchsetzte, wäre in einer liebevoll-sexuellen Beziehung ihrer Eltern nicht möglich gewesen. Kein Elternteil lässt sich – metaphorisch gesprochen – in ein Zimmer wegschließen, weil ein Kind das so will. Spielerisch würde er vielleicht kurz verschwinden, um gleich wieder aufzutauchen. Mehr auch nicht! Über das Ansinnen, dass die Mama weggehen möge, darüber würde man allenfalls schmunzeln und das Kind zärtlich auf den Boden der Wirklichkeit zurückholen.

Was hat Philip M. und seine Expartnerin daran gehindert, dieses eine Mal der Tochter ihren Willen zu lassen, damit sie sich beruhigen kann, um in der nächsten Woche ganz selbstverständlich die alte Regelung fortzusetzen? Bis dahin hätte sie die Aufregung sicher wieder vergessen. So aber haben beide Eltern Charlottas Laune zum Anlass einer neuen Umgangsregelung genommen. Philip M., bei dem Charlotta jetzt die meiste Zeit verbringt, empfindet die betont fürsorgliche Haltung seiner Tochter durchaus als Belastung.

»Mütter und Töchter und Väter. Das sind immer andere Verhältnisse. Das ist noch eine besondere Bindung. Charlotta hat immer schon versucht, Sorge für mich zu tragen und mir Aufgaben abzunehmen. Das kommt jetzt manchmal ganz massiv raus. Das geht mir einfach zu weit, dass ich sie schon zurückdrängen und in ihre Grenzen weisen muss. Und sie möchte gerne meine Lebenspartnerin spielen. Es sind zweieinhalb Jahre her, die Beziehung funktionierte damals noch, als ich mit ihr alleine in Urlaub gefahren bin. Sobald wir von zu Hause weg waren, fing sie immer an für mich zu sorgen. ›Junge, Junge – da sind Löcher in den Socken‹ oder was weiß ich. Alles solche Sachen. Sie hat schon versucht, diese Rolle zu übernehmen, was völlig normal ist bei Kindern. Die versuchen halt, nach so einer Trennung dieses Loch, was da entstanden ist, wieder zu füllen.«

Charlottas Mutter lebt heute wieder in einer festen Beziehung und überlegt sich, abermals ein Kind zu bekommen. Zur Frage, ob er ebenfalls eine neue Partnerin habe, antwortet Philip M.:

»Es gibt natürlich immer irgendwelche Frauen, die Interesse daran haben, allein stehende Väter kennen zu lernen. Das sind häufig Frauen, die irgendwie Halt im Leben suchen oder so einen Mittelpunkt oder Verlässlichkeiten. Aber die haben alle die zweite Geige gespielt. Solange das Kind das so wollte. Das ist mein Problem, weswegen ich im Prinzip keine feste Beziehung zustande gebracht habe. Weil die Prioritäten für mich völlig klar sind. Wenn ich jetzt mal meine Woche nehme, deshalb kam dieser Interviewtermin überhaupt nur zustande, dann gibt es genau einen Termin, das ist nämlich montags, ab 17.30 Uhr bis Open End. Das ist der einzige Termin in der Woche, den ich zu meiner Verfügung habe. Und jedes Mal fällt der dann noch der Arbeit zum Opfer. Um eine Beziehung oder irgendwas in der Art aufzubauen, ist das ein bisschen wenig. Noch dazu, wo das Kind im Moment immer noch – jetzt allerdings weniger regelmäßig – nachts in mein Bett kommt. Das heißt, ich bringe sie zwar in ihr Bett, sie schläft dort ein, aber irgendwann, was weiß ich, zwischen eins und drei kommt sie zu mir, trullernd und kuschelt sich mit ein. Das ist natürlich für eine frische Beziehung nicht gerade das, wovon man träumt.«

Aber Philip M. ist zu Opfern fest entschlossen. Da sich Charlotta, wie er meint, nach der Trennung noch nicht stabilisiert hat, ist er bereit, noch einige Jahre seines Lebens hinzugeben und ihr die nötige Aufmerksamkeit zu schenken. Diese Opferbereitschaft ist unter geschiedenen Männern und Frauen keineswegs eine Seltenheit. Sie gehen zu den Kindern eine ganz besonders enge und intensive Beziehung ein. Ganz allmählich und fast unbemerkt wird das Kind in die Gefühlswelt des Elternteils, bei dem es lebt, hineingezogen – oder es drängelt sich hinein, weil es das Bedürfnis nach Nähe beim einsamen Vater oder der einsamen Mutter spürt. Obwohl der elterliche Wunsch einem Erwachsenen gilt, der nicht nur zärtlich ist, sondern auch die sexuellen und intellektuellen Bedürfnisse erfüllen kann, schwingt sich das Kind erfolgreich zum kleinen Tröster auf. Und allmählich schmilzt beim Elternteil die Wahrnehmung für die unangemessenen, liebevollen und zugleich unvollständigen Angebote. Die daraus entstehende Beziehung ähnelt in vieler Hinsicht einer Ehe. Das Kind wird an den Gefühlen beteiligt, die der Erwachsene früher mit dem Partner geteilt hat. Kein Gefühl ist davon ausgeschlossen. Es ist dann oft die auftretende Gereiztheit, die dem Elternteil andeutet, dass in den Gefühlen zum Kind etwas grundsätzlich fehl am Platze ist. Aus Gereiztheit wird der Abstand wieder vergrößert und die Spannung lässt nach. In schwerwiegenden Fällen »setzt es sogar Schläge«! Wer mit Kindern auch nur vorübergehend allein gelebt hat, weiß, wie schnell die eigenen Gefühle mit denen der Kinder zusammenfließen können. Bis man entsetzt und über sich selbst den Kopf schüttelnd feststellt, dass das nicht geht und man sich danach sehnt, dass der Partner recht bald wieder zurück sein möge. Wenn ein Elternteil längere Zeit und ohne partnerschaftliche Beziehung mit Kindern allein lebt, dann kommt es häufig zu Verschmelzungen, die weitgehend verselbstständigt die Gefühlswelt zu den Kindern beherrschen. Das trifft auf Charlotta zu.

Stimmungen und Ängste werden in dieser vertrackten Situation an das Kind herangetragen, bis das Kind selbst – einem Radar gleich – die Gefühle ahnt und auf sie reagiert. Es wird fröhlich, um zu erfreuen, bedrückt, wenn es dabei an seine Grenzen stößt, hilfsbereit, wenn es Hilflosigkeit spürt, und aggressiv, wenn es zurückgesetzt wird, weil sich dann doch wieder ein neuer Partner eingestellt hat. Hier entsteht nicht selten ein Teufelskreis. Die Vertrautheit und Befriedigung, die diese Situation dem Erwachsenen mit seinem Kind bietet, führt oft dazu, dass die Wünsche heruntergeschraubt werden und auf Sexualität und Erotik verzichtet wird. Ebenso werden Kontakte mit Freunden eingeschränkt. Begründet wird das mit der Erklärung, dass ein neuer Partner die Kinder nur belasten würde. Das bestärkt die Kinder in der Illusion, sie könnten ein angemessener Partner für den einsamen Elternteil sein, wenn sie sich nur entsprechend anstrengen.

Charlotta, die jede Nacht zu ihrem Vater ins Bett kommt, wird wohl nicht von wiederkehrenden Albträumen geplagt, sondern von ihren unbewussten Vorstellungen beherrscht, dass sie eigentlich dorthin gehört. Abseits der Zeiten, die mit Krankheit, Aufregung oder kindlichem Kummer verbunden sind, im Bett der Eltern zu schlafen, wäre ihr wohl zu Zeiten der funktionierenden Partnerschaft nicht eingeräumt worden. Vielleicht ist das ein Zugeständnis, das einem Schuldgefühl entspringt. Und so ist die Tochter im Bett nicht das Hindernis für eine neue Beziehung, sondern Symbol dafür, dass Philip M. glaubt, etwas wiedergutmachen zu müssen. Der Ersatz für die eingeschränkte Mütterlichkeit fordert Opfer von ihm als Mann.

Seit der Trennung hat Philip M. vieles zugunsten seiner Tochter aufgegeben. So ganz gegen den Trend der Zeit zeigt sein Beispiel, wie man durch eigene Aktivität zum Opfer seiner selbst werden kann. So wurde er krank, weil das – in seinen eigenen Worten – Teil seines Opfers für die Tochter war.

»Gesundheitlich war das nach der Trennung ganz spannend. Ich hatte ja erst gedacht, ich könnte ganz normal arbeiten, weil ich das letztendlich so geplant habe; weiter arbeiten: Machst du dies und das. Dann musste ich die Wohnung ein bisschen renovieren, weil ich gedacht habe, das ist ganz schön, wenn ich die Wohnung neu mache. Dabei habe ich mir dann wirklich selber eingestehen müssen, dass das der Endpunkt war und dass es so nicht mehr weitergeht. Plötzlich hatte ich Lähmungen in der rechten Hand und war handlungsunfähig. Ich konnte noch irgendwie ins Büro, aber ich konnte eigentlich nichts mehr machen. Das war von Juli bis Oktober 2000. Bandscheibenvorfall. Dann bin ich im Marienkrankenhaus untersucht worden. Aber da war überhaupt nichts. Die haben nichts gefunden. Das war rein psychosomatisch. Ich habe dann ziemlich viel nachts gearbeitet, um das alles organisatorisch auf die Reihe zu kriegen. Dann war ich im Mittel bei fünf Stunden Schlaf pro Nacht angelangt und das ging dann nicht mehr. Da war Schluss. Ich habe wahnsinnig abgenommen. Ich war bei einem Gewicht angelangt, das ich im Alter von 25 hatte. Und das ging nicht mehr, es war einfach Schluss.

Ich musste einfach für mich selber ein paar Sachen machen. Ich habe mir einfach ein Wochenende oder zwei Wochenenden frei genommen, bin weggefahren oder einfach nur in die Sauna gegangen und habe ganz viel geschlafen. Das war nach dem Auszug von Sandra. Das war die Zeit, als ich gedacht habe, jetzt musst du deinen Alltag umstellen. Ich war emotional aber ziemlich ausgepowert. Leer! Das heißt, rein vom Gefühlsleben her war ich völlig leer und hatte letztendlich für nichts mehr irgendwelche Kraft. Ich habe versucht, meine Arbeit zu machen, diesen Haushalt auf die Reihe zu kriegen, umzubauen, das Haus zu renovieren und mich um dieses Kind zu kümmern, das wirklich ziemlich scheiße zu der Zeit drauf war. Die war sehr nervös und anstrengend und hat nichts mehr alleine gemacht, wenn sie da war, deshalb habe ich mich jede Minute mit ihr beschäftigt. Und das war einfach zu viel. Wobei mein größtes Problem war, dass ich an mich einen solch hohen Anspruch hatte. Alles ganz schnell und ganz sauber umzubauen und fertig zu machen, das ganze Leben, und dann funktioniert alles wieder, so als sei die Trennung gar nicht passiert. Nach außen versuchte ich irgendetwas darzustellen, was de facto gar nicht da ist, zum Beispiel an guter Laune und Unternehmungslust. Na jedenfalls: Es war einfach zu viel. Aber das Ganze war für mich ganz interessant, weil es das erste

Mal in meinem Leben war, dass ich gesundheitlich mit meinen körperlichen Kräften an die Wand gefahren bin.«

In schweren Krisen greift er auf ein Verhalten zurück, das unter Männern recht verbreitet ist: Er stürzt sich in Aktivität, durchaus produktiv, um Trauer, Wut, Enttäuschung und Aggression auszuweichen. Dadurch kann er sein inneres Gleichgewicht wiederherstellen, das durch die Scheidung aus den Fugen geraten ist. Mit beruflichen Erfolgen und Renovierungsarbeiten am Haus möchte er sein Selbstbewusstsein und vor allem seine Unabhängigkeit wiederfinden. Philip M. ist ein Mann, der gern alles unter Kontrolle hat, damit ja nichts Unvorhergesehenes eintritt und ihn unverhofft trifft. So wie er die Möglichkeit einer Trennung gewissermaßen aus statistischen Gründen nie aus dem Blick verloren hat, so sieht er schon heute voraus, wie Charlotta sich von ihm trennen, aus dem Haus gehen und ihn allein zurücklassen wird. Die Lähmung seiner Hand ist wie ein Zeichen, dass er nicht mehr beherzt zugreifen kann, dass seine bewährte Kontrolle bröckelt und sein Überblick ihm diesmal, anders als früher, verloren geht.

»Sicher gab es in meinem Leben schon Momente, wo ich zu viel gearbeitet hatte oder wo der Stress groß war und ich krank geworden bin. Aber diesmal war es so, dass ich über Wochen hinweg nicht funktionierte und nichts weiterging. Das erste Mal in meinem Leben war da ein Moment, wo ich wusste, du musst dich jetzt wirklich um dich kümmern, damit du wieder all das machen kannst, was dir wichtig ist. Mein Verhältnis zu Charlotta, das war ein ganz wesentlicher Punkt, um mich selber im Gleichgewicht halten zu müssen, können müssen, müssen können … Das Verhältnis zum Kind, das war die ganze Anfangszeit von der Angst überlagert, dass ich es nicht schaffe. So hängt das alles irgendwie zusammen.«

Obwohl Charlotta fast ausschließlich bei ihm wohnt, weil Sandra ihm die Tochter überlassen hat, ist Philip M. der festen Meinung, dass er um seine Väterlichkeit habe zäh kämpfen müssen. Im Hinblick auf Sandra trifft das nicht zu. Allenfalls sind es Klischees in seinem Umfeld, gegen die er sich zur Wehr setzen musste. So erklärt er, dass er uns dieses Interview überhaupt nur gegeben habe, weil er die Chance nutzen wollte, auf die herrschenden Vorurteile hinzuweisen.

»Das ist eigentlich der Punkt, der mich hierher getrieben hat, das muss ich ganz ehrlich sagen. Es gibt innerhalb dieser Gesellschaft Mechanismen, die Väter bei der Trennung von der Familie oder von den Kindern wegdrängen. Das hat mich wirklich sehr gewundert. Das hat mich zwischenzeitlich sehr, sehr böse gemacht. So hat es Eltern gegeben, die mir gegenüber meinen, dass es doch nicht richtig wäre, wenn ich mich um das Kind kümmern würde. Selbst meine Schwestern waren sehr zurückhaltend, als sie davon gehört haben, dass ich jetzt mein ganzes Berufsleben umbauen würde. Damit ich mich eben um das Kind kümmern kann. Und ich erlebe es halt zwischendurch immer wieder von Frauen, die ich kennen lernte, die sehr schnell das Gefühl haben, dass sie sich um das Kind kümmern müssen. Oder die dann meinen, dass sie mir zu sagen haben, wie ich das richtig machen sollte.«

Möglicherweise spürten die Frauen, die eine Beziehung zu ihm suchten, was er selbst schon angedeutet hat, dass Charlotta in seinem Bett am falschen Platz ist, dass dort eine Frau hingehört, aber nicht Charlotta. Sie wollten diesen Platz nicht mit einem Kind teilen. Deshalb hatten sie vielleicht für diese Seite seiner Väterlichkeit kein Verständnis. Denn eine Achtjährige im Bett des Vaters ist nicht weniger problematisch als der achtjährige Sohn im Bett seiner Mutter.

»Ich meine, ich habe mich von Geburt an ziemlich intensiv um das Kind ge-kümmert und ich kenne Charlotta halt seit Geburt an und habe eigentlich keine Schwierigkeiten mit ihr, außer denen, die man sowieso mit Kindern hat. Und ich erlebe halt immer wieder, dass die Gesellschaft auf einen Vater zutritt und sagt: ›Machst du das denn auch richtig? Kannst du das denn überhaupt?‹ Es gibt wirklich die grundlegende Meinung, dass Väter ja eigentlich gar nicht für ihre Kinder sorgen können. Zugegeben, in der ersten Zeit war es schon ein bisschen schwierig, weil ich da so unsicher war und so durcheinander, dass ich das ir-gendwo immer als einen Hinweis gesehen habe, um den ich mich kümmern muss. Erst nach einiger Zeit ist mir aufgefallen, dass das wirklich völlig losgelöst von den Problemen ist, die ich habe oder die Charlotta hat. Es gibt einfach so eine pauschale Ansicht, die da an einen herangetragen wird. In allen Fällen, wo Leute sich trennen, geht man davon aus, dass die Kinder bei der Mutter bleiben. Also rein statistisch ist es ja nicht so, dass irgendwie die Hälfte der Kinder bei den Vätern bleibt und die Hälfte bei den Müttern, sondern in aller Regel kommen die Kinder ja zu den Müttern. Warum ist das so? Ich meine, selbst die Gerichte haben das so als normales Urteil in der Schublade liegen. Ist das richtig?«

Man kann so zusammenfassen, was Philip M. stört: Väterlichkeit muss sich bewähren. Sie gilt als fragwürdig und flüchtig. Mütterlichkeit hinge-gen wird selten infrage gestellt, sie gilt als von Natur aus gut und der Väterlichkeit überlegen.

Der Missbrauchsvorwurf als Kampfstrategie – Tobias V.

Nicht selten werden nach der Trennung einer Partnerschaft die alten Konflikte weitergeführt, obwohl die Beziehung beendet und die Liebe gänzlich erloschen ist. Was die Beziehung in ihrer unerfreulichen Variante am Leben erhält, sind Ressentiments, Unmut, Enttäuschung und nicht selten Hass. Dann geht das Scheidungspaar wie ein eingespieltes Team nach dem Ende der Beziehung in die nächste Runde, ohne zu bemerken, dass es gar nicht mehr das alte Spiel ist und inzwischen andere Regeln gelten. Die Verfügung über das Kind wird häufig als Zeichen des Sieges über den Partner und als Beweis der eigenen moralischen Überlegenheit missverstanden. Wer das Kind hat, scheint der Gute zu sein und damit zugleich der bessere Elternteil. Das vermeintlich untergegangene Schuldprinzip im Scheidungsrecht lebt in den Köpfen der Menschen weiter.

Vor diesem Hintergrund sind manche Geschiedene dazu verurteilt, einander im Kampf genauso lange verbunden zu bleiben, wie sie es im Guten waren. Wir haben mit geschiedenen Männern gesprochen, die fünf, acht, ja sogar mehr als zehn Jahre nach der Scheidung noch in fortwährende Kämpfe mit ihrer Expartnerin oder Exfrau verstrickt waren. Im Fall von Tobias V. wird das alte Beziehungsspiel hingegen nicht fortgesetzt, sondern die Frau bricht unvermittelt aus der Partnerschaft aus und entwickelt für sich neue Zukunftsperspektiven, in denen ihr Partner keinen Platz mehr findet. Alle guten Erfahrungen des gemeinsamen Erziehens werden über Bord geworfen.

Tobias V., 50 Jahre alt, besitzt einen mittleren Bildungsabschluss und verdient gut in der Computerbranche. Er war nicht verheiratet. Die Beziehung bestand zehn Jahre, als seine Partnerin ihn verließ und die damals siebenjährige Tochter Silke mitnahm. Seit knapp elf Jahren führt Tobias V. einen verzweifelten und fast aussichtslosen Kampf um sein

Recht auf Väterlichkeit und das Recht seiner Tochter, ihren Vater um sich zu haben.

Zum Problem von Tobias V. wurde es, weder als Mann noch als Vater in Erscheinung treten zu dürfen, wenn sich seine Exfrau in eine neue Partnerschaft begab. Sie strebte nach einem höheren sozialen Status, wobei Tobias V., Sinnbild ihres bisherigen Lebens und beschämende Erinnerung an die eigene Herkunft, eher störend war. Was ihr jedoch aus dem bisherigen Leben blieb, war das gemeinsame Kind. Selbst der Platz des Vaters des gemeinsamen Kindes sollte offenbar mit einem anderen Mann neu besetzt werden, der für eine bessere Zukunft stehen sollte.

»Ich vermute Folgendes: Sie hat jetzt einen neuen Lebenspartner gefunden. Und sie hatte immer das Bestreben, das hat sie auch wörtlich zu ihrer Mutter gesagt, dass sie immer zu den obersten Zehntausend gehören möchte. Und sie hat sich dann in Freiburg einen Chefarzt von einem Klinikum geangelt, und den hat sie geheiratet. Sie ist dann ruck, zuck schwanger geworden. Den hat sie geheiratet und mit dem wohnt sie zusammen. Und sie ist nach Freiburg gezogen. Ich hab das Gefühl, die Kindsmutter hat Angst, dass ich irgendwo mit dem jetzigen Mann in Kontakt kommen könnte. Eben wenn ich meine Tochter abhole oder mit meiner Tochter spreche oder sonst was. Dass ich da irgendetwas hören könnte oder dass der neue Mann irgendwie was hören könnte und er dann sagt: ›Ja, sag mal, da ist ja einiges schief gelaufen! Was hast du denn da alles gemacht?‹ Vielleicht hat sie Angst, dass ihr ganzes Lügengerüst, was sie um den anderen herum aufgebaut hat, irgendwie zusammenbricht. Das vermute ich stark. Und da bin ich irgendwie ein Störfaktor.«

Es scheint, als ob seine Expartnerin immer dann, wenn ihr die bessere Zukunft in unerreichbarer Ferne schien, auf den gesellschaftlich nicht schillernden, aber zuverlässigen Tobias V. zurückgriff. Der heiratswillige Chefarzt schließlich verkörperte wohl all das, was sie sich für ihr neues Leben gewünscht hatte. Mit der Heirat sollte Tobias V. seine Rolle daher endgültig zu Ende gespielt haben. Auf unsere Frage, ob er glaube, dass er als Mann nicht genug zu bieten hatte, antwortete er: »Mir haben wohl die Universität und der Doktortitel gefehlt, und dann hätte das vielleicht ein bisschen anders ausgesehen. Kann man wirklich so sagen!«

Aber Tobias V. wollte seine Tochter in seinem Leben nicht missen. Er beantragte eine gerichtliche Umgangsregelung. Die Expartnerin wehrte sich jedoch dagegen, dass Tobias V. als Vater des Kindes in ihr

neues Leben Einzug halten sollte. Es kam zur Anrufung des Familienge-
richts, das mithilfe eines Gutachtens klären sollte, ob der Umgang mit
dem Vater für das Kind förderlich sei. Die gute Vater-Tochter-Bezie-
hung ließ ein positives Gutachten erwarten. An dieser Stelle brachte die
Mutter den Vorwurf des sexuellen Missbrauchs ins Spiel. Das war insofern irritierend, als sie bis zu diesem Zeitpunkt keine Bedenken hatte,
ihm den Kontakt mit der Tochter zu gestatten.

»Der Vorwurf tauchte auf, als ich das Umgangsrecht beantragt habe. Da sagte
der Richter: ›Machen wir ein Gutachten, ob der Kontakt zum Vater dem Wohl
des Kindes dient.‹ Da merkte die Mutter wohl, dass das für mich ziemlich gut
ausgehen würde, weil die Tochter auf mich zulief und mich umarmte. Und auf
einmal – aus heiterem Himmel – ging es dann Mitte 1994 los. Da kamen die
Anwürfe, diese Schriftsätze der Kindesmutter mit allen möglichen Erfindungen
und, wie gesagt, auch dem des Missbrauchs.«

Erwähnenswert ist, dass Tobias V. der Strategie seiner Expartnerin nicht
gänzlich unvorbereitet gegenüberstand. Denn auf unsere Frage, ob ihn
die Unterstellung des sexuellen Missbrauchs überrascht habe, sagte er:

»Ich war damals Mitglied in einem Väterverein und einer sagte damals so wit-
zelnd zu mir: ›Jetzt fehlt bei dir nur noch, dass der Missbrauchsvorwurf
kommt.‹ Und genau so kam es. Und ich vermute fast, dass die Mutter mit irgendwelchen Kreisen Umgang hatte, wo man ihr sagte: Jetzt musst du das und
das noch machen.«

Unter den Männern im Väterverein ist der Vorwurf des sexuellen Missbrauchs weder neu noch ungewöhnlich in den entscheidenden Phasen
von Sorge- oder Umgangsrechtsverfahren.

»Bei all diesen Fällen kann ich sagen, dass sie irgendwo alle gleich sind. Das
heißt, es fängt ganz harmlos wegen Umgang an. Und wenn das alles nicht
klappt, dann kommt zuletzt wieder der Missbrauch angedonnert. Und diese
Steigerung, die haben sie im Prinzip in allen Fällen drin.«

Von da ab entwickelte sich die Geschichte dramatisch. Zunächst wurde
im Auftrag des Gerichts ein Gutachten darüber erstellt, ob der Vorwurf
des sexuellen Missbrauchs zuträfe. Die Gutachterin – eine Expertin für
sexuellen Missbrauch – räumte den Verdacht als unbegründet aus. Tobias V. glaubte aufatmen zu können, doch seine ehemalige Partnerin

wurde bereits anderenorts aktiv. Sie begann die Geschichte des Missbrauchs gemeinsam mit Freundinnen neu aufzubereiten.

»Die Kindsmutter hat sich mit gewissen Frauengruppen in München getroffen, und auch mit dieser B.I., die Radikalfeministin ist. Die hat nur diesen Mist drauf! Dann kam Anfang 1992 dieser Missbrauchsverein dazu, der eine Stellungnahme gegen das gerichtliche Gutachten machte und ganz gewaltig draufhaute.«

Obwohl Tobias V. von den anderen Männern im Väterverein weiterhin unterstützt wurde, berichtet er bedrückt von den schweren Irritationen, die mit dem Vorwurf des Inzests in sein Leben Einzug hielten.

»Irgendwo hatte ich von solchen Fällen schon einmal gehört. Als es dann aber bei mir reinkam, war ich ziemlich entsetzt. Allein dass die Kindsmutter in der Lage war, solche Sachen zu erfinden beziehungsweise mit solchen Anwürfen um sich zu werfen. Das war schon sehr, sehr hart. Und in dem Moment steht man ja vor der großen Frage: In welchem Kreis verbreitet die Kindsmutter so etwas? Und man weiß nicht, wo das hingeht, etwa in eine Ermittlungsschiene zur Staatsanwaltschaft? Und was machen die Richter damit? Ich hatte in dem Moment tausend Fragen im Kopf, die ich alle nicht beantworten konnte!«

Auch andere Männer mit ähnlichen Erfahrungen können kaum darüber sprechen. Tobias V. wurde ein schweres Verbrechen vorgeworfen, nämlich das Inzesttabu übertreten zu haben. Er sollte nicht nur gegen das Strafgesetzbuch, sondern gegen das menschheitsgeschichtlich und ethisch tief verwurzelte Gebot verstoßen haben, das Eltern untersagt, sich sexuell an ihren eigenen Kindern zu befriedigen. Tobias V. wusste nicht, wie er Freunden, Bekannten und Nachbarn begegnen sollte. Was wussten sie von den Vorwürfen und was dachten sie über ihn? Ein anderer Interviewpartner in vergleichbarer Situation berichtete, er habe auf Kaufhausrolltreppen das Gefühl gehabt, alle Welt starre ihn an und wüsste von der ungeheuren Anschuldigung.

Keiner von uns begegnet einem Menschen, dem sexueller Missbrauch vorgeworfen wird, weiterhin unvoreingenommen. Besteht der Verdacht einer inzestuösen Handlung zwischen Vater und Tochter, erstarrt sofort das soziale Umfeld. Alle warten stillschweigend auf den Unschuldsbeweis, bevor sie zur Normalität zurückkehren können. Weniger streng und vor allem weniger gebannt sieht die Gesellschaft auf den Inzest oder Inzestverdacht zwischen Mutter und Sohn. Nicht weil er nicht vorkäme, sondern weil er noch größeres Entsetzen und Abscheu auslöst. Der Mutter-Sohn-Inzest ist für den Sohn mit dem psychischen Tod so gut wie identisch. Was als Streit um das Umgangsrecht begonnen hatte, wurde nun für Tobias V. zu einem Kampf um seine moralische Integrität und rechtliche Unbescholtenheit. Besonders paradox wurde die Situation durch den Umstand, dass die Expartnerin ihrerseits missbraucht wurde. Sie wurde zum Spielball einer feministischen Interessengruppe, die sie für ihre eigene politische Agitation instrumentalisierte, nämlich die vermeintliche Allgegenwart von sexuell übergriffigen Vätern öffentlichkeitswirksam zu beweisen. So schreckte eine Feministin, Mitarbeiterin eines Forschungsinstituts, nicht davor zurück, Silke persönlich zu einem betreuten Umgangstermin zu begleiten. Das lässt darauf schließen, dass der Fall politisch verwertet werden sollte. Auf unsere Frage, wie Tobias V. denn diese Frau erkannt habe (wir nahmen nicht an, dass er sie persönlich kannte), berichtete er:

»Das hat mir der Umgangsbegleiter, der die Verantwortung für das städtische Freizeitheim hatte, gesagt. Ich saß in dem Haus oben in dem Spielzimmer und habe auf meine Tochter gewartet. Und der Umgangsbegleiter, der hat dann die Haustür aufgemacht und hat mir nachher erzählt: Die und die Person war da und hat das und das gesagt und das und das ist gelaufen. Er musste mir das ja so wiedergeben, und der war selber ziemlich baff und erschrocken, weil sich die B.I. da einmischte und den Umgang verhinderte. Und dann hat die B.I. den Umgangsbegleiter nach dem Namen gefragt, wie er heißen würde. Sie hat ja praktisch neben meiner Tochter gestanden und meine Tochter hat da ja null Chancen. Und dann ist das ganze Ding geplatzt. Der begleitete Umgang fand nicht statt.«

Damit war der Fall politisiert und der Vorwurf des sexuellen Missbrauchs wurde nicht nur im Gerichtssaal, sondern auch in der Öffentlichkeit erhoben. Zusammen mit einem norddeutschen Verein, der sich gegen sexuellen Missbrauch einsetzt, machte die ehemalige Lebenspartnerin einen Journalisten ausfindig, der ihren Vorwurf übernahm, ohne ihn auf seinen Wahrheitsgehalt zu überprüfen. Das ist in der später erstellten Ermittlungsakte der Staatsanwaltschaft nachzulesen. So wurde aus einem Vater, der regelmäßigen Umgang mit seiner Tochter beantragt hatte, ein Kinderschänder.

»Der Journalist hat das eins zu eins übernommen und noch eine Geschichte dazu gemacht. Der hat nie mit mir gesprochen, alles war auf seinem Erfindungsmist gewachsen und was die Mutter ihm erzählt hat. Und das wurde in der Zeitung veröffentlicht. Und auch die Staatsanwaltschaft hat das gelesen und hat wohl gesagt: ›So, Journalist, jetzt nenn mir mal bitte die Namen zu diesen Fällen.‹ Und dann hat die Staatsanwaltschaft ein Ermittlungsverfahren eingeleitet. Und dann wurde die Kindesmutter von der Kriminalpolizei in Konstanz zu diesem Missbrauchsvorwurf verhört. Man hat sie richtig verhört. Die wollten genau wissen, was da nun gelaufen ist und was sich da abgespielt hat, weil dieser Journalist ja in seiner Zeitung geschrieben hatte, ich hätte meine Tochter und die Kindsmutter vergewaltigt. Und dann hat sie alles zurückgenommen und gesagt, ich hätte zu keiner Zeit sie oder das Kind vergewaltigt. Ja, da brach alles zusammen. Das wurde dem zuständigen Richter mitgeteilt.«

Dass die Reaktion auf den Presseartikel sich nicht auf moralische Empörung beschränken, sondern juristische Maßnahmen nach sich ziehen würde, hatten weder die Expartnerin noch die sie beratende feministische Organisation bedacht. Später kritisierten andere Medien wie *Der Spiegel* die Arbeit des Journalisten, der jegliche Professionalität und Ethik vermissen ließ.

Die Expartnerin von Tobias V. wurde von den Ermittlungsbehörden aufgefordert, den Vorwurf zu beweisen. Weil sie vor den strafrechtlichen Konsequenzen weiterer Falschaussagen zurückschreckte, gestand sie ihre falschen Anschuldigungen. Wie sehr sie politisch missbraucht worden war, zeigte sich auch daran, dass nach der Einleitung staatsanwaltschaftlicher Ermittlungen keine feministische Prominenz mehr an ihrer Seite zu finden war. Da die im Privaten angesiedelte Auseinandersetzung politisch nicht mehr verwertbar war, wurde sie nicht mehr unterstützt.

Was Tobias V., wie andere Männer aus unserer Befragung, nach erlittenen Demütigungen vermisst, ist die Wiedergutmachung durch die Gerichte. Die Männer hätten selbst tätig werden müssen. Und die Gerichte unterließen es ihrerseits, die Falschaussagen zu verfolgen, was gesetzlich möglich gewesen wäre. In diesem Fall war vor dem Familiengericht der Vorwurf des Inzests nicht zu halten, und im Rahmen eines staatsanwaltschaftlichen Ermittlungsverfahrens wurde er widerrufen. Für die Verleumdungen wurde die Expartnerin von Tobias V. jedoch nie zur Rechenschaft gezogen. Was für Scheidungsväter noch unverständlicher ist: Das Familiengericht nahm die falschen Beschuldigungen nicht zum Anlass, die Eignung der Mutter ernsthaft infrage zu stellen.

»Was ich für eine ganz große Schweinerei halte, ist, dass die Richter darauf gar nicht eingehen. Also das hat mich sehr geärgert, und deswegen habe ich auch keinen Respekt mehr vor der Richterei.«

Wir stoßen hier auf ein immer wieder zu beobachtendes krasses Missverhältnis. Der Glaubwürdigkeit, die Frauen grundsätzlich eingeräumt wird, wenn sie die Anschuldigung des sexuellen Missbrauchs vorbringen, entspricht das Misstrauen gegenüber den Aussagen beschuldigter Männer. Das eine geht wohl nicht ohne das andere. Es drängt sich der Eindruck auf, als gäbe es einen gesellschaftlichen Konsens bis in die Gerichtsverfahren hinein, den Handlungen von Frauen eine ganz und gar integre Mutterliebe zu unterstellen, die nur auf das Wohl des Kindes bedacht ist. Selbst der Einsatz fragwürdiger Mittel lässt an ihr keine Zweifel aufkommen.

Tobias V. wünscht sich vom Gericht eine Geste der Wiedergutmachung, die in seinen Worten etwa so aussehen könnte:

»Liebe Mutter, was du jetzt machst, geht nicht! Der Vater kämpft um sein Kind, alle Umgangstermine hast du verweigert, jetzt hast du den Missbrauch reingebracht und dich zu einer solch kriminellen Energie gesteigert. Jetzt drehen wir das Ganze mal um, jetzt geben wir dem Vater mal das Kind, dass da mal eine andere Perspektive reinkommt! Aber was hat das Gericht gemacht? Nichts!«

Auch wer einen Missbrauchsvorwurf fälschlich erhebt, vergeht sich am Kind. So stellt Tobias V. die Frage, ob man von guten mütterlichen Qualitäten überhaupt sprechen könne, wenn eine Frau ihrer Tochter den Vater als sexuell missbräuchlich hinstellt. Sie zwingt der Tochter eine Vorstellung ihres Vaters auf, die deren Wünsche nach einem eben nur zärtlichen Vater konterkariert. Auf diese Weise sexualisiert sie die Vater-Kind-Beziehung.

Es ist ein Irrtum zu glauben, man könne den Inzest als eine taktische Variante im Sorgerechtsprozess einführen, ohne dass er beim Kind das Bild des bloß zärtlich liebenden Vaters infrage stellen würde. Für Tobias V. steht außer Frage, dass seine Expartnerin in ihrem gemeinsamen Kind die Befürchtung geweckt hat, die kindliche Liebe sei etwas Unanständiges. Die Tatsache, dass sie sich wegen Rufschädigung strafbar gemacht hat, hat für ihn dagegen nur nachgeordnete Bedeutung. Es sind ihre mütterlichen Qualitäten, die er anzweifelt. Während des Prozesses verstärkt sich die Entfremdung zwischen Vater und Kind.

»Die Umgangsregelung war, dass ich einmal im Monat meine Tochter sehen durfte. Erst eine Stunde und dann zwei, dann sollte sich das steigern. Aber die Kindsmutter ist überhaupt nicht gekommen. Sie hat sich an die Gerichtstermine gar nicht gehalten. Die Richter haben dann immer wieder nachgelegt und gesagt, dass sie das nächste Mal kommen soll. Die hat praktisch mit den Gerichten Katz und Maus gespielt. Und sie ist mit der Frechheit durchgekommen, dass sie alle Umgangstermine nicht wahrgenommen hat.«

Man ist geneigt, Parteilichkeit des Gerichts zugunsten der »allein stehenden« Mutter zu vermuten. Wie sonst ließe sich erklären, dass sie sich folgenlos gerichtlichen Anordnungen widersetzen kann? Silke selbst lehnt mittlerweile den Kontakt zu ihrem Vater ab. Die Strategie der Mutter, sich des »alten« Vaters zu entledigen, ist damit aufgegangen.

Heute ist Tobias V. zu der schmerzhaften Einsicht fähig, dass er den Kampf um seine Väterlichkeit verloren hat und die Beziehung zu seiner Tochter unwiederbringlich zerstört ist. Was er jedoch nicht aufgeben will, ist sein Anspruch auf Gerechtigkeit. Seit nunmehr elf Jahren führt er gerichtliche Auseinandersetzungen bis hin zum Europäischen Gerichtshof.

»Der Europäische Gerichtshof, der ist für mich neutral und auch gerecht. Da kann ich eben mein Recht finden, was dann auch für mich vielleicht eine Genugtuung ist, wo man mir sagt: ›Also, lieber Vater, die Bundesrepublik Deutschland hat in deinem Instanzenweg total Mist gebaut.‹ Und das ist dann ein Ergebnis, wo man sagt: ›Okay, da ist mir Gerechtigkeit widerfahren.‹ Aber meine Tochter sehe ich als verloren an.«

Es bleibt zu wünschen, dass Tobias V. diese Bestätigung durch den Europäischen Gerichtshof erfährt. Auch wenn ein Richterspruch das Geschehene nicht rückgängig machen kann, er könnte ihm doch den inneren Frieden wiedergeben und in seinem Leben Platz für neue Inhalte schaffen.

»Ist das nicht der mit dem Vorwurf des sexuellen Missbrauchs?« – Heinz E.

Auch im folgenden Bericht beschäftigen wir uns mit dem Vorwurf des sexuellen Missbrauchs. Am Beispiel von Heinz E. wird deutlich, dass auch wir nicht davor gefeit waren, uns diesem Thema mit gewissen Vorbehalten zu nähern.

Seine Scheidung hat Heinz E. gesundheitlich schwer angeschlagen, zumal seine Exfrau ihm vorgeworfen hatte, die jüngste Tochter sexuell missbraucht zu haben. Obwohl die beruflichen und gesundheitlichen Folgen viel schwerer wogen als der Missbrauchsvorwurf, der sich als völlig aus der Luft gegriffen erweisen sollte, hieß es in unserem Team: »Heinz E., das ist der Vater mit dem Vorwurf des sexuellen Missbrauchs, stimmt's?« Nicht nur die Geschichte, in die dieser Vorwurf eingebettet war, auch die tragischen persönlichen Umstände von Heinz E. gerieten uns aus dem Blick. Stattdessen erschien uns die moralische Frage besonders drängend, ob er tatsächlich sein Kind missbraucht haben könnte, wie seine Exfrau das behauptete: Es war wie verhext, aber von diesem Vorwurf ging eine solche bedrohliche Faszination aus, dass keiner im Forscherteam sich mit seiner Scheidungsgeschichte auseinander setzen konnte, bevor der schreckliche Vorwurf geklärt war. Nur zu gerne hätten wir uns auf die Autorität eines richterlichen Urteils verlassen.

Die Konzentration auf den sexuellen Missbrauch löste sich erst, als wir uns zu fragen begannen, unter welchen Umständen und zu welcher Zeit Frau E. diesen Vorwurf erstmals erhoben hatte und ob es eine Vorgeschichte gibt, die zur Klärung beitragen könnte. Damit wurde der Blick frei auf das, was Heinz E. über seine Kinder erzählte, vor allem über seine Beziehung zu Sina, seiner jüngsten Tochter, gewissermaßen das Nesthäkchen. Und dann begannen wir die gesamte tragische Geschichte Seite um Seite aufzublättern. Eine Geschichte, von der Heinz

E. sagte, dass sie ihm zeitweise »den Boden unter den Füßen weggezogen« habe.

Rückblickend war uns, als hätten wir zuerst nur durch ein Schlüsselloch geschaut und lediglich den Teil des Zimmers gesehen, den das Schlüsselloch preisgab. Was sich noch in diesem Raum befand, wurde erst erkennbar, als die Tür geöffnet war, wir in den Raum hineintraten und uns umsahen. Aber es war unser Problem, dass wir nur durch das Schlüsselloch schauten und nicht gleich in das Zimmer traten.

Wie das Forscherteam, zu dem Männer und Frauen zählten, mit dem Scheidungsbericht von Heinz E. verfuhr, spiegelt recht genau wider, wie die Gesellschaft insgesamt mit dem Vorwurf des sexuellen Missbrauchs umgeht. Wird ein Vater des Missbrauchs beschuldigt, so schreckt die Gesellschaft reflexartig zurück und begegnet ihm mit tiefstem Misstrauen. Ganz anders verhält sie sich, wenn es um den Vorwurf des sexuellen Missbrauchs bei Müttern geht. Diese genießen zumeist einen Vertrauensvorschuss. Ähnlich verzerrten Wahrnehmungen begegnet man, wenn es um Handgreiflichkeiten gegenüber Kindern oder unter Partnern geht.

Heinz E., geboren 1960, hat die höhere Handelsschule besucht und ist heute als kaufmännischer Angestellter in der Versicherungsbranche tätig. Er verdient gut. Sein Nettoeinkommen liegt bei rund 2.900 Euro. Im Alter von 27 Jahren heiratete er. Der Ehe entstammen drei Kinder – zwei Mädchen im Alter von 16 und 11 Jahren und ein Sohn im Alter von 14 Jahren.

Das Ehepaar trennte sich, nachdem Frau E. während eines dreimonatigen Kuraufenthalts einen anderen Mann kennen gelernt hatte. Am Tag ihrer Rückkehr aus der Kur verließ sie das gemeinsame Haus. Anderthalb Jahre später war das Ehepaar rechtskräftig geschieden.

Heinz E. hatte die Trennung nicht kommen sehen. Seine Frau war anderthalb Jahre, bevor sie auszog, so schwer erkrankt, dass er sich neben seinem Beruf auch um Kinder und Haushalt kümmern musste. So war es auch während des Kuraufenthalts seiner Frau. Er beschreibt die Ehe und die Trennung folgendermaßen:

»Ich war gut fünfzehn Jahre verheiratet, wir hatten Höhen, wir hatten Tiefen. Es ist sicherlich nicht immer eitel Sonnenschein, man hat diverse Meinungsverschiedenheiten, die mal größer und mal kleiner sind, aber man hat Sachen, wo man sich top versteht – gar keine Frage. Was mich besonders an all dem ver-

letzt hat und worüber ich heute und wahrscheinlich in Zukunft immer nachdenken werde, ist: Meine Frau war ein Jahr vorher krank. Sie hatte mehrere
Bandscheibenvorfälle, sie ist mehrmals operiert worden und mehrmals in Kur
gewesen. Ich habe wie gesagt drei Kinder, ein Haus und noch meine Arbeit
gehabt. Und alles habe ich am Laufen gehalten. Die Kinder sind in der Schule
nicht schlechter geworden, wir sind nicht verwahrlost und das Haus steht nach
wie vor. Man konnte jederzeit Besucher reinlassen. Und dann muss ich mir an
diesem 18. April von meiner Frau sagen lassen, nachdem sie von einer dreimonatigen Kur zurückkam, sie hätte da jemand kennen gelernt, der sehr viel Zeit
für sie gehabt hätte, der ihr zuhören könne, etwas, was ich in den letzten Wochen und Monaten nicht gekonnt hätte. Das ist eine Aussage, die werde ich nie
vergessen. Die bringt mich heute noch auf die Palme. Wir sind schon samstags
hingefahren und nicht nur sonntags: Mutter besuchen oder meine Frau besuchen. Logischerweise habe ich weniger zugehört und mehr im Kopf gehabt, was
ich alles zu Hause noch machen muss. Ich war sicherlich nicht geneigt, da ewig
lang zu bleiben. Warum sie mir das zum Vorwurf gemacht hat, das weiß ich
nicht. Und das als Grund für eine Scheidung anzuführen!«

Am Tag der Rückkehr stellt Frau E. ihren Mann vor vollendete Tatsachen. Sie habe einen anderen Mann kennen gelernt und werde noch am
selben Tag zu ihm ziehen. Die Kinder werde sie mitnehmen. In den
Gesprächen mit den Kindern wird jedoch deutlich, dass die jüngere
Tochter und der Sohn nicht mit ihr gehen, sondern beim Vater bleiben
wollen. Heinz E. erinnert sich noch genau an den Tag, an dem seine
Frau auszog:

»Es war so: An diesem berühmten 18. April des Jahres 2000 teilte mir meine
Frau mit, dass sie mich verlassen würde: Bla, bla, bla, bla. – Zwei der drei Kinder, das jüngste Mädchen und der Sohn, hatte sie ziemlich die Pistole auf die
Brust gedrückt. Die mussten sich am 18. April entscheiden, ob sie mit Mutter
weggehen wollten oder ob sie bei mir bleiben wollten. Die zwei entschieden
sich dazubleiben.«

Einen Monat später entschließt sich der Sohn, doch zur Mutter und
deren Freund zu ziehen, sodass nur noch die jüngste Tochter bei ihrem
Vater bleibt:

»Mein Sohn ist ziemlich materiell eingestellt, und weil es mir finanziell nicht so
besonders gut ging, entschloss er sich, zu meiner Frau und deren Freund zu
gehen. Dann war die Jüngste noch bei mir. Die wäre vermutlich auch bei mir
geblieben. Dann fing eben diese ganze Geschichte an.«

Als Frau E. merkt, dass die jüngste Tochter zögert und nicht aus freien Stücken zu ihr ziehen würde, greift sie in die Beziehung von Vater und Tochter ein. Sie droht Heinz E. mit einer Anzeige wegen sexuellen Missbrauchs an seiner Tochter Sina. Dass dieser Vorwurf plötzlich auftauchte, entspricht durchaus unserer Beobachtung aus Gesprächen mit anderen Scheidungsvätern. Solche Vorwürfe werden mit großer Wahrscheinlichkeit erstmals dann erhoben, wenn die geschiedene Frau ihren Willen nicht durchsetzen kann – sei es bei Unterhaltszahlungen oder sei es im Hinblick auf den Lebensmittelpunkt der Kinder.

»Meine Frau hatte sich irgendwie in den Kopf gesetzt, sie noch zu sich zu holen. Ich behaupte nach wie vor, dass es eigentlich nur um Kohle geht, dass ich Unterhalt zahlen muss, weil sie das Geld für die Tochter irgendwie schon verplant hatte. Da fing diese Geschichte an, der Vorwurf, ich hätte die Kleine sexuell missbraucht. Das habe ich erst einmal über Dritte gehört: Die Kleine hätte erzählt, sie war damals neun, sie müsste bei Papa im Bett schlafen. Was absolut dummes Zeug war. Wir hatten ein Haus und zum damaligen Zeitpunkt hatte jedes Kind sein eigenes Zimmer. Das ist so beibehalten worden, auch nachdem meine Frau ausgezogen war. Sie hat diesen Vorwurf genährt, dass ich die jüngste Tochter nur dabehalten wolle, um mich ihr in irgendwelcher Form zu nähern. Das gipfelte letztendlich darin, dass ich vor die Wahl gestellt wurde: Wenn du nicht mit dafür sorgst, dass Sina herkommt, dann würde sie mich anzeigen. Alles Vorwürfe, die für mich aus der Luft gegriffen sind.«

Heinz E. gerät in eine äußerst prekäre Lage. Einerseits gibt es die Beziehung zu seinen Kindern, insbesondere die zu Sina. Sie gibt ihm Mut und Kraft, mit der Trennungssituation halbwegs fertig zu werden. Auf der anderen Seite droht seine Frau, ihn wegen sexuellen Missbrauchs der Tochter anzuzeigen. Da er in einem kleinen Dorf lebt, in dem jeder jeden kennt, fürchtet er den Tratsch. Er hat Angst, abgeurteilt und ausgegrenzt zu werden, selbst wenn ein Gericht später seine Unschuld bestätigen sollte. Dabei würde sich niemand die Mühe machen, nach den Hintergründen dieses Vorwurfs zu suchen, sondern womöglich zu dem Schluss kommen, dass man schon immer so etwas vermutet habe.

»Es bleibt letztendlich immer etwas hängen. Nicht nur in einem Dorf von 800 Seelen. Ich habe mir gesagt, bevor ich angezeigt werde, weil ich in irgendeiner Form meine jüngste Tochter belästigt hätte, gebe ich klein bei. Es ist nie zu einer richtigen Anzeige gekommen. Es ist in anderen Sachen zu Anzeigen gekommen, sodass ich im Nachhinein sagen muss: Ich habe es damals richtig gemacht. Denn sie hätte mich garantiert angezeigt.«

Zudem möchte er seinen Kindern ein Gerichtsverfahren ersparen:

»Meine Frau spekulierte damals darauf, dass ich es nicht darauf ankommen lassen würde; dass ich meine Kinder halt zu gerne mag, sodass ich sie nie in eine Situation reinbringen würde, in der sie sich zwischen Mama und Papa entscheiden müssen. Das würde ich nie riskieren! […] Das ist etwas, was ich immer vermieden habe. Und das weiß meine Frau ganz genau. Ich tue es nicht für mich, ich tue es für die Kinder. Ich hätte es vielleicht manchmal drauf ankommen lassen sollen, vielleicht wären einige Sachen dann anders gelaufen. Aber ich will, dass die Kinder nicht drunter leiden. Da bleibe ich auch dabei. Wenn es eine Situation gibt, dass meine Kinder vor Gericht vorgeladen werden und eine Aussage treffen müssen, dann gebe ich auf. Das habe ich auch gemacht.«

Und so beugt sich Heinz E. dem Willen seiner Frau, die, wie er sagt, die Kinder als Waffe einsetzt.

»Das ist eine Taktik, die sich bei meiner Frau bewährt hat. Ich weiß nicht, wie es in anderen Fällen ist, das vermag ich nicht zu sagen. Aber wenn ich andere Schicksale und andere Berichte so sehe, habe ich das Gefühl, das geht anderen ähnlich, weil die Frauen die Kinder wirklich als Waffen einsetzen […], was der Vater – oder ein vernünftiger Elternteil, egal wer es jetzt ist – immer versuchen wird zu vermeiden. […] Sie hatte einen Zug – nach fünfzehn Jahren kennt man einen Menschen –, den sie schon in unserer Ehe hatte: immer ein bisschen zulasten der Kinder zu agieren. Die Kinder vor Wahlen zu stellen, das hat sich nach der Trennung immer mehr ausgeprägt; die Kinder als Waffe gegen mich einzusetzen.«

Frau E. hat nach der Scheidung eine spezielle Strategie entwickelt.

»Wenn ich die Kinder nicht pünktlich zurückgebracht habe, war es eine Zeit lang eine große Mode meiner Exfrau, mir eine halbe Stunde zu geben und dann bei der Polizei eine Vermisstenanzeige aufzugeben. Das kommt dann immer gut an. Natürlich mit dem dezenten Hinweis bei der Polizei, dass das vermisste Kind vermutlich bei seinem Vater ist. Da können Sie sich vorstellen, was die Polizei macht. Die kommt natürlich!«

Heute lebt Heinz E. 580 Kilometer von seinen Kindern entfernt. Zu den Besuchsterminen reist er an und übernachtet mit der Tochter im Hotel. Des sexuellen Missbrauchs beschuldigt ihn seine Exfrau inzwischen nicht mehr. Täte sie es, so würde er sich dagegen wehren. Dass die Mutter heute keine Bedenken mehr hegt, Sina an den Besuchswochenenden bei ihrem Vater im Hotel übernachten zu lassen, legt nahe, dass sie damals den Missbrauchsvorwurf tatsächlich aus rein taktischen Gründen erhoben hat.

»Da ich beruflich weit weggezogen bin, sehe ich meine Kinder nur noch einmal im Monat, meistens nur meine jüngste Tochter. Ich muss dann in irgendwelchen Hotels übernachten. Da nehme ich ein Doppelzimmer und dann schläft sie bei mir. Heute würde ich es drauf ankommen lassen. Früher habe ich klein beigegeben, damit die Kinder keine Aussagen machen müssen. Heute würde ich in so einem Fall es ganz anders machen. Würde dieser Vorwurf von meiner Exfrau kommen, dann würde ich sagen: ›Zeig mich an, verklag mich! Ich lass es drauf ankommen, und im Notfall muss die Kleine aussagen.‹ Inzwischen habe ich – wie man sieht – in diesem Punkt meine Meinung ein bisschen geändert. Ich sehe es einfach auch nicht ein. Die Kleine möchte zu mir kommen. Wenn die in zwei, drei, vier Jahren dann elf ist und wenn sie irgendwann sagt: ›Ich möchte das nicht mehr. Ich möchte gern ein eigenes Zimmer oder mein eigenes Bett‹, dann bekommt die das selbstverständlich. Da braucht man gar nicht drüber reden!«

Damals hat Heinz E. seinen Kindern zu erklären versucht, weshalb er sich dem Willen seiner Frau gebeugt hat.

»Ich habe zu meinen drei Kindern damals gesagt: ›Was ich sage, das ist ehrlich. Das ist a) das, was ich meine, und b) so, wie es wirklich ist. Unabhängig davon, was andere Leute oder was Gerichte sagen oder wie es dargestellt wird.‹ Dieser Linie, die ich dazumal eingeführt habe, bin ich treu geblieben. Genauso habe ich meiner Tochter gesagt, warum ich mich der Mutter beuge und warum ich dafür bin, dass sie zur Mama geht. Das hat ja auch einige Vorteile für sie, sie ist halt die Jüngste, sie war jetzt lang alleine, weil ihre beiden Geschwister woanders lebten. Eine Situation, in der sie manchmal recht traurig war, weil ich halt mal arbeiten musste. Sicher gab es auch Vorteile für sie, gar keine Frage. Habe ihr aber gesagt, dass ich mich letztendlich dem beuge, weil Mama droht, mich anzuzeigen, falls ich das nicht tue. Meine Tochter hat das letztendlich gemacht, weil sie mich schützen wollte, und sie sagte, dass sie nicht möchte, dass ich weiter Streit mit Mama darüber habe. Wie gesagt, sie war damals neun. Es gibt Sachen, die kann man einem Kind in dem Alter noch nicht wirklich gut erklären.«

Die Situation zeigt dramatisch, wie schwer es für Eltern ist, mit ihrem Kind über einen Missbrauchsvorwurf zu reden, nämlich dass man mit ihm »etwas Verbotenes« getan habe. Im Übrigen ist Heinz E. seinem eigenen Vorsatz untreu geworden, die Kinder nicht »hineinzuziehen«. Allerdings hat er das damals so nicht erkennen können, denn die Tochter ging, weil sie ihn schützen wollte. Sie entschied sich für ihn – und ging zur Mutter, die ihrem Vater Böses nachsagte. Eine kindliche Parteinahme lässt sich in einer zerbrechenden Familie eben doch nicht verhindern. Umso wichtiger ist es, Konflikte zu besprechen, statt sie zu verschweigen, um in den Kindern keine Schuldgefühle zu wecken. So hat Heinz E. seine Tochter zwar vor einer Aussage vor Gericht bewahrt, aber nicht vor ihren eigenen Phantasien über die Gründe ihres Wechsels zur Mutter: Hat sie mit dem Vater etwas Verbotenes gemacht? Ist, was für sie normal war, in Wirklichkeit schlecht, wie die Mutter sagt? Hat sie gemacht, was die Mutter früher mit dem Vater gemacht hat, als sie sich noch vertrugen? Will die Mutter sie nur auf den rechten Weg zurückbringen? Sina könnte sich bei ihren ödipalen Phantasien ertappt gefühlt und gedacht haben, dass die Beziehung zwischen ihr und ihrem Vater tatsächlich etwas Verbotenes ist und dass ihr Vater etwas im Schilde führt, vor dem ihre Mutter sie beschützen muss.

Wäre Heinz E. rigoros gegen den Vorwurf des sexuellen Missbrauchs vorgegangen, so hätte er seiner Tochter unmissverständlich signalisiert, dass dies keine Ebene ist, auf der er sich ihr nähert, und dass er den bestraft sehen möchte, der seiner Tochter so etwas unterstellt – und sei es die Mutter. Er hätte damit die Beziehung und die Phantasiewelt seiner Tochter geschützt. Seine Rücksicht gegenüber Sina und ihren Geschwistern war zwar gut gemeint, aber für seine Tochter waren die Auswirkungen verheerend. Seine Rücksichtnahme hat indirekt bewirkt, was er eigentlich um jeden Preis vermeiden wollte: die Beziehung zu seinen Kindern zu sexualisieren.

Wäre es zum Gerichtsverfahren gekommen, hätten die Kinder vermutlich aussagen müssen. Sie hätten jedoch erlebt, dass die Beschuldigung des Vaters durch ihre Mutter vom Gesetz nicht hingenommen wird, sondern dass das Gesetz für die Wahrheit strenge Maßstäbe hat, an die sich auch ihre Mutter halten muss. Darüber hinaus hätten sie die Gewissheit bekommen, dass ihr Vater ein guter Vater ist und dass die Art und Weise, wie sie ihn lieben, ganz und gar in Ordnung ist.

Insgesamt lässt sich festhalten: Wenn ein Mann dem Vorwurf der Exfrau nicht mit aller Klarheit und gegebenenfalls mit einer Anzeige entgegentritt, beeinträchtigt er ungewollt selbst das Verhältnis zu dem betroffenen Kind. Denn eine Mutter, die den Vater zu Unrecht des sexuellen Missbrauchs beschuldigt, unterstellt zugleich dem Kind, etwas grundsätzlich Verbotenes zugelassen zu haben, und sei es nur dadurch, den Vater nicht zurückgewiesen zu haben. Wahrscheinlich sind sich viele geschiedene Frauen, die sich im Kampf um den Unterhalt oder aus rachsüchtigen Motiven dieser Strategie bedienen, nicht bewusst, dass dies die Kinder in ihrem Verhältnis zu beiden Eltern heimatlos macht. Der Vater wird zum Verbrecher gestempelt, und die Mutter wird zur Anklägerin des Kindes.

Somit kann es für Kinder auch eine Entlastung sein, wenn sie vor Gericht mit den Vorwürfen der Mutter gegen den Vater konfrontiert werden. Aussagen über das Verhalten des Vaters sind schwierig, wenn sie zu etwas befragt werden, was sie aus ihren Phantasien verdrängen. Andererseits ist es geradezu erleichternd für Kinder, wenn die Autorität des Richters befindet, dass an dem mütterlichen Vorwurf nichts »dran« ist. In diesem Fall tritt das Gericht als Autorität an die Stelle des geschwächten Vaters. Werden die Vorwürfe jedoch nicht geklärt, so schwebt das Kind immer in der Angst, dass seine zärtlichen Neigungen zum Vater etwas Verwerfliches seien.

Obwohl Frau E. ihrem Exmann schwer zugesetzt hat, nimmt er sie in Schutz. Er vermutet, die Boshaftigkeit gehe nicht von ihr aus.

»Ich kenne den Mann nicht, mit dem sie noch immer zusammen ist. Meiner Meinung nach aber steckt er dahinter, er ist der Skrupellose. Denn es gab Zeiten, da habe ich mich wirklich vernünftig mit meiner Frau unterhalten können; ich sage mal: Kindergeld; was immer da zu regeln war, wir hatten wirklich vernünftige Kompromisse gefunden. Ich habe nachgegeben, sie hat nachgegeben, und nachher haben wir gesagt: ›Okay, können wir beide mit leben. Ist zwar nicht das, was sich jeder für sich vorgestellt hat. Aber wir können beide damit leben.‹ Das ging dann ungefähr eine Woche gut, dann kriegte ich wieder ein Schreiben von irgendeinem Anwalt, der mir wieder etwas vorwarf. Sie wird in irgendeiner Form beeinflusst, von wem auch immer.«

Wenn seine Kinder heute zu ihm ziehen wollten, so wäre Heinz E. ihren Wünschen gegenüber aufgeschlossen. Denn gerade bei Töchtern im Alter von 13 bis 16 Jahren geschieht es häufiger, dass sie von der Mutter weg möchten, um mit dem Vater zu leben. Das scheint sich bei der Tochter von Heinz E. im Augenblick abzuzeichnen. Sie möchte zu ihm ziehen:

»Ich würde es tun, wenn das von den Kindern käme. Wir haben im Moment so eine Situation. Meine jüngste Tochter, die sehr an mir gehangen hat, die sich gegen diese Drohungen an Besuchswochenenden gewehrt hat, bis auf ein oder zwei Ausnahmen, als die Drohungen zu stark waren, sie möchte wohl wieder ganz zu mir kommen. Das wird eine Situation werden, wenn mein Kind das wirklich möchte! Aber dann fechte ich das durch – bis zum Ende. Dieser Anstoß muss aber von meinen Kindern kommen. Ich würde diesen Anstoß nie geben. Wenn meine jüngste Tochter jetzt sagt: ›Papa, Papa, ich möchte wieder zu dir kommen. Ich möchte bei dir leben‹, dann würde ich das durchfechten. Wenn mein Kind was möchte und ich dem helfen kann, würde ich das immer durchfechten. Für das Kind! Mir geht es um meine Kinder. Um nichts anderes. Schon immer! Aber der Wunsch kann nur von dem Kind kommen.«

Die Belastung durch die Umstände der Trennung war für Heinz E. so groß, dass er in eine schwere Depression fiel und in einer psychiatrischen Klinik behandelt werden musste. Unfähig, den Anforderungen seines Arbeitgebers nachzukommen, verlor er seinen Arbeitsplatz und er drohte den Halt im Leben zu verlieren. In dieser Phase griffen seine Eltern beherzt ein. Sie nahmen ihn bei sich auf, bis es ihm gelang, sich eine neue Existenz aufzubauen.

Sein Bericht veranschaulicht am Einzelfall, was unsere statistischen Auswertungen für Scheidungsväter generell ergaben. Scheidungen sind mit tiefgreifenden Auswirkungen verbunden, die aus einem gut integrierten Mann und Arbeitnehmer einen kranken Menschen machen können.

Ungewisse Vaterschaft – Manfred S.

Im Frühjahr 2003 brach Manfred S. den Kontakt zu seiner Tochter Angelika ab. Er tat es mit einer vielsagenden Geste: Er strich die Tochter aus seinem Testament. Ob Manfred S. vermögend ist und die Enterbung sie finanziell treffen wird, das haben wir ihn nicht gefragt. Weitaus wichtiger erschien uns die symbolische Bedeutung, die die Enterbung seiner Tochter hat, selbst wenn ihr dadurch nichts Nennenswertes an Vermögen verloren geht.

Der Schlussstrich, den Manfred S. damit zieht, ist Ergebnis einer langjährigen Entwicklung, in der er seine Väterlichkeit immer wieder infrage gestellt sah. Beginnen wir mit der Geschichte des ehemaligen Ehepaars S., das sich 1983 in Dresden während des Studiums kennen gelernt hatte. Von Beginn an scheint es sich weniger um eine Liebesbeziehung als um eine Zweckgemeinschaft zu handeln. Der Vater seiner Freundin Renate war Professor und Institutsleiter an der Universität. So bot sich dem engagierten Studenten die Möglichkeit, über die Beziehung zu der jungen Frau eine beruflich aussichtsreiche Verbindung mit dem Vater einzugehen. Von Liebe zwischen ihm und Renate spricht Manfred S. in diesem Kontext nicht.

»Die ersten zwei Jahre vor der Ehe war ich Student gewesen und hatte das Glück, mit meiner Bekanntschaft in eine für mich recht interessante Familie zu kommen. Der Exschwiegervater war Leiter eines Instituts für Produktionstechnik an der Uni in Dresden. So hatte ich recht vielfältige, auch gute Kontakte und auch Arbeitsmöglichkeiten. Ich war eigentlich recht glücklich, und auch die Renate war naturwissenschaftlich sehr interessiert und zeigte eigentlich für die Dinge, die ich gemacht habe, großes Interesse. Sie hat auf Lehramt studiert, heute ist sie Lehrerin für Physik und Mathematik – und das war von dieser Seite eigentlich eine recht ideale Sache.«

Im Sommer 1985 wird die junge Frau schwanger. Sie lebte bis dahin noch bei ihren Eltern, während Manfred S. in einer kleinen »Studentenbude im Hinterhaus« wohnte. Von der ungeplanten Schwangerschaft ist er völlig überfordert. Eltern und Schwiegereltern bestehen auf einer Hochzeit, und so heiraten die beiden letztendlich wie zwei unmündige Kinder auf den eindringlichen Wunsch ihrer Eltern.

»Wir haben geheiratet, weil sie schwanger war. Der Schwiegervater überrumpelte mich, indem er Ringe rausholte und sagte: ›So, jetzt wird sich verlobt und dann wird geheiratet.‹ So wie ich mich daran erinnern kann, war zwischen Renate und mir von Heirat nicht die Rede gewesen. Möglicherweise hatte es meine Exfrau zwar damals angedeutet, aber ernsthaft haben wir darüber nie diskutiert. Ich fühlte mich einigermaßen überrumpelt, nahm natürlich die Ringe an, und dann haben wir geheiratet.

Ich hab mich dem Wunsch des Schwiegervaters nicht widersetzt, denn meine Eltern verstanden sich sehr gut mit ihm. Meine Eltern waren evangelisch, auf der anderen Seite das katholische Elternpaar. Für mich spielt das heute keine Rolle mehr, aber von den Eltern kamen doch recht konventionelle Zwänge damals zum Zuge. Die Elternhäuser zwangen mich zur Fügung. Ich habe das aber doch alles recht widerwillig getan. Heute sage ich, das hätte man anders handhaben sollen. Wenn man zu etwas gezwungen wird, dann geht man mit einem miesen Gesicht und einem unwirschen Gefühl diesen Gang in die Ehe. Und meine Ex hat das gewusst. Na gut. Das war die eine Geschichte. Das dicke Ende kam dann noch. Schneller als ich dachte und als mir lieb war.«

Nach der Hochzeit wohnt Manfred S. bei den Schwiegereltern:

»Der Hochzeitstag hat allerdings unsere Lebensweise nicht verändert. Renate war nach wie vor zu Hause. Man bekam damals ja keine Wohnung. Ich habe mich zwar intensiv beim Wohnungsamt bemüht – allerdings ohne viel Erfolg.«

Fünf Monate nach der Geburt ihrer Tochter wird dem Ehepaar aber eine Wohnung von den DDR-Behörden zugewiesen. Zu diesem Zeitpunkt sind sie bereits ein Jahr verheiratet. Manfred S. freut sich trotz des unverhofften Vaterglücks und des eingeschränkten Studentenlebens darauf, mit seiner Frau Renate und der Tochter Angelika zusammenzuleben. Er beantragt einen Ehe-Kredit und renoviert die Familienwohnung. Doch zum gemeinsamen Einzug kommt es nicht.

»Ich hatte mich nach diesen langen Wochen und Monaten auf eine gemeinsame Situation eingestellt. Ich hatte die Wohnung selbst tapeziert. Das war alles sehr schön geworden und mit dem ersten Tag unseres Einzuges sagte dann die Ex zu mir: ›So, und jetzt ist Schluss. Gib mir den Schlüssel, ich lasse mich scheiden.‹ Wenn ich mich jetzt zurückerinnere, war eigentlich mit diesem Tag, an dem die Wohnung fertig war, unsere Beziehung am Ende. Das hat mich doch eigentlich sehr gewundert. Sie wollte partout nicht mehr. Wir hatten danach dann noch mit meinen und ihren Eltern Aussprachen. Aber sie hat gesagt: ›Ich reich die Scheidung ein!‹ Das eine weiß ich noch, weil's mir so gegenwärtig ist; vor dem Scheidungstermin hab ich sie nochmals gefragt: ›Muss das denn alles sein? Wir können doch noch ein halbes Jahr warten. Es muss doch nicht übers Knie gebrochen werden.‹ Scheiden konnte man sich zu DDR-Zeiten immer lassen. Aber sie sagte wörtlich zu mir: ›Wenn du dich heute nicht scheiden lässt, mache ich dir das Leben zur Hölle.‹«

So wie Manfred S. seine Freundin zu Beginn der Beziehung für sein berufliches Fortkommen genutzt hatte, so nutzt sie ihn nun dazu, ihrem Elternhaus zu entkommen. Manfred S. ist verzweifelt. Der Entschluss seiner Frau kam für ihn völlig überraschend. Man hat den Eindruck, das gute Verhältnis zu seinem Schwiegervater sei ihm eine bessere Garantie für den Bestand seiner Ehe gewesen als seine Gefühle für die junge Frau.

»Ich dachte, aufgrund des Elternhauses und der Beziehungen zwischen ihren Eltern und meinen Eltern kann da gar nichts passieren. Nimmer! Und sie wusste, welch gutes Verhältnis ich mit ihrem Vater hatte. Vielleicht war ich damals – ich sage es so, wie ich es heute sehe – nicht reif genug, einer Frau das emotional zu geben, was sie eben suchte. Auch nicht in einer Ehe. Vielleicht war ich doch in dieser Phase noch zu sehr Egoist.«

Der Entschluss von Frau S. steht fest. Gegen den Willen ihres Mannes sowie der eigenen und der Schwiegereltern lässt sie sich scheiden. Beim Scheidungstermin setzt das Gericht zugleich die Umgangsregelung fest. Manfred S. hat das Recht, seine Tochter jedes zweite Wochenende zu besuchen. Die Mutter, anfänglich mit der Regelung einverstanden, beginnt nach kurzer Zeit die Kontakte zwischen Vater und Tochter zu erschweren.

»Wir hatten im Vorfeld des Gerichtstermins verabredet, dass mir der Umgang mit dem Kind nicht genommen wird. Das ist mir vom Gericht dann schriftlich bestätigt worden. Beim ersten Wochenendbesuch jedoch, der unmittelbar nach der Scheidung anstand, passierte Folgendes: Die Scheidung war am Dienstag, und am Samstag bin ich zum ersten Mal in die Wohnung gegangen um mich dort aufzuhalten, um bei meiner Tochter zu sein. Denn sie hatte gesagt: ›Selbstverständlich kannst du immer kommen und dein Kind sehen und holen – wann du willst.‹ Und an diesem Samstag bin ich früh um neune hingekommen und da fing eine zweite Geschichte an, eine große Geschichte, die ich kaum glauben konnte. Da saß dort ein etwa 38-jähriger Mann auf ihrem Sofa und las Zeitung.«

Manfred S. ist irritiert und bittet mehr oder weniger kleinlaut seine Exfrau um eine Erklärung. Diese windet sich und weicht einer klaren Antwort aus. Wie er später selbst herausfindet, handelt es sich um einen Arbeitskollegen. Knapp zwei Monate ist Manfred S. der Kontakt mit Angelika möglich. Dann will ihm Renate den Umgang mit der Tochter verbieten, wohl um ihn loszuwerden.

»Und dann sagte sie: ›So, ich möchte die Umgangstermine nicht mehr fortsetzen!‹ Und ich frage: ›Ja, warum denn nicht?‹ Und dann sagt sie, und ich sage es Ihnen wirklich so, wie es ist, das ist keine Propaganda, dafür liegt es schon viel zu lange zurück und schmerzen tut es mich schon lange nicht mehr: ›Wer weiß, ob das Kind von dir ist!‹ Ich bin am Boden zerstört gewesen. Erstens hatte ich die Scheidung gerade frisch hinter mich gebracht. Ich habe Tag und Nacht geheult. Dann ist obendrein niemand mehr in der Wohnung gewesen, wenn ich zu meinen Besuchsterminen kam. Ich konnte tun und machen, was ich wollte. Es war einfach niemand da. Die Wohnung war leer. Ich habe den Eltern geschrieben. Ich habe angerufen. Ich bin hingefahren. Ich habe geguckt: Ist das Kind vielleicht am Samstag im Sandkasten im Hinterhof? Einmal habe ich meine Tochter dort allerdings angetroffen. Da kam meine Exfrau nach fünf Minuten runter, weil sie aus dem Fenster rausgesehen hat und mich sah. Sie hat das Kind weggenommen, in die Wohnung getragen und gesagt, sie fände es unmöglich, dass ich, ohne bei ihr angemeldet zu sein, das Kind besuche.«

Manfred S. ist begreiflicherweise nach dieser Begegnung gänzlich verzweifelt. Er versteht die aggressive Haltung und die Zurückweisung durch seine Exfrau nicht. Um mit der Situation besser fertig zu werden, sucht er professionelle Hilfe bei einem Psychotherapeuten. Die Ungewissheit, ob er der Vater von Angelika ist – oder möglicherweise jener Mann, den er in der Wohnung seiner Exfrau antraf –, verfolgt ihn so sehr, dass er beim Gericht einen Vaterschaftstest beantragt.

»Vielleicht war die Beziehung zu dem Mann damals gar nicht sexueller Natur. Habe ich mir damals gesagt. Das weiß ich doch alles nicht. Darüber hat sie ja nie gesprochen. Und diese Frage stand im Raum: ›Wer weiß, ob das Kind von dir ist?‹ Damit kann man jemanden wie mich, der eine sehr tiefe Beziehung zu seinem Kind hat, buchstäblich fertig machen. Einfach nur mit dieser Frage –

und dann keine Antworten finden. Das hat mich damals dazu bewogen, einen Vaterschaftstest zu beantragen, und das Gericht hat die Argumente meines Anwaltes ohne weiteres anerkannt.«

Die Blutuntersuchung, die damals nur an Manfred S. vorgenommen wurde, bringt ihm nicht die gewünschte Gewissheit, dass er der Vater von Angelika ist. Das Ergebnis lautet lediglich, er sei als Vater nicht auszuschließen. Das bringt ihn in eine zwiespältige Lage. Einerseits fühlt er sich als Vater und hat für seine Tochter liebevolle Gefühle, andererseits nagt an ihm der Zweifel, dass möglicherweise gar nicht er, sondern ein anderer der Vater ist. Mit der Zeit wird es für ihn immer komplizierter, seine Tochter überhaupt zu sehen. Als Angelika knapp 2 Jahre alt ist, darf er sie gar nicht mehr treffen. Sie wird ihm vorenthalten. Dennoch fährt er entsprechend der Umgangsregelung alle vierzehn Tage zu dem Haus, in dem seine Exfrau und seine Tochter leben.

»Ich bin zwei Jahre lang alle vierzehn Tage hingefahren. Ich bin ein Mann, der nicht so schnell aufgibt – zumindest was Kinder betrifft. Es war aber nie jemand da. Ich hatte für die Tochter eine Kleinigkeit an der Türklinke hinterlassen. Mal rief meine Ex an: ›Kind hat Geburtstag und wünscht sich Rollschuhe.‹ Sie wusste, ich mache alles. Darauf konnte sie bauen. Da hab ich ein Paar Rollschuhe gekauft, aber wie ich dann mitkriegte, hat sie dem Kind gesagt, das ist ein Geschenk vom Sandmännchen. Sie hat einfach nicht gesagt, dass es von mir ist. Ich wurde dort offensichtlich nicht mehr erwähnt. Zu Geburtstagen durfte ich mein Geschenk abgeben, auf der Treppe: Tür auf, Geschenk abgegeben, Tür zu. Kein Kind, keine Frage, nichts Persönliches!«

In den nächsten Jahren sieht Manfred S. seine Tochter nur noch selten. Regelmäßige Kontakte sind ausgeschlossen und eine Beziehung kann deshalb gar nicht erst entstehen. Seine Exfrau blockiert seine Besuche, und ihm selbst scheint der entschiedene Wille zu fehlen, entschlossen gegen sie vorzugehen. Renate war es offensichtlich von klein auf gewohnt ihren Willen durchzusetzen, und Manfred S. wagte es wohl nicht, dagegen anzukämpfen, auch nicht im Interesse seiner Tochter.

»Angelika lebte schon seit langem nicht mehr bei ihrer Mutter, sondern seit Jahr und Tag im Internat, jetzt in Schleswig-Holstein. Das muss man einmal bedenken. Ich habe in den vergangenen Jahren ab und zu eine Nachricht bekommen, das hieß, drei-, viermal im Jahr wurde ich per Anruf informiert. Meine Ex war in München und das Kind war oben im Norden – im Internat. Hunderte Kilometer entfernt. Ich sagte zu meiner Ex: ›Wie konntest du das nur so regeln?‹

Aber ich hab ja nun kein Mitspracherecht mehr. Was sollte ich also machen? Und als meine Ex nach Thüringen gezogen ist, war Angelika in der Pubertät und hätte einen Ansprechpartner, Mutter oder Vater, für Hilfestellungen bei Problemen gebraucht. Das hat mich dermaßen aufgeregt! Aber wie gesagt, ich habe mich wieder abgeregt, denn ich meine, ich kann nix dazu tun. Angelika hat nicht gefragt, sie hat mich nicht um Hilfe gebeten. Sie hat nicht nach meiner Meinung gefragt. Sie hat mich nicht zu sich gerufen.«

Manfred S. scheint zu stören, dass seine Tochter ihn nicht »zu sich rief«. Dabei hat Angelika wahrscheinlich nicht nur darauf gewartet, sondern sich danach gesehnt, dass ihr Vater *sie* rufen würde. Als sie bereits 13 Jahre alt ist, sieht er sie zum ersten Mal nach vielen Jahren wieder. So etwas wie eine Beziehung, die von alltäglichen Erfahrungen und Gemeinsamkeiten und von einer gewissen Selbstverständlichkeit getragen wird, hat sich zwischen beiden nicht entwickeln können. Zumal Manfred S. seiner Tochter auch zwischen den Zeilen den Vorwurf macht, sich nicht gemeldet zu haben.

In all den Jahren war es bei zwei oder drei Telefonaten im Jahr geblieben. Die führte er mit Angelika, wenn seine Exfrau nicht zu Hause war. Dennoch passiert etwas höchst Unerwartetes. Manfred S. unternimmt mit Angelika im Sommer 1999 eine Reise ins Ausland.

»Ich hatte bei einem Gewinnspiel eine Reise nach Sardinien gewonnen. Und ich wusste nicht, mit wem ich fahren sollte. Damals kannte ich meine jetzige Partnerin erst sehr kurz und die hätte von der Arbeit nicht frei bekommen. Zudem hat sie einen Sohn und fragte: ›Wohin soll ich mit dem?‹ Das war im Sommer 1999. Da habe ich aus purer Provokationslust meine Ex angerufen und gesagt: ›Hör mal zu, ich hab eine Reise gewonnen. Kann ich nicht mit der Tochter fahren?‹ Und zu meiner eigenen grenzenlosen Überraschung war sie damit einverstanden. Nachdem ich jahrelang nichts von ihr gehört hatte. Ich hatte mich sehr gefreut. Das Ganze lief dann aber sehr merkwürdig ab, weil das Kind auf mich überhaupt nicht gehört hat. Immerhin waren wir im Ausland, und am ersten Tag hat sie sich dort mit irgendwelchen Jugendlichen im Hotel angefreundet und war dann nur noch mit denen unterwegs. Ich habe nicht geahnt, was auf mich zukommt. Nun ist so ein 13-jähriges Mädchen in der Pubertät, da muss man manches nachsehen. Wenn die erst um drei in der Frühe aus der Disco wiederkommt, ohne mich zu informieren, dann bin ich doch etwas säuerlich, muss ich schon sagen. Es ist immerhin Ausland, fremdsprachiges Ausland. Und da hab ich schon Verantwortung. Ich hatte meine spärlichen Erinnerungen mit dem Kind aus den Anfangsjahren. Da träumt man sich die Dinge etwas schöner, als sie dann sind. Aber wenn mir das Kind dann die Zunge rausstreckte und sich nur mit anderen abgibt und mir sagt: ›Hör mal zu, ich geh jetzt dorthin. Wenn du dort vorbeikommst, sprich mich bitte nicht an‹, dann ist das vielleicht für eine 13-Jährige normal, dass sie mit ihren Eltern nicht so viel Kontakt haben will. Nur für mich war das völlig neu. Von meiner Seite aus muss ich sagen, dass ich keine Verantwortung übernehmen kann, wenn es keine gemeinsamen Absprachen darüber gibt, wie man sich verhält. Das habe ich bei der Rückreise meiner Ex gesagt. Seitdem hatte ich keinen gemeinsamen Tag mehr mit meiner Tochter – bis auf einen vor einem Jahr.«

Die Reise war für Manfred S. eine herbe Enttäuschung. Er scheint sich vom Verhalten seiner Tochter sogar gekränkt und in seiner väterlichen Autorität missachtet gefühlt zu haben. Aus Mangel an Erfahrung mit Kindern merkt er erst nach der Reise, wie schwierig es ist, Pubertierende gerade im Urlaub an den »familiären Tisch« zu bringen, wenn Gleichaltrige auf der Straße stehen. Und Angelika könnte seine Abwesenheit in der Vergangenheit durchaus als mangelndes Interesse an ihrem Leben verstanden haben. Widerstreitende Gefühle in ihr wären daher gerade zu erwarten gewesen. Im Übrigen wird sie wie viele Internatskinder die Zeit dort als eine Art der Ausgrenzung aus der Familie erlebt haben. Sie wird ihn dafür nicht lieben, sondern ihm allenfalls zürnen, so wie er selbst wenig Verständnis dafür hatte, dass seine Exfrau die Tochter in ein Hunderte von Kilometern entferntes Internat steckte.

So plötzlich, wie er mit dieser Reise ins Leben seiner Tochter Angelika hineingeplatzt war, so unerwartet kommt knapp drei Jahre später ein Anruf seiner Exfrau, die sich mit einer Bitte an ihn wendet. Provoziert sie ihn damit, so wie er sie mit der Reise der Tochter provozieren wollte? Sie lädt ihn zum Tanzschulabschlussball Angelikas ein. Manfred S. sagt ab, denn seit 1999 lebt er nach dreizehn Jahren des Alleinseins glücklich in einer neuen Partnerschaft.

»So völlig aus dem Nichts kam die Einladung. Nach Jahren langer Umgangsverweigerung. Aber ich erwartete die Geburt meiner Tochter. Und da habe ich gesagt: ›Hör zu, ich kann jetzt hier meine Frau nicht alleine lassen, und außerdem freue ich mich auf das neue Kind. Tut mir leid‹, hab ich gesagt, ›ich muss absagen, aber der Zeitpunkt ist im Moment so ungünstig.‹«

Kurze Zeit später meldet sich allerdings Angelika bei ihm.

»Plötzlich, einen Monat nach der Geburt meiner Tochter, erhalte ich einen Anruf meiner älteren Tochter: ›Papi, kannst du mich nicht abholen?‹ Obwohl ich seit der Reise nach Sardinien nichts mehr von ihr gehört hatte. Da habe ich gesagt: ›Selbstverständlich!‹, habe mich ins Auto gesetzt und bin nach Schleswig-Holstein gefahren und wieder retour. Es war Sommerzeit und sie hatte niemanden. Die Mutter war nicht da und Angelika hatte Urlaub. Sie wusste nicht, wo sie eine oder zwei Nächte hingehen sollte. Ihre Großeltern waren nicht da, ihre Freunde waren auch schon alle weg, und die Mutter hatte keine Zeit für sie. Plötzlich hat sie sich an mich erinnert und angerufen. Habe ich natürlich gern gemacht. Und da bekam sie mit, dass sie eine Schwester hat. Sie hat sich an diesem einen Tag recht reizend um sie gekümmert. Aber nach diesem Besuch, das ist jetzt ein Jahr her, habe ich kein Wort von ihr gehört. Stellen Sie sich mal vor, sie kommt mich besuchen, sieht, dass sie eine Schwester hat, und seitdem habe ich nichts mehr von ihr gehört.«

Manfred S. ist bestürzt, zumindest wie so oft in seinem Leben maßlos erstaunt, dass seine älteste Tochter sich nicht mehr bei ihm meldet. Es hat den Anschein, als suche er die Schuld für die fehlende Beziehung zwischen ihnen ausschließlich bei ihr.

»Ich habe einige Male probiert, sie telefonisch zu erreichen. Aber mittlerweile funktioniert ihre Handy-Nummer nicht mehr. Ich habe ihr immer die Möglichkeit gelassen und gesagt: ›Du kannst doch bei mir anrufen!‹ Sie kennt meine Telefonnummer. Immerhin ist sie schon 16. Und ich meine, da ist man schon so weit, der Beeinflussung durch die Mutter zu entgehen. Als sie es wollte, hat sie es ja getan. Aber seit diesem Zeitpunkt habe ich nichts mehr gehört.«

Doch dann gibt es in dieser eigentümlichen Nachscheidungsbeziehung von geringer Belastbarkeit eine neue Überraschung. Sie kommt Ende 2002, diesmal von Angelika, oder besser in ihrem Namen. Manfred S. erhält eine gerichtliche Vorladung. Seine Tochter will überprüfen lassen, ob sich der Unterhalt erhöhen lässt. Sie vermutet, dass ihr Vater zu wenig zahlt und an ihr spart.

»Ich habe ohne Zögern seit Jahr und Tag bis zu diesem Zeitpunkt meinen Kindesunterhalt wie immer zum Ersten des Monats per Abbuchung überwiesen. Und immer mehr, als ich musste. Und nun sollte überprüft werden, ob ich nicht noch leistungsfähiger bin. Man muss dazu sagen: Meine Exfrau ist allein stehend und Beamtin; und Kind im Internat. Sie verdient nicht schlecht. Bei mir ist es bisschen anders. Meine jetzige Partnerin war damals arbeitslos, davor hatte ich doch die ganze Gemeinsamkeit finanziell alleine zu tragen. Das Einzige, was Angelika mit dieser Klage erreicht hat: dass ich jetzt den richtigen Betrag zahle. – Meine Tochter kriegt jetzt weniger als zuvor!«

Die Tochter hat sich damals selber geschadet. Ihre Mutter hat ihr dabei noch Beistand geleistet, indem sie es nicht für notwendig hielt, die Frage mit dem Vater vorab im Gespräch zu klären. Manfred S. sieht seine Väterlichkeit erneut infrage gestellt. Die Klage im Namen seiner Tochter wird für ihn der äußere Anlass zu durchtrennen, was überhaupt an dünnen Beziehungsfäden zwischen ihm und seiner Tochter noch vorhanden ist. Er greift zur schwersten Waffe gegen sein Kind. Er streicht sie aus seinem Testament.

Manfred S. fühlt sich als Dukatenesel missbraucht und nur nach seinen finanziellen Möglichkeiten beurteilt. Diesen Eindruck teilt er mit vielen anderen geschiedenen Männern, die erzürnt darüber sind, dass sie als Vater und Expartner völlig in den Hintergrund treten und nur noch als ein sich selbst generierendes Bankkonto behandelt werden. Manfred S. vermisst ein Mindestmaß an persönlichem Respekt und Anerkennung. Er weiß, dass das Gesetz ihn zur Zahlung verpflichtet, wenn er den Unterhalt nicht mehr freiwillig erbringen würde. Freiwillig ist allenfalls, was er an zusätzlichen Zahlungen leistet. Doch Unterhalt zu zahlen wie die Kfz-Steuer ist nicht jedermanns Sache. Vom Staat lässt sich für die Zahlung von Steuern keine Anerkennung erwarten, denn Steuern berechtigen nun einmal zu keinen Gegenleistungen, die man sich selber wünscht. Aber für die Unterhaltszahlung des eigenen Kindes keine Anerkennung zu finden, das führt viele Männer dazu, den Unterhalt gänzlich zu verweigern – zumal wenn die mangelnde Anerkennung sich in der Blockierung des Kontakts zu den Kindern äußert.

»Und ich muss ehrlich sagen, ich bin so frustriert von der ganzen Geschichte, von diesem Hin und Her, dass ich jetzt mein Testament aufgesetzt habe. Ich habe gesagt, alles, was ich habe, soll das jetzige Kind bekommen, und die andere kriegt eben nichts mehr. Ich habe keine Lust mehr, diesen Zirkus weiter mitzumachen. Das Kind wird 18, braucht mich in dem Moment nicht mehr und kann selbst entscheiden, ob sie Kontakte noch haben will. Aber sie will es offensichtlich nicht. Die unendliche Verzweiflung, die man hat, nachdem man ein Leben lang von Pontius zu Pilatus rennt, um die Beziehung zum Kind zu erhalten, und am Ende steht man mit leeren Händen da. Hat eigentlich das Liebste verloren, was man hat! Nicht die Frau, sondern eben das Kind.«

Brüchig und sporadisch, wie seine Erfahrungen als Vater waren, gaben die Regelmäßigkeit der Zahlungen und die Mehrbeträge ihm das Gefühl, mehr für seine Tochter zu tun, als das Gesetz vorschreibt. Hier war ihm noch ein gewisses Maß an Spontaneität möglich, die anderswo blockiert war. Der regelmäßige Zahlungsstrom hatte für ihn eine hohe symbolische Bedeutung. Für seine Gefühle und die Gewissheit, ein Vater zu sein, war er wie eine Nabelschnur, die die Beziehung zur Tochter am Leben und in Erinnerung hielt. Es war sicher eine denkbar erlebnisarme Beziehung, die hier schwach pulsierte. Zumindest war es ein Etwas und kein Nichts. Diese Nabelschnur infrage zu stellen, bedeutete, die ohnehin brüchige Väterlichkeit nicht nur anzuzweifeln, sondern buchstäblich das Organ zu entfernen, über das Manfred S. seine Bedeutung für Angelika bewahren wollte.

Ein Geschiedener, der sich seiner Vaterschaft sicher ist, wäre damit vielleicht ein wenig souveräner umgegangen. Er wäre in seinem Selbstbewusstsein der Vater geblieben, der er nun einmal ist, selbst wenn ihm die Qualität seiner Väterlichkeit abgesprochen worden wäre. Manche Väter können die Chance nutzen, über die Kränkung zu sprechen, und erreichen im Gespräch mit Freunden, vor allem aber mit Psychotherapeuten, Versöhnung mit ihrem Schicksal und vielleicht sogar mit ihrem Kind. Manfred S. bricht dagegen die Beziehung ab. Seine Gefühle von Väterlichkeit dürfen nicht infrage gestellt werden. Er hat keine tragfähige Beziehung zu seiner Tochter, und die gemeinsame Geschichte erlaubt keine Belastungen wie diese. Nicht zuletzt mag der Zweifel an seiner biologischen Vaterschaft die emotionale Bereitschaft, ein Vater zu sein, immer wieder zusätzlich geschwächt haben.

Manfred S. zieht gewissermaßen die Bilanz aus seiner Vergangenheit und entschließt sich zu einem radikalen Bruch mit ihr. Wie tief die Kränkung ist, zeigt die Art, wie er den Kontakt zu seiner Tochter Angelika abbricht, durch Enterbung. All sein Eigentum soll das neue Kind bekommen, in das er seine bisher unerfüllt gebliebenen Hoffnungen setzt. Er tauscht das eine Kind gegen das andere aus. Doch der symbolische Gehalt dieser Handlung reicht noch weiter. Er enthält der Tochter nicht nur Geld und Eigentum vor, er schließt sie überdies aus der Generationenfolge aus. Sie hat mit ihm nichts mehr zu tun, ist nicht mehr Teil seiner Person, ist nicht länger von »seinem Fleisch und Blut«. Obwohl Angelika rechtlich weiterhin seine Tochter sein wird, erkennt er sie als solche nicht mehr an und macht sie damit vaterlos. Dass Manfred S. auch künftig brav seinen Unterhalt zahlen wird, solange das Gesetz es ihm vorschreibt, steht dazu nur scheinbar im Widerspruch.

Mit diesem aggressiven Akt trifft Manfred S. jedoch die falsche Person. Er richtet sich gegen die Tochter, obwohl die Mutter es war, die den Kontakt verhindert hat.

Neue Väter unerwünscht? – Berthold T.

Das Interview mit Berthold T. gewährte uns einen tiefen Einblick in den Umgang der Gesellschaft mit Männern, die nicht dem klassischen Rollenbild entsprechen. Berthold T., der sich als Vertreter des »neuen Mannes« versteht und in seiner Ehe Beruf gegen Haushalt und Kindererziehung eingetauscht hatte, stieß bei der Suche nach gesellschaftlicher Anerkennung lediglich auf Unverständnis und Zurückweisung. Sein Beispiel macht deutlich, dass es für Männer keineswegs leichter ist als für Frauen, aus tradierten Rollen herauszutreten. Der Ruf nach dem neuen Mann steht dabei in eigentümlichem Widerspruch zur Skepsis, denen Männer begegnen, wenn sie versuchen diesem Leitbild gerecht zu werden. So wird zwar der Vater, der sich der Kindererziehung widmet und sich auf traditionell weiblichem Terrain betätigt, Männern nicht selten als Ideal von Väterlichkeit präsentiert, doch der Alltag hält für die neuen Väter massive Probleme bereit, wie der Fall von Berthold T. zeigt.

Berthold T. wählte die Rolle des Hausmanns, weil er darin – wie er ausdrücklich sagt – eine sinnvolle Lebensgestaltung für sich selbst erblickte. Zum Zeitpunkt des Interviews ist er 53 Jahre alt. Er ist gelernter Kaufmann und war zwanzig Jahre verheiratet. Aus der Ehe gingen zwei Söhne, Tim und Michael, hervor, die heute 9 und 15 Jahre alt sind. Die Trennung von seiner Exfrau liegt bereits sieben Jahre zurück. Berthold T. besitzt das alleinige Sorgerecht für beide Kinder. Der Kontakt zur Mutter seiner Söhne ist gänzlich abgebrochen. Die Kinder sehen sie nicht mehr.

Bereits während der Ehe war die Aufgabenverteilung des Paares so geregelt, dass er die Kindererziehung und die Hausarbeit übernahm, während seine Frau für den Familienunterhalt sorgte.

»1986 war dieses so genannte Erziehungsjahr eingeführt worden. Da gab es keine männlichen Formulare, ich wurde schlicht und einfach weiblich. Meine ganze Rentenstatistik wurde auf meine Frau umgeschrieben. Im nächsten Rentenbescheid stand denn: ›Frau Berthold T.‹ mit den Daten meiner Frau. Bis ich denen klar machte, dass es auch Männer gibt, die so etwas machen. Und ich sagte: ›Gucken Sie mal in den Gesetzestext. Männer dürfen das auch.‹ Dann habe ich ein Jahr gekämpft, um meine persönlichen Daten wiederzukriegen. Das war so meine erste Erfahrung auf dem Gebiet.

Das war ein einsamer Entschluss. Ich hatte eine kleine Selbstständigkeit. Ich konnte also von zu Hause arbeiten und meinen Job sozusagen variieren. Ich habe eine kleine Versandfirma für Spezialwerkzeuge. Ich brauchte nur alle drei Wochen vielleicht einmal irgendwohin fahren und neue Ware holen. Sodass ich rund um die Uhr für Tim nach den zwei Monaten verfügbar war, die eine Frau für den Mutterschaftsurlaub zu Hause sein darf. Das habe ich durchgehend bis 1993, bis zur Geburt von Michael, gemacht. Ich habe Michael im Grunde übernommen, wobei mein Beruf allerdings über die Wupper ging. Denn mit zwei Kindern alles aufrechtzuerhalten, da musste der Beruf auf Sparflamme zurückgeführt werden. Letztlich habe ich ihn eingestellt.

Die Übernahme der Erziehung war im Grunde genommen – ich sage mal – eine durchgehende Phase gewesen. Denn meine Frau hatte einen entsprechenden Posten in der Firma erreicht und fühlte sich dort wahrscheinlich mehr zu Hause als zu Hause. Hausarbeit war für sie eine Sache, die sie im Grunde genommen sehr stressig fand. Und ebenso die ungewohnte Situation, mit Kindern den ganzen Tag umgehen zu müssen.

Wir haben Eigentum, und es ist schwere körperliche Arbeit zu machen gewesen. Dazu kam zusätzlich, dass meine Frau nur 1,45 Meter groß ist und viele Sachen im Haushalt, sei es Fensterputzen oder körperliche Arbeiten, von mir wesentlich schneller und einfacher verrichtet werden konnten. Und so war denn, wie ich schon sagte, die Rollenverteilung recht einfach in: Wer kann was besser und schneller? Und der macht es eben!«

Was sich zunächst als praktische Lösung aufgrund der Lebensumstände anbot, wird für Berthold T. allmählich zum großen Identifikationsprojekt. Das Ehepaar scheint eine moderne Form des Zusammenlebens gefunden zu haben, in der jeder den anderen in seinen Bereichen anerkennt.

Nach zwanzig Jahren Ehe kommt es zum plötzlichen Bruch. Frau T. wendet sich einem gut situierten älteren Arbeitskollegen zu und beendet die Beziehung zu ihrem Mann. Sie plant, dass die Kinder nach der Trennung bei ihr leben, aber in einem Internat untergebracht werden sollen. Mit ihrem neuen Partner, der kurz vor der Pensionierung steht, möchte sie in Zukunft ein unabhängiges und möglichst freies Leben führen. Damit ist Berthold T. ganz und gar nicht einverstanden.

»Deshalb habe ich das alleinige Sorgerecht beantragt, weil der neue Partner meiner Frau Tim und Michael nicht haben wollte. Aber die Kinder sollten zu ihnen kommen, um dann in ein Internat gesteckt zu werden. Sodass im Grunde genommen keine Erziehung mehr stattfindet, sondern nur eine schulische Unterweisung. Sie hatte ihre Arbeit aufgegeben, und da ihr Partner in Rente gegangen war, hätten sie nach seinem Wunsch Reisen und Ähnliches machen wollen. Deshalb wurde mir das alleinige Sorgerecht vom Gericht zugesprochen. Zumal Tim und Michael nicht in ein Internat wollten, sondern sie wollten bei ihrem Vater bleiben.«

Der Streit um das Sorgerecht entwickelt sich zu einem Rosenkrieg, der zur Folge hat, dass jede Kommunikation zwischen den einstigen Eheleuten eingestellt wird.

»Vor Gericht wurde im Grunde genommen alles, was man so als Widerwärtigkeiten von Scheidungen hört und sieht, von bösen Sprüchen, Unterstellungen bis sonst was, die ganze Palette wurde abgegrast. Letztendlich hat meine Frau eingesehen, dass sie mit ihren Argumenten bei Richtern und Jugendämtern nicht durchkommt. Und ich habe ihr klipp und klar die Frage gestellt: ›Willst du diese deine neue Lebensperspektive zulasten der Kinder austragen?‹ Und letztendlich hat sie dann zugestimmt, und mit dieser Entscheidung hat sie den Kontakt zu Tim und Michael abgebrochen. Sie hat sich nicht mehr gemeldet. Nachdem alle Prozesse ums Umgangsrecht und was da so alles läuft, durchgezogen waren, hat sie den Kontakt zu den Kindern nicht mehr aufrechterhalten.«

Im gerichtlichen Vergleich erhält Berthold T. das alleinige Sorgerecht. Allerdings muss er dafür auf Ehegattenunterhalt verzichten. Damit befindet er sich in einer finanziell prekären Lage.

»Bedingt durch das gemeinsame Eigentum wurde ich vor die Wahl gestellt: Entweder ich verzichte auf den Unterhalt oder das Haus wird versteigert. Es sollte eine absolute Existenzvernichtung erfolgen. Das war im Grunde genommen die Basis ihres Rechtsanwaltes, dass man den Anteil des Objektes auszahlt und gleichzeitig auf eigenen Unterhalt verzichtet. Meine Frau ist sehr gut verdienend. Das, was wir jetzt haben, entspricht dem Sozialhilfesatz.«

Die Situation, in der sich Berthold T. damals befand, kennen wir üblicherweise von geschiedenen Frauen mit Kindern. Berthold T. machte nun gezwungenermaßen Bekanntschaft mit Behörden und Ämtern, wobei er erleben musste, dass ihm Mitarbeiter sozialstaatlicher Institutionen, die für die Unterstützung Geschiedener mit Kindern zuständig sind, weder hilfreich noch wohlwollend zur Seite standen. Er sah sich mit tief sitzenden und oft nur schlecht verdeckten Ressentiments konfrontiert.

Im Rahmen unseres Forschungsprojektes haben wir uns allmählich daran gewöhnt, seitens der Befragten Kritik an Sozial- und Jugendämtern zu hören. Viele Betroffene fühlten sich als Männer missachtet und zum Teil diskriminiert. Die üblichen Vorurteile treffen nicht nur unterhaltspflichtige Scheidungsväter, sondern auch jene, bei denen die Kinder leben. Unsere Befragung ergab, dass ein überdurchschnittlich hoher Anteil von Scheidungsvätern mit der Beratung und der Behandlung in Ämtern nicht zufrieden war.

Ob Berthold T. tatsächlich Anspruch auf staatliche Zuwendungen hatte, wollten wir nicht näher verfolgen. Uns ging es darum, wie öffentliche Einrichtungen auf einen Vater reagieren, der Rechte für sich beansprucht, die ohne Ansehen der Person gelten. Und da zeigt sich, dass Gleichbehandlung oftmals nur auf dem Papier besteht. So können sich die Sachbearbeiter des Sozialamtes, bei denen Berthold T. vorstellig wird, offenbar keinen alleinerziehenden Vater vorstellen. Dementsprechend abweisend behandeln sie ihn.

»Unterstützung für die Kinder, für die Schule oder Kohlebeihilfe – wir hatten damals noch eine Kohleheizung –, das wurde alles abgelehnt. Weil auf der einen Seite das Haus als Ganzes zur Verfügung stand und auf der anderen Seite ich eine private Altersversorgung hatte. Und die sollte zuerst aufgelöst werden. Und erst wenn das Geld verbraucht ist, würde man weitersehen, ob man mir überhaupt weiterhelfen würde. Weil ich eben eine falsche Lebensentscheidung getroffen habe. Denn ein Mann leistet keine Familienarbeit und erzieht auch keine Kinder. Gesagt wurde mir das vom zuständigen Kreissozialamt. Bekanntermaßen ein sehr konservatives Amt.«

Nach den intensivsten Jahren der Kindererziehung suchte Berthold T. nach einer Möglichkeit für den beruflichen Wiedereinstieg. Da er in den vorausgegangenen Jahren Hausarbeit geleistet hatte, bestand für ihn kein Anspruch auf Arbeitslosengeld und damit auch nicht auf Umschulungs- oder Qualifizierungsmaßnahmen im Rahmen der Förderprogramme des Arbeitsamtes. Nur eine Möglichkeit bot sich ihm:

»Da gibt es so ein besonderes Förderungsprogramm: Wer mindestens fünfzehn Jahre als Hausmann oder Hausfrau tätig war, also Erziehungsarbeit geleistet hat, kommt in ein solches Förderprogramm und in berufsrückkehrende Maßnahmen, erhält dann noch Unterhaltsgeld zwölf oder 15 Monate lang, je nachdem, wie lange eine solche Maßnahme angelegt ist, um danach in einen Beruf reinzugehen. Ich war angewiesen auf Angebote, die normalerweise den Frauen als Wiedereinstieg angeboten werden. Firmen, die diese Kurse anbieten, lehnen dann natürlich Männer ab. Da sie vom Arbeitsamt und von der Europäischen Union Gelder bekommen, verstoßen sie damit gegen die Gesetze des Amsterdamer Vertrages und Artikel 3 des Grundgesetzes. Deshalb ist meine letzte Chance, zu klagen.«

Maßnahmen zur beruflichen Wiedereingliederung richten sich in erster Linie an Frauen. Bei der Entwicklung der Kurse, die nicht selten von Einrichtungen aus Graueninitiativen veranstaltet werden, werden Männer als Zielgruppe überhaupt nicht berücksichtigt. Teilweise ist das nachvollziehbar, weil nur wenige Väter diesen Weg gehen. Maßgeblicher ist jedoch, dass sich die Ausbildungsträger an konservativen Vorstellungen von Familie zu orientieren scheinen, die sie nicht aufgeben wollen. Sie kritisieren zwar die Rolle der Frau in der Gesellschaft, aber sie blockieren zugleich die Verwirklichung ihrer eigenen Forderung, dass sich Männer verstärkt um den Familienbereich kümmern sollten.

Der Vater, der sich im Haushalt engagiert, wird zwar als Ideal postuliert, doch wenn er beginnt, unter den Verhältnissen zu leiden, unter denen Frauen durch die erschwerte Vereinbarkeit von Mutterschaft und Beruf leiden, dann setzt die Solidarität aus. Offenbar handelt es sich hier um eine Solidarität, die sich nicht am *Problem*, sondern am *Geschlecht* orientiert. Politisches Ziel scheint nicht die Lösung individueller oder gesellschaftlicher Probleme und die Förderung männlichen Engagements in der Familie zu sein, sondern die gezielte Unterstützung von Frauen. Das ist einer der Gründe, warum sich Frauenpolitik mit der EU-Richtlinie zum Gender Mainstreaming so schwer tut. Diese sieht nämlich eine ausgewogene Teilung der Verantwortung zwischen Frauen und Männern vor. Gleichstellungspolitik soll sich demnach nicht auf die Durchführung von Sondermaßnahmen für Frauen beschränken.

Der ohnehin eigentümlich vereinfachte Status des »Opfers« ist eindeutig weiblich besetzt. Männer werden dagegen für ihr Tun selbst verantwortlich gemacht. Frauen sind Opfer, Männer sind Täter. Demnach heißt weiblich sein Opfer werden, männlich sein Täter werden. Aus dieser fatalen Gegenüberstellung werden Hilfsansprüche abgeleitet. Frauen wird geholfen, Männern nicht.

Dahinter verbirgt sich biologisches Denken, wie es vor knapp hundert Jahren zur Erklärung der Unterschiede von Mann und Frau herangezogen wurde. Dieses Denken wurde allem Anschein nach nur vordergründig verworfen, aber innerlich nicht aufgegeben. Und so trifft Berthold T. immer wieder auf recht konservative Ansichten.

»Ein Berufsrückkehrprogramm meines Arbeitsamtes hieß ›Von der Kindererziehung zurück in den Beruf‹. 26 Frauen waren anwesend. Ich stoße dazu. Großer Aufschrei der Arbeitsamtsleiterin: Männer sind nicht zugelassen. Ich sage: ›Warum, ich habe dieselbe Ausgangsvoraussetzung.‹ ›Ja, es ist aber eben nur für Frauen. Suchen sie sich andere Männer und gründen sie bundesweit einen solchen Kursus mithilfe des Arbeitsamtes, wenn Sie diese Anzahl von Männern überhaupt zusammenkriegen.‹ Und einige Frauen protestierten. Man einigte sich auf eine Abstimmung: 25 Frauen waren für meine Teilnahme, eine sagte nein, und damit war ich draußen. Seltsame Demokratie! Ich war einfach hingegangen, weil über die Zeitungen dazu eingeladen worden war.

Ich bin davon ausgegangen, dass die Angebote des Familienministeriums, in denen es heißt ›Chancengleichheit im Beruf und Familie‹, dass die staatlichen oder halbstaatlichen Institutionen Männer und Frauen gleich behandelt werden. Ich habe keine geschlechtsspezifische Aufteilung in diesem Angebot erwartet, was im Grunde genommen wiederum eine Benachteiligung der betreffenden Person wäre. Eben eine Diskriminierung! Ich wollte haben, was die Frauen dort hatten. Gespräche führen, Erfahrungen austauschen, Perspektiven bekommen, was man machen kann und wie man in den Beruf – in meinem Fall als Werkzeugspezialist – zurückkommt. Nicht mehr die berufliche Selbstständigkeit, die war nicht mehr drin, aber einen Halbtagsjob bekommen, das wollte ich! Im Grunde genommen alles das, was eine berufsrückkehrende Frau an Problemen hat, die irgendwann einmal aus dem Beruf wegen der Kinder herausgegangen ist.

Zumindest bin ich davon ausgegangen, dass sich Stellen, die so etwas ins Leben rufen, sich ein paar Gedanken gemacht haben, dass man aufgrund der veränderten Gesetzgebung damit rechnen muss, dass sich ein Mann oder mehrere Männer melden.«

Berthold T., der als Mann in einer traditionellen Frauenrolle immer wieder abgelehnt wird, will aber von Frauen und Frauenorganisationen, mit denen er zu tun hat, anerkannt werden. Hier hofft er darauf, dass seine langjährige häusliche Betätigung geschätzt wird. Mitunter erweckt er gar den Anschein, als würde er immer mehr das Besondere seiner Männlichkeit in den Hintergrund treten lassen, um sich mit Frauen der heroisch anmutenden Aufgabe des Alleinerziehens zu stellen. Er sucht ihre Nähe, weil ihn seine Alltagserfahrungen nach vielen Jahren der Kindererziehung mit ihnen verbinden. Auf anerkennende Worte anderer Männer wagt Berthold T. wohl nicht zu hoffen. Der Gedanke scheint ihm so fremd, dass er ihn nicht einmal erwähnt.

Seine Suche nach weiblicher Solidarität scheint ihn dazu zu verleiten, über seine eigene typisch männliche Gefühlswelt nicht mehr nachzudenken. Als Verfechter des Gender Mainstreaming, zu dem er sich allmählich entwickelt, schlägt er eine ganz bestimmte Richtung ein, die von der technischen Machbarkeit von Gleichstellung ausgeht. Die spezifischen Unterschiede weiblicher und männlicher Emotionalität geraten dabei zusehends aus dem Blick. So lässt Berthold T. die Frage, ob er sich als *Mann* überhaupt noch anerkannt fühle, nicht zu und weicht ins Allgemeine aus.

»Diese Fragen habe ich mir noch nie gestellt, und diese Fragen stehen bei mir auch nicht an. Ich bin vielmehr der Auffassung, dass das, was uns der Gesetzgeber erlaubt, Mann und Frau gleichermaßen praktizieren können sollten. Ohne die Frage nach dem Geschlecht zu stellen oder ob es geschlechtsspezifisch zulässig ist oder nicht. Sonst kommen wir ja nie zu einer normalen Gleichberechtigung. Gleichberechtigung bedeutet für mich, dass bei der Kindererziehung die Frau und der Mann genauso beteiligt sind. Sonst gibt es keine Gleichberechtigung. – Eine Frau muss zur Erziehung beitragen und ein Mann ebenso. Ich bin nicht enttäuscht. Gar nicht! Ich würde es auch wiederholen, wenn ich jünger wäre. Ich würde dasselbe noch mal machen. Weil es eben eine Lebenserfahrung ist, wie man so sagt.«

Auf der Suche nach Solidarität wendet sich Berthold T. nicht an einen der vielen Vätervereine, die es inzwischen gibt und die für ein besseres Verständnis für Scheidungsväter werben. Er zieht es stattdessen vor, sich an eine Organisation zu wenden, die die Interessen von allein stehenden Erziehenden vertritt. Diese Organisation kümmert sich allerdings mehr oder weniger um die Belange von betroffenen Frauen, und zwar aus einer als traditionell zu bezeichnenden Sicht. Für männliche Vorstellungen von Erziehung gibt es dort wenig Raum. So wird Berthold T. zu einem Einzelkämpfer unter Frauen und findet hier – wenn auch gegen Widerstände – beschränkte Solidarität.

»Ich habe zwei oder drei Alleinerziehenden-Gruppen geleitet und versucht, hier welche aufzubauen. Oder ich bin zu Gruppen dazugestoßen. Da hatte ich auch diese Problematik, dass häufig die Frauen eine Alleinerziehenden-Gruppe bildeten. Dann war ich häufig der einzige Mann, der dazugestoßen ist. Und dann waren die Frauen häufig dagegen, dass ich mitmache. Ich habe kurz mal meine Geschichte geschildert, und meistens waren die Frauen davon erschüttert. Ich habe ihnen gesagt, dass das die umgekehrte Situation von ihrer eigenen ist. Sie können von mir lernen, ich kann von ihnen lernen. Und die Erkenntnisse, die ich da gewonnen habe, entsprechen im Grunde genommen genau dem Bild, das ich bei den Männern ebenfalls sehe.«

Auch im privaten Bereich macht Berthold T. sich zum stellvertretenden Streiter für Frauen.

»Ich fühle mich als Mann überhaupt nicht benachteiligt. Weil ich ein anderes Selbstbewusstsein zur Gleichberechtigung habe als vielleicht mancher andere Mann. Ich habe immer die Rolle der Frau als gleichberechtigt gesehen. Ob es jetzt meine Partnerin ist oder eine andere Frau. Viele meiner persönlichen Freundschaften sind kaputtgegangen, weil ich die Frauen meiner Freunde im Prinzip aufgeklärt habe, welche Rechte sie als Frau haben. Und wenn diese Frauen dann ihre Rechte wahrnahmen, sind die Ehen und die Freundschaften teilweise kaputtgegangen.«

Wahrscheinlich entspricht es ein Stück weit seinem Selbstverständnis, als selbst ernannter Retter aufzutreten – als könnten Frauen sich nicht selbst helfen. An einem Punkt aber handelt er so, wie es gängigen Vorstellungen von Männlichkeit ganz und gar nicht entspricht. Er sieht sich selbst als Opfer und möchte als solches anerkannt werden, insbesondere von Frauen. Doch seine Erfahrungen lehrten ihn, dass ihm diese Anerkennung nicht zuteil wird. Als Mann wird er den »Tätern« zugeordnet. Was er macht und was er will, ist dabei nachrangig. Deshalb muss Berthold T. wie viele andere Männer vor Gericht um sein Recht streiten.

»Ich habe unsere Frauenministerin auf einer Frauenmesse darauf angesprochen. Sie ist der Auffassung, dass Frauen weiterhin benachteiligt sind und wenn Männer die gleichen Rechte haben wollen, müssten sie die eben einklagen. Und jetzt bin ich dabei, eine Eingabe bei der Europäischen Kommission zu machen, Abteilung Gender Mainstreaming. Ich hatte mit einer Dame dort gesprochen, die fast ohnmächtig geworden ist, als sie von den Zuständen in Deutschland hörte. Und die Ansprüche, die ich stelle, wären durchaus rechtens. Denn nach dem Amsterdamer Vertrag und § 2 im Grundgesetz dürfte es solche Beeinträchtigungen berufsrückkehrender Familienmitglieder weder für einen Mann noch für Frauen geben.«

Im Fall von Berthold T. wird das schon genannte familienpolitische Paradoxon sichtbar, dass zwar mit Nachdruck gefordert wird, Männer mögen sich auf Kosten des Berufs mehr in der Familie engagieren, dass andererseits aber Versuchen in dieser Richtung eher mit Widerstand als mit Anerkennung begegnet wird.

So wie viele Männer sich in Umfragen dafür aussprechen, mehr in der Familie mitwirken zu wollen, aber im Alltag nur wenig Bereitschaft dazu zeigen, so fällt es vielen Frauen schwer, während sie vom Partner eigenständige Mitarbeit fordern, auf damit verbundene Gestaltungsspielräume zu verzichten. Beides drückt zwar den Wunsch nach Veränderung aus, aber gleichzeitig auch die Angst davor, und es zeigt sich oft, dass das Althergebrachte offenbar doch nicht nur Nachteile hat. So wird das Verhalten von Männern sowie von Frauen von ein und demselben Widerspruch beherrscht, der sich nur schwer und nur allmählich lösen wird. Es ist eine Illusion, auf schnelle Änderungen zu hoffen. Beziehungen zwischen Männern und Frauen lassen sich eben nur in langwierigen Prozessen gegen psychische und soziale Widerstände beeinflussen. Änderungen in den Rechtsverhältnissen kommt dabei noch die geringste Bedeutung zu. Sie haben allenfalls die Funktion, daran zu erinnern, was gesellschaftlich gewünscht und was gesetzlich verboten ist. Der kurzsichtige Glaube, mithilfe von Gesetzen ließen sich historisch gewachsene und in der Psyche tief verankerte Vorurteile zwischen den Geschlechtern ausräumen, manifestiert sich auch in der Gender-Mainstreaming-Politik. Berthold T. bezeugt mit seinen Erfahrungen diese Widersprüche.

Ein eigentümliches Dreiecksverhältnis – Jost D.

In einem langen Interview berichtet uns Jost D. von Ereignissen in seinem früheren Zuhause, die ihn tief verletzten und schließlich zu seiner Vertreibung aus der Familie führten. Er musste sich letztlich eingestehen, dass er weder als Mann noch als Vater einen Platz in der Familie gefunden hatte.

Jost D., ein 36-jähriger hoch spezialisierter Ingenieur, arbeitet an der Entwicklung von Yachten. Seine Trennung stürzte ihn in eine tiefe psychische Krise, die dazu führte, dass er seinen Beruf aufgeben musste. Heute ist er arbeitslos. Zum Zeitpunkt des Gesprächs lag die Trennung erst anderthalb Jahre zurück. Vier Jahre lang hatte er mit seiner Lebensgefährtin, Frau B., zusammengelebt. Diese brachte aus ihrer früheren Ehe drei Kinder mit in die Beziehung. Die Kinder sind zum Zeitpunkt des Interviews zwischen 8 und 15 Jahre alt. Die gemeinsame Tochter Anna ist 4 Jahre alt.

Nach einem Kampf um seine Beziehung zu Anna und den Kindern von Frau B., in dem es leidenschaftlich und erbarmungslos zugleich um die Regelung des Umgangs ging, hat er sich vor Gericht erstaunlicherweise eine »Fünfzig-fünzig-Umgangsregelung« erstritten. Diese Regelung sieht vor, dass Anna die Hälfte der Zeit bei ihrem Vater, die andere Hälfte bei der Mutter verbringt.

Bevor sich die noch zu beschreibenden Ereignisse zuspitzten, lebte Jost D. mit seiner Partnerin in einer Art moderner Patchwork-Familie. Seine drei Stiefkinder hatten zu ihrem leiblichen Vater keinen Kontakt, denn dieser blieb drei Jahre hindurch wie vom Erdboden verschluckt. Für Jost D. war es nicht einfach, zu seinen Stiefkindern ein klares Verhältnis zu entwickeln – keines, das ihnen den Vater ersetzen sollte, der war nur verschwunden, aber nicht tot, sondern eines, das zwar väterliche Züge trägt, ohne aber dessen Autorität beanspruchen zu wollen. Jost D. berichtet, wie er die Situation und seine Rolle als Stiefvater sah:

»Ich versuchte damals recht moderat mit der Situation umzugehen. Ich stelle keine Anforderungen an die Kinder. Es sind ihre Kinder, aber sie wohnen bei uns. Sie gehören dazu. Aber es sind ihre Kinder, auf die ich keinen Einfluss ausüben kann und auch nicht ausüben möchte. Dazu waren sie zu alt, um jetzt an ihren Kindern die Erziehung wie an meinem eigenen Kind weiterzuführen.«

Auf diese Weise meint Jost D. den Kindern Gutes zu tun und die Entstehung einer neuen Familie am sinnvollsten und ohne größere Reibereien zu fördern. Zudem spürt er, dass selbst bescheidene stiefväterliche Annäherungen von den Kindern nicht gewollt sind. Von der fühlbaren Zurückweisung gewarnt, unterlässt er wohlweislich, was andere Männer in dieser Situation meinen tun zu müssen: Er tritt nicht in Konkurrenz zum Vater der Kinder und verzichtet darauf, ihnen und seiner Partnerin zu demonstrieren, dass er viel besser ist als jener, der sich, geradezu zum Beweis seiner Unzuverlässigkeit, seit Jahren nicht mehr blicken lässt.

Diese gut gemeinte Zurückhaltung irritierte jedoch die Kinder und machte es ihnen nicht leicht herauszufinden, welche Beziehung sie zu Jost D. überhaupt haben können und welche er mit ihnen einzugehen wünschte. Seine Absichten mussten ihnen weitgehend unverständlich bleiben. Er bot den Kindern in seiner liberal gemeinten Unverbindlichkeit wenig, worüber sie sich auf ihn beziehen konnten. Doch davon scheint Jost D. selbst nicht viel bemerkt zu haben. So verwundert es nicht, dass sich auch über Jahre hinweg keine festen gegenseitigen Bindungen einstellen mochten. Wo andere Stiefväter vielleicht vorpreschen, um in der neuen Familie so etwas wie ein Gefühl der Gemeinsamkeit aufkommen zu lassen, da neigte Jost D. eher zum Gegenteil. Er ließ vieles offen, was seine Spuren oder seine Handschrift hätte tragen müssen.

So blieb seine Anwesenheit in der Familie einigermaßen verschwommen. Zumal sich Frau B. ihrerseits nicht festlegen wollte, welche Rolle ihr neuer Partner in ihrem Leben und ihrer Familie eigentlich spielen sollte. Gemeinsamkeit und Unverbindlichkeit standen so krass nebeneinander. Ein Zeichen dafür war wohl auch, dass sie beide an eine Heirat nicht dachten.

Liberal in ihrer Offenheit und dann wiederum beinahe hart an der Grenze zur Zurückweisung, wie die Beziehung zwischen ihm und den Kindern sich darstellte, verschärfte die Unentschiedenheit des Paares hinsichtlich in dieser Patchwork-Familie. Frau B. unternahm nichts, um Jost D. aktiv in die Welt ihrer Kinder einzuführen, was ihm erleichtert hätte, seine Beziehung zu ihnen selbstständig zu gestalten.

Der fremde neue Mann an der Seite der Mutter sollte von Anfang an darauf bauen können, dass seine Partnerin seine eigenen Wege zu den Kindern unterstützt. Die Kinder müssen den Wunsch ihrer Mutter bemerken, damit sie möglichst angstfrei in die neue Beziehung eintreten können. Frau B. hingegen schien das gar nicht zu wollen. So trugen beide wenig dazu bei, den Kindern den neuen Mann nicht als Vater, sondern als väterlichen Freund erlebbar zu machen. Was er von den Kindern und sie von ihm zu erwarten hatten, wurde wahrscheinlich stets über die Mutter geklärt; hielt sie sich zurück, so gingen die Kinder wie selbstverständlich davon aus, dass das, was sie vorhatten, die Zustimmung ihrer Mutter finden würde. Doch auch Frau B. ließ es, wie sich noch zeigen wird, gegenüber ihren Kindern an Entschlossenheit fehlen. Die Zeichen standen früher oder später auf Sturm.

Das ohnehin auf schwankendem Boden errichtete Familienleben wurde plötzlich in seinen Tiefen erschüttert, als nach drei Jahren unerwartet der leibliche Vater der Kinder wieder auf der Bildfläche erschien. Seinen Schilderungen zufolge empfand Jost D. das nicht so sehr als Bedrohung für sich selbst. Er fürchtete nicht, dass der Zurückgekehrte ihm möglicherweise die Lebenspartnerin streitig machen und sie sich diesem wieder zuwenden könnte. Die Gefahr sah er woanders – und mit gutem Grund. Es war der heimgekehrte Vater, der bei seinen Kindern fortgesetzte und unkontrollierbare Verwirrung hervorrief.

»Was war das Problem mit diesem aufgetauchten Exmann? Mich persönlich hat er nicht in Verwirrung gestürzt. Es waren die Kinder, die er mehr oder weniger irritierte. Das ist eine Problematik, die man durchaus lösen könnte, wenn man sich konstruktiv mit ihr auseinander setzt. Nur – es gab eine richtige Spaltung in der Familie. Die Kinder haben versucht, mich als den neuen Mann ihrer Mutter einfach nicht wahr-, geschweige denn ernst zu nehmen. Nachdem wir aber bis dahin drei Jahre harmonisch miteinander gelebt haben, wollten sie mich aus ihrem Leben abtrennen. Die Mutter hatte dazu keine klare Stellung bezogen. Sie hat nicht erkennen lassen, welche Position sie vertritt. Sie hat sozusagen mit mir die Partnerschaft weitergelebt, ihren Kindern gegenüber die alte Familienkonstellation nach der Trennung ihres ersten Mannes aber beibehalten. Das war das erste Ereignis, das schwere Folgen hatte, nachdem der Exmann auftauchte. Vorher war das nicht so gewesen. Vorher war es eine wirkliche Einheit. Plötzlich hat sie sich gefühlt, als würde sie zwischen zwei Fronten und zwei verschiedenen Interessen stehen. Und nach dieser Grenze hat sie dann ihr Leben geführt. Anstatt im Gespräch zu klären, wo da die Schwierigkeiten sind und wo wir das Gefüge wieder zusammenbringen können, hat sie allein versucht, sich nicht gegen ihre Kinder zu stellen. Was ich übrigens auch nie erwartet habe.«

Wie zu erwarten war, witterten die Kinder in diesem unklaren Zustand eine Chance, die alte Familie wieder auferstehen zu lassen. Und nichts ist begreiflicher als ihre Freude, den Vater wiederzusehen, auch wenn er sie drei Jahre gänzlich im Stich gelassen hat. Das ist dann fürs Erste vergessen, wenn auch nicht verziehen. Erfahrungsgemäß haben Kinder Geschiedener den Wunsch, die Eltern wieder zusammenzuführen und die alte Familie wieder zu vereinen. Dieser Wunsch besteht noch viele Jahre nach der Scheidung, ja selbst wenn die Eltern neue Ehen eingegangen sind. Hinter der Zähigkeit dieses Wunsches verbergen sich der Zorn und die Verletzungen, die ihnen mit der Scheidung zugefügt wurden.

Mit dem unerwarteten Auftauchen des leiblichen Vaters sieht sich Jost D. genötigt, seine bisherige Zurückhaltung aufzugeben. Er musste, auch wenn es ihm schwer fiel, sein Selbstverständnis als Vater, Stiefvater und Liebespartner für sich selbst klären und der Familie gegenüber vertreten. Das ist schon unter weniger konfliktreichen Bedingungen ungemein schwer. Selbstbilder lassen sich nun mal nicht wie Aktenordner aus dem Schrank holen und einfach neu beschriften. Jost D. wurde es zusätzlich erschwert, weil er bei seiner Partnerin keine Unterstützung fand. Letztlich sollte er an dieser Herausforderung scheitern.

So unbestimmt er als Stiefvater in Erscheinung getreten war, so nachdrücklich beanspruchte der leibliche Vater seinen früheren Platz in der Familie. Erleichtert wurde ihm dies durch das Verhalten seiner Exfrau, die durch ihre Untätigkeit und die demonstrative Distanz zu ihrem Lebenspartner sowohl die kindlichen Wiedervereinigungswünsche beflügelte als auch dem Exmann den Eindruck vermittelte, er sei willkommen und bewege sich auf altvertrautem Terrain.

Offensichtlich kam es über diese seltsame Situation zwischen Frau B. und ihrem Exmann zu keinem klärenden Gespräch. Sie ließ ihn uneingeschränkt gewähren. Der weitere Umgang zwischen Vater und Kindern wurde ganz von den spontanen Einfällen ihres Exmannes bestimmt, der die Initiative übernommen hatte.

»Eine Regelung über den Umgang gab es wirklich nicht. Er hat sich seine Rechte selbst gemacht und ebenso genommen. Wie er das gerade für richtig hielt. Die Kinder hatten damit keine Probleme. Die Mutter wollte keine Schwierigkeiten. Sie stand und steht heute noch mehr unter dem Einfluss der Kinder als früher. Die haben schon fast mehr Einfluss auf die Mutter als die Mutter auf die Kinder. Das hat der Vater irgendwie erkannt und ausgenutzt. Ich schildere das natürlich nur aus meiner Sichtweise und so, wie ich es versuche zu verstehen. Denn es gab ja keine wirklichen Gespräche darüber, in denen man das hätte analysieren können. In einem familienpsychologischen Gutachten, das jetzt im Rahmen unserer Trennung erstellt wurde, da wurde das ziemlich gut beschrieben.«

Zwischenzeitlich scheinen der leibliche Vater und seine Kinder ihre eigenen Regeln für ihr Zusammensein aufgestellt oder einfach die alten Regeln wieder ausgegraben zu haben. Jost D. selbst und seine Partnerin standen den neuen Verhältnissen im eigenen Haus recht hilflos gegenüber, aber jeder auf seine Art, keineswegs in gemeinsamer Haltung. Unbeantwortet bleibt die Frage, weshalb die Mutter dem Treiben ihres Exmannes keinen Einhalt gebot. Sie lieferte die Kinder, die sich einerseits freuten, den Vater wiederzuhaben, doch andererseits chaotischen Verhältnissen aus.

Möglicherweise wünschte Frau B. aus Schuldgefühlen heraus, sie könnte wieder gutmachen, was sie ihren Kindern durch die Scheidung zugemutet hat. Deshalb gönnte sie ihnen den Vater, als er endlich wieder auftauchte. Vielleicht hoffte sie auch, dass es sich bloß um eine Episode handle, der alsbald wieder der Alltag folgen würde. Dennoch bedeutet ihr eigentümliches Gewährenlassen des Exmanns eine massive Illoyalität dem neuen Partner gegenüber. Das steht nicht im Widerspruch zu ihrer inneren Zerrissenheit und dem Wunsch, den Kindern etwas Gutes zu tun. Es ist vielmehr der Preis dafür. Es hat den Anschein, als sei das alte Familienszenario der Familie B. wieder auferstanden, was den Platz von Jost. D. in der Familie infrage stellte. Zweifellos empfanden die Kinder das als heimlichen, aber höchst wirkungsvollen

Verrat an Mutters jetzigem Lebenspartner. Daraus zogen sie, wie wir noch sehen werden, intuitiv ihre recht grausamen kindlichen Schlüsse. Ein von Jost D. und Frau B. allein mit der Tochter Anna unternommener Italienurlaub sollte zwischen dem Paar wieder Vertrauen und Nähe entstehen lassen. Der Urlaub soll schön gewesen sein. Bei ihrer Heimkehr wurde aber deutlich, dass sich die Situation in der Zwischenzeit zugespitzt hatte.

»Das war der Punkt, wo bei mir Vertrauen und Geduld wirklich zerbrochen sind. Als wir im Sommer mit meiner Tochter gemeinsam im Urlaub waren, da sollten die Kinder zum Vater nach Kiel fahren. Für die Zeit, in der wir in Urlaub waren. Wir sind mit einem Wohnmobil nach Italien gefahren. Als wir zurückkamen, stellte sich jedoch heraus, dass ihr Exmann seinen Urlaub die ganze Zeit in unserem Haus mit den Kindern verbracht hatte. Mir verschlug das den Atem. Das ist zwar sehr bequem, die Kinder haben alles, was sie brauchen. War diese ganze Angelegenheit an sich schon schlimm genug, so kommt noch etwas hinzu: Ich hätte nie etwas davon erfahren, wenn der Vater der Kinder bereits weg gewesen wäre. Das war er aber nicht. Damit hätte ich zur Not noch leben können. Er hat aber zusätzlich darauf bestanden [...], eine Woche länger zu bleiben. Während wir wieder zu Hause waren, lebte er also noch eine Woche mit uns. Die Mutter war damit auch nicht einverstanden. Aber schrecklicherweise war sie nicht in der Lage, das klipp und klar zu sagen. Etwa in dem Sinne: ›So geht's nicht, du dringst hier in eine Familie ein. Wenn du dein Recht auf deine Kinder wahrnehmen willst, dann bitte nicht in unserem Haus.‹ Das hat sie aber nicht gesagt, weil sie sich nicht gegen die Kinder stellen wollte. Für die war das sogar selbstverständlich. ›Das ist unser Vater, warum soll der nicht hier wohnen!‹ Eine ganz diffuse und verfahrene Situation.«

Wie gegen eine Art feindlicher Besatzungsmacht muss sich Jost D. des Eindringlings erwehren. Er sieht sich mit der schwer erträglichen Situation konfrontiert, dass der einstige Ehemann seiner Partnerin »Sitz und Herrschaft« in seinem Leben übernommen hat. Die Kinder führen gemeinsam mit ihrem Vater den Aufstand offen fort und wagen geradezu einen Machtkampf. Ohne Erbarmen rächt sich jetzt, dass Jost D. all die Jahre über auf klare Verhältnisse verzichtet hatte. Solange es niemand anderen gab, der Ansprüche auf die Rolle des Familienvaters erhob, konnte er sich von ihr zurückziehen, ohne Gefahr zu laufen, dass ein anderer sie besetzt. Wahrscheinlich hatte niemand damit gerechnet, dass der leibliche Vater so selbstsicher wieder Ansprüche auf seine Kinder und deren Lebenswelt erheben würde. Die Kinder schienen ihrer

Mutter und deren Lebenspartner mitteilen zu wollen: »Seht ihr, jetzt ist einer da, der will unser Vater sein, und da ihr diesen Platz immer freigelassen habt, könnt ihr euch nun nicht dagegen wehren, wenn unser richtiger Vater ihn einnimmt.«

Während Jost D. schließlich in einer für ihn ungewöhnlich entschlossenen Art noch versucht, die notwendigen Grenzen wiederherzustellen, verweigert Frau B. ihm dabei die Gefolgschaft. Sie stellt ihn vor allen anderen in der Familie bloß:

»Sie hatte sich nicht so einfach getraut, ihrem Mann zu sagen, dass das so nicht geht. Also machte ich das. Dann habe ich ihm gesagt, er möchte doch bitte zusehen, dass er vielleicht bei der Großmutter, seiner Mutter, die in der Nähe wohnt, Unterkunft findet. Dann können die Kinder ihn besuchen oder er kann gerne zu ihnen kommen, wenn sie noch Urlaub haben und das möchten. Nur geht es nicht, dass er im Haus weiterhin bleibt. Seine Antwort: ›Ich habe doch ein Recht darauf, meine Kinder zu besuchen.‹ Ich sag: ›Natürlich, aber irgendwie scheinst du hier etwas ein bisschen zu vermischen.‹ Dann hat er sich darauf berufen, er wäre Gast seiner Exfrau. Ich sag: ›Nee, nee, mit der habe ich gesprochen. Die möchte das ebenso wenig.‹ ›Ja, dann rede ich noch mal mit ihr.‹ Ich sagte: ›Da gibt es nichts zu reden – da brauchen wir nicht drüber zu reden.‹ Ich weiß gar nicht, ob ich ihm noch eine Frist gesetzt habe. Ich habe mich jedenfalls eine halbe Stunde in mein Arbeitszimmer zurückgezogen. Und nachdem ich mit ihm gesprochen habe, haben es sich alle gemütlich gemacht. Ich habe dann versucht, ihn mit der Polizei aus dem Haus zu bitten. Leider ist dann in dieser Situation, als die Polizei im Hause war, die Mutter der Kinder nicht in der Lage gewesen zu sagen: ›Ja, ich sehe das genauso!‹ Sie ist mir sogar noch in den Rücken gefallen. ›Nein, er kann bleiben!‹ Ich stand da bloßgestellt. Wie sollte ich mich jetzt verhalten? Rein rechtlich – bisschen indifferent die Situation. Und überhaupt – die Polizisten konnten nichts machen. Das verstehe ich auch. Die haben schon gesagt, dass sie mich verstehen können. Aber sie wüssten jetzt nicht, wie sie sich verhalten sollten.«

Während es sich der leibliche Vater mit den Kindern und seiner Exfrau »gemütlich« machte, räumte Jost D. sang- und klanglos das Feld und übernachtete in seinem Büro. Das Prekäre dieser Situation war nicht allein, dass er das Haus verließ und somit buchstäblich das Schlachtfeld räumte, sondern dass das Paar nicht zu einer gemeinsamen Haltung fand. Jost D. sucht nach einer Antwort, warum seine Partnerin ihn dermaßen im Stich ließ.

»Ich glaube nicht, dass es zwischen meiner Lebenspartnerin und ihrem Exmann noch eine emotionale Beziehung gab: Nein! Nicht emotional, aber doch so ein gewisses Abhängigkeitsverhältnis, Hörigkeit ist schon übertrieben, aber – das Bett ist ebenso schon wieder nicht das richtige Wort. Das Bett klingt positiv. Obwohl sie wirklich getrennt waren und von der Beziehungsebene nichts vorhanden war, hat er trotzdem mittels der Kinder einen so großen Einfluss, den ich auf sie niemals gehabt hatte. Damals war sie das, die sich getrennt hat.«

In diesem Chaos witterten die Kinder die Chance, ihre Interessen durchzusetzen. Es gab niemanden mehr, der ihnen Grenzen setzte. Wen nimmt es Wunder, dass sie damit begannen, Jost D. aus dem Haus zu treiben, indem sie ihm mit täglichen Gemeinheiten zusetzten?

»Es war an einem Sonntag. Wir waren noch zusammen. Die Kinder spielten wieder eine ziemlich große Rolle. Ich versuche mich zu erinnern, ich habe das Erlebnis beinahe erfolgreich verdrängt. Es ging auf jeden Fall darum, dass wieder mal etwas verschwunden war. Und zwar ein ganzer Aktenkoffer mit meinen sämtlichen Papieren, die ich eh inzwischen schon lieber am Leib getragen oder mit ins Büro genommen habe als sie im Haus zu lassen. Denn inzwischen hat sie schon mit ihrer damaligen Anwältin Kontakt aufgenommen. Sie hatte wahrscheinlich irgendwelche Konsequenzen erahnt und schon vorab geregelt. – Und es gab da keinen Streit. Es war ein prächtiges Zirkusspiel. Ja, was war passiert? Ich kann es fast gar nicht mehr sagen. Es war situationsbedingt, dass sich da was hochgeschaukelt hat. Ich kam nach Hause und es waren wieder Sachen verschwunden. Ich hatte keine Lust mehr zu diskutieren und zu betteln und zu sagen: ›Sag deinen Kindern mal, sie sollen das wieder rausrücken.‹ Sie sagte dann: ›Ich weiß gar nicht. Wenn du deine Sachen versteckt hast oder verlegt hast, da können wir doch nichts für.‹ Das war dann ganz und gar nicht mehr witzig, da habe ich die Waschmaschine auf 100 Grad gedreht, obwohl da Buntwäsche drin ist. Ich habe die Waschküchentür abgeschlossen und gesagt: ›Geh mal gucken nach der Waschmaschine. Das ist doch nicht richtig, dass die auf 100 Grad oder so steht? Guck bei der Gelegenheit mal, wo meine Sachen im Bad sind.‹ Dann hat sie geguckt und die Tür war abgeschlossen. Und da hat sie wohl geahnt, was ich für einen Schabernack getrieben habe. Meine Tasche war dann aber ruck, zuck wieder da. Das hat funktioniert. Nur, für sie war das so, als hätte ich sie jetzt ausgetrickst. So gab ein Wort das andere. Später habe ich dann gemerkt, dass ein leerer Aschenbecher von mir in der Aktentasche war. […] Ich hatte mich eigentlich an dem Abend schon hinlegen wollen. Anna, meine Tochter, hat schon geschlafen. Und das Kinderzimmer grenzt direkt ans Schlafzimmer. Meine Lebensgefährtin war im Obergeschoss. Als ich noch einmal rauf wollte, merkte ich, dass die Tür nach oben versperrt war. Eigentlich ließ sie sich gar nicht verschließen, sie war offenbar verkeilt. Da habe ich dann meine Siebensachen gepackt, und eine von den Siebensachen war mein Kind. Und ich sagte dann: ›Ich gehe jetzt erst einmal zu den Großeltern und gebe das eben bekannt, damit wir nicht gesucht werden …‹«

Jost D. schildert den zermürbenden Kleinkrieg, der in seinem Zuhause ausgebrochen war, auch als »Psychoterror« oder »typischen Fall von Mobbing«. Er fühlte sich aus der Familie ausgeschlossen. Das *Wir* bezog ihn nicht mehr ein. Er fühlte sich fremd und war wohl auch ein Fremder. Die Spaltung der Familie lief unerbittlich ihrem Höhepunkt entgegen.

Der gemeinsame Urlaub mit Partnerin und Tochter, zum Zweck der Wiederannäherung unternommen, hatte den Graben zwischen den Stiefkindern und Jost D. wahrscheinlich noch vertieft. Vielleicht hatten sie sich ausgeschlossen gefühlt. Für die Kinder muss zudem unklar gewesen sein, wie der Stiefvater und die Mutter aus dem Urlaub zurückkehren würden. Würde sich Frau B. nun an seine Seite stellen und gegen die Kinder und ihren Vater Position beziehen? Diese Situation ließ die Kinder möglicherweise noch näher an den Vater heranrücken, so nahe, dass sie ihn ins Haus holen wollten.

Nach der Episode der versteckten Aktentasche hielt Jost D. die Demütigungen nicht mehr aus. Es ist keine pathetische Übertreibung, seinen Zustand als eine Art Heimatlosigkeit zu beschreiben. Er ging und nahm sein Tochter mit. Da er befürchtete, dass Frau B. ihn und die Tochter suchen lassen würde, meldete er bei der Polizei seinen Auszug und erklärte, dass es keinen Grund zur Sorge gebe. Die Polizei kontaktierte umgehend die Mutter, die das Kind abholte. Frau B.s Aktion fiel gänzlich undramatisch aus. Dass mit dem Auszug von Jost D. die Beziehung beendet sein könnte, daran wollte sie offenbar gar nicht denken.

»Was heißt, sie hat den Versuch gemacht, mich vom Weggehen abzuhalten! Sie hat Bemühungen erst unternommen, als ich dann von einem Tag auf den anderen ausgezogen bin. Das war meine Art, mit der kochenden Wut umzugehen. Aber da hat sie es sich wohl etwas zu einfach gemacht. Sie sagte: ›Ja, ich kann verstehen, dass du dich hier nicht mehr wohl fühlst. Deswegen hast du dich jetzt räumlich woanders niedergelassen. Aber die Beziehung läuft eigentlich genau so weiter wie bisher!‹ Sie kam oft zu mir ins Büro und tat so, als wäre überhaupt nichts passiert.«

Jost D. war zunächst nicht bereit, die Beziehung bei gleichzeitiger räumlicher Trennung weiterzuführen. Für Frau B. war die Vorstellung, dass er die Beziehung abbrechen könnte, äußerst beängstigend. Über die Tochter versuchte sie, ihn wieder zurückzugewinnen. Der kleinen Anna fiel somit die Rolle zu, die beiden Erwachsenen zusammenzuführen.

»Wie gesagt, meine Partnerin war mit der Trennung gar nicht einverstanden. Ich habe jeden Kontakt zu ihr absolut blockiert. Woraufhin sie mir den Umgang mit meiner Tochter absolut blockierte. So jagte ein Eilantrag auf Umgang den anderen. Das hat die Situation sehr, sehr stark verschärft. Und im Sommer habe ich diesen Irrsinn endlich versucht zu begreifen. Was heißt das eigentlich alles und wie soll es weitergehen? Ich habe den schweren Schritt unternommen und bin auf meine Partnerin wieder zugegangen. Wohl wissend, dass daraus sich wesentlich mehr ergeben wird als nur ein freundschaftliches Wort. Und seitdem pflegen wir wieder eine Quasi-Beziehung.«

Auf die Nachfrage der Interviewerin, was das bedeute, ergänzte er:

»Einfach nur versuchen sich auszusprechen und sagen: ›Wir wollen den Streit vergessen. Wir wollen jetzt eine Basis finden, wie wir getrennt, aber zusammen für unser Kind weiterleben.‹ Aber mir war klar, dass das so nicht möglich ist, da ich immer noch von den Vorfällen gekränkt war und das als eine Infragestellung der Familie erlebt habe. Ich versuche, eine wirkliche Beziehung dadurch aufleben zu lassen, aber es ist eine Quasi-Beziehung, die sie jetzt sehr bequem mit zwei getrennten Haushalten führen kann.«

Wir wollten von Jost D. wissen, ob er auch die sexuelle Beziehung wieder aufgenommen habe:

»Ja, genau das meine ich damit. Die ist zwar sehr, sehr unregelmäßig. Ich denke mal, es sind so fünf Wochenenden gewesen, dass sie über Nacht geblieben ist. Das geht so: Es klingelt an der Tür und sie steht mit Tüten da und sagt: ›Ich habe eingekauft, wollen wir heute Abend schön kochen?‹ Dann ist sie da. Irgendwann geht sie wieder. Wie das weitergeht, kann ich nicht sagen, das weiß ich nicht.«

Er macht ein Zugeständnis, das von ihm mit sehr widersprüchlichen Gefühlen erlebt wird. Aber es führt dazu, dass er seine Tochter regelmäßig sehen kann. Was mit Rechtsmitteln nicht möglich war, wurde durch die Wiederaufnahme der sexuellen Beziehung möglich. Die Belohnung fiel fürstlich aus.

»Seitdem habe ich die etwa Fünfzig-fünfzig-Regelung. Von einem Tag auf den anderen. Das Gericht oder Jugendamt kam begreiflicherweise damit überhaupt nicht mehr klar. Die haben das weder geglaubt noch für möglich gehalten. Na gut, kein Gericht kann einem den Umgang ganz verbieten. Es gab eine Regelung, die eigentlich alle vierzehn Tage einen Sonntagnachmittag und später vielleicht mal mehr vorsah. Das stand im Raum. Dann wurde das Gutachten erstellt. Zum Ende des Hauptsacheverfahrens sollte eigentlich entschieden werden, wie es weitergeht. Dadurch, dass ich diesen Schritt gemacht habe und ich mit meiner Frau wieder verkehre, hatte ich plötzlich meine Tochter fünfzig-fünfzig. Das läuft bis heute so! Das Sorgerechtsverfahren ist vor drei Wochen ergebnislos beendet worden. Es bleibt beim gemeinsamen Sorgerecht. Strittig ist noch das Aufenthaltsbestimmungsrecht. Sie möchte das nach wie vor alleine haben. Und ich sage: ›Nein, dann brauchen wir auch keine Regelung.‹ Und da wir uns in diesem Punkt nicht einig werden konnten, wird demnächst strittig entschieden. Heute Morgen wird das Urteil bekannt gegeben. Das werde ich dieser Tage in der Post haben. Ich habe mich nämlich darauf berufen, dass wir mindestens ein halbes Jahr dieses Wechselmodell praktizieren. Wir leben das, und wozu brauchen wir dann eine einseitige Lösung für das Aufenthaltsbestimmungsrecht? Das Argument der Verfahrenspflegerin, dass das Kind ein eindeutiges Zuhause braucht, ist mir irgendwie ein bisschen zu pauschal. Ich denke mal, dass ich mit meinem Antrag, den von Frau B. zurückzuweisen, durchkomme. Falls ich doch keinen Erfolg habe, obwohl ich gute Argumente habe, dann werde ich damit weiter vor die nächste Instanz, das Oberlandesgericht, ziehen.«

Der juristische Kampf um die Tochter bestimmt mittlerweile das Leben von Jost D. Er führt aus taktischen Gründen eine sexuelle Beziehung, die ihm nicht viel zu bedeuten scheint, um seine Tochter regelmäßig zu sehen und um eine gleichberechtigte Umgangsregelung durchzusetzen. Damit wird er selbst zum Teil eines Arrangements, der akzeptiert, dass die Tochter von der Mutter für Sexualität gehandelt wird. »Im Februar letzten Jahres war ich 34 Jahre alt und bis dahin war ich niemals vor Gericht gewesen. Seit diesem Jahr bestimmt schon dreißigmal. Ich habe inzwischen richtig Lust dazu.« Fast täglich empfängt er »förmliche Zustellungen mit irgendwelchen Androhungen von Gerichten und Rechtsanwälten«.

Das Scheitern in der Familie hat ihm in der Zwischenzeit so viel Kraft geraubt, dass er sich nicht mehr auf seine Arbeit konzentrieren konnte. Ihm wurde gekündigt. Auch seine Gesundheit ist seither in schlechtem Zustand. Eine Erfahrung, die er mit 60 Prozent aller von uns interviewten Scheidungsvätern teilt. Obendrein haben die vielen Verfahren ihn finanziell so sehr belastet, dass ihm nun die Insolvenz droht. Ein Auto hat er inzwischen nicht mehr. Auf den Kampf um seine Tochter richtet er aber alle Kräfte, über die er noch verfügt. Doch wenn er alles zugunsten dieses Kampfes aufgibt, welche Bedeutung wird er in Annas Leben zukünftig spielen? Ein Vater, der sich opfert, ist für Kinder letztlich alles andere als ein Vergnügen. Sie fühlen sich ihm lebenslang verpflichtet. Je stärker das Gefühl der Dankesschuld ausgeprägt ist, umso mehr wird es die Freiheit der Kinder als Erwachsene einschnüren. Sollte das Opfer, das er bringt, so groß sein, dass er selbst daran zerbricht, so wird die Tochter damit schwer belastet. Seine Selbstopferung wird ihre Hypothek sein. Weil er bereits so viel für sie erbracht hat und so verletzlich wirkt, wird Anna Jost D. nicht mit dem gleichen kindlichen Eifer herausfordern können, wie andere Kinder dies mit ihren Vätern so gerne tun. Gegen einen Vater, dem man sich stets zu tiefstem Dank verpflichtet fühlt und für den das Kind das einzig Sinnvolle und Schöne im Leben ist, wird die Tochter es schwer haben aufzubegehren. Vermutlich wird sie eher bemüht sein, die Beziehung zu ihrem Vater so wenig wie möglich zu belasten, da sie allein die Quelle seines Glücks ist, die sie ihm nicht nehmen möchte.

Vor diesem Hintergrund ist zu hoffen, dass für Jost D. nach Überwindung der Trennungskrise wieder andere Inhalte eine erfüllende Rolle in seinem Leben einnehmen werden. Offen bleibt allerdings die Frage, wie es sich auf Anna in der Adoleszenz und im Erwachsenenalter auswirken wird, dass die Mutter sie gegen die eigenen Freuden der Sexualität mit dem Vater eintauschte – und dass ihr Vater dieses Angebot nicht zurückwies.

Scheidung macht krank – Günther H.

Scheidungen sind mehr als ein Rechtsakt. Sie sind ein komplizierter Vorgang, an dem neben den direkt Betroffenen Freunde, Verwandtschaft, Vorgesetzte und Arbeitskollegen mal in erfreulicher, mal in enttäuschender Weise beteiligt sind. Nicht nur Richter und Anwälte treten auf, auch Psychotherapeuten, gar nicht selten Sozialarbeiterinnen. Sie werden von vielen Männern abgelehnt, weil sie fürchten, nicht verstanden und in ihrer Individualität nicht anerkannt zu werden. Männer spüren, wenn ihnen mit Klischees begegnet wird. So finden unzählige Scheidungsväter auf Jugend- und Sozialämtern schon deshalb keine Hilfe, weil häufig kein professionelles Verständnis für Krisenerlebnisse von Männern vorhanden ist. Auch Ärzten mangelt es zumeist an Wahrnehmungsschärfe für die Probleme der Männer. Sie behandeln und helfen, aber sie tun es oft mit Blindheit für die emotionalen Hintergründe so mancher Krankheit und manchen vermeintlich unerklärbaren Leidenszustandes. Arbeitslosigkeit als Krankheitsauslöser wird eher wahrgenommen, Scheidung hingegen kaum. Das klassische Erwartungsprofil, das Männer selbst in vielen Fällen teilen, sieht vor, dass der Mann auch in schwierigen Situationen »funktioniert« und dass er sich von emotionalen Belastungen abzuschirmen vermag. Umso überraschender war für uns, dass eine große Zahl von Männern berufliche und gesundheitliche Probleme in einen unmittelbaren Zusammenhang mit ihrer Trennung oder Scheidung rückte.

Aufgrund der steigenden Scheidungsziffern wird das Problem der scheidungsbedingten Leistungseinbuße am Arbeitsplatz zunehmen. Ob der Zusammenhang von Scheidung beziehungsweise Trennung und beeinträchtigter Leistung entsprechend wahrgenommen und angemessen berücksichtigt wird, ist jedoch äußerst zweifelhaft. Es wird über dieses Phänomen, so vermuteten wir, nur wenig gesprochen, und die betroffenen Männer haben wenig Verständnis zu erwarten. Eine Vermutung, die sich gerade in unserem eigenen Forschungsprozess auf ungeahnte Weise bestätigen sollte.

Eine erfahrene Forscherin unseres Projekts, die zahlreiche Interviews mit Trennungsvätern geführt hatte, machte die Entdeckung, dass ihr der Bereich von Beruf und Gesundheit während der Interviews regelmäßig entglitt, ohne dass sie es merkte. Sie vergaß ausgerechnet das, was sie sich zuvor als wichtigen Gesprächspunkt vorgemerkt hatte. Die Schilderungen der Beziehung zu Exfrau und Kind erlebte sie als so spannend und mitreißend, dass sie regelmäßig »versäumte«, gezielt nach den nicht minder relevanten Facetten von Beruf und Gesundheit zu fragen. Fassten Männer im Lauf des Interviews Mut und brachten das heikle Thema selbst zur Sprache, bestätigten die Mitarbeiterin und ihr Kollege zwar, dass dies ein wichtiger Punkt sei und viele Befragte uns über ihre beruflichen und gesundheitlichen Probleme im Fragebogen bereits berichtet haben, dass aber – leider – die für das Interview vorgesehene Zeit bereits verstrichen sei. Schließlich stellte die Interviewerin sich selbst die Frage, warum genau für diese beiden Themen die Zeit nicht reichte.

Bei unserer Mitarbeiterin handelt es sich um eine autonome berufstätige Frau, die nicht auf finanzielle Unterstützung durch den Partner angewiesen ist. Und dennoch machte sie die Entdeckung, dass auch sie es trotz ihrer Selbstständigkeit offenbar nur schwer erträgt, wenn erfolgreiche Männer durch die Scheidung in eine Krise geraten. Dahinter steht das Bild des zuverlässigen Brotverdieners, wie es in der Gesellschaft vorherrscht: als weibliche Erwartungshaltung und als sinnstiftendes Lebensziel für Männer.

Wir vereinbarten, dass zukünftig die Interviews zielstrebiger zu dieser Frage hin geführt werden sollten. Zu einem der anschließenden Interviews war Günther H. eingeladen. Günther H. wies bereits im Vorfeld des Interviews darauf hin, dass seine Trennung sowohl seine Gesundheit als auch seine berufliche Karriere ruiniert habe. Deutlicher konnte eine Ankündigung eigentlich nicht ausfallen. Das Gespräch mit ihm wurde von der bereits erwähnten Mitarbeiterin und ihrem weniger erfahrenen Kollegen geführt. Der Interviewleitfaden lag während des Gesprächs vor. Zwei Stunden lang wurde ausführlich über den Verlauf der Trennung und die Väterlichkeit von Günther H. gesprochen. Nachdem das Aufnahmegerät ausgeschaltet war, stellte er irritiert fest, dass seine schwere Depression, an der er im Anschluss an die Trennung und die Kündigung erkrankt war, gar nicht zur Sprache gekommen war. So wurde ein zweiter Gesprächstermin vereinbart, allerdings über Telefon. Während des ersten Interviews hatte Günther H. selbst alles vermieden, was die Interviewer hätte veranlassen können, nach beruflichen oder gesundheitlichen Problemen zu fragen. Und obgleich die Mitarbeiter von den leidvollen Erfahrungen wussten, vermieden auch sie es, das Gespräch darauf zu bringen. Offensichtlich hatte der lange Vorlauf seinen besonderen Sinn. Er gab Günther H. die Gewissheit, dass seine Schamgrenzen nicht verletzt würden. Zugleich konnten sich die Interviewer in vorsichtigen Schritten jenem Schicksal nähern, vor dem sich die meisten fürchten: Männer, die versagen und für Frauen damit bedrohlich werden. Anschließend war es möglich, ein sehr berührendes und tief gehendes Gespräch über die Erfahrungen von Günther H. zu führen.

Wir haben diesen vermeintlichen Fehler in der Interviewführung deshalb so detailliert dargestellt, weil es sich eben nicht um einen Fehler handelt, sondern um eine Abneigung, schwache Männer zu akzeptieren. Im Forscherteam lösten wir das Problem, indem wir herausfanden, dass die Angst vor dem schwachen Mann uns daran hindert, seine Probleme wahrzunehmen. Gesellschaftlich ist das Problem hingegen nicht gelöst.

Günther H., 45 Jahre alt, ist in der Versicherungsbranche tätig. Die Beziehung zu seiner Lebensgefährtin, die er als seine große Liebe bezeichnet, bestand sieben Jahre. Gerade weil das Paar nicht verheiratet war, hatte sich Günther H. bereits um das gemeinsame Sorgerecht gekümmert, bevor der Sohn Tobias geboren wurde. Damit wollte er verhindern, dass er als lediger Vater im Trennungsfall ohne gesicherte Umgangsrechte dastehen könnte.

Zum Zeitpunkt des Interviews lag die Trennung ein Jahr zurück. Tobias ist heute 6 Jahre alt. Obwohl Günther H. sich nach wie vor zu seiner ehemaligen Partnerin sehr hingezogen fühlt, trennte er sich von ihr, nachdem sie ihn wiederholt mit Liebschaften gekränkt hatte. Eine zweimonatige Trennungsphase verbrachte das Paar gemeinsam im Haus, das Günther H. gehörte. In dieser Zeit suchten beide professionelle Hilfe. Seine Lebensgefährtin veranlasste eine Paartherapie, weil sie hoffte, dass die Beziehung noch zu retten sei. Günther H. hingegen sorgte für Mediationstermine, um die Umgangsregelung für Tobias einvernehmlich zu klären. So waren die Wünsche und Hoffnungen, mit denen er und seine Partnerin in die Beratungen gingen, denkbar gegensätzlich. Während die Partnerin die Beziehung retten wollte, wünschte er sich eine humane Trennung und eine befriedigende Umgangsregelung. Sowohl die Mediation als auch die Paarberatung wurden nach wenigen Sitzungen von beiden abgebrochen. Seit dem Auszug seiner Partnerin sieht Günther H. Tobias nach dem so genannten Berliner Modell jedes zweite Wochenende.

Obwohl Günther H. es war, der die Trennung für unumgänglich hielt und sich dadurch von Demütigungen und Kränkungen befreien wollte, stürzte ihn die Auflösung der Familie in eine tiefe Depression. Zunächst arbeitete er noch mehr, als er es ohnehin gewohnt war. Doch nach etwa zwei Monaten begann er an seinem Tun zu zweifeln. Das Gefühl der Sinnlosigkeit lähmte ihn und nahm ihm nach einiger Zeit jegliche Kraft und jeglichen Antrieb. Vor seiner Lebenskrise hatte Günther H. oft mehr als 60 Stunden in der Woche gearbeitet. Er war das gewohnt, schon nach der Beendigung seiner Lehre hatte er damit begonnen, hart zu arbeiten. In seinem Beruf engagierte er sich so, dass die Grenze zum Privatleben verschwand. Viele seiner Aufgaben als Versicherungsmakler konnte er von zu Hause aus erledigen. Seine organisatorische Flexibilität versetzte ihn in die Lage, sich trotz hoher Arbeitsbelastung fast ständig um seinen Sohn kümmern zu können. Wenn er arbeitete, krabbelte Tobias gewissermaßen zwischen seinen Füßen umher. Seine Art, dem Beruf nachzugehen, ähnelte beinahe der von Handwerkern in vergangenen Zeiten. Auch hier waren Familien- und Arbeitsleben an ein und demselben Ort anzutreffen. Sie flossen gewissermaßen zu einem einheitlichen Lebensraum zusammen. Günther H. lebte, um zu arbeiten, und er arbeitete, um zu leben. Beides war eins. Mit der Trennung von seiner Partnerin fand das ein jähes Ende. Als sie aus der Wohnung auszog und den Sohn mitnahm, zog die Trennung von Beruf und privater Sphäre in seinem Leben ein, die er bisher zu vermeiden gewusst hatte.

Als leitender Angestellter hatte Günther H. bereits bei anderen Mitarbeitern erlebt, wie deren Scheidung sich auf ihre Leistungsfähigkeit ausgewirkt hatte. Darum unterrichtete er gleich nach der Trennung seinen Arbeitgeber vorsorglich über die neu eingetretene Situation.

»Ich habe sofort, als meine Lebensgefährtin ausgezogen ist, das meinem Arbeitgeber mitgeteilt. Weil ich das früher schon als leitender Angestellter bei meinen Mitarbeiterinnen und Mitarbeitern erlebt habe. Es wirkt sich häufig so aus, dass sie ziemlich abrutschen. Deshalb wollte ich nicht, dass die irgendwann auf mich zukommen und sagen: ›Günther H., irgendetwas stimmt doch nicht bei Ihnen. Was ist los, man hört gar nichts mehr von Ihnen!‹ Da habe ich von selber diesen Schritt unternommen und habe mit dem Arbeitgeber beziehungsweise mit meinem damaligen Chef gesprochen und gesagt, so und so sieht es aus. ›Ich habe in meinem privaten Umfeld eine schwierige Veränderung durchzustehen. Und es kann durchaus sein, dass sich das auf mein Arbeitsverhalten auswirkt. Wenn Ihnen da irgendetwas auffällt, dann sollten Sie mir das schon sagen.‹ Mein Chef hat eigentlich recht positiv drauf reagiert. Er sagte: ›Ja, wenn da irgendetwas sein sollte, dann werden wir uns entsprechend drum kümmern.‹ Ich bin eigentlich davon ausgegangen, dass er sich tatsächlich auch so verhält. Das hat sich allerdings nachher ganz anders dargestellt.«

Dieses Gespräch hatte stattgefunden, als Günther H. noch in gewohnt hervorragender Weise »funktionierte«. Womöglich ahnte er, dass er mit der neuen Lebenssituation nicht fertig werden würde. Eine realistische Vorstellung, wie sich die Krise auswirken könnte, hatte er allerdings so wenig wie andere, die zum ersten Mal eine Scheidung erleben. Der Leistungseinbruch traf ihn – wie das zumeist der Fall ist – zeitlich verzögert und mit voller Wucht.

Bis zu diesem Zeitpunkt war Günther H. der Sinn seiner Erwerbstätigkeit völlig klar gewesen. Während er in seinem Büro arbeitete, hörte er die alltäglichen Familiengeräusche im Hintergrund. Der Grund, warum er arbeitete, lag so greifbar nahe, dass er in jeder Hinsicht unmittelbar erfahrbar war. Als dieses Lebensgefühl wegbrach, erschien ihm seine Arbeit gänzlich ziellos. Sie hatte zu seinem Leben keinen Bezug mehr. Günther H. beschreibt, wie es ihm immer sinnloser erschien aufzustehen, Telefonate zu führen, Wäsche zu waschen, einzukaufen, Rechnungen zu schreiben, überhaupt seinem alltäglichen Leben und seiner Arbeit Aufmerksamkeit zu schenken.

»Ich fand, dass das eine interessante Entwicklung nahm. Am Anfang noch, als meine Lebensgefährtin und Tobias ausgezogen sind, war es eher so: Um das zu vergessen, habe ich sogar noch mehr gearbeitet, ohne wirklich über meine eigene Situation nachzudenken. Das ging eigentlich erst ein, zwei Monate später richtig los. Wo ich gemerkt habe, der Antrieb fehlt. Ich kann nicht mehr rausfahren. Mir geht die Luft aus. Alles ist bleiern und es wird immer schlimmer.

Ich habe morgens keine Lust, mich ans Telefon um acht Uhr zu setzen und zu telefonieren.

Das Nicht-aufstehen-Mögen, das bedeutet, dass ich zu Hause geblieben bin, vielleicht im Bett geblieben bin und mir Frühstück gemacht habe. Aber selbst das fiel mir schwer. Eine absolute Antriebslosigkeit. Fernseher angemacht oder Musik angemacht und gelesen. Das war das, was ich dann noch gemacht habe. Zu mehr hat es nicht gereicht. Das Ignorieren der Außenwelt war letztendlich für mich eine wichtige Phase. Also: Ich habe eigentlich nichts mehr gemacht, ich habe nicht einmal mehr meine Wohnung richtig sauber bekommen. Alles ist den Bach runtergegangen. Das muss man schon so sagen.«

Sein Leben erschien Günther H. sinnlos. Sich und sein entseeltes Haus ließ er wie einen nutzlosen Garten verkommen. Er zog sich von der Welt zurück, fühlte sich nicht mehr als Teil von ihr. Ihm fehlte jeder Sinn im Leben.

»Einerseits am Anfang – direkt nach ihrem Auszug – dieses Gefühl: Ja, mir geht es jetzt gut, und ich habe mehr und mehr gearbeitet und habe alles andere eigentlich verdrängt. Und dieses Nachdenken darüber kam erst später und dann begann die Phase, in der ich eigentlich nicht mehr richtig motiviert arbeiten konnte. Woran es wirklich konkret lag, das kann ich heute gar nicht mal sagen.«

Da Günther H. einen großen Teil seiner Arbeit von zu Hause aus erledigte, fiel dem Arbeitgeber nicht unmittelbar auf, dass er schon seit geraumer Zeit nicht mehr der Alte war. Schließlich wurden aber die Auswirkungen seiner verminderten Leistungsfähigkeit bemerkt. Sein Chef bat ihn zum Gespräch.

»Es ist der Geschäftsführung mit sicherlich zwei, drei Monaten Verzögerung aufgefallen, dass ich in dieser Phase zum Beispiel keine Planungen mehr gemacht oder nicht mehr sorgfältig ausgeführt habe. Zumindest nicht mehr so wie früher. Die Kundenbesuche habe ich nicht dokumentiert oder sie vielleicht ein bisschen fahriger dokumentiert. Man kann aus der Arbeitsweise eines Mitarbeiters herauslesen, wie er arbeitet. Und das haben die in dem Fall sicher gesehen. Wir hatten dann ein entsprechendes Gespräch – irgendwann. Und da haben sie mir das gesagt. Sie wollten dann eine Gehaltskürzung durchführen. Da hab ich aber gesagt: ›Damit bin ich nicht einverstanden. Jeder weiß, was ich wert bin.‹ Und dementsprechend haben wir uns nach diesem Gespräch halt getrennt. War alles relativ kurzfristig und sehr, sehr plötzlich, diese ganze berufliche Trennung.«

In dieser Auseinandersetzung nahm Günther H. eine bemerkenswerte Position ein. Sicher hielt die Firmenleitung das Angebot einer Gehaltskürzung während seiner länger dauernden schweren reaktiven Depression für ein großzügiges Entgegenkommen gegenüber einem wichtigen und äußerst erfolgreichen Mitarbeiter. Sie wollte von einer Kündigung absehen. Günther H. hingegen wollte kein Entgegenkommen, das ihm auf Mitleid statt auf Verständnis und Anerkennung seiner bislang erbrachten Leistungen zu beruhen schien. Er sah sich in einer schweren Lebenskrise, die er aber für keinen Dauerzustand, sondern für eine vorübergehende Krankheit hielt.

»Ich habe der Geschäftsleitung gesagt: ›Sicher, im Moment ist bei mir nicht diese Leistungsbereitschaft und die Leistungsfähigkeit vorhanden, die Sie üblicherweise gewohnt sind. Aber das ist eine Phase, die durchschritten werden kann und die sicher auch endet.‹ Aber es war kein Angebot von deren Seite da, dass sie vielleicht gesagt hätten: ›Wir akzeptieren das noch ein halbes Jahr‹ – zum Beispiel. Das war überhaupt nicht Thema des Gespräches. Das war für mich enttäuschend. Und da habe ich lachend gesagt: ›So funktioniert es eben halt nicht!‹ Das gehört vielleicht zu meiner Art konsequent zu sein, die ich im Leben so habe.«

Günther H. macht etwas sehr Interessantes und für Managemententscheidungen Bedenkenswertes. Er besteht darauf, dass die geminderte Leistungsfähigkeit nach der Scheidung als Ausdruck einer Lebenskrise – ohne Zweifel eine der kompliziertesten und schwersten – wie ein Krankheitszustand zu betrachten sei. Dabei wusste er wahrscheinlich nicht einmal, dass das Symptom seiner Krise, die schwere reaktive Depression, in der ICD 10, der Internationalen Klassifikation der Krankheiten, aufgelistet ist.

Ein professionelles Verständnis von Lebenskrisen, wie es in den psychotherapeutischen Berufen zum Alltag gehört, hätte bedeutet, dass künftig die gleichen Anforderungen an ihn als Mitarbeiter wieder gestellt werden können. Aber landläufig wird die Meisterung von Lebenskrisen ausschließlich als Willensfrage betrachtet und nicht als Frage der persönlichen Fähigkeit, mit Krisen allein fertig zu werden. Was beim Magendurchbruch oder beim Betriebsunfall kein Problem ist, ist es bei einer Scheidungskrise mit reaktiver Depression oder anderer Symptombildung offensichtlich noch immer.

Günther H. wollte nicht, dass sein zeitlich befristetes Problem dazu führen sollte, dass die Gesamteinschätzung seiner bisherigen hervorragenden Arbeit unter die Räder geriet. Wir waren erstaunt, wie klug er seinen Arbeitgeber zwang, Scheidung als ein gesellschaftliches Problem mit betrieblichen Folgen nicht zu verleugnen. Aber diese Sichtweise hat sich im unternehmerischen Bereich – von Ausnahmen abgesehen – noch lange nicht durchgesetzt. Vor allem besteht eine Hemmung, männliche Leistungsminderung auf seelische Ursachen zurückzuführen. Die Geschäftsleitung hatte kein anderes Problem, als wir selbst es in der Interviewsituation hatten. Wenn Männer schwach sind, dann schreckt das keineswegs nur Frauen, sondern auch Männer, die sich dem gegenübersehen, wovor sie sich fürchten.

Günther H. hätte sich einen professionelleren Umgang mit seiner Situation gewünscht.

»Warum konnten die nicht sagen: ›Ja, im Moment sehen wir die Schwierigkeiten. Uns ist deine persönliche Situation bekannt. Wir sehen andererseits, dass die Leistungen nicht so sind, wie wir sie uns vorstellen und wie wir sie gewohnt sind.‹ Und dass man dann nach einem Strohhalm gesucht und gesagt hätte: ›Können wir irgendetwas unternehmen oder ist irgendetwas möglich, um diese Situation zu bereinigen? Oder was meinst du, wie das in Zukunft weitergehen soll?‹ Oder aus meiner Sicht einfach mal darstellen, wie ich die betriebliche Situation erlebe. Dann hätte ich in diesem Moment sagen können, wie für mich die Situation und wie meine Motivation ist. Und wie ich meine Kräfte einschätze. Das hätte ich mir in dem Fall gewünscht. Eine Hilfestellung zu erleben: ›Ja, wir wissen sehr wohl, dass es eine konfliktreiche Phase ist, in der du jetzt bist. Allerdings muss es in Zukunft wieder so wie früher sein‹; das ist ja selbstverständlich. Meine Firma ist ja kein Sozialverein, das versteht sich doch von selbst!«

Günther H. hätte sich vorstellen können, für eine Weile unbezahlten Urlaub zu nehmen, um sich ganz der Verarbeitung seiner Probleme zu widmen. Bei der stressbedingten psychosomatischen Störung der Ohrgeräusche (Tinnitus) hat sich mittlerweile bei Arbeitgebern die Einsicht durchgesetzt, dass nur eine Pause die vollständige Wiederherstellung eines Arbeitnehmers gewährleisten kann. Menschen in der mit psychischen Konflikten hoch beladenen Scheidungssituation bleibt diese Anerkennung bisher verwehrt.

Selbst um den Preis einer Kündigung wehrte sich Günther H. dagegen, seine Selbstachtung und Anerkennung als leistungsstarker Arbeitnehmer infrage stellen zu lassen. Manch einer mag sich fragen, warum er das Angebot der Gehaltskürzung nicht annahm. Das hätte den Druck auf ihn verringert. Geht man dieser Vorstellung nach, so wird schnell deutlich, welche Konsequenzen diese Art der Schonung für Günther H. gehabt hätte. Er war ein hoch angesehener Mitarbeiter seines Unternehmens. Seine Erfolge waren gut dokumentiert und allseits anerkannt. Welche Position hätte er nach einer solchen Regelung einnehmen sollen? Alle hätten vor der Frage gestanden, was einem Mitarbeiter zugemutet werden darf, der nicht mehr sein volles Gehalt bezieht. Günther H. selbst hätte das Dilemma ereilt, in jeder Situation aufs Neue entscheiden zu müssen, was ein degradierter höherer Angestellter noch von seinen Mitarbeitern erwarten kann und was nicht. Möglicherweise kommt noch die Häme des einen oder anderen innerbetrieblichen Kontrahenten hinzu, dem gegenüber Günther H. in seiner angeschlagenen Situation sich nicht mehr hätte behaupten können. All dem wollte er sich nicht zusätzlich aussetzen. Er wollte als krank gelten, als jemand, an den zurzeit nicht die Ansprüche zu stellen sind, die an arbeitsfähige und gesunde Personen gestellt werden. Kinder wollen in Zeiten der Krankheit zumeist Pudding, Erwachsene erhalten die gesetzlich vorgesehene Rücksicht in Form einer Leistungsbefreiung. Günther H. wollte eine »Auszeit« nehmen, um mit gewohnter Leistungsstärke zurückkehren zu können. Eine Schädigung seines Ansehens im Unternehmen wollte er hingegen nicht in Kauf nehmen.

Diese Haltung ist in doppelter Hinsicht klug. Er erhält sich nicht nur seine berufliche Selbstachtung, sondern hat auch vermieden, die eigene Krise zur Normalität zu erheben. Wer weiß, was aus ihm geworden wäre, wenn er die Gehaltskürzung in Kauf genommen und den Antrieb verloren hätte, die alte Form wiederzuerlangen. Womöglich hätten sowohl das Unternehmen als auch Günther H. selbst nach einer Weile die neue Realität anerkannt. Möglicherweise hätte er sich mit der Degradierung abgefunden. Günther H. aber kämpfte auf seine Weise dafür, dass die Depression eine zeitlich begrenzte Krise in seinem Leben bleiben sollte – nicht weniger, aber auch nicht mehr.

Vor diesem Hintergrund ist der Mut, mit dem Günther H. seine Kündigung in Kauf nimmt, besser zu verstehen. Er stellt sich gegen die

Deklassierung und wehrt sich gegen die Macht der Depression. Er kämpft für seinen Selbsterhalt.

»Das war so, dass ich gesagt habe, in dem Falle möchte ich als Arbeitnehmer gekündigt werden. Ein Aufhebungsvertrag macht nur Sinn, wenn ich bei einem anderen Arbeitgeber einen langfristigen Vertrag habe. Und ich habe gesagt: ›Ich möchte meinen Arbeitsplatz nicht verlieren! Nein, ich werde keinen Aufhebungsvertrag unterschreiben. Das ist für mich außerhalb meiner Vorstellungskraft. In dem Fall müssen sie mich dann schon kündigen.‹ Und das haben sie auch getan.«

Er nötigt das Unternehmen, einen seiner besten Versicherungsmakler zu entlassen. Eine geschäftsschädigende Voreiligkeit. Allein aus dem Grund, weil die Unternehmensführung nicht in der Lage war, einen potentiell leistungsstarken Mitarbeiter über eine Krise hinaus an den Betrieb zu binden.

Zwei Monate lang erholt sich Günther H. von den Folgen seiner Scheidung. Er konzentriert sich ganz auf sich und die Wiederherstellung seiner Lebenskräfte. Schließlich fühlt er sich in der Lage, seine berufliche Zukunft wieder zu gestalten. Er hat die Depression hinter sich und seine Energie wiedergefunden.

»Ich habe mich in dieser Zeit natürlich damit beschäftigt, wie es mit der Zukunft weitergehen soll. Weil dieses Über-die-Vergangenheit-Nachdenken gleichzeitig eine Reflexion der Gegenwart ist und eine entsprechende Vorstellung entsteht, was man in der Zukunft gestalten will. Das kann man eigentlich nicht voneinander trennen. Und da ist der Gedanke geboren worden: Was mache ich in Zukunft? Ich habe in dieser Zeit ein Angebot bekommen. Zwei Stellenausschreibungen hatte ich bekommen und ein zusätzliches Angebot, drei Angebote insgesamt. Bei zweien ist aufgrund der Situation nichts daraus geworden. Und die dritte, eine sehr interessante Stelle als Manager – der ich früher war –, die habe ich gar nicht mehr in Betracht gezogen. Weil bei mir in diesem Moment die Idee entstanden ist, dass dieser Wunsch zur Selbstständigkeit vorhanden ist. Absolut autark von diesen Mechanismen zu sein, die ich in meiner Familie als Horror empfunden habe und die ich ebenso im Berufsleben immer abgelehnt habe. Und daraus wurde die Konsequenz geboren, dass ich sagte: Ich habe diesen Wunsch zur Selbstständigkeit!«

Aus der leidvollen Erfahrung zieht er die Konsequenz, sich nicht wieder in Abhängigkeit von Strukturen und Personen zu bringen, die in Krisen seine Persönlichkeit nicht respektieren. Günther H. ist aus der Krise nicht mit einer dauerhaften Leistungseinschränkung hervorgegangen, sondern mit einer Leistungssteigerung, die ihn zur beruflichen Selbstständigkeit befähigt. Zum Zeitpunkt des Interviews konnte er dieses Projekt bereits als finanziell und persönlich gelungen bezeichnen.

3. »Besuchszeit« – Wie Väter die Zeit mit ihren Kindern verbringen

Die Art und Weise, wie Väter nach der Trennung den Kontakt zu ihren Kindern gestalten und häufig entgegen allerlei Streitereien mit ihrer Exfrau oder -partnerin aufrechterhalten, sagt viel darüber aus, welche Vorstellungen sie von einer guten Vater-Kind-Beziehung haben. Erst durch unsere Befragung und die Interviews konnten wir einen Einblick gewinnen, wie Männer die Trennung erleben und wie sie um die Beziehung zu ihren Kindern kämpfen. Die Vielfalt, mit der geschiedene Männer ihre väterliche Beziehung gestalten, offenbart sich aus den kurzen Ausführungen, die sie den Fragebögen hinzugefügt haben und die wir hier teilweise wiedergeben werden. Sie ermöglichen erstmals, sich der Welt der Trennungsväter nicht von theoretischen, gender- oder frauenpolitischen Überlegungen her zu nähern, sondern unmittelbar über die sehr intimen Erlebnisse der Männer selbst. Die Schilderungen ihrer Probleme, der Freuden und Ängste, der Verzweiflung und Hoffnung machen die Lebenssituation von Trennungsvätern nicht nur rational verständlich, sondern überhaupt erst emotional zugänglich.

Jede Geschichte ist individuell, und doch nennen die von uns befragten Männer eine Reihe von Aspekten, die immer wieder eine verbindende Rolle spielen. So entwickeln sie zwar ganz unterschiedliche Weisen, wie sie die Zeit mit ihren Kindern nach der Trennung verbringen. Bestimmte Erlebnisse, Erfahrungen und Gefühle lassen aber Gemeinsamkeiten sichtbar werden und ermöglichen die Unterteilung in einige große Gruppen von Scheidungsvätern, die in diesem Kapitel näher beschrieben werden sollen. Die im Hinblick auf besondere Konflikte oder Umstände vorgenommene Einteilung erlaubt einen schärferen Blick auf jene Aspekte, die es Männern einmal schwer machen, ein anderes Mal erleichtern, die Beziehung zu ihren Kindern am Leben zu erhalten.

Unsere Frage an die geschiedenen Männer: »Wie gestalten Sie *heute* die gemeinsame Zeit mit Ihren Kindern?«, setzte die Gewissheit voraus, dass sich das Zusammensein von Vater und Kind in der Zeit der bestehenden Familie grundlegend von den Besuchen heute unterscheidet, dass die gemeinsame Zeit nach der Trennung anders ist als »damals«. Sie hat mit der Vergangenheit nicht mehr sonderlich viel gemein – eine unbequeme und gern verdrängte Tatsache. Der größte Unterschied besteht darin, dass Vater und Mutter nicht mehr oder nur noch sehr selten gemeinsam in Erscheinung treten. Sie sind als Mann und Frau nicht mehr aneinander gebunden. Was sie früher zum gemeinsamen Elternpaar machte, das fehlt ihnen heute gänzlich. Das ist der schmerzliche Unterschied, so wie er sich in aller Schärfe und Unabänderlichkeit den Kindern darstellt. Die Trennung geschieht nicht nur »organisatorisch«, sondern gerade auch in der kindlichen Vorstellungswelt. Sie können Vater und Mutter nicht mehr als ein Paar denken. Mitunter sollen sie es auch gar nicht. Vater und Mutter leben nicht nur an getrennten Orten, das innere Bild und Band von beiden ist endgültig durchtrennt. Wo früher Mutter, Vater und Kind den Zoo gemeinsam besuchten, macht nun das Kind jeweils unabhängig vom anderen Elternteil seine Erfahrungen entweder mit der Mutter oder mit dem Vater.

Im Alltag sind es Frauen eher gewohnt als Männer, mit den Kindern allein zu sein. Das hat etwas mit der Rollenverteilung in der Familie zu tun. Dem beruflich engagierten Vater stehen nicht selten nur die Wochenenden zur Verfügung, um gemeinsame Zeit mit der Familie zu verbringen. Das ist die Zeit, in der alle Beteiligten das Familienleben am intensivsten erfahren. Frei verfügbare Zeit wird wie selbstverständlich zusammen verbracht. Zumindest solange die Kinder die Eltern noch nicht fliehen. Andere Männer hingegen sind nicht auf den Wochenendvater festgelegt. Sie sind in der Zeit der funktionierenden Familie und Paarbeziehung vielfältig in die zahlreichen Facetten des kindlichen Lebens eingebunden. Das ist zumeist dann der Fall, wenn ihre Ehefrau oder Lebenspartnerin selbst berufstätig ist und der Mann jenseits des abendlichen Zu-Bett-Bringens und unabhängig von der Mutter einiges mit seinem Kind unternimmt.

Wie die Veränderungen nach der Trennung empfunden werden, hängt deshalb besonders stark davon ab, wie das Paar seine Beziehung in guten Zeiten gestaltet hat. So wird die im Rahmen der Besuchsregelung gemeinsam verbrachte Zeit von einigen Vätern als schwierig erlebt, weil es für sie eine gänzlich ungewohnte Zweisamkeit mit dem Kind darstellt. Andere Männer hingegen empfinden dies als weniger fremd, weil sie auf Erfahrungen zurückgreifen können, die sie bereits innerhalb der Familie machten. Die einen erleben die Überwindung der anfänglichen Schwierigkeiten als großen Gewinn. Sie fühlen sich heute als Väter selbstständiger als je zuvor. Was für sie eine Herausforderung ist, bedeutet für andere jedoch schlichtweg eine Überforderung. Obwohl diese Männer große Anstrengungen unternehmen, liegt ihnen der Gedanke immer wieder nahe, einfach aufzugeben, weil sie sich der Situation nicht gewachsen fühlen.

Wie immer Scheidungsväter sich bemühen, ihre Vaterrolle zu gestalten, die Perspektive, aus der sie bislang kritisch oder süffisant nachsichtig betrachtet werden, ist weitgehend die von Frauen. Das gilt für die Zeit vor der Trennung nicht weniger als für die Zeit danach. Die Beziehung geschiedener Männer zu ihren Kindern wird vielfach noch immer anhand jener Maßstäbe beurteilt, die Frauen an Väter anlegen. Nicht selten richten aber auch Männer ihre Vorstellung von einer gelungenen Vater-Kind-Beziehung danach aus, was landläufig als gute Väterlichkeit gilt. So fällt es nicht wenigen Männern schwer zu sagen, welche Art von Kontakt ein Vater mit seinem Kind sucht und unter welchen Bedingungen beide ein gutes Gefühl zueinander entwickeln.

Hier soll deshalb eine Perspektive entworfen werden, die die Einseitigkeit einer rein weiblich bestimmten Vorstellung von guter Väterlichkeit hinter sich lässt. Das Bezeichnende für die weiblich bestimmte Vorstellung von guter Väterlichkeit ist, dass viele Männer sie teilen. Allerdings tun sie das nur, solange die Familie noch »funktioniert«. Das stillschweigende Einverständnis der Männer – keineswegs aller – endet in dem Augenblick, in dem die Trennung von ihnen verlangt, eigene Vorstellungen zu entwickeln. Erst wenn Männer durch die Krise, die die Scheidung in ihnen auslöst, zu sprechen und eigene Wünsche zu entwickeln beginnen, erst dann können männlich geprägte Formen von Väterlichkeit in den Blick geraten. Und erst wenn das Bewusstsein dafür geschärft ist, welche Aspekte, Wünsche und Vorstellungen Männer selbst in Sachen Väterlichkeit ins Spiel bringen, können wir überhaupt verstehen, mit welchen Widrigkeiten Väter nach der Trennung zu kämpfen haben. Dann lässt sich beurteilen, was eine halbwegs gelungene Lösung ist und was Scheidungsväter scheitern lässt.

Das Material unserer Studie ist so umfassend, dass wir eine Auswahl treffen mussten. Wir wollten die Leser nicht mit Informationen überfluten, noch wollten wir, dass zentrale Fragen untergehen. Wir fassten deshalb die Aussagen in einige charakteristische Gruppen zusammen, die es am ehesten ermöglichen, die Komplexität der an Scheidungsväter gestellten Anforderungen wiederzugeben. Gleichzeitig werden dabei typische Lösungsstrategien sichtbar. Was wir in den Äußerungen geschiedener Männer nicht gefunden haben, sind Hinweise, die dem Klischee »typisch Scheidungsvater« Nahrung geben, wie es in der Öffentlichkeit abschätzig gebraucht wird. Von der Vorstellung eines »typisch männlichen« Verhaltens in Scheidungen und beim Gestalten der Beziehung zu den Kindern müssen wir uns deshalb verabschieden. Mit der Wirklichkeit von Scheidungsvätern hat dieses Klischee nichts gemein.

Scheidungsväter bringen unterschiedliche Vorerfahrungen mit dem Vatersein in die Situation nach der Trennung ein. So vielgestaltig, wie das Lebensmodell Familie sich darstellt, so vielgestaltig verlaufen die Trennungen zwischen den Partnern. Die Trennung eines berufstätigen Paares, das sich die Arbeit innerhalb der Familie geteilt hat, hat andere Auswirkungen als die eines Paares, das die Aufgabenbereiche strikt in innerfamiliäre und außerfamiliäre Arbeit aufgegliedert hat.

Wie immer die Arrangements in den »guten alten Zeiten« aussahen, nach der Trennung entfällt das einst selbstverständliche Zusammenspiel verabredeter oder stillschweigend eingeschliffener Aufgabenverteilung. Plötzlich müssen viele, die eher nach dem traditionellen Modell lebten, die Beziehung zu ihren Kindern ohne den gewohnten Rückhalt einer stets aufmerksamen Mutter gestalten. Ihre Allgegenwart ist verschwunden. Das weinende Kind, das sich nicht beruhigen lässt, kann nicht mehr an die tröstende Mutter weitergereicht werden, die sich bereits beim ersten Weinen vom Kind gesucht fühlte. Ein Ausflug ins Schwimmbad, bislang minutiös von der Exfrau vorbereitet, obliegt nun ganz und gar dem Vater. Der Inhalt der Badetasche wird nicht noch einmal auf die fehlenden Schwimmflügel untersucht und die ständig auf die herumtollenden Kinder gerichtete Aufmerksamkeit bedeutet eine neue Herausforderung. Die Sportzeitung oder der Wirtschaftsteil der Tageszeitung bleibt plötzlich in ungewohnter Weise unberührt und wird allenfalls klamm durch herumliegendes Badezeug oder verschüttete Säfte. Bereits das Leben des Vaters im Schwimmbad hat sich mit einem Schlag verändert.

So vielfältig die neuen Anforderungen für Väter sind, so unterschiedlich sind ihre ganz persönlichen Lösungsstrategien. Die einen knüpfen an ihr bislang übliches Freizeitverhalten mit den Kindern an und unternehmen besonders schöne Dinge mit ihnen, so wie es früher üblich war, wenn der berufstätige Vater am Wochenende sich mit der Familie den bevorzugten Freizeitvergnügungen widmete. Diese Väter gestalten das Wochenende mit den Kindern heute kaum anders als vor der Trennung. Zumindest versuchen sie das. Andere Männer hingegen vereinsamen nach der Scheidung. Sie ziehen sich zurück, und es mangelt ihnen an Energie, mit den Kindern etwas Eigenes zu entwickeln. Sie knüpfen nicht an alte Gewohnheiten an, sondern suchen Hilfe bei ihren Eltern oder anderen Verwandten. Eine weitere Gruppe geschiedener Männer sucht Vätervereine auf, um die ungewohnte Aufgabe zu lösen, das Besuchswochenende mit den Kindern spielerisch und genussvoll zu verbringen. Was dem einen Scheidungsvater Hilfe aus der Familie ist, ist dem anderen die solidarische Unterstützung von Männern mit ähnlichen Erfahrungen und Schwierigkeiten.

Manch einer entdeckt erst nach der Trennung, was er als berufstätiger Vater mit seinen Kindern verpasst hat und genießt nach anfänglichen Schwierigkeiten die neu gewonnene Nähe. Vor allem merkt er, dass die besondere Teilung der Arbeit ihn wie seine Exfrau in ein polarisiertes Beziehungsmodell gezwungen hat. Ihre Art Mutter zu sein setzte seine Art Vater zu sein voraus. Es war Ergänzung durch Gegensätzlichkeit.

Scheidungsväter hingegen, die auf ein gemeinsam arrangiertes Familienleben ohne starre Rollengegensätze zurückblicken, sehen sich vor ganz andere Probleme gestellt. Sie verfügen über ein weites Repertoire von alltäglichen Selbstverständlichkeiten. Zu ihrer Erfahrung gehört es, dass das Kind mit Brotbeutel, Trinkflasche, Hut und Sonnenmilch in den Kindergarten gebracht wird. Für sie war der Kontakt mit den Kindern nicht auf die Stunden nach der Arbeit oder vielleicht am frühen Morgen beschränkt, sondern entsprach den Anforderungen des Alltags. Nach der Trennung erschrecken diese Väter sichtlich weniger über ihre unfreiwillige Selbstständigkeit als Scheidungsväter, die nach dem traditionellen Modell lebten. Was sie vielmehr entsetzt, ist der tiefgreifende Verlust an Gemeinsamkeit im Alltag. Sie verlieren mit der Scheidung ihren Anteil am Familienleben, der ein wichtiger Teil in ihrem Leben überhaupt war. Besonders hart trifft es Väter, die ledig waren und deshalb nach der Trennung rechtlich schlechte Karten haben. Sie müssen sich nicht nur der Aufgabe stellen, trotz oftmals gestörter Kommunikation mit der Expartnerin eine gemeinsame Ebene für Vereinbarungen zu finden, sondern leiden zusätzlich an einem unbefriedigenden Rechtsstatus.

Scheidungsväter in Zahlen

Den hier kurz skizzierten Vatertypen werden wir im Laufe dieses Kapitels wiederholt begegnen. Doch bevor wir uns eingehender den unterschiedlichen Formen von Väterlichkeit nach der Scheidung zuwenden, soll ein Blick auf die Statistik die tatsächliche Situation der Betroffenen aufzeigen. Die Ergebnisse unserer Befragung sprechen eine deutliche Sprache und zeigen, von welchen Faktoren die Gestaltung des Umgangs nach der Trennung beeinflusst wird. Auch der ungleiche Status von ledigen und verheirateten Vätern wird deutlich.

Verteilung von Umgangs- und Sorgerechten

Den Männern, die an unserer Befragung teilnahmen, wurde zu 1,3 Prozent das alleinige Sorgerecht zugesprochen, 44,4 Prozent erhielten das gemeinsame Sorgerecht mit ihren Exfrauen. 54,3 Prozent der Männer erhielten kein Sorgerecht. Die folgende Darstellung gibt Auskunft über die Umgangsrechte.

Tabelle 1: Welche Umgangsrechte haben Sie erhalten?

	Anzahl	In Prozent
Jederzeit	621	20,8
Übers Wochenende	134	4,5
Jedes Wochenende ein paar Stunden	79	2,6
Jedes zweite Wochenende	1.039	34,8
Einmal im Monat	160	5,4
Je nach Möglichkeit	318	10,7
Teilen den Aufenthalt der Kinder zur Hälfte	91	3,0
Keine Möglichkeit, die Kinder zu sehen	543	18,2
Gesamt (gültige Antworten)	2.985	100

Befragt nach dem tatsächlichen Kontakt, stellt sich dar, dass 55,5 Prozent der Männer ihre Kinder jedes Wochenende oder jedes zweite Wochenende sehen können. 23,7 Prozent haben gar keinen Kontakt mehr und die übrigen Väter sehen ihre Kinder nur sehr sporadisch oder haben sogar nur noch telefonischen Kontakt. Zirka zwei Drittel der Männer gaben an, keinen Einfluss auf wichtige, die Erziehung ihrer Kinder betreffende Entscheidungen zu haben. Diese gravierenden Veränderungen nach der Trennung beeinflussen die Art und Weise, wie Väter mit ihren Kindern umgehen und in welcher Vaterrolle sie sich heute sehen. Die folgende Tabelle gibt Auskunft über die Vaterrolle.

Tabelle 2: Wie würden Sie Ihre Vaterrolle seit der Trennung beschreiben? [25]

	Anzahl	In Prozent
Wochenendpapa	623	45,5
Eher ein Freund	175	12,8
Wie ein Onkel	51	3,7
Nur Zahlvater	132	9,6
Bin kein Vater mehr	73	5,3
Unverändert	316	23,1
Gesamt (gültige Antworten)	1.370	100

Die meisten Männer gaben an, die Zeit mit ihren Kindern sehr zu genießen und sich auch weiterhin als Vater zu fühlen. Aber nur 35 Prozent können von sich behaupten, dass sie während der Umgangszeiten keine Probleme mit ihren Kindern haben. Viele Männer bleiben nach den Kontakten mit ihren Kindern in einer bedrückten Stimmung zurück.

Tabelle 3: Wie fühlen Sie sich nach einem Zusammensein mit Ihren Kindern?

	Anzahl	In Prozent
Ich bin erleichtert, ohne die Kinder zu sein.	45	3,3
Es ist okay so – ich habe keine unangenehmen Gefühle danach.	372	27,0
Mir fehlen die Kinder sehr.	594	43,1
Ich bin tagelang niedergeschlagen.	125	9,1
Ich sehne mich nach dem altvertrauten Familienleben.	241	17,5
Gesamt (gültige Antworten)	1.377	100

Der Einfluss von Bildung und Einkommen auf den Erhalt der Väterlichkeit nach der Trennung

Anders als beim Sorgerecht korreliert neben dem Einkommen auch der Bildungsabschluss mit getroffenen Absprachen beim Umgangsrecht. Für das Umgangsrecht gilt: Je höher das Einkommen und die Bildung und je länger die Dauer der Partnerschaft, desto großzügiger die eingeräumten Umgangsregelungen. Wie die Umgangsrechte steht auch die Häufigkeit des Kontaktes in signifikantem Zusammenhang mit dem sozialen Status der Befragten. Den seltensten Kontakt zu ihren Kindern haben Väter mit niedrigem Einkommen und geringer Bildung. Sie sind nach dem Zusammensein mit den Kindern überdurchschnittlich häufig niedergeschlagen und sehnen sich nach dem altvertrauten Familienleben. Ihnen fehlen die Kinder am stärksten. Väter mit hohem Einkommen verbringen die gemeinsame Zeit mit den Kindern häufig zu Hause. Das Zusammensein wird von ihnen überdurchschnittlich häufig als angenehm empfunden. Den größten Einfluss auf wichtige, die Kinder betreffende Entscheidungen haben Väter mit hohem Einkommen und einer langen Partnerschaft.

Die neue Sicht auf die veränderte Vaterrolle ist stark bildungsabhängig. Väter mit einem hohen Bildungsabschluss, unabhängig vom Einkommen, finden überdurchschnittlich häufig, dass sich ihre Vaterrolle nicht verändert hat. Dagegen sehen sich Väter mit niedrigem Einkommen und geringer Bildung häufiger als der Durchschnitt nur noch als Zahlvater.

Zum ungleichen Status von ledigen und verheirateten Vätern

80 Prozent der ledigen Mütter wird das alleinige Sorgerecht zugesprochen, während sich über die Hälfte der verheirateten Befragten ein gemeinsames Sorgerecht teilen. Befragte ohne Trauschein streiten sich nur in einem Punkt mehr als die verheirateten Befragten, und zwar beim Umgangsrecht.

Die folgende Tabelle zeigt einen Vergleich der Umgangsrechtsregelungen zwischen verheirateten und ledigen Männern.

Tabelle 4: Familienstand nach Umgangsrechten

Welche Umgangsrechte haben Sie?		Wie lebten Sie mit Ihrer Partnerin?		
		Verheiratet	Eheähnliche Lebensgemeinschaft	Gesamt
Jederzeit	Anzahl	519	94	613
	In Prozent	22,9	14,3	21,0
Übers Wochenende	Anzahl	103	30	133
	In Prozent	4,5	4,6	4,5
Jedes Wochenende ein paar Stunden	Anzahl	45	30	75
	In Prozent	2,0	4,6	2,6
Jedes zweite Wochenende	Anzahl	811	201	1.012
	In Prozent	35,7	30,6	34,6
Einmal im Monat	Anzahl	117	42	159
	In Prozent	5,2	6,4	5,4
Je nach Möglichkeit	Anzahl	248	65	313
	In Prozent	10,9	9,9	10,7
Teilen den Aufenthalt der Kinder zur Hälfte	Anzahl	70	21	91
	In Prozent	3,1	3,2	3,1

Keine Möglichkeit, die Kinder zu sehen	Anzahl	356	174	530
	In Prozent	15,7	26,5	18,1
Gesamt (gültige Antworten)	Anzahl	2.269	657	2.926
	In Prozent	100	100	100

Die Beeinflussung des Verhältnisses zwischen Kind(ern) und Vater durch die Mutter ist wohl der gravierendste Unterschied zwischen Befragten mit und ohne Trauschein.

Tabelle 5: Familienstand nach Umgangsproblemen

Boykottiert die Expartnerin den Umgang der Kinder mit dem Vater?		Wie lebten Sie mit Ihrer Partnerin?		
		Verheiratet	Eheähnliche Lebensgemeinschaft	Gesamt
Nein	Anzahl	883	212	1.095
	In Prozent	60,4	44,8	56,6
Ja	Anzahl	580	261	841
	In Prozent	39,6	55,2	43,4
Gesamt (gültige Antworten)	Anzahl	1.463	473	1.936
	In Prozent	100	100	100

Ledige Befragte sind mit Abstand am unzufriedensten mit der Sorgerechtsregelung. Bestehende Sorgerechtsregelung, Umgangsregelung und das Verhalten der Mutter sind sicher auch Gründe für einen überdurchschnittlich häufigen Kontaktabbruch zwischen ledigen Vätern und ihren Kindern (38,1 Prozent der ledigen Befragten und 27,6 Prozent der verheirateten Befragten haben keinen Kontakt mehr).

Unverheiratete Befragte sehen ihre Vaterrolle nach der Trennung am häufigsten verändert. Die gemeinsame Zeit mit den Kindern gestalten sie oft anders als die verheirateten Befragten. Während verheiratete Väter die gemeinsame Zeit oft zu Hause verbringen, bieten ledige Väter ihrem Nachwuchs ein besonderes Freizeitangebot und richten sich zudem überdurchschnittlich häufig nach deren individuellen Wünschen. Vor allem ledige Väter fühlen sich nach dem Zusammensein mit ihren Kindern tagelang niedergeschlagen.

Auswirkungen des neuen Kindschaftsrechts von 1998

Vor Einführung des neuen Kindschaftsrechts wurde in über 70 Prozent der Fälle das alleinige Sorgerecht der Frau gewährt, seither durften sich fast 70 Prozent der befragten Väter über ein gemeinsames Sorgerecht freuen. Väter, die ein gemeinsames Sorgerecht bekamen, sind deutlich zufriedener mit dieser neuen Regelung. Beim alten Kindschaftsrecht wurde vor allem um das Sorgerecht gestritten, seit Bestehen des neuen Kindschaftsrechts geht es neben der Vermögensaufteilung und dem Ehegattenunterhalt vor allem um das Umgangsrecht. Mit dem neuen Kindschaftsrecht nahmen Kontaktabbrüche deutlich ab. Unklar ist jedoch, ob das neue Kindschaftsrecht oder die Zeitkomponente für die Reduzierung der Kontaktabbrüche ausschlaggebend ist. Es zeigt sich, dass mit zunehmender Trennungsdauer die Kontakthäufigkeit zu den Kindern abnimmt. Ein weiterer positiver Effekt des neuen Kindschafts-rechts ist die vermehrte Einbeziehung der Väter in wichtige, ihre Kinder betreffende Entscheidungen. Dank des neuen Kindschaftsrechtes sehen überdurchschnittlich viele Männer ihre Rolle auch nach der Trennung als unverändert.

Der Einfluss von Umgangs- und Sorgerechtsregelungen auf Beruf und Gesundheit

Überdurchschnittlich viele der Befragten mit anhaltenden gesundheitli-chen Beschwerden gaben an, dass sie sich zum Zeitpunkt der Trennung mit ihrer Partnerin um das Sorgerecht (46,6 Prozent) und vor allem um das Umgangsrecht (58,6 Prozent) stritten. Befragte ohne trennungs-bedingte gesundheitliche Probleme geben überdurchschnittlich häufig an, mit der getroffenen Sorgerechtsregelung zufrieden zu sein. Auch das eingeräumte Umgangsrecht steht mit geäußerten gesundheitlichen Be-schwerden in signifikantem Zusammenhang. Väter, die ohne gesund-heitliche Schäden auf die Trennung reagierten, haben überdurchschnitt-lich häufig Gelegenheit, ihre Kinder zu sehen. Ein Viertel der Väter mit ständigen seelischen oder körperlichen Beschwerden erhielt kein Um-gangsrecht. Noch eindeutiger fällt das Ergebnis aus, wenn man nach dem Familienstand differenziert: 40,8 Prozent aller ledigen Väter, die unter anhaltenden gesundheitlichen Problemen leiden, haben keine Möglichkeit, ihr Kind zu sehen.

Sugardaddy? Nein danke!

Wer kennt ihn nicht, den Sugardaddy, wer hat noch nicht von ihm gehört? Vordergründig betrachtet scheint der Sugardaddy ein starker und beneidenswerter Mann zu sein. Er macht die Kinder mit den Sonnenseiten des Lebens bekannt, während die geplagte Mutter sich mit den Widrigkeiten des Alltags auseinander setzt und diejenige ist, die den Kindern Verzicht und Anstrengung abverlangt – und dafür nicht sonderlich geliebt wird. Die Pose des Sugardaddys ist, so könnte man meinen, bestens geeignet, die Kinder der Mutter zu entfremden. Denn Kinder mögen nun einmal den mehr, so scheint es, der ihnen alles gewährt. Es sei dahingestellt, ob die Rolle des Sugardaddys als Form von Väterlichkeit nach der Scheidung wirklich von vielen praktiziert wird – oder ob es sich eher um eine Phantasie von Scheidungsmüttern handelt, die unter den Widrigkeiten der Scheidung leiden und es deshalb vorziehen, ihren Expartner des »unlauteren Wettbewerbs« zu bezichtigen.

Wir waren überrascht, dass eine große Gruppe geschiedener Männer von ihrem heftigen Widerwillen berichtete, nach der Trennung von Exfrau, Gerichten oder Jugendämtern zum Sugardaddy erklärt zu werden. Viele erleben das geradezu als Degradierung. Die Betroffenen weisen damit auf ein Problem hin, das bisher vornehmlich aus der Sicht von geschiedenen Frauen thematisiert wurde. Von ihnen hören wir gewöhnlich, wie problematisch es sei, wenn Väter ihre Kinder am Wochenende nur verwöhnen und ausschließlich schöne Dinge mit ihnen unternehmen. Am Ende der Besuchszeit werden die Kinder wieder in den nüchternen Alltag mit der Mutter entlassen, was sie eher übellaunig macht.

Auch Herr König kennt diese Vorbehalte von seiner Exfrau:

»Um ja keine Missgunst meiner Exfrau aufkommen zu lassen – ›Beim Papa mach ich immer so tolle Sachen, mit dir aber nie‹ –, werden bei mir ganz normale Sachen gemacht. Kein Superprogramm, kein Einkaufen bis zum Umfallen oder Ähnliches.«

Herr König will den Ärger seiner Frau gar nicht erst auf sich ziehen, indem er die Welt seines Kindes in Alltagserfahrungen mit der Mutter und Freizeitaktivitäten mit dem Vater aufteilt. Dabei meint man aus seinen Zeilen herauszuhören, dass es ihm durchaus Spaß machen könnte, sich mit seinem Sohn einem gemeinsamen Vergnügungsrausch »bis zum Umfallen« hinzugeben.

Weil Männer vielfach gänzlich unbegründet meinen, mit den sorgenden Fähigkeiten ihrer Exfrauen nicht mithalten zu können, verlegen sie sich auf einen spielerischen Umgang mit den Kindern. Das scheint ihnen leichter zu fallen. In den vergangenen guten Zeiten wurde die Gemeinsamkeit von Vater und Kind im Spiel von den Müttern gern gesehen. Auch wenn sie gelegentlich mit einem Lächeln auf den Lippen von »ihren zwei Kindern« sprachen und mit dem zweiten Kind den spielenden Vater meinten. Die liebevoll gemeinte Verniedlichung des Spielerischen verkennt aber schon in guten Zeiten des Paares, dass der Vater auf seine Weise das Kind in die Welt der Erwachsenen einführt. Das Väterliche ist eben anders als das Mütterliche. Es ist kein schwacher Abklatsch der Mütterlichkeit. Es ist ihr entgegengesetzt, ohne ihr feindlich gegenüberzustehen. Das beschreibt die Gegensätze, in der sich funktionierende Elternschaft ergänzt und vervollständigt.

Beim gemeinsamen Fußballspiel beispielsweise handelt es sich vordergründig um Vergnügen, um Bewegung und darum, Kräfte zu messen. Auf den zweiten Blick aber stellt das Spiel hohe Anforderungen an die Beteiligten. Es geht um Regeln, Fairness, Rücksicht, den Versuch, die eigene Leistung durch Übung zu verbessern, um Erfolg und darum, den Überlegenen ohne Neid und Missgunst anerkennen zu können. Wenn die Mutter sich vom Spiel des Vaters mit den Kindern nicht ausgeschlossen fühlt, dann gibt es keinen Grund, das Gerangel mit ihm kritisch oder gar milde abschätzig zu sehen. Doch selbst in den guten Zeiten der Partnerschaft wird es eher nur als Ergänzung zur mütterlichen Fürsorge verstanden. Es zählt oft nicht so recht, weil die Beherrschung der Kraft und die Kontrolle der Aggression durch Regeln und Gemeinsamkeit nicht als wichtige Kulturleistungen erkannt werden. Nach der Trennung steht das Spiel noch mehr unter Verdacht, weil es die Expartnerin »ausschließt« und ihr als ein Privatbereich des Vaters mit seinen Kindern – vor allem mit seinem Sohn – erscheint. Die Verwandlung von Energie und Aggression in Regeln und Selbstbeherrschung ist eine wichtige Sphäre des Mannes. Diese Exklusivität, für die die Exfrau nach der Scheidung nicht einspringen kann, zeigt zugleich die Grenzen eines jeden Versuchs, nach der Scheidung beide Elternteile in einer Person zu verkörpern. Der Glaube, das leisten zu können, ist reine Selbstidealisierung und zum Scheitern verurteilt.

Für den berufstätigen Vater und seine Frau war es früher kein Problem, die begrenzte gemeinsame Zeit so angenehm wie möglich zu gestalten. Nach der Trennung treten sie aber nicht mehr gemeinsam auf. Deswegen müssen Strenge und Nachsicht, Spaß und Ernst, Fürsorge und Spiel fortan von beiden Elternteilen verkörpert werden, und die meisten Mütter und Väter bemühen sich um Ausgewogenheit. In der Familie konnte sich das spielerisch wie von selbst ausgleichen und nur manchmal bedurfte es der Absprache. Es drohte nicht so sehr die Gefahr, dass ein Elternteil nur das Gute verkörpern will und das Unerfreuliche dem anderen überlässt, obwohl Strenge und Disziplin im Alltag eher die Väterlichkeit kennzeichnen und das Gewähren dem Mütterlichen eigen ist. Wenn die Gegensätze nach der Scheidung schärfer werden und offene Konkurrenz um die Kinder einsetzt, dann tauchen gegenseitige Vorwürfe wie »Übermutter« oder »Eventdaddy« auf.

Die Umgangsregelung birgt die Gefahr in sich, dass Alltag und Freizeit nicht in gleicher Weise von Mutter und Vater repräsentiert werden können wie früher. Herr Schlicht kann die Grenzen dieses Ringens um Ausgewogenheit benennen: »Ich versuche mit meinem Kind und meiner neuen Partnerin so alltagsnah, wie es jedes zweite Wochenende möglich ist, zu leben. Natürlich gibt es häufiger Freizeitaktivitäten, als es im ›normalen‹ Familienleben der Fall wäre, ich versuche jedoch, nicht als Wochenendanimateur dazustehen.« Herr Schlicht will vermeiden, dass sich seine Väterlichkeit nur noch über die Freizeitgestaltung definiert.

Sicher hat er schon vor der Trennung das gemeinsame Spiel mit seinem Kind gepflegt, aber es war nie isoliert von dem, wie das Kind seinen Vater darüber hinaus erlebte. Es sah ihn zur Arbeit gehen und von der Arbeit kommen. Es sah ihn ausgeruht gehen und abgespannt zurückkehren. Und womöglich war er derselbe Vater, der das Kinderfahrrad reparierte, die Wohnung instand hielt und für die Sicherheit des Autos verantwortlich war. Vielleicht war er bei der Wahrung bestimmter Regeln und Vorschriften weniger nachgiebig als die Mutter und hat so die Unbeugsamkeit der außerfamiliären Realität vertreten. Herr Schlicht war also nicht nur Sonntagsvater, sondern sorgte auch für einen schützenden Rahmen der Familie. Heute besucht ihn sein Kind jedes zweite Wochenende. Alltagserfahrungen sind nur noch begrenzt möglich. Sowohl für sein Kind als auch für ihn selbst und seine neue Partnerin steht das Wochenende nach wie vor für Freizeit, Erholung und Entspannung. Daran vermag der Umstand eines Umgangstermins nichts zu ändern. Dennoch versucht Herr Schlicht seinem Kind alltagsnahe Erfahrungen zu ermöglichen. Dazu gehört ein langweiliger unorganisierter Nachmittag ebenso wie das Tischabräumen und ein Nein bei den Süßigkeiten an der Supermarktkasse. Herr Behrens formuliert das ähnlich:

»Ich versuche beiden Kindern das Gefühl eines Zuhauses zu vermitteln – was mir auch gelingt. Beide fühlen sich nicht als Besucher bei mir. Die Freizeit ist völlig normal. Aus der Sicht der Kinder mal langweilig, mal toll.«

Herr Behrens lässt durchblicken, dass ein Sugardaddy wohl für Aufregung und Spaß sorgen, aber seinem Kind kaum ein Gefühl von Verlässlichkeit und Geborgenheit vermitteln kann. »Das Gefühl eines Zuhauses« schließt die Sicherheit ein, umhegt, bekocht, gewaschen und gepflegt zu werden. Herr Behrens weiß um die Gefahr, dass sich seine Kinder, die ihn nur an Wochenenden sehen, bei ihm fremd fühlen und die schickliche Zurückhaltung ängstlicher Besucher entwickeln könnten.

Die Scheidungsväter, die hier zu Wort kommen, wehren sich alle auf ihre Art dagegen, sich in ihrer Väterlichkeit einseitig festlegen zu lassen. So auch Herr Sager, der uns mitteilte: »Ich probiere, ein ganz normaler Vater zu sein, ohne dass ich versuche meine Tochter zu ›kaufen‹.« Er will nicht zum Hampelmann werden, der sich nur nach den Bedürfnissen seines Kindes richtet und selbst seelenlos wird. Ebenso wenig will er, dass seine Tochter zur Strippenzieherin wird, die nur allzu gut weiß, an welchem Faden sie ziehen muss, damit ihr Vater die gewünschten Bewegungen vollführt. Herr Sager möchte in seiner Einzigartigkeit als Vater mit den weniger angenehmen Seiten ebenso wie mit den schönen in Verbindung gebracht werden. Erkaufte Väterlichkeit ist unsicher. Weder Kind noch Vater können die Gewissheit gegenseitiger Zuneigung und Liebe wie einen Markenartikel erwerben. Käufliche Beziehungen sind erfahrungsgemäß nur von kurzer Dauer, wenn auch mit heftig aufwallenden Gefühlen verbunden. Für viele Scheidungsväter ist es mit käuflicher Zuneigung sowieso nicht weit her, da in aller Regel ihre finanziellen Mittel keine großen Sprünge mehr erlauben. Es ist jedoch nicht die angespannte Finanzsituation, die den Vätern dieser Gruppe den entscheidenden Grund liefert, warum sie keine Sugardaddys sein wollen. Sie wollen ihre Väterlichkeit nicht zum Freizeitvater herabmindern lassen, sie möchten vielmehr, dass ihre Beziehung zu den Kindern so wirklichkeitsnahe wie möglich bleibt. Sie wollen keine Märchenwelt schaffen, in der sie nicht sicher sein können, ob die Kinder wirklich zu ihnen oder nur zu ihrem Zuckerwerk wollen. Der Weg zum Sugardaddy würde die Rolle als Vater jenseits der wenigen Besuchstermine noch zusätzlich schmälern.

Herr Warnbruch formuliert wie beiläufig, dass die Erwartungen der Kinder sich auf mehr erstrecken als auf schnell erfüllbare Konsumwünsche:

»Mein Kind erlebt den Alltag bei mir. Ich halte es nicht für ratsam, ein Wochenend-Erlebnis-Papi zu sein. Ich stelle mich möglichst genauso auf die Bedürfnisse meines Kindes ein, wie ich es auch in einer intakten Familie tun würde. Sicherlich gibt es Punkte, die einer besonderen Beachtung aufgrund der Situation bedürfen!«

Auch Herr Schunde hat von seiner Väterlichkeit eine andere Vorstellung:

»Da ich jetzt mehr Zeit habe, kann ich mich intensiver mit meinen Kindern beschäftigen und gemeinsam was unternehmen, jedoch ohne ein großartiges Programm oder sonstige Unterhaltung zu organisieren. Ich möchte meinen Kindern keine Unterhaltung bieten, sondern versuche, ihnen weiterhin ein guter Vater zu sein.«

Herr Schunde ist sich sicher, schon vor der Trennung ein guter Vater gewesen zu sein. Er hat sich offenbar in sensiblem Austausch mit seinen Kindern gesehen, mit denen er keineswegs nur schöne Momente teilte.

Der Verlust der bisherigen Alltagsbeziehung trifft jene Väter besonders hart, die bereits innerhalb gleichberechtigter Partnerschaften intensiv für ihre Kinder sorgten und in deren Leben eingebunden waren. Von Erfahrungen, die die Kinder in der Schule, im Kindergarten oder mit Freunden machten, erfuhren sie genauso unmittelbar wie die Mütter. Denn auch sie brachten die Kinder in den Kindergarten oder holten sie von dort ab. Sie wussten, wie ihre Sprösslinge sich dort fühlten und welche Stimmungen zu erwarten waren, wenn sie sie abholten. Der nervige Einkauf im Supermarkt mit einem übermüdeten Kind war diesen Vätern ebenso wenig fremd wie die Schlichtung eines unverständlichen, aber mit Vehemenz betriebenen Streites mit dem Nachbarskind. Sie hatten teil an der morgendlichen Hektik, bis endlich alle bereit waren aus dem Haus zu gehen, und teilten die abendliche Spannung der Gute-Nacht-Geschichte. Vom Freizeitvater waren diese Männer weit entfernt.

Mit der Liebesbeziehung endet aber die Familie, die derlei spontanes, manchmal auch chaotisches Miteinander im Alltag ermöglichte, weil Begegnungen nicht verabredet werden mussten. Fortan müssen Regelungen und Vereinbarungen getroffen werden: Wie sollen Erziehung und emotionale Beziehungen nach der Trennung aussehen? Wie oft und wie lange soll das Kind bei wem sein? Wer trifft welche Entscheidungen im Alltag? In welchen Angelegenheiten müssen gemeinsame Entscheidungen getroffen werden? Nach der Trennung besteht also eine Menge an Regelungsbedarf, der einfühlsam die kindlichen Bedürfnisse berücksichtigen muss. Die gegenseitig zugefügten Demütigungen und Verletzungen sorgen aber nicht selten dafür, dass den Erwachsenen die Bedürfnisse des Kindes aus dem Blick geraten. Zu mächtig ist der Ansturm der Gefühle, als dass er sich von der Stimme der Vernunft, die hier das Wohl der Kinder meint, halten ließe.

Damit Kinder in dieser konfliktreichen Zeit nicht unwiederbringlich einen Elternteil verlieren, sieht das Kindschaftsrecht seit 1998 vor, dass beide Eltern sorgepflichtig sind. Wenn es jedoch gilt, das neue Recht auf die Gestaltung des Umgangs anzuwenden, dann setzen sich Ansichten durch, die die Beziehung von Vater und Kind in herkömmlicher Routine als weniger lebenswichtig erachten als die von Mutter und Kind. So sehen sich Männer, die gerade der konventionellen Aufgabenverteilung in der Ehe entwachsen waren, vor Gericht wieder mit rückständigen Vorstellungen von Elternschaft konfrontiert. Im zweiten Kapitel steht der Bericht von Reinhard B. für eine solche Erfahrung. Hier ließ die Richterin verlauten, dass es im Sinne des Kindes sei, wenn Besuche beim Vater Urlaubscharakter trügen. Nicht allen Männern gelingt es, sich erfolgreich gegen solche Festschreibungen ihrer Väterlichkeit zu wehren. Andere wiederum scheitern an ihrer inneren Verstrickung in tief verwurzelten Vorstellungen von Mütterlichkeit und Väterlichkeit. Sie mühen sich mit der anspruchsvollen Aufgabe ab, »neue Väterlichkeit« zu praktizieren, was ihnen schwer fällt, weil es eine weitgehend neue Welt für sie ist.

Jene Männer, die – aus welchen Gründen auch immer – vom Scheitern sprechen, berichten mit großer Traurigkeit und der Gewissheit, etwas verloren zu haben. Herr Sattmeyer: »Ich bin nur noch ein Freizeitgestalter. – Ich habe kein Gefühl mehr als Vater und Erzieher.« Ähnlich beschreibt es auch Herr Wiemchen: »Die Situation war und ist bis heute sehr angespannt. Nach zirka zwei Jahren habe ich mich auch nicht mehr als echter Vater empfunden, sondern eher wie ein Patenonkel oder Freund.« Beide haben sich früher als richtiger Vater erlebt. Nichts konnte diese Gewissheit infrage stellen. Bei fortschreitender Dauer der Trennung jedoch ging ihnen dieses Gefühl verloren. Es gelang ihnen nicht, sich selbst und ihren Kindern ein tragfähiges Bild als Vater zu erhalten. Freizeitgestalter, Patenonkel und Freunde werden von Kindern zwar gemocht, aber sie gestalten nicht maßgeblich ihr Leben, so wie sie nicht dem intimen Kreis der engsten Familie angehören.

Der folgende Abschnitt wird zeigen, welche Bemühungen Männer unternehmen, um diesem Schicksal zu entgehen. Wer nicht Sugardaddy sein will, der muss sich davor hüten, zum Onkel oder Freund degradiert zu werden.

Der Kampf um den Alltag

Das Bestreben, nach der Scheidung eine neue Art von Normalität herzustellen, vereint eine große Zahl von Scheidungsvätern, die wir deshalb in einer eigenen Gruppe zusammengefasst haben. Diese Männer besitzen eine ganz klare Vorstellung davon, wie ihre Väterlichkeit nach der Trennung aussehen soll. Sie soll sich so wenig wie möglich von der bisher erlebten unterscheiden, obwohl sich die Rahmenbedingungen von Grund auf verändert haben. Sie wollen an die alten Selbstverständlichkeiten der einstigen Familie anschließen. So versucht es auch Herr Hartmetz zu halten: »Ich versuche mit den Kindern zu leben wie damals, als wir noch dauerhaft zusammenlebten.« Das Festhalten an der bisherigen gemeinsamen Erfahrung scheint ihm die sicherste Garantie dafür zu sein, dass sich zwischen seinen Kindern und ihm nichts ändert. Scheidungsväter wie Herr Hartmetz integrieren ihre Kinder mit oftmals großer Sicherheit in ihr nachfamiliäres Leben.

Eine neue Familiensituation mit einer anderen Frau und vielleicht weiteren Kindern bringt aber für sie alle Komplikationen mit sich, mit denen Patchwork-Familien fertig werden müssen. Aber sie setzt doch eine neue Normalität von routinierten Abläufen, wie sie mit dem Kind und dessen Mutter ganz ähnlich früher praktiziert wurden. Die Beziehungsgestaltung unterliegt dabei nicht nur dem Kontakt zwischen Vater und Kind, sondern ist auch abhängig von äußeren Umständen. Extraveranstaltungen können schon deshalb nicht der Regelfall werden, weil der Mann seine Vaterrolle nicht nach *einem* Kind ausrichten kann, sondern während der Umgangsbesuche der neuen Familie ebenfalls erhalten bleiben muss. Herr Obst scheint eine solche Regelung als befriedigend und weitgehend komplikationslos zu empfinden: »Da die Kinder recht häufig bei mir sind und sich mit meiner neuen Frau und ihrem neuen Bruder gut verstehen, leben wir ein ganz normales Alltagsleben mit ihnen. Es gibt keine extra Kinderveranstaltungen, zumindest nicht nur deshalb, weil sie bei mir sind.« Wenn das beschützende Element der Väterlichkeit wieder in das ihnen vertraute Modell der Familie eingebunden ist, fällt es vielen offenbar leichter, ihren Kindern das Maß an Vertrautheit zu geben, das sie ihnen geben möchten.

Dass aber nicht alles mit der selbstverständlichen Harmonie abläuft wie einst, sondern eine Vielzahl von Absprachen getroffen und Erwartungen befriedigt werden müssen, macht uns Herr Büscher deutlich:

»In gemeinsamer Abstimmung versuche ich alle Interessen – die meiner Kinder, meiner neuen Lebensgefährtin und deren Tochter und meine – unter einen Hut zu bekommen.«

In seinem Kommentar schwingt die Andeutung mit, dass dies bei weitem nicht immer gelingt und durchaus auch fehlschlagen kann. Einiges an Normalität kann durch gelungene Arrangements nach der Trennung zurückgewonnen werden. Dennoch kann die neue Normalität nicht darüber hinwegtäuschen, dass die Auflösung der gemeinsamen Elterlichkeit das Leben der Kinder gravierend verändert hat. Herr Kampe kann dieses Spannungsverhältnis, in dem seine Kinder seit der Trennung leben, gut benennen:

»Ich habe das gemeinsame Haus mit Garten behalten. Meine Kinder machen das, was sie vor der Trennung auch getan haben. Ich möchte das auch so beibehalten, da sich ansonsten für meine zwei Mädels viel verändert hat.«

Herr Kampe lässt uns wissen, dass sein Wunsch, an den alten Vertrautheiten anzuknüpfen und seine alte Vaterrolle beizubehalten, nicht ohne weiteres erfüllbar ist, weil die Trennung das Leben seiner Töchter grundlegend verändert hat. Das bedeutet, dass er Verantwortung für die Verletzungen der Kinder übernehmen muss, die ihnen durch die Trennung zugefügt wurden.

Welche Grenzen der Anknüpfung an die einstige Lebenswelt gezogen sind, wird im Kommentar von Herrn Gabler deutlich:

»Ich gebe den Kindern ein zweites Zuhause, soweit es unter der Entfernung von über 600 Kilometer möglich ist. Ich lebe mit den Kindern dann einen normalen Alltag. Dieser schließt das Zu-Hause-Sein ein mit Einkaufen, Essen, Waschen, Schlafen, Spielen et cetera, Wünsche erfüllen, Freizeitprogramm.«

Aus ihrer Perspektive beschreiben diese Männer die Einbindung der Kinder in ihr Leben als eine runde Sache. Sie verschaffen den Kindern Zugang zu ihrer Welt und lassen sie daran teilhaben. Die Vorstellung einer so runden, fast idealen Väterlichkeit nach der Trennung wird allerdings dann zur Illusion, wenn nicht bedacht wird, dass die Situation sich für die Kinder oftmals als sehr brüchig darstellt.

Man muss davon ausgehen, dass sich die Scheidungsmutter mit der gleichen Anstrengung wie der Vater um Normalität in der Nachtrennungssituation bemüht und damit trotz Scheidung seine Väterlichkeit unterstützen kann. Sie kann sie nicht wie früher ergänzen, diese Zeit ist vorbei. Eine Entfernung von 600 Kilometern zwischen der Welt des Vaters und der der Mutter konfrontiert uns besonders drastisch damit, wie die einstige in sich geschlossene und gesicherte Lebenswelt der Kinder auseinander fällt. So liebevoll nach der Trennung neue Verhältnisse aufgebaut werden, die Anerkennung der vorausgegangenen Zerstörung darf nicht der Illusion einer heilen Welt geopfert werden. Der gut gemeinte Versuch, die Tatsache der Trennung und des Elternverlustes zu leugnen und sich und den Kindern vorzugaukeln, alles sei wie früher, hätte zur Folge, dass Kinder sich nicht mehr getrauen, offen ihren Kummer und ihre Wut zu zeigen. Die Brüche, die sich im Leben von Eltern und Kindern ereignet haben, können dann nicht mehr angesprochen werden. Dass die Eltern nicht mehr gemeinsam zur Verfügung stehen, enttäuscht die Kinder, macht sie depressiv oder aggressiv. Zu Recht machen sie für diesen Verlust die Eltern verantwortlich. Wird der Verlust aber in beschwichtigender Absicht verleugnet, so ist es den Kindern nicht mehr möglich, ihre ärgerlichen und zornigen Gefühle zu äußern. Diese Emotionen unterliegen der ängstlichen Zensur der Kinder, die ihre Eltern nicht enttäuschen möchten, indem sie sie in ihren Illusionen stören. Sie verschonen daher die Eltern mit ihrem Schmerz. Unter den Bedingungen einer verheimlichten Realität kann es bei Scheidungskindern zu zahlreichen leichten wie schweren Störungen kommen. Sie können vom Bettnässen über Nägelbeißen bis zu schweren psychosomatischen Erkrankungen reichen. In diesen Fällen wird zumeist nur der Arzt konsultiert, obwohl gerade die psychotherapeutische Arbeit im Mittelpunkt von Heilungsversuchen stehen sollte.

Wenn die Beschädigung der kindlichen Welt nach der Trennung nicht in Abrede gestellt wird, dann kann die elterliche Kommunikation helfen, eine Verbindung zwischen den zwei Welten des Kindes, der alten wie der neuen, herzustellen. Für Herrn Wingst stellt die Patchwork-Familie, in der er seit der Trennung von seiner Frau lebt, sicherlich eine große emotionale und organisatorische Herausforderung dar. Dennoch ist es ihm mit seiner Exfrau gelungen, eine Art durchlässige väterliche und mütterliche Welt zu schaffen.

»Das Wochenende verbringen wir bei mir zu Hause, sonntags bei meinen Eltern, Urlaub mit neuer Partnerin und deren Kind – Patchwork. Ich bin nicht nur ein Spaß-Papa, sondern so normal wie früher, wenn auch unter anderen Vorzeichen. Ich übernehme die Hausaufgabenhilfe und so weiter. Hier erfolgt erfreulicherweise eine sehr starke und intensive Zusammenarbeit mit der Kindesmutter, was die Richtung der Erziehung und so weiter angeht.«

Auch wenn die Mutter in der neuen Familie nicht in Erscheinung tritt, wird sie vom Vater durch gemeinsame Absprachen in die Welt von Vater und Kind mit einbezogen. Sie wird jedoch nicht wie früher repräsentiert, weil die erotisch-sexuelle Bindung zwischen beiden jetzt fehlt.

Für Scheidungskinder ist es eine große Entlastung in ihrer bedrückenden Situation, wenn der andere Elternteil nicht neben seiner körperlichen Abwesenheit noch zusätzlich totgeschwiegen wird. Es ist anzunehmen, dass über die Mutter im Hause des Vaters nachgedacht, gesprochen und dass sie von dort aus weiterhin geliebt werden darf. Darüber hinaus beschreibt Herr Wingst, in welch knapp bemessenem Zeitrahmen der Wunsch nach Normalität mit dem Kind realisiert werden muss. Die Anforderungen sind erheblich: Kontakte zu Freunden der Kinder, zu Omas und Opas sollen hergestellt werden, besondere Unternehmungen, Gespräche, Hausaufgaben, Faulenzen, all das findet in komprimierter Form jeweils an einem Wochenende – dem »Umgangswochenende« – statt. Herr Wingst nimmt mit großer Sensibilität und Sorge wahr, wie die durchlässigen Welten von Vater und Mutter das Wohlergehen der Kinder fördern. Er blickt der Realität ins Auge, dass sein bisheriges Leben mit der Exfrau eben nicht gänzlich beendet werden kann, solange die Kinder noch beide Eltern dringend brauchen.

Für die neuen Lebensgefährtinnen der Scheidungsväter wirft das durchaus Probleme auf. Die Ausschließlichkeit ihrer Partnerschaft wird regelmäßig alle vierzehn Tage aufgehoben und die Vergangenheit der gescheiterten Ehe zieht in ihr Leben ein – verkörpert durch die Kinder. Weiterhin teilt die Exfrau die verbliebene Elterlichkeit mit dem einstigen Partner. Die neue Frau hingegen kann daran nur beschränkt und niemals gleichberechtigt teilhaben. So gibt es für die neuen Partnerinnen eine Frau vor ihnen, die noch immer Einfluss auf das jetzige Leben des Mannes nimmt. Kaum anders ist die Situation von Trennungsmüttern.

Es hat den Anschein, als sei die Wahl einer neuen Partnerin eine bequeme Art für Männer, den Kindern ein neues Zuhause zu geben. Der Rahmen einer neuen Familiensituation scheint in der Tat etwas Erleichterndes zu haben und mindert mitunter die Verkrampfung inszenierter Begegnungen zwischen Vätern und Kindern. Gleichzeitig aber stellt die Patchwork-Familie höchste Anforderungen an die Beziehungsfähigkeit all derer, die in ihr leben. Sie erscheint damit als gangbarer Weg zu einer neuen sicheren Lebensperspektive. Als einfacher Ausweg oder gar als Ausflucht sollte diese Wahl weder missverstanden noch böswillig missdeutet werden.

Echte Sugardaddys, aber der Beigeschmack ist sauer

Wir haben bereits über jene Väter berichtet, die ängstlich fürchten, nach der Trennung ein Leben als Freizeitvater vor sich zu haben. Weil sie an der Erziehung ihrer Kinder weiterhin beteiligt bleiben möchten, haben sie nur wenig mit dem Stereotyp des Vaters gemein, der sich nach der Scheidung allein die Rosinen herauspickt und – wie das Klischee es will – sich mit den Kindern einen »schönen Lenz« machen möchte, während die Mutter den grauen Alltag mit all seinen Belastungen erledigen muss und kaum noch eine frohe Stunde im Leben hat.

Allerdings sind wir bei unserer Befragung auf eine Gruppe von Vätern gestoßen, die tatsächlich versucht, das Zusammensein mit ihren Kindern nach Möglichkeit nur lust- und freudvoll zu gestalten. Manch einer von ihnen wird im Kontakt zu seinen Kindern selbst wieder kindlich und entdeckt die Freuden des Spiels. Wenn Spaß und Lust jedoch einseitig vorherrschen, dann kann sich unbemerkt eine Blindheit gegenüber Konflikten einschleichen. Vermeinen einige, ihre Beziehung zu den Kindern nur erfolgreich aufrechterhalten zu können, wenn sie in der knapp bemessenen gemeinsamen Zeit, die sie bei ihnen sind, nicht den geringsten Hauch eines Unbehagens verspüren? Die Vermeidung alles Unangenehmen schafft aber im Extremfall eine klinisch sterile Atmosphäre.

So genießt ein Teil der Scheidungsväter das kindliche Spiel mit dem Nachwuchs ganz spontan und zwanglos wie auf einer umfriedeten Spielwiese, während andere aus lauter Ängstlichkeit nur noch verkrampft lustig und verwöhnend mit ihren Kindern umgehen, weil sie sich vor Auseinandersetzungen und leidenschaftlichen Gefühlen fürchten, von denen sie glauben, sie nicht meistern zu können.

Einerlei, ob Männer aus eigener Lust am Spiel zum Sugardaddy werden oder ob es sich eher um von Angst getriebene Zugeständnisse handelt, sie alle verwirklichen nur noch einen Aspekt ihrer früheren Väterlichkeit. Sie beschränken sich darauf, Gewährende zu sein, die keine Erwartungen an die Kinder stellen, wie sie das früher getan haben. Keinem Kind wird dieser Wandel aber entgehen, wenn vor der Scheidung der Vater derjenige war, der eher Versagung verlangte und dem quengelnden Hin und Her über unerfüllte Wünsche ein klares Nein entgegenhielt. Seine jetzige Haltung ist den Kindern ungewohnt und sie werden die Angst dahinter wohl spüren. So finden sie in ihrem Vater zwar einen Freund und lustigen Spielkameraden, aber keinen Erwachsenen, der für sie wie früher Verantwortung übernimmt, wenn es heißt, die gefährlichen Klippen des Lebens zu meistern.

Herr Thewes beispielsweise schrieb:»Wir leben zusammen und planen gemeinsam, wozu wir Lust haben. Es ist bei mir wie in einer Ferienwohnung.« Nach den vielen kleinen Querelen und den großen Auseinandersetzungen, die der Trennung eines Paares gewöhnlich vorausgehen und der Scheidung folgen, ist es sicher eine Erleichterung, wenn die Tage mit den Kindern ohne ständige Reibereien vonstatten gehen. Die Einsamkeit mag den Wunsch nach friedlichen Zusammenkünften sogar noch zusätzlich steigern.

So ist das Durchatmen von so manchem Scheidungsvater nach der Trennung durchaus verständlich. Gemeinsam mit dem Kind, das durch die Auseinandersetzungen ebenfalls belastet ist, steht ihm der Sinn danach, es sich angenehm zu machen und die schönen Seiten der knapp bemessenen Besuchszeit in vollen Zügen auszukosten. So schmerzlich das Fehlen der alten familiären Routine sein mag, so befreiend kann doch auch der Wegfall von Zwang und Kontrolle wirken. Herr Thewes scheint die Zeit mit seinem Kind wie einen Urlaub zu empfinden. Das neue Zuhause, das er sich und seinem Kind geschaffen hat, erklärt er kurzerhand als frei von Pflichten – eben als seine »Ferienwohnung«. Dort muss kein anstrengender Alltag gemeistert werden, sondern es gilt die freie Zeit nach spontanen Wünschen zu gestalten.

Solche Urlaubserlebnisse sind natürlich jedem Vater und seinen Kindern zu wünschen. Was Herr Thewes jedoch nicht in seine Überlegungen einbezieht, ist zweierlei. Zum einen wird der Urlaub nur dadurch zu einem besonderen und kostbaren Erlebnis, weil er sich von den Anforderungen des Alltags abhebt und auf wenige Wochen im Jahr beschränkt ist. Zum anderen kann die Wohnung eines Elternteils nicht dauerhaft nur Ferienwohnung sein. Herr Thewes lebt schließlich in seiner Wohnung. Sie ist Ausgangspunkt, wenn er morgens aus dem Haus eilt, und der Ort, an den er nach einem anstrengenden Tag zurückkehrt. In ihr muss geputzt, gewaschen und gekocht werden. Gute, aber auch alle schlechten Nachrichten erreichen sein Zuhause, und Zeitung und Radio gibt es ebenfalls. Somit lassen sich weder der Alltag noch die traurigen Seiten der Trennung ausschließen. Mag der Wunsch auch noch so groß sein, die Augen vor Schulproblemen, Liebeskummer, Streitereien mit Freunden und dem schmerzlichen Verlust des Elternpaares zu verschließen – Herr Thewes kann seinem Kind auf Dauer nicht ersparen, darüber zu reden und die Probleme zu meistern. Was kann schöner für eine Tochter oder einen Sohn sein, als mit dem Vater über erlittenen Kummer zu reden und dabei *seine* Art zu erleben, über Liebe und Enttäuschung zu sprechen? Obwohl die Kinder auf das gemeinsame Elternpaar verzichten müssen, wird in dem Unterschied, wie Vater und Mutter mit den Problemen ihrer Kinder umgehen, doch ein wenig wieder an alte Gemeinsamkeiten erinnert. Daran vermag auch der Umstand nichts zu ändern, dass beide räumlich für immer getrennt sein werden.

Auch andere Scheidungsväter beschreiben, wie sie sich gemeinsam mit ihren Kindern treiben lassen, als gäbe es keine Verpflichtung im Leben und als gelte es nur der Lust zu frönen. Herr Heimstädter nennt die Vergnügen:»Kino, Unternehmungen außer Haus – Ausflüge, Bowling, Kinderveranstaltungen, Spielen in der Wohnung am Computer, gemeinsames Lesen von *Harry Potter*.« Herr Fenner beschreibt, wie er seinem Kind zu einer Art Kumpel wurde und mit ihm gemeinsame Interessen verfolgt:»Wir tun, wozu wir gerade Lust haben. Fernsehen, schwimmen, spazieren gehen, spielen, grillen, Freunde einladen. Wir genießen die gemeinsame Zeit.« Hier wird das gelegentliche Zusammensein auf die Genussebene reduziert. Wenn sich Vater und Kind nur am Wochenende sehen, schließt das Pflichten jedoch nicht aus. Denn auch der Genuss bedarf der Vorbereitung. Innerhalb einer funktionierenden Familie gelingt es wohl kaum, die Wochenenden nur unter den Stern der Freizeitgestaltung zu stellen. Ein Teil der Zeit muss dazu aufgewendet werden, nachzuholen, was in der Woche nicht zu schaffen war. Der samstägliche Hausputz kann ebenso dazu zählen wie der Großeinkauf, die Autowäsche oder kleinere Reparaturarbeiten.

Obwohl sich die Besuche der Kinder von Herrn Sommer nicht nur auf das Wochenende beschränken, hält er ebenfalls am Prinzip»Bei Papa ist Urlaub« fest. Wie wir im Fall von Reinhardt B. bereits erfahren haben, werden solche Ansichten mitunter auch vom Gericht vertreten. In seinem Fall beharrte die Richterin ausdrücklich darauf, dass die Besuche beim Vater Urlaubscharakter zu tragen haben, weil dies für die Entwicklung des Kindes wichtig sei. Während Herr Schlichte sich gegen diese eigentümliche Vorstellung zur Wehr setzte, da er kein Animateur sein wollte, der seinem Kind einen möglichst frustrationsfreien Kurzurlaub bietet, geben sich die hier beschriebenen Väter mit der Rolle des Sugardaddys zufrieden. Herr Sommer dazu:

»Da sie auch unter der Woche sporadisch kommen, unternehmen wir sehr viel. Meistens eine gesunde Mischung aus Sport und diversen Freizeitaktivitäten. Diese wären zum Beispiel Inliner, Schlittschuhlaufen, Zoobesuche, Tischtennis und auch Fußball.«

Die Hausaufgaben der Kinder hingegen scheinen für Herrn Sommer nicht zu der »gesunden Mischung« zu gehören. Die Interessen des Vaters scheinen sich ganz mit denen seiner Kinder zu decken.

Hier werden vor den Kindern Facetten der Väterlichkeit verborgen, um den Alltag aus dem Zusammensein mit den Kindern zu eliminieren. Jenem Elternteil, bei dem die Kinder ständig leben, bietet sich hingegen keine Möglichkeit, den Alltag von den Pflichten zu bereinigen und eine ausschließlich lustvolle Zeit zu verbringen. Durch die ständige Gemeinsamkeit mit all ihren Belastungen entsteht vielmehr das Bedürfnis, die Kinder zeitweise ganz hinter sich zu lassen und nur Erwachsene um sich zu haben. Für den Scheidungsvater, den die Kinder ab und an besuchen, ist das kein Problem. Für die Scheidungsmutter hingegen sehr viel mehr. Sie führt ein Leben, das von den kindlichen Bedürfnissen tagaus, tagein geprägt wird und dadurch seine zeitliche Struktur wie gefühlsmäßige Einfärbung erhält. Daran wird sich in den meisten Fällen erst dann etwas ändern, wenn sie eine neue Beziehung eingeht. Dann eröffnen sich wieder andere Erlebnisdimensionen, die gegen die Forderungen der Kinder durchgesetzt werden müssen.

Bei diesen Konstellationen kommen die Vorstellungen von der *überforderten alleinerziehenden Mutter* und einem *dem Spaßprinzip frönenden Wochenendvater* voll zum Tragen. Einige Berichte von Vätern machen aber auch deutlich, wie anstrengend es für sie ist, den Alltag von den Kindern auf eine fast unnatürliche Weise fernzuhalten.

Seit seiner Trennung kämpft Herr Baumeier um seine Väterlichkeit. Er tut es, indem er sich ganz auf die Wünsche seiner Tochter einstellt. Viele Männer berichteten uns, wie sehr sie jene Vaterrolle fürchten, die sich nur durch gute Laune und Zuckerwatte glaubt bewähren zu können. In der Beschreibung von Herrn Baumeier ist diese Befürchtung auf dem besten Weg, Wirklichkeit zu werden:

»Als meine Tochter klein war, gab es immer gemeinsame Programme in- und außerhalb der Wohnung – vom Lagerfeuer bis zum Plätzchenbacken. Wenn sie jetzt kommt, gibt es nur Gespräche über ihre Angelegenheiten. Ein gelegentlicher Fahrdienst wird auch gerne gesehen, ebenso ist es beliebt, bei mir eine Fete zu machen, weil ich großzügiger als die Mutter bin, vor allem in puncto Sauberkeit. Ich muss meine Tochter einfach zwei- bis dreimal pro Woche sehen, auch wenn es nur ein kurzes Betrachten im Vorbeigehen ist. Dieses ist leicht möglich, da ich im Haus ihrer Mutter fast ein und ausgehe. Das ist möglich wegen einer beruflichen Verbindung und einem nach wie vor weitgehend gemeinsamen Freundeskreis.«

Obwohl Herr Baumeier seine Tochter regelmäßig und spontan sehen kann, hält er seine Erwartungen an sie weitgehend zurück. Die gemeinsame Zeit wird mehr oder weniger von den Wünschen der Heranwachsenden bestimmt. So wird er zu einem Vater, der immer aufnahmebereit für die Belange des Kindes ist. Mit einem mal übellaunigen, gereizten oder von der Arbeit genervten Vater wird das Mädchen nie konfrontiert. Und da die Tochter um die grenzenlose Bereitschaft ihres Vaters weiß, nutzt sie sie ganz für ihre Interessen. Er ist ohne Zweifel ein Vater, der bereit ist, sich von seiner Tochter verführen zu lassen. Seine Bereitschaft, das mitzumachen, macht ihn gleichzeitig zum Verführer der Tochter. Es handelt sich um ein gemeinsames Spiel, bei dem der Vater die Regeln seiner Tochter überlassen hat.

Diese Art Eigennutz ist für Teenager nichts Ungewöhnliches. Während die Tochter zähneknirschend die Regeln und Ansprüche der Mutter zu akzeptieren scheint, nutzt sie offen das uneingeschränkte Wohlwollen ihres Vaters aus. Herr Baumeier nimmt die Strategie seiner Tochter sehr wohl wahr, aber er verwahrt sich nicht dagegen, zu ihrem Spielball zu werden. Selbst wenn sein Verhalten von der Angst beeinflusst ist, in die schwierigen Konflikte einer Pubertierenden hineingezogen zu werden, so ist doch die konkurrierende Einstellung gegenüber seiner Exfrau nicht zu übersehen. Sie soll ihm bei der Tochter einen Vorteil gegenüber der offensichtlich strengeren Mutter verschaffen.

Die Schilderungen der Eventdaddys, die sich nach der Scheidung mit Kleinigkeiten Platzvorteile zu sichern suchen, haben mit der als glanzvoll vorgestellten Welt dieser Männer allerdings nur wenig zu tun. Das vorherrschende Bild dieses Vatertyps wird weniger von der Realität bestimmt als von den Phantasien jener Scheidungsmütter, die auf die privilegierte Nähe ihrer Kinder, der Tochter zumal, zum Vater ein wenig neidisch sind. Das ist durchaus verständlich, denn die Vergangenheit kannte sehr gute Zeiten der Gemeinsamkeit. Dazu zählten gerade auch die Wochenenden. Während der eine Vater noch die »Ferienwohnung« mit seinem Kind genießt, ahnt der andere schon, dass er von seiner heranwachsenden Tochter mehr ausgenutzt als freudig und erwartungsvoll aufgesucht wird. Sicherlich gibt es Väter, die durch Konsum- oder Erlebnisrausch zu ersetzen versuchen, was ihnen mit der Scheidung an intensiver Beziehung zu ihren Kindern verloren gegangen ist. Doch hinter dem gönnerhaften Sugardaddy verbirgt sich häufig ein unsicherer Vater, der um die Dauerhaftigkeit der Beziehung zu seinen Kindern bangt. Die bereitwillig aufgebotenen Attraktionen lenken oft nur davon ab, dass die Väterlichkeit auf wankendem Boden steht. Bevor die nicht selten auftretende Einsamkeit nach der Scheidung ihnen Angst macht, fliehen sie im Vierzehn-Tage-Rhythmus mit ihren Kindern in einen selbstvergessenen Vergnügungsrausch.

Einsame Väter

Viele Scheidungsväter stehen nach der Trennung vor der Situation, dass sie nur über wenige soziale Kontakte verfügen. Der Freundeskreis hat sich mit der Scheidung in zwei Gruppen geteilt, von denen sich eine der Exfrau gegenüber loyal verhält und somit dem Mann verloren geht. Für die meisten Männer brechen obendrein die Kontakte ab, die mit der Arbeitsteilung von Mutter und Vater gegeben waren. Denn noch immer gestalten vorwiegend Frauen die Kontakte für die Kinder. Mütter sind es, die mit anderen Müttern gegenseitige Besuche der Kinder arrangieren und informelle Netzwerke rund um die Belange der Kinder schaffen. Mütter greifen sich gegenseitig unter die Arme, etwa bei der Kinderbetreuung in Notsituationen. Häufig entstehen daraus intensive Kontakte. Kindergarteneintritt und Schulbeginn sind nicht nur für Kinder, sondern auch für ihre Eltern einschneidende Veränderungen und markieren einen neuen Lebensabschnitt. Für Eltern sind sie mit Freude und Stolz, aber nicht minder auch mit neuen, unsicheren Perspektiven verbunden. Die Frage, ob der Einstieg des Kindes in die Schule gelingt, ob es den Anforderungen gewachsen ist und ob es einen anerkannten Platz im Klassenverband findet, beschäftigt fast alle Eltern. Wenn sich Mütter bei einem Kaffee, nachdem sie die Kinder aus der Schule oder aus dem Hort abgeholt haben, darüber austauschen, entsteht schnell Verbundenheit, die sich in anderen Zusammenhängen nicht so schnell einstellt. Warum die Gestaltung der sozialen Beziehungen so sehr in Frauenhand liegt, lässt sich zum Teil aus der Verteilung der Vollzeiterwerbstätigkeit und der Art der Arbeitsteilung innerhalb der Partnerschaft erklären.

Obwohl viele Paare noch vor der Geburt des ersten Kindes vereinbaren, die innerfamiliären Aufgaben zu gleichen Teilen zu übernehmen, setzt sich nach der Geburt die eher konventionelle Rollenteilung durch. Mit dem Erziehungsurlaub, den noch immer in aller Regel die Frau in Anspruch nimmt, halten offensichtlich die kulturell eingeschliffenen Formen der Arbeitsteilung zwischen männlicher Erwerbs- und weiblicher Hausarbeit in die Beziehung der Eltern Einzug. Während nun die Frauen für den häuslichen Bereich Sorge tragen, sehen sich die Männer aufgefordert, die finanzielle Sicherheit der Familie zu garantieren. Viele Paare finden sich so nach dem Ende des Erziehungsurlaubes in einem arbeitsteiligen Arrangement wieder, das sie so eigentlich nicht geplant hatten. Schuld daran ist aber weder der eine noch die andere. Die eher konventionelle Arbeitsteilung ist Resultat des gemeinsamen Bemühens, Kindererziehung und Broterwerb unter einen Hut zu bringen. Die alten Rollenmodelle stellen sich dabei aus vielerlei Gründen noch immer als die gängigsten, manchmal auch als die einzig denkbaren Lösungen dar. Dabei geht es nicht nur um Rollenverteilung, sondern auch um die emotionalen Grundlagen der Elternschaft. Männern fällt es schwer, sich die Väterlichkeit in dieser Phase anders als arbeitsorientiert vorzustellen. Müttern hingegen fällt es schwer, sich die Mütterlichkeit anders als in unmittelbarer Sorge für den Säugling vorzustellen. Jeder zahlt dafür seinen Preis. Existenzbedrohlich werden die Konsequenzen dieser Arbeitsteilung oftmals erst nach der Trennung.

Die vorwiegende Zuständigkeit der Männer für das tägliche Brot bedeutet für die Mehrzahl von ihnen, dass sie erst am frühen Abend zu Partnerin und Kind zurückkehren. Manch einer trifft sein Kind bereits im Schlafanzug an und kann es nur noch mit einer Gute-Nacht-Geschichte in den Schlaf begleiten. Der Alltag von Mutter und Kind ist dann bereits vorbei. Er bleibt den Männern weitgehend unzugänglich. Männer erleben nicht die Situation, dass das Kind von der Schule kommt, einen Schulfreund mitbringt und deshalb mit der Mutter des kleinen Besuchers telefoniert werden muss. Und nicht selten entsteht aus einem simplen Telefonat ein kleiner Plausch, an dessen Ende eine gemeinsame Verabredung zum Picknick mit den Kindern am nächsten Tag steht. So einfach ergeben sich mitunter soziale Kontakte unter Müttern. Im Stadtteil kennt man sich in der Regel. Über die Rückbildungsgymnastik nach der Geburt, das Babyschwimmen, die Krabbelstube, den Kindergarten, das Eltern-Kind-Turnen und die Grundschule ist man untereinander bekannt. Eher selten kommt es vor, dass Mütter beim Besuch des Spielplatzes oder auf Stadtteilfesten kein bekanntes Gesicht treffen. Die Netzwerke unter Müttern führen zu einem stetigen Informationsfluss. Irgendwie durch irgendwen werden irgendwo immer Mitteilungen weitergegeben, die auf ein Kindertheater hinweisen, eine im Aufbau begriffene Hüpfburg oder die Bibliothek, die einen Spielnachmittag für die Kleinsten anbietet.

Zerbricht die Ehe, so zieht das nicht nur die schmerzliche Erkenntnis nach sich, dass der Traum von einer intakten Familie gescheitert ist. Viele Väter müssen darüber hinaus erst einmal darum kämpfen, die Beziehung zu ihren Kindern nicht zu verlieren. Sind geregelte Umgangszeiten schließlich durchgesetzt, dann sehen sich Väter plötzlich vor dem Problem, dass sie keine sozialen Kontakte haben. Plötzlich fühlen sie sich während des Besuchswochenendes mit den Kindern auf sich allein gestellt. Jetzt tauchen Fragen auf, für die ihre Exfrau immer eine gute Antwort wusste. Wo findet etwas für Kinder statt? Wie ist der Nachname der Eltern des Kindergartenfreundes? Wo wohnt er? Hinzu kommt ein Gefühl von Fremdheit und Verlassenheit, weil sich überall Gruppen von Müttern fröhlich tummeln, während der Trennungsvater allein und verloren auf der Parkbank sitzt. Und zu Hause ist er nun selbst dafür zuständig, eine vertraute Atmosphäre zu schaffen.

Eine stetig wachsende Gruppe von erfahrenen und gebrannten, aber zugleich gewitzten Vätern, die sich in dieser Situation sehr hilflos vorkamen, findet den Mut, in Vätervereinen über ihre neue Situation zu sprechen. Während den Frauen Wiedereingliederungshilfen für den

Beruf durch zahlreiche Organisationen angeboten werden, gibt es für die Probleme von Vätern so gut wie keine Hilfsangebote. Die allgegenwärtigen Klischees über Scheidungsväter in Gesellschaft und Familienpolitik haben dazu beigetragen, dass den vermeintlichen Bösewichten keine Aufmerksamkeit geschenkt und deshalb keine Hilfen zur Verfügung gestellt werden. Die Politik auf kommunaler, Landes- und Bundesebene scheint darauf zu vertrauen, dass Männer sich am eigenen Schopf aus der Misere herausziehen. Dieser nicht unübliche Glaube an die Allmacht der Männer soll die ausbleibende Finanzierung von Eigeninitiativen der Scheidungsväter begründen.

Was tun Männer, die vor die Aufgabe gestellt sind, organisieren und improvisieren zu müssen, was zur Kindererziehung dazugehört und was in der Vergangenheit von der Exfrau oder Expartnerin bravourös erledigt wurde? Herr Sander sucht das Problem zu lösen, indem er Kontakte im Stadtteil knüpft:»Ich versuche Kinder aus der Nachbarschaft einzuladen.« Ob dieser Versuch gelingen wird, stellt er selbst noch infrage. Leicht scheint es ihm nicht zu fallen, seinem Kind dabei zu helfen, Kontakte selbst herzustellen. Herr Sander schlägt sich mehr oder weniger allein mit den neuen Herausforderungen herum. Andere Männer hingegen greifen auf ihre eigenen Eltern zurück – ein bewährtes altes Netzwerk. Herr Klausen:»Wir verbringen die Zeit bei mir, bei den Kindern meiner Schwester oder bei meinen Eltern.« Herr Stollberg:»Ich versuche meine Familie und meine derzeitige Partnerin mit einzubeziehen, also Cousins meiner Tochter sind anwesend. Treffen im Haus meiner Eltern. Ausflüge, Halligalli-Programm, Laisser-faire, Verwöhnatmosphäre.«

Für eine Gruppe von Vätern scheinen die Eltern nach der Trennung abermals an Bedeutung zu gewinnen. Gerade den Männern, die sich nach der Scheidung eher isoliert oder vereinsamt fühlen und sich erst daran gewöhnen müssen, selbst kindgerechte Beziehungen zu schaffen, sind die beherzt und sicher zugreifenden Eltern eine große Erleichterung. Sie suchen buchstäblich Schutz und Unterschlupf bei den Großeltern der Kinder, wo sie Geborgenheit in den neuen und unsicheren Zeiten nach der Trennung finden. Verbringen die Männer die Umgangszeiten jedoch nur bei den Großeltern, so verpassen sie die Chance, die Kinder mit ihrer eigenen Lebensweise vertraut zu machen. Es führt nämlich kein Weg daran vorbei, für die gemeinsame Zeit mit den Kindern einen Tagesablauf zu schaffen, der dem Vater Selbstsicherheit und den Kindern das Gefühl gibt, dass der Vater alles im Griff hat. So wie die Mutter damals. An den Wochenenden ist es zwar praktisch, wenn die Großeltern Einkauf, Kochen und Hausarbeit übernehmen. Dem Vater bleibt so mehr Zeit mit den Kindern. Aber die Kinder erleben ihn nicht im Supermarkt, am Herd oder am Spülbecken und bekommen bei den Großeltern kein Gespür für die individuelle Art des Vaters, seinen Alltag zu gestalten. Sie können diese Seite nur entdecken, wenn der Vater sie entwickelt und mit ihnen gemeinsam praktiziert. Es gibt aber noch einen weiteren Grund, das Zusammensein von Vater und Kind im väterlichen Elternhaus zu organisieren. Herr Berlich bringt die zeitliche Begrenzung der Besuche ins Spiel:

»Den Urlaub verbringe ich mit den Kindern und meinen Eltern gemeinsam. So haben sie auch gemeinsame Erlebnisse. Die Wochenenden sind leider zu kurz. Wir verbringen sie bei mir zu Hause, spielen, gehen in den Zoo et cetera.«

Viele Männer haben großes Interesse daran, dass ihre Kinder den Kontakt zur Familie väterlicherseits nicht verlieren. In den meist kurzen Zeiten des Umgangs sind die Anforderungen an Väter wie Kinder sehr hoch. Sie müssen sich einander wieder annähern, eine Art Selbstverständlichkeit herstellen und gemeinsame Erlebnisse außerhalb des Hauses gestalten. Wenn dann noch gekocht und eingekauft werden muss, vergehen zwei Tage wie im Flug. Da erweist es sich als schwierig, die Zeit, die der Vater gerne mit seinem Kind verbringen möchte, für Besuche bei Großeltern, Freunden des Vaters oder anderen Kindern zu reservieren. Vor diesem Hintergrund lösen Scheidungsväter einige dieser Probleme dadurch, dass sie die gesamte Zeit bei den Großeltern verbringen. Klagt man schon innerhalb der Familie darüber, dass für viele Dinge nicht genügend Zeit vorhanden ist, so wird der Zeitmangel für Scheidungsväter zu einem dauerhaften Problem, für das sich nur schwer eine Lösung finden lässt. Das ist Teil des Preises, den nicht nur die Eltern, sondern auch die Kinder für die Scheidung zu zahlen haben. Mehrheitlich trifft das die Männer, aber es gilt natürlich ebenso für Frauen, wenn deren Kinder beim Vater leben.

Männer hingegen, die nicht auf ihre Eltern zurückgreifen können oder wollen, sind damit konfrontiert, dass sie als Scheidungsvater in der Regel über kein Netzwerk verfügen, in dem sie die kindlichen Bedürfnisse recht leicht und besonders selbstverständlich unterbringen können. Wenn Männer gemeinsam mit anderen Kindern etwas unternehmen wollen, finden sie sich schnell als einziger Mann unter Müttern wieder. Auch Herr Tomas kennt dies:

»Wir haben einen ganz normalen Familienalltag. Ich bringe die Kinder in den Kindergarten und hole sie wieder ab. Ab und an gibt es ein besonderes Freizeitprogramm. Viel Zeit wird mit den Freunden und Freundinnen meiner Tochter und deren Eltern verbracht – meist Mütter.«

Für die Kinder ist dies sicherlich angenehm. Herr Tomas hingegen hat den Frauen gegenüber einen Nachteil. Er kommt buchstäblich aus einer anderen Erfahrungswelt. Frauen können sich über Erlebnisse und Lebenslagen als Mutter, Ehefrau und Erwerbstätige untereinander austauschen. Sie teilen zumindest ein ungefähres Gefühl der Gemeinsamkeit, weil die Probleme der meisten Mütter sich zum Teil ähneln. Zumal wenn man davon ausgeht, dass ein Spielplatz doch recht zuverlässig die sozialen Besonderheiten des Stadtviertels wiedergibt, größere Schichtunterschiede also nicht auftreten.

Ein Trennungsvater mit eingeschränkten Umgangsrechten verkörpert in dieser Spielplatzszene eine ganz andere Variante von Elterlichkeit. Wo Mütter sich manchmal nur durch Blicke verständigen, bleibt das emotionale Empfinden des Trennungsvaters ihnen fremd.

Vätervereine haben dieses Problem erkannt und organisieren deshalb Freizeitunternehmungen für Trennungsväter gemeinsam mit ihren Kindern. Herr Schilling scheint sich unter Männern mit ähnlicher Lebenssituation wohl zu fühlen:

»Wir verbringen Zeit bei mir zu Hause, unternehmen viel nach gemeinsamen Wünschen, verbringen Urlaub zusammen, machen Einkäufe, viel Kontakt und gemeinsame Aktionen mit anderen Trennungsvätern und Kindern.«

Herr Rasmus hat offenbar einen ähnlichen Zusammenhalt unter Gleichgesinnten gefunden:

»Mein Sohn nimmt an meinem normalen Leben teil. Wir verbringen viel Zeit in meiner Wohnung, gehen aber auch zusammen ins Kino oder zu Partys. Viele meiner Bekannten haben Kinder, die sie auch mitbringen. Wir fahren auch regelmäßig mit mehreren Erwachsenen – alles Alleinerziehende oder Wochenenderziehende – und deren Kindern in den Herbsturlaub.«

Andere nutzen die Angebote der Vätervereine. Es gibt sie bereits an vielen Orten, und ihre Zahl wächst stetig. Sie haben das Problem des geschiedenen Mannes, der seiner Väterlichkeit einen der neuen Situation angemessenen Rahmen verleihen will, erkannt. Sie spielen für viele Scheidungsväter eine große Rolle, indem sie ihnen helfen, die sehr unterschiedlichen Probleme des Vaterseins nach der Scheidung zu bewältigen. Sie bieten Scheidungsvätern eine neue Bezugsgruppe, die den spontanen Gedankenaustausch, wie er für den »Spielplatz« typisch ist, in eine organisierte Selbsthilfe überführt. Im Kontakt mit anderen Vätern in vergleichbarer Lebenslage gelingt es ihnen dann viel leichter, die eigenen Bedürfnisse und die der Kinder miteinander zu verbinden. Das Leben nach der Scheidung stellt hohe Anforderungen an die Anpassungsfähigkeit – selbstverständlich beider Eltern. Während die Kinder spielen, haben sie die Möglichkeit, über das zu sprechen, was sie bewegt, nämlich über ihre Erfahrungen als Scheidungsväter und ihre Schwierigkeiten, alleine Lösungen zu finden. Oder sie holen sich nur Anregungen für bislang im Leben eines Mannes eher ungewohnte Aspekte des Zusammenseins mit Kindern.

Das Angebot der Vätervereine leistet Trennungsvätern eine kaum zu überschätzende Hilfe. Vätervereine übernehmen damit eine Aufgabe, die gesellschaftlich fehlt und deshalb gefördert werden sollte. Durch die Gemeinsamkeit mit anderen Männern, die das gleiche Schicksal teilen, gelingt es leichter, die eigene Hilflosigkeit anzugehen. Ohne in die Obhut der Eltern zurückkehren zu müssen, finden Väter eine Möglichkeit, eigene Formen für die gemeinsame Zeit mit ihren Kindern zu entwickeln. Es ist nicht nur angenehmer, mit anderen gemeinsam etwas zu unternehmen, es entstehen darüber hinaus neue Kontakte, die sich an ungewohnten Kriterien orientieren. Die Vernetzung der Frauen durch die Mutterschaft erfahren manche Männer durch die Begegnung mit anderen Scheidungsvätern. Ein Mann, Mitglied in einem Väterverein in Norddeutschland, berichtete uns, wie überrascht er selbst war, sich alle zwei Wochen in einem Kreis mit anderen Männern wiederzufinden, wo sie ihre alltäglichen Erfahrungen – seien sie problematisch oder nicht – besprachen. Besonders beeindruckte ihn, dass die Gespräche in einem ruhigen Raum stattfanden und nicht in einer Kneipe, in der irgendwann die Bierredseligkeit durchschlägt. Herr Zahn schilderte:

»Es war eine ganz neue Erfahrung, dass wir uns getroffen haben, um miteinander zu sprechen. Für die meisten von uns war das ungewohnt. Es wurde von allen als eine große Bereicherung erlebt.«

Die Trennung als tiefe Lebenskrise ist für viele Männer erstmals Anlass, sich Gedanken darüber zu machen, was Vatersein für sie bedeutet und wie sie ihre Rolle als Scheidungsvater zukünftig verstehen wollen. Was sich in eingeübter Partnerschaft vielleicht wie selbstverständlich regelte und nicht besprochen wurde, das drängt jetzt zur Entscheidung, weil die Selbstverständlichkeiten der Vergangenheit abhanden gekommen sind. Viele Männer haben nach der Trennung das Gefühl, mangelhaft und unzureichend zu sein. Plötzlich nehmen sie schmerzhaft und frustriert wahr, dass sie über kein soziales Umfeld für die Kinder verfügen. Erst durch den Verlust der fürsorglichen Leistungen ihrer Exfrau wird ihnen bewusst, an welchen Lebensbereichen ihrer Kinder sie in der Vergangenheit nicht Anteil hatten. Viele Männer wissen deshalb zunächst nicht, was sie mit ihren Kindern während des Umgangs anfangen sollen. Für manch einen ist diese Situation so schwer erträglich, dass er sich ganz zurückzieht, andere wenden sich Hilfe suchend an ihre eigenen Eltern, manch einer spielt einsam mit dem Kind bei sich zu Hause und wieder andere machen sich auf den Weg zu neuen Erfahrungen als Vater.

Bei den meisten Männern hinterlässt die Scheidung Brüche im Selbstbild, die in der Regel nicht leicht zu ertragen sind. Einer Reihe von Vätern gelingt es aber, sich den bedrückenden Erfahrungen zu stellen und sich mit anderen Scheidungsvätern auszutauschen. Nicht selten erfahren sie dann eine Wende zum Besseren. Sie entdecken, dass sie ihre Väterlichkeit gestalten können. Eine Dimension, an die sie während ihrer Ehe nicht gedacht haben. Herr Reiter:

»Ich erlebe die Zeit mit meinen Kindern viel intensiver als vorher. Mir ist viel klarer geworden, welche Bedeutung meine Kinder für mich haben. Ich fühle trotz der eigentlich sehr guten Situation – ich kenne aus den Akten und von Freunden und Bekannten meistens nur schlechte Scheidungsausgänge – oft noch Verlust, wenn ich die Kinder wieder bei der Mutter abgebe. Oftmals erwische ich mich bei dem Gedanken, das Rad der Zeit zurückzudrehen und einen Neuanfang mit der Kindesmutter zu wagen, aber nicht, weil ich diese lieben würde, sondern eigentlich nur, damit ich bei meinen Kindern sein könnte. Die Beziehung zur Kindesmutter entwickelt sich immer mehr zu einer echten und sehr tiefen Freundschaft, aber eben ohne Liebe. Wir mögen uns und sind uns sehr nahe, ohne aber verliebt zu sein.«

Herr Drasser:

»Seit der Trennung bin ich meinen Kindern gegenüber viel offener und zugänglicher geworden. Wir haben jetzt eine gute Beziehung und ich bin für die Kinder wichtig. Auch wenn ich in Ihrem Fragebogen angekreuzt habe, dass ich ›Wochenendpapa‹ bin, habe ich das Gefühl, ich sei präsent bei meinen Kindern.«

Herr de Fries:

»Ich bin mehr Vater als vor der Trennung. Ich kann meinen Stil der Erziehung so durchführen, wie ich es denke. Meine beiden Kinder diskutieren meinen Umgang mit ihnen ohne Einfluss der Mutter konstruktiv aus. Während der Ehe war ich teilweise nur der Freizeitvater. Jetzt bin ich ein anderer Vater.«

Andere Männer wiederum berichten, dass ihre Beziehung zu den Kindern viel intensiver geworden sei, dass sie nicht nur mehr Zeit für sie hätten, sondern auch ruhiger und entspannter als früher mit ihnen umgehen können. Zudem seien sie selbstständiger im alltäglichen Umgang mit den Kindern geworden und genössen die Zeit mit ihren Kindern intensiver. Sie haben einen eigenen Weg gefunden, ohne dass die Gegenwart und die Aktivität der Mutter erforderlich waren. Sie erleben das Ende der alten Arbeitsteilung – von der Scheidung sozusagen erzwungen – als Befreiung. Was in der Beziehung aus vielfältigen Gründen nicht möglich schien, jetzt wird es machbar. Das hat jedoch nichts mit einer Glorifizierung der Scheidung zu tun. Sie ist eine schwere, schmerzhafte und nicht selten traumatische Krise. Von vielen Männern kann sie nicht gemeistert werden, sodass sie sie über Jahrzehnte als unbewältigte Lebensgeschichte verfolgt.

4. Was Väter dazu bringt, den Kontakt zu ihren Kindern abzubrechen

Wer kennt sie nicht, die biblische Geschichte von König Salomon, der zwei Frauen, die beide Anspruch auf ein und dasselbe Kind erheben, als Lösung jeder eine Hälfte des Kindes anbietet? König Salomon ließ ein Schwert holen und entschied: »Schneidet das lebende Kind entzwei und gebt eine Hälfte der einen und eine Hälfte der anderen!« (1 Könige 3,25) Eine der beiden Frauen weigerte sich, auf diese Weise in den Besitz des Kindes zu gelangen. Salomon sah in ihr darum die wahre Mutter. Lieber verzichtete sie auf ihr Kind, als es zerteilen zu lassen. Jene Frau hingegen, die zum Nachweis ihrer Mutterschaft das Kind dem Schwert ausliefern wollte, gab zu erkennen, dass sie nicht die Mutter sein konnte.

Die Lehre dieser biblischen Geschichte: Nicht der Besitz des Kindes ist für eine Mutter das Entscheidende, sondern dessen Wohlergehen und Gedeihen. König Salomon konnte sich wohl kaum vorstellen, dass sein Urteil einmal als Prüfstein elterlicher Güte in Scheidungsverfahren herangezogen werden würde. Denn letztlich geht es auch heutzutage bei den meisten Scheidungen darum, ob die Kinder aus egoistischen oder sogar offen böswilligen Interessen eines Elternteils geopfert werden oder ob die kindlichen Wünsche nach einem möglichst zufriedenen Leben mit beiden Eltern nach und trotz der Scheidung die Oberhand behalten.

Auch das deutsche Kindschaftsrecht geht seit 1998 davon aus, dass Kinder beide Eltern brauchen und dass es dem kindlichen Bedürfnis zuwiderläuft, wenn ein Elternteil dem anderen die Beziehung zu ihnen untersagt, erschwert oder ihn so schikaniert, dass er den Kontakt letztlich einstellt. Die kindlichen Bedürfnisse sind damit erstmals unübersehbar in den Mittelpunkt auch deutscher Familienpolitik geraten. Diese Einsicht steht allerdings noch immer im Widerspruch zur weit verbreiteten Vorstellung einer biologisch begründeten Mutterdominanz. Sie wird von Männern nicht weniger häufig als von Frauen vertreten. Dass kaum noch jemand wagt, diese Ansicht ausdrücklich zu äußern, heißt noch lange nicht, dass sie das Selbstverständnis von Männern und Frauen nicht mehr beherrschen würde. Das neue Kindschaftsrecht ist deshalb nicht nur gewöhnungsbedürftig, es muss sich gesellschaftlich erst noch durchsetzen. Und es wird nicht nur langer Zeit, sondern auch zahlloser Auseinandersetzungen bedürfen, bis das gesetzlich Vorgeschriebene in den Seelen der Menschen als Selbstverständlichkeit verankert ist.

Die gesetzlich vorgesehene Gleichwertigkeit beider Elternteile hat in der Rechtsprechung zu bedeutsamen Urteilen geführt. Es ist nur allzu offensichtlich, dass ein Elternteil, der dem anderen die Eignung als Vater oder Mutter generell abspricht, sich selbst als nicht elternfähig disqualifiziert. Er rüttelt an der grundsätzlichen Erkenntnis über das Kindeswohl und riskiert im schlimmsten Falle, selbst von der Wahrnehmung der Elterlichkeit ausgeschlossen zu werden. Die traditionelle Vorstellung, nach der Mütterlichkeit der Väterlichkeit überlegen oder vorzuziehen sei, gilt nicht mehr, weil sie sich nicht hat belegen lassen. Wohlgemerkt, die Gleichwertigkeit von Mutter und Vater wird mit den Augen des Kindes gesehen und eben nicht aus der konkurrierenden Haltung der Eltern oder der traditionellen Arbeitsteilung abgeleitet. Die Frage ist nicht, wer mehr für das Kind tut. Das tun Mütter in aller Regel, und daran wird sich nur langsam etwas ändern.

Aus der Sicht des Kindes spielt es zunächst keine Rolle, ob die Eltern einen Ehering tragen oder nicht. Vielleicht ist das später von Bedeutung, wenn es seine Familie mit anderen Familien vergleicht oder merkt, dass die verheirateten Eltern seiner Freunde vielleicht eine stärkere Bindung zueinander haben als solche, die nicht verheiratet sind – und wenn sie mutmaßen, dass der fehlende Ehering möglicherweise auf eine Scheu vor gemeinsamer Verantwortung zurückzuführen ist. Dass ledige Väter nur schwer oder gar nicht zu ihrem Vaterrecht kommen, ledige Mütter hingegen in alter biologischer Denkungsart durch den Akt des Gebärens zu selbstverständlichen Garanten des Kindeswohls erhoben werden, ist ein weiterhin bestehender eklatanter Widerspruch im deutschen Kindschaftsrecht. In anderen europäischen Ländern ist diese Benachteiligung bereits abgeschafft. Deutschland diskriminiert weiterhin ledige Väter zulasten der Kinder.

So betrachtet muss in unserer Zeit das salomonische Urteil nicht nur auf streitende Mütter, sondern auf streitende Eltern generell angewandt werden. Geschiedene sind heute danach zu befragen, ob sie als Eltern ihre Kinder lieber »zerreißen«, um zu ihrem Recht und zu ihrer verqueren Rache am anderen zu kommen, oder ob ihnen Glück und Wohlergehen ihrer Kinder wichtiger sind. Demnach müsste demjenigen, der sich im Streit solcher Mittel bedient, die dem Kind Schaden zufügen, letztlich das Elternrecht abgesprochen werden.

Obwohl sich die Umgangsregelung laut Gesetz also ausnahmslos am Kindeswohl orientieren muss, wird ein Großteil der Verhandlungen über den Verbleib der Kinder nach der Scheidung und das Besuchsrecht erstaunlicherweise ohne Rücksicht auf die Auswirkungen für die Kinder geführt. So spüren Kinder auch die Spannungen und den heimlichen Anspruch, den der eine auf sie erhebt, um den anderen zu vertreiben oder als den Bösen erscheinen zu lassen. Sie bekommen mehr mit, als Erwachsene ihnen meist zutrauen.

Nach der Scheidung oder Trennung müssen Scheidungsväter mit ihrer Expartnerin den Umgang mit den Kindern regeln. In einer Minderheit sind es auch Scheidungsmütter, die sich vor diese Aufgabe gestellt sehen, dann nämlich, wenn der Lebensmittelpunkt der Kinder beim Vater liegt. Zu regeln sind die Häufigkeit, die Dauer, das Übernachten und die Zeit für gemeinsame Ferien. Hier werden die Weichen für den zukünftigen Kontakt gestellt. Es gibt Väter, die sich dieser Pflicht am liebsten entziehen möchten, und viele tun es auch. Nach dem Kindschaftsrecht haben Väter jedoch die Pflicht, ihren Kindern zur Verfügung zu stehen. Sich als Vater den kindlichen Wünschen nach gemeinsam verbrachter Zeit zu entziehen, zeugt nicht nur von einem Mangel an Einfühlsamkeit, sondern kann – wie bereits geschehen – mit Strafe belegt werden.

Aber weiterhin Vater sein zu können, setzt voraus, dass die ehemalige Partnerin den Kontakt wünscht, dass sie den Kindern die Zeit mit dem Vater gönnt und akzeptieren kann, dass die Besuche bei ihm stattfinden und sie zeitweise allein zurückbleibt. Sie muss anerkennen, dass sie den Vater nicht ersetzen kann. Die Selbstverständlichkeit jedoch, mit der Kinder früher von einem Elternteil zum anderen wechselten, gehört der Vergangenheit an. Die Lebensgeschichte mit den Eltern steht für verbrachte Gemeinsamkeiten, die den Kindern viel bedeuten. Sie steht für Schutz, vorsichtige Entsagungen, kindliche Freiheiten, Unbedachtheiten und Begrenzungen zugleich. Unwille oder Ärger über einen Elternteil, wie er Tag für Tag auftritt und zu trotzigen, verärgerten und aggressiven Handlungen oder Gedanken führt, werden durch die Gegenwart des anderen Elternteils erst möglich, weil die Kinder sich seines Schutzes sicher sein können, falls der verärgerte Elternteil sich von einem abwenden sollte. Gerade für die Beherrschung aggressiver Regungen, die nun einmal Teil jeder normalen Entwicklung sind, spielt die Verfügbarkeit beider Eltern eine große Rolle. Dafür gibt es keinen Ersatz und keine Alternative.

Guter Wille und hehre Absichten aufseiten der geschiedenen Mutter und des geschiedenen Vaters reichen deshalb grundsätzlich nicht aus, um aus Kindern aus Scheidungen *glückliche Scheidungskinder* zu machen. Selbst in den Fällen, in denen eine freundschaftlich geprägte Beziehung zwischen den Geschiedenen erreicht wird, kann es keine glücklichen Scheidungskinder geben.

Es wäre eine Illusion anzunehmen, dass der Zwang zur gemeinsamen Sorge nicht weiterhin Schwierigkeiten aufwürfe und nicht reichlich Anlass böte, in die offen gebliebenen Wunden des anderen Salz zu streuen. Die Art und Weise, wie der Umgang geregelt wird, die Häufigkeiten der Besuche, die Ferienzeiten mit dem Vater, die besonderen Familienanlässe, wie Geburtstage der Großeltern oder selbst Beerdigungen, bieten sich auch weiterhin als Gelegenheit für Abrechnungen mit dem anderen an. Und gar nicht selten werden solche Taktiken von der Expartnerin als Strafe für erlittene oder eingebildete Kränkungen ungeschminkt eingeräumt. Dass in unserer Studie in mehr als 80 Prozent der Fälle die Scheidung oder Trennung von der Frau ausging, legt nicht nahe, dass sie froh der Partnerschaft entkommen sind. Auch wer geht, geht nicht unbedingt in Siegerlaune.

Der Abbruch

Wenn Männer die Beziehung zu ihren Kindern einstellen, dann tun sie das zumeist nach Kämpfen mit der Exfrau oder -partnerin. Es gibt aber – wie einige unserer Interviews zeigen – Väter, die trotz großer Schwierigkeiten an der Beziehung zu ihren Kindern festhalten und die Flinte nicht ins Korn werfen. Was letztlich passiert, hängt einerseits von der »Blockadepolitik« der Exfrau, andererseits vom Grad des Durchhaltevermögens des jeweiligen Vaters ab. Der Wille, Streitigkeiten durchzustehen, ist höchst unterschiedlich ausgebildet. Es gibt Väter, die mit dem Ende der Partnerschaft wie selbstverständlich die Beziehung zu ihren Kindern abbrechen. Das kann dann der Fall sein, wenn während der guten Zeiten die Mutter mit den Kindern eine fest verschworene Gemeinschaft bildete, in der der Vater keine Rolle spielte, weil die Arbeitsteilung zwischen den Partnern das nicht vorsah.

Allerdings zeigt unsere Befragung, dass Väter den Kontakt zu ihren Kindern eher selten aus einer plötzlichen Laune heraus, etwa im Zorn, abbrechen, auch wenn es Außenstehenden so erscheinen mag – als hätte die Entscheidung mit etwas mehr Vernunft und kühlem Kopf zwei Tage später ganz anders ausfallen können. Der Abbruch einer Beziehung, sei es zu den Kindern oder zum Partner, hat immer eine Vorgeschichte. Sie ist beladen mit offenen oder verdeckten Konflikten und geprägt von der Unfähigkeit, sich über Probleme zu verständigen. Viele Menschen lassen sich scheiden, ohne je miteinander ein Wort über ihre Gefühle, ihre Enttäuschungen, ihren Zorn oder ihre Verzweiflung gewechselt zu haben. Möglicherweise gehen sie so sprachlos auseinander, wie sie sprachlos zueinander gefunden haben.

Man wird deshalb eher davon ausgehen müssen, dass gerade der plötzliche Abbruch des Kontaktes die heftigste und langwierigste Vorgeschichte aufweist. Was einen Vater letztendlich »zum Platzen« bringt, wurde zwischen den Geschiedenen nie besprochen und führt deshalb zur Eskalation. Die Vorstellung, dass allein spontane Verärgerung zum Kontaktabbruch oder zur Einstellung der Unterhaltszahlungen führt, wird auch durch unsere Forschungsergebnisse nicht bestätigt.

So vermittelt der Entschluss von Manfred S., seine Tochter zu enterben, den Eindruck einer hitzigen, unbeherrschten Entscheidung, aber letztlich war er Ergebnis einer fünfzehn Jahre während Entwicklung. Nicht jeder abrupt erscheinende Kontaktabbruch hat allerdings eine so lange Vorgeschichte. Nicht selten spielen auch Erfahrungen mit Jugendämtern und Gerichten eine Rolle, die von den Vätern als ungerecht, demütigend und als Zeichen *männlicher Rechtlosigkeit* in Familienangelegenheiten wahrgenommen werden.

Plötzlich und völlig unbegründet sind nicht wenige Frauen nach der Scheidung der Meinung, dass es den Kindern gut täte, wenn der Vater erst einmal ausgegrenzt wird. So werde ins Leben der Kinder Ruhe und Beständigkeit einziehen, denn Besuche beim Vater würden sie nur emotionalen Schwankungen aussetzen. Solche Art mütterlicher »Fürsorglichkeit« ist problematisch und führt zu Konflikten. Entweder verkennt die Mutter den Wunsch ihrer Kinder, den Vater zu sehen, oder sie fühlt sich schuldig, weil sie ihnen die Scheidung zugemutet hat. Den Vater auszugrenzen, wirkt dann wie eine Schuldzuweisung an ihn oder es ist schlicht und einfach schlecht kaschierte Boshaftigkeit, die dem Expartner die Freude an einer fortbestehenden Beziehung zu seinen Kindern nehmen soll.

Welche Gründe auch immer dazu führen, dass Väter den Kontakt einstellen, diese Veränderung belastet die Kinder schwer. Was manche geschiedene Frau sich als Einkehr von Ruhe ins kindliche Leben vorstellt, wirkt auf die Kinder so, als würde sie den Vater verstoßen. Die Kinder werden zu Waisen und sie in der Phantasie zur alleinerziehenden Mutter. Eine Vorstellung, die einer *mutwillig herbeigeführten Witwenschaft* entspricht.

Mitunter phantasieren Kinder in solchen Situationen, sie hätten durch ihr Verhalten dazu beigetragen, dass die Mutter den Vater verstieß. Sie wähnen sich dann selbst als Schuldige, dass die Beziehung abgebrochen wurde. Schlagen sie sich auf die Seite der Mutter, so kann der Verlust des Vaters mit Phantasien verbunden sein, dass sie ihn unglücklich haben. Selbst Phantasien des Vatermordes sind möglich. Wenn Kindern der Vater genommen wird, wird also niemals Ruhe in ihr Leben einziehen, sondern eher belastende Schuld- und Schamgefühle.

Loyalität einem Elternteil gegenüber überfordert Kinder in jedem Fall, weil sie nicht nach ihren eigenen Wünschen handeln können, sondern die möglichen Wünsche eines Elternteils zu erraten versuchen. Loyalität belastet die Zukunft von Kindern, zumal wenn sie das Gefühl haben, einen Elternteil vertrieben oder vernichtet zu haben. Familiäre Vertreibungen, egal wen sie treffen, sind nicht weniger aggressiv als Vertreibungen im Zuge kriegerischer Auseinandersetzungen. Kinder an Vertreibung zu beteiligen oder sie aktiv dazu anzutreiben, ist in hohem Maße aggressiv. Es ist eine besondere Weise, die Kinder zu missbrauchen.

Welche Ereignisse, Abläufe und welche psychische Dynamik dazu führen, dass Väter den Kontakt zu ihren Kindern abbrechen, können wir auf zwei Ebenen beantworten. Zum einen verfügen wir über statistische Zahlen. Ihr Vorteil besteht darin, dass Umfang und Verteilung auslösender Erfahrungen benannt werden können. Außerdem lassen sich die Befragten in Gruppen einteilen, die trotz aller Individualität der Einzelschicksale Gemeinsamkeiten aufweisen. Der Nachteil statistischer Zahlen besteht darin, dass sie Lebenssituationen und Gefühle nicht angemessen darstellen können, die zu einem Kontaktabbruch führen. Deshalb werden wir statistische Berechnungen und Fallstudien nebeneinander präsentieren.

Mithilfe von Tiefeninterviews und der Angaben in Fragebögen können wir hingegen lebensnahe Erfahrungen wiedergeben, die zum Kontaktabbruch Anlass gaben. So stellen sich viele Väter die Frage, ob ihre seelische Belastung – der sich vielfach eine finanzielle hinzugesellt – es sinnvoll erscheinen lässt, weiterhin gegen die Exfrau zu kämpfen, um die Beziehung zu ihren Kindern zu erhalten. Unübersehbar ist, dass Väter selbst gegen ihre Exfrauen kämpfen, Loyalitätskonflikte unter den Kindern anzetteln, ihre väterlichen Pflichten auf die leichte Schulter nehmen oder sich sprachlos zurückziehen und für Jahre vom Erdboden verschwinden wie Klaus O., der die Kinder in Ungewissheit über sein Schicksal lässt und die Exfrau in materielle Not stößt.

Der Abbruch des Kontaktes zum Vater ist für Kinder immer ein schwerwiegender Verlust in ihrem Leben, aber zugleich auch für den Vater.

Statistische Ergebnisse zum Kontaktabbruch

Anhand einiger quantitativer Berechnungen wollen wir darstellen, aus welchen Faktoren sich Entscheidungen zusammensetzen, die zum Kontaktabbruch führen.[26] Für fast ein Viertel, nämlich 23,7 Prozent, der Befragten bedeutete die Trennung von der Partnerin den Abbruch des Kontaktes zu den Kindern. 1,6 Prozent der befragten Väter konnten nur noch telefonisch in Kontakt zu ihren Kindern treten.

Tabelle 1: Wie oft haben Sie derzeit Kontakt zu Ihren Kindern?

	Anzahl	*In Prozent*
Jedes Wochenende	520	15,6
Jedes zweite Wochenende	1.328	39,9
Einmal im Monat	345	10,4
Einmal in drei Monaten	123	3,7
Zwei- bis dreimal im Jahr	107	3,2
Nur zu besonderen Anlässen	66	2,0
Nur telefonischen Kontakt	52	1,6
Keinen Kontakt mehr	788	23,7
Gesamt (gültige Angaben)	3.329	100

Soziodemographische Merkmale

In der statistischen Auswertung zeigt sich, dass Väter, die keinen Kontakt mehr zu ihren Kindern haben, im Durchschnitt etwas älter sind, über eine unterdurchschnittliche Bildung verfügen, überdurchschnittlich oft erwerbslos sind und nur ein unterdurchschnittliches Einkommen erzielen. Während nur knapp 10 Prozent der Männer mit regelmäßigem Kontakt über ein Einkommen unter 1.000 Euro verfügen, gehören Männer ohne Kontakt zu gut 20 Prozent der niedrigsten Einkommenskategorie an. Ebenso geben ledige und geschiedene Männer, die in einer neuen Partnerschaft leben, überdurchschnittlich häufig an, keinen Kontakt mehr zu den Kindern zu haben.

Mit der Anzahl der unterhaltspflichtigen Kinder nimmt das Risiko des Kontaktabbruchs zu. So haben Väter von drei Kindern durchschnittlich weniger häufig Kontakt als Väter von einem oder zwei Kindern.

Mehr als die Hälfte der Scheidungsväter ohne Kontakt zu den Kindern trennten sich von ihrer Partnerin vor In-Kraft-Treten des neuen Kindschaftsrechts. Sie blicken in der Regel auf eine eher lange Partnerschaft zurück. Die Trennung oder Scheidung liegt deutlich länger zurück als bei Befragten mit regelmäßigem beziehungsweise unregelmäßigem Kontakt. Bei 41,4 Prozent der Scheidungsväter ohne Kontakt zu den Kindern lag die Scheidung schon mehr als fünf Jahre zurück. Das Alter der verlassenen Kinder liegt bei Scheidungsvätern, die keinen Kontakt mehr haben, überdurchschnittlich häufig bei über 13 Jahren. Scheidungsväter, die regelmäßigen und häufigen Kontakt haben, zahlen überdurchschnittlich häufig Unterhalt an ihre Exfrau.

Vor allem Scheidungsväter, die keinen Kontakt zu ihren Kindern mehr haben, geben der Expartnerin die alleinige Schuld an den Konflikten in der Partnerschaft. In fast 60 Prozent dieser Fälle wurde die Scheidung von der Frau eingereicht.

Tabelle 2: Kontakthäufigkeit und wer die Scheidung eingereicht hat

Wer hat die Scheidung eingereicht?		Kontakthäufigkeit			
		Regelmäßiger Kontakt	Seltener Kontakt	Kein Kontakt	Gesamt
Ich	Anzahl	497	162	195	854
	In Prozent	36,2	32,1	33,1	34,6
Meine Frau	Anzahl	672	284	352	1 308
	In Prozent	48,9	56,2	59,7	53,0
Beide gemeinsam	Anzahl	205	59	43	307
	In Prozent	14,9	11,7	7,3	12,4
Gesamt (gültige Antworten)	Anzahl	1.374	505	590	2.469
	In Prozent	100	100	100	100

Im Hinblick auf die Abschiedssituation von den Kindern sind die Unterschiede zwischen Scheidungsvätern, die Kontakt zu den Kindern haben, und denen, die keinen Kontakt mehr haben, besonders auffällig. Bei fast 70 Prozent der Väter ohne Kontakt teilte die Expartnerin den Kindern mit, dass die Eltern die Absicht haben, sich zu trennen. Zudem verhinderte sie, dass der Vater sich in angemessener Weise von seinen Kindern verabschieden konnte.

Beim Abschied von Familie und Kindern fühlten sich Väter ohne Kontakt zu den Kindern überdurchschnittlich häufig betrogen und hintergangen.

Männer ohne Kontakt sprechen nach der Trennung vergleichsweise wenig über ihre Probleme. Gespräche, die sie dennoch geführt haben, wurden überproportional häufig als wenig hilfreich empfunden. Dabei ist es diese Gruppe von Scheidungsvätern, die professionelle Hilfe überdurchschnittlich häufig in Anspruch nimmt. Als Anlaufstellen wurden vor allem Rechtsanwalt und Jugendamt genannt.

Tabelle 3: Kontakthäufigkeit nach Inanspruchnahme professioneller Hilfe

Haben Sie während der Trennungsphase professionelle Hilfe gesucht?		Kontakthäufigkeit			
		Regelmäßiger Kontakt	Seltener Kontakt	Kein Kontakt	Gesamt
Nein	Anzahl	634	275	251	1.160
	In Prozent	34,3	43,1	30,0	34,9
Ja	Anzahl	1.213	363	586	2.162
	In Prozent	65,7	56,9	70,0	65,1
Gesamt (gültige Antworten)	Anzahl	1.847	638	837	3.322
	In Prozent	100	100	100	100

Scheidungsväter ohne Kontakt zu den Kindern sind auch durchschnittlich häufiger in Vätervereinen organisiert als Väter mit regelmäßigem beziehungsweise unregelmäßigem Kontakt.

Überdurchschnittlich oft führten Väter ohne Kontakt zu ihren Kindern Auseinandersetzungen wegen des Kindesunterhalts, des Sorge- und vor allem des Umgangsrechts.

Der gravierendste Unterschied zwischen Vätern ohne Kontakt und Vätern mit regelmäßigem oder seltenem Kontakt besteht in der Frage des Sorge- und Umgangsrechts.

Tabelle 4: Kontakthäufigkeit nach Sorgerechtsregelung

Wem wurde das Sorgerecht zugesprochen?		Kontakthäufigkeit			
		Regel-mäßiger Kontakt	Seltener Kontakt	Kein Kontakt	Gesamt
Mir	Anzahl	13	3	9	25
	in Prozent	0,8	0,5	1,2	0,8
Meiner Frau	Anzahl	703	368	635	1.706
	in Prozent	40,9	62,3	82,0	55,4
Uns beiden	Anzahl	1.001	220	130	1.351
	in Prozent	58,3	37,2	16,8	43,8
Gesamt (gültige Antworten)	Anzahl	1.717	591	774	3.082
	In Prozent	100	100	100	100

65,3 Prozent aller Väter, die keinen Kontakt zu ihren Kindern mehr haben, wurde kein Umgangsrecht eingeräumt.

Nach der Trennung kam es vor allem bei Scheidungsvätern ohne Kontakt zu zahlreichen Konflikten mit ihrer Exfrau. Diese Männer geben überdurchschnittlich häufig an, dass die Expartnerin die Kinder gegen sie aufhetzt, die Umgangsrechte boykottiert, nicht mehr mit ihnen sprechen will und sich nicht an Scheidungsvereinbarungen hält. In diesen Fällen kommt es überdurchschnittlich oft zu gerichtlichen Auseinandersetzungen. Vergleichsweise viele Scheidungsväter ohne Kontakt sehen sich dem Vorwurf und der Anklage ausgesetzt, ihre Kinder sexuell missbraucht zu haben.

Ein normales Gespräch zwischen Scheidungsvätern ohne Kontakt zu ihren Kindern und ihren Expartnerinnen scheint fast ausgeschlossen zu sein. Über 80 Prozent dieser Väter stimmen der Aussage: »Es ist keine vernünftige Kommunikation zwischen uns möglich« vollkommen zu. Scheidungsväter mit regelmäßigem Kontakt hingegen stimmen dieser Aussage nur zu 45,7 Prozent zu.

Der Aussage: »Sie macht mir den Umgang mit den Kindern schwer« stimmen 83,6 Prozent der Väter ohne Kontakt voll und ganz zu, aber nur 24,8 Prozent der Scheidungsväter, die regelmäßigen Kontakt zu ihren Kindern haben.

Väter, die keinen Kontakt zu den Kindern mehr haben, sind seltener in der Lage, mit ihrer Expartnerin im gemeinsamen Gespräch Probleme zu lösen. Sie schalten deshalb überdurchschnittlich häufig einen Anwalt ein, wenn Konflikte zu lösen sind, oder sie brechen überdurchschnittlich häufig den Kontakt zu den Kindern ab, stellen die Unterhaltszahlungen ein oder/und fühlen sich einfach nur machtlos der Expartnerin ausgeliefert. Je seltener der Kontakt zu den Kindern, desto häufiger berichten sie von Gefühlen der Machtlosigkeit.

Bei Scheidungsvätern ohne Kontakt wirkt sich die Trennung vergleichsweise häufig auch nachteilig auf Beruf und gesundheitliches Befinden aus. So geben überproportional viele Väter ohne Kontakt an, im Zuge der Trennung den Arbeitsplatz gewechselt zu haben oder sogar gekündigt worden zu sein. Sie leiden ebenso überdurchschnittlich häufig unter ständigen seelischen oder körperlichen Beschwerden.

Väter ohne Kontakt zahlen deutlich häufiger keinen Unterhalt für die Kinder als Väter mit Kontakt. Die Zahlungen wurden überdurchschnittlich häufig keineswegs gleich nach der Trennung eingestellt, sondern oft erst nach mehr als zwei Jahren.

Die Gründe, weshalb kein Unterhalt gezahlt wird, korrespondieren mit der Häufigkeit des Kontaktes zu den Kindern. So zahlen Väter mit regelmäßigem/häufigem Kontakt überdurchschnittlich häufig nicht, weil die Kosten des Umgangs – etwa Reisekosten, Hotel, Verpflegung – mit den Kindern sonst für sie nicht finanzierbar sind (31,8 Prozent) und/oder sie sowieso schon zu viel Unterhalt gezahlt hätten (15,5 Prozent). Scheidungsväter ohne Kontakt zahlen überdurchschnittlich häufig nicht, weil sie die Kinder nicht sehen dürften (46,7 Prozent) und/oder der Unterhalt grundsätzlich zu hoch sei (39,6 Prozent).

Vor allem bei Scheidungsvätern, die keinen Kontakt zu ihren Kindern mehr haben, bestehen noch heftige Emotionen gegenüber der Expartnerin.

Tabelle 5: Kontakthäufigkeit und Empfindungen zur ehemaligen Partnerin (Mehrfachantworten möglich)

Was empfinden Sie heute noch für Ihre ehemalige Partnerin?	Kontakthäufigkeit				
	Regelmäßiger Kontakt (n = 1.753)	Seltener Kontakt (n = 614)	Kein Kontakt (n = 783)	Gesamt (n = 3.150) (gültige Antworten)	
	In Prozent	In Prozent	In Prozent	Anzahl	In Prozent
Ich liebe sie immer noch.	18,5	21,7	30,5	697	22,1
Sie ist mir völlig gleichgültig.	34,7	40,4	44,1	1.201	38,1
Ich bin froh, sie los zu sein.	41,0	38,6	29,4	1.186	37,7
Ich wünsche ihr, dass sie glücklich wird.	20,2	19,4	8,2	537	17,0
Ich bin eifersüchtig auf ihre neue Beziehung.	11,0	7,5	6,6	290	9,2
Ich bin eifersüchtig, weil sie die Kinder hat.	29,5	23,0	26,8	868	27,6
Ich fühle mich machtlos ihr gegenüber.	24,2	23,9	29,8	804	25,5
Ich empfinde ihr gegenüber nur Aggressionen.	11,9	15,6	22,5	481	15,3
Ich hasse sie.	17,9	21,7	24,5	639	20,3

Der Kontaktabbruch aus individueller Sicht

Bei vielen Scheidungsvätern stellt sich das bedrückende, wenn nicht sogar beschämende Gefühl ein, gescheitert zu sein. Was früher selbstverständlich war, als Vater geliebt und geachtet zu werden, gilt nach der Scheidung plötzlich nicht mehr. Unter diesen Aussichten scheinen es einige Scheidungsväter vorzuziehen, lieber ganz auf den Kontakt mit den Kindern zu verzichten, als sich ihnen machtlos, gekränkt, hilflos, unerwünscht und als Spielball der Mutter zu präsentieren. In einer Reihe von Fällen werden diese Scheidungsväter von der Mutter als unmännlich, kastriert, unwert und für die Kinder überflüssig dargestellt. Sie erleben das nicht nur als niederschmetternde Abwertung, die ihr Selbstwertgefühl verletzt und ihre väterliche Autorität untergräbt, sondern auch als rückwirkende Aberkennung ihrer Bedeutung in der Familie. Manchmal scheinen sie zu glauben, dass ein Kontaktabbruch in den Kindern eher das Bild des sicheren und selbstbewussten Vaters zu hinterlassen vermag, als sich den Kindern entwürdigt, rechtlos und ohnmächtig gegenüber Expartnerin, Jugendämtern, Gerichten et cetera zu zeigen.

Hinter jedem Kontaktabbruch stehen ganz persönliche einmalige Erfahrungen. Mitunter ist es die uneingeschränkte Macht der Mutter über die Kinder, an der Männer scheitern, mitunter ist es bloß die eigene Phantasie, die die Exfrau als übermächtig erscheinen lässt. Sie wird dann so wahrgenommen und behandelt, als würde sie die Kinder manipulieren, um ihrem Expartner das Leben schwer zu machen. Einem solchen Scheidungsvater ist die reale Beziehung zu seiner einstigen Frau weitgehend entglitten und er läuft Gefahr, nur nach seinen Phantasien zu handeln. Der Kampf gegen die Partnerin wird dann zu einem Kampf gegen selbst gefertigte Windmühlen. Diese Männer geben die Beziehung auf, indem sie den Kontakt abbrechen, obwohl die Ohnmacht, die sie in sich spüren, nicht der wirklichen Macht der ehemaligen Partnerin entspricht.

Das Ende der Beziehung muss zwar nicht gleichbedeutend sein mit dem Abbruch des Kontaktes, aber allzu oft fällt beides zusammen. Wir haben Scheidungsväter sowohl in Interviews als auch in Fragebögen danach gefragt, welche Vorkommnisse sie veranlasst haben, den Kontakt zu ihren Kindern einzustellen. Die Antworten, die wir erhielten, sind kurz gefasst und geben den Kern wieder. In den meisten Fällen wird deutlich, dass die Einigung über die Besuche und deren Häufigkeit weniger in sorgsamer Abwägung der Vor- und Nachteile erfolgt ist, sondern eher vom Zustand der Gereiztheit oder Entfremdung zwischen den Geschiedenen zeugt.

Es scheint in der Tat auch so zu sein, dass Exfrauen ihre Beziehung zu den Kindern noch sehr viel stärker als in guten Zeiten als der väterlichen überlegen erachten. Viele Antworten vermitteln den Eindruck, dass Scheidungsväter davon ausgehen, sie würden von ihren Exfrauen oder Lebenspartnerinnen nachträglich für die Scheidung bestraft. Wir haben mehrere Erfahrungsbereiche ausmachen können, die von heftigen Gefühlen und Konflikten bestimmt sind. Wir werden uns hier auf die Darstellung der wichtigsten und häufigsten beschränken.

Heroischer Verzicht dem Kind zuliebe

Scheidungsväter beschreiben die Situation nach der Scheidung oftmals als dermaßen verfahren, dass sie lieber auf ihr Kind verzichten als mit ansehen zu müssen, wie es in den Konflikten der Erwachsenen als Waffe eingesetzt und letztlich zerrieben wird. Diese Väter wollen ihre Kinder schlicht und einfach vor noch schlimmeren Erfahrungen bewahren. Hier stoßen wir, so will es fürs Erste scheinen, auf Abkömmlinge der salomonischen Weisheit.

Manche Scheidungsväter meinen, ihrem Kind ginge es besser, wenn sie ihre Beziehung zu ihm aufgäben. Die Kinder würden weniger belastet. Gemäß der Weisheit »Der Klügere gibt nach« glauben sie der Vorstellung vom wahren und guten Vater näher zu kommen, selbst wenn ihr Kind auf den Vater verzichten muss.

Ein berufstätiger Vater mag zwar für die Kinder oft abwesend sein, er ist jedoch noch lange kein »fehlender« Vater, sofern eine gute Beziehung zwischen den Eltern besteht. Hegt die Frau liebevolle Gefühle für ihn, dann wird sie unzählige Gelegenheiten finden, ihn im Alltag mit Worten und Erinnerungen gegenwärtig sein zu lassen. Aber ein Scheidungsvater, den die Mutter nicht mehr liebevoll vertritt, weil sie sich emotional von ihm abgewendet hat, wird schnell zum fehlenden Vater. Er ist verschwunden und nicht nur abwesend. Ihm ein Andenken zu bewahren und ihn in der Phantasie zu erhalten, ist für das Kind dann ein recht schwieriges Unterfangen. Auf Dauer lässt sich ein Vater so nicht am Leben erhalten. Es scheint deshalb fraglich, ob König Salomon diese Lösung gutgeheißen oder vielmehr einen Vater am Werk gesehen hätte, der dem Kind durch seinen Verzicht Schaden zufügt.

Den Müttern wird vorgeworfen, den Vater in den Heroismus zu treiben, sodass die Kinder ihn verlieren. Nur hilft das den Kindern nicht. Die Eltern in einen bösen und einen guten Teil aufzuspalten, ist nicht, was Kinder sich wünschen. Aus der Sicht Salomons handelt es sich dann doch wieder eher um eine »Entzweiung«. Nicht mit dem

Schwert, sondern mit elterlicher Rechthaberei einerseits und Unterwerfung andererseits, die als heroischer Verzicht erlebt wird.

Die Geschichten der Scheidungsväter müssen jedoch immer individuell gelesen werden. Für jeden Scheidungsvater ist der Abbruch des Kontaktes mit tiefer Resignation und dem Gefühl der Machtlosigkeit verbunden. Manchen scheint der Verlust der Väterlichkeit so schwer zu fallen, dass sie die Entscheidung vermeiden. Stattdessen verklären sie den Beziehungsabbruch zu einer autonomen Entscheidung ihrer Kinder. Die Kinder wollten es so und deren Wille soll deshalb geschehen. Damit bewahren sie sich die Illusion, ihren Kindern jene Väterlichkeit zu bieten, die diese sich wünschen. Doch kein Kind kann so autonom sein, dass es auf Vater oder Mutter verzichtet. So berichtet Herr Malzahn:

»Die Mutter hat versucht, mich aus dem Leben meiner Kinder zu entfernen, und sie hat das zum schlimmen Ende sogar geschafft. Mir ist aber das Wohl meiner Kinder lieber als mein Recht auf Umgang. Meinen Kindern geht es jetzt gut, auf jeden Fall besser, als wenn ich auf dem Umgang bestanden hätte. Denn dann würde die Mutter wieder alles Erdenkliche unternehmen, um die Kinder gegen mich und meine neue Lebensgefährtin aufzubringen. Das möchte ich nicht!«

Herr Ohlegg meint:

»Ich kann mir nicht vorstellen, dass die Kinder in so einem verhexten Klima etwas von der Beziehung zu ihrem Vater haben. Ich glaube vielmehr, dass die Kinder unbeschwerter ohne mich leben und aufwachsen können. Leider ist die Stellung des Elternteils, bei dem die Kinder leben, so mächtig, dass man dagegen keine Chance hat, selbst wenn man juristisch im Recht ist.«

Hier geben Scheidungsväter ihre Rechte und ihre Väterlichkeit preis. Es fällt ihnen schwer, die Beziehung mit ihrer Exfrau oder -lebenspartnerin zum Gegenstand einer klärenden Auseinandersetzung zu machen. Sie selbst äußern den Wunsch, sich vor immer wiederkehrenden Anfeindungen zu schützen. Sie wissen um ihre eigene Verletzbarkeit, die auch die Expartnerin kennt und zielstrebig zu treffen weiß.

Darüber hinaus wollen sie einer bedrohlichen Lebensperspektive vorbeugen, die sie zum Langzeitkämpfer machen würde, dessen Leben von Anwaltsterminen bestimmt wird und in den Amtsstuben von Familiengerichten verläuft. Solches Schicksal birgt die Gefahr der Isolierung in sich. Die Ehe ist zwar rechtlich beendet, aber emotional noch nicht abgeschlossen worden. Sie wird als Negativ der glücklichen Phase mit eben der Leidenschaft fortgesetzt, die früher vom Glück bestimmt war.

Herr Lange:

»Die Mutter verbot mir mit Unterstützung der Behörden – Jugendamt und Familiengericht – grundlos den Kontakt. Mittlerweile musste sie einen Grund für ihre Umgangsverweigerung angeben, aber der Junge kennt mich in der Zwischenzeit gar nicht mehr. Bei meinem letzten Kontakt war er 15 Monate alt, jetzt ist er 11 Jahre. Würde ich den Kontakt aufleben lassen, so würde ihm der hauptsächlich seelische Konflikte bringen. Zumindest nichts Gutes oder nur wenig an Vorteilen.«

Demnach hat Herr Lange fast zehn Jahre um seinen Sohn gekämpft. Zuletzt hat er den Verlust seiner Beziehung zu ihm hingenommen. Er ist sich dieses Verlustes bewusst und er leidet daran.

Herr Leiter, dessen Exfrau nach der Scheidung von Österreich nach Deutschland übergesiedelt ist, schreibt:

»Ab Sommer 1990 haben mir die deutschen Behörden einmal pro Monat eine beziehungsweise drei Stunden den Besuch in der Wohnung meiner Frau er-laubt. Anreise von Graz mit dem Nachtzug nach Berlin und entsprechend übermüdet, ohne Begleitung, unter Beobachtung meiner Frau und ihrer Freun-dinnen, die danach für das Gericht negative Berichte über meine Besuche schrieben. Ich habe ein halbes Jahr lang für diese Besuche gekämpft und sie wahrgenommen, dann aber aufgegeben. Die Besuchsregelung ging psychisch und physisch über meine Kräfte. Sie war nicht zumutbar. Das hat sogar das österreichische Jugendamt festgestellt. Seit 1992 kann ich nicht mehr nach Deutschland einreisen, wo mein Sohn lebt, da ich sonst wegen angeblicher Vernachlässigung der Unterhaltspflicht verhaftet würde.«

An diesem und ähnlich gearteten Fällen zeigt sich, dass Umgangsrege-lungen häufig an der Lebenswirklichkeit der Väter vorbeigehen. So wird mit größter Selbstverständlichkeit vorausgesetzt, dass der Vater dafür sorgt, dass die Kinder abgeholt und zurückgebracht werden. Aber es ist nicht nachvollziehbar, warum Frauen, die mit den Kindern vom bisheri-gen Wohnort wegziehen, sich nicht am Aufwand beteiligen müssen, der mit den Besuchen verbunden ist. Frauen können mit den Kindern in entfernte Gegenden ziehen, ohne für die Auswirkungen ihrer Entschei-dung Verantwortung übernehmen zu müssen. Ist eine Entfremdung vom Vater gewollt, und in einer Reihe von Fällen wird das von den Scheidungsvätern so gesehen, so ist der Umzug ein geeignetes Mittel, um den Kontakt zu zerstören. Wäre die Exfrau an den Kosten der Besuche beteiligt, so würde sie sich weniger leichtfertig gegen die Interessen ihrer Kinder stellen.

Herr Berg:

»Ich wäre total überfordert, für zwei Trennungskinder die volle Verantwortung zu übernehmen. Ich habe nicht die Kraft, zwei Kinder und die Interessen von zwei Frauen neben meinem täglichen Arbeitsleben zu organisieren. Meine Vaterrolle für mein erstes Kind nimmt mich neben meiner täglichen Arbeitszeit von zwölf Stunden so in Anspruch, dass ich einer zweiten vollen Verantwortungsübernahme niemals [...] gerecht werden könnte. Ich habe für mich deshalb die Entscheidung getroffen, dass es für das zweite Kind besser ist, alleine bei seiner sehr guten und fürsorglichen Mutter aufzuwachsen. Das Kind muss hinnehmen, dass es einen Trennungsvater hat, der nicht in der Lage ist, es in sein Leben zu integrieren. Und der es zwangsläufig ständig enttäuschen würde, wenn er den Versuch unternehmen würde, sein Kind regelmäßig zu sehen.«

Herr Stein:

»Trotz einer eindeutigen Besuchsrechtsregelung, die auf einem psychologischen Gutachten beruhte, sind die Besuche von meiner geschiedenen Frau unterbunden worden. Die Gutachterin hatte meine Besuche sehr positiv beurteilt, aber empfohlen, der Mutter etwas Zeit zu geben, um von selbst an den Punkt zu kommen, die Besuche für ihre Tochter zuzulassen. Zuvor wurden häufig Besuche mit der Begründung abgesagt, meine Tochter sei krank. Meine wiederholte Nachfrage, ob denn Besuche nicht wieder möglich sein könnten, wurde jedes Mal zurückgewiesen: Meine Tochter könne die Besuche nicht verkraften und wünscht sie auch nicht. Daraus wurde dann ein Dauerzustand, den ich mit allen gutwilligen Anstrengungen nicht mehr auflösen konnte. Eine weitere gerichtliche Auseinandersetzung schien mir kein geeignetes Mittel mehr zu sein. Ich gab auf.«

Als Vater nicht gut genug

Manche Männer verzichten auf den Kontakt mit ihrem Kind, weil sie meinen, für das Kind nicht geeignet oder für dessen Entwicklung sogar abträglich zu sein. Sie vermitteln den Eindruck, dass sie nicht fähig waren, den vielseitigen Anforderungen gerecht zu werden, die mit der Besuchsregelung und einer den Umgang boykottierenden Expartnerin auf sie zukamen. Sie sind verstrickt in Schuld- und Schamgefühle, in Schuldzuweisungen und Versuche, Vorwürfe nicht auf sich sitzen zu lassen. Sie vermitteln auch den Eindruck, dass sie noch Jahre nach der Scheidung von Ärger und massiver Wut gegenüber der Exfrau beherrscht werden. Sie versuchen ihre Gefühle dadurch zu kontrollieren, dass sie sie gewissermaßen gegen sich selbst richten. Sie halten sich für schlecht und unzureichend. Man könnte sagen, dass sie sich selbst als *minderwertige Väter* beschreiben und auch so erleben. Eigentlich leiden sie darunter, dass sie nicht alles viel beherzter und entschiedener angehen können. Sie erreichen einfach das Idealbild nicht, das sie von sich selbst haben, und auch nicht die hoch gesteckten Ziele, von denen sie glauben, dass sie alles umfassen, was eine zufriedenstellendere Beziehung zu den Kindern ermöglichen würde.

In einem Fall ging der Selbstzweifel so weit, dass ein geschiedener Mann einen Selbsttötungsversuch unternahm, weil er sich als gescheitert erlebte. Aber Selbsttötungsversuche haben starken Signalcharakter. Sie wollen etwas bewirken. Sie sind nicht ziellos, obwohl der Tod beabsichtigt ist, sondern zielstrebig gegen andere gerichtet. Ein toter Vater ist etwas anderes als ein Vater, der nicht erscheinen kann, von dem die Kinder aber wissen, dass er existiert und dass sie ihn vielleicht, wenn sie größer sind, doch wieder sehen können. Selbsttötungen töten mehr als die eigene Person, sie sind trotz aller Hilflosigkeit zugleich Handlungen von größter Aggressivität gegenüber Kindern, Exfrau, Freunden und Verwandten. Die Situation erinnert an das Verhalten von kleinen Jungen. In ihrer Verzweiflung stellen sie sich vor, dass sie weggehen, damit die Zurückgebliebenen sich endlich bewusst werden, was sie an ihnen verloren haben. Mit seiner Verzweiflungstat möchte er der Welt, vor allem aber der Exfrau vorführen, welche Ungerechtigkeiten sie an ihm begangen hat. Vielleicht geschieht das in der Hoffnung, dass die Kinder, wenn sie größer oder erwachsen sind, der Mutter den Tod des Vaters vorwerfen.

Diese Scheidungsväter sind so sehr von der Vergeblichkeit ihrer Bemühungen enttäuscht, dass ihre Perspektiven von einer besseren Zukunft schwinden, dass sie sich als Väter selbst abschaffen.

Herr Schreber:

»Die Trennungssituation und die Schwierigkeiten, die meine Exfrau bereitete, und unbegründete Parteinahmen des Jugendamtes endeten in einem Selbstmordversuch. Daraufhin sah ich nach zwölf Monaten nur noch die Möglichkeit, den Kontakt zu meinen Kindern abzubrechen.«

Herr Tobler:

»Es ist so deprimierend, meinen Sohn nur stundenweise zu sehen. Die Schuldgefühle, nicht stark genug gewesen zu sein und für ihn das Beste getan zu haben, nämlich als sein Vater versagt zu haben, das treibt mich an den Rand der Verzweiflung. Es ist besser, ihn unter den Umständen nicht zu sehen.«

»Das Kind wollte mich nicht mehr sehen«

Scheidungsväter, die angeben, dass ihr Kind sie nicht mehr besuchen wollte, haben aufgegeben und entziehen sich gekränkt und wütend zugleich allen Auseinandersetzungen. Sie scheinen noch weniger als andere die Familie als Beziehungsgefüge zu sehen, in dem sie einen aktiven Part spielen, egal ob sie sich aktiv oder passiv verhalten. Denn was immer sie tun oder unterlassen, in jedem Fall hat es Konsequenzen, und die Passivität ist eine höchst aktive Form, sich nicht an Konflikten zu beteiligen beziehungsweise deren Auswirkungen ohne eigenes Zutun geschehen zu lassen.

Weil hier die Kränkungen durch Exfrau oder -partnerin in den Mittelpunkt gerückt sind, treten die kindlichen Wünsche in den Hintergrund. Diese Väter sind zu sehr mit ihren Machtkämpfen beschäftigt, als dass sie die Kinder als eigenständige Akteure überhaupt noch wahrnehmen. Manche Kinder schaffen es, den Eltern ihre Kampfarena zu lassen, ohne in das Schlachtgetümmel gezogen zu werden. In ihrer Vorstellung erhalten sie sich von den Eltern, was ihnen lieb und wert ist. Was sie nicht sehen möchten, weil es sie entsetzt, das blenden sie einfach aus. Manchmal brechen Kinder die Beziehung ab. Sie wollen einen Elternteil, zumeist den Vater, nicht mehr sehen, um sich vor Überforderung zu schützen. Nun würde es Kinder verkennen, wenn aus ihrer »Entscheidung« geschlossen würde, dass die Mutter mehr geliebt würde als der Vater und die Kinder ihn deshalb zurückweisen. Vielleicht ist die Mutter geneigt, das zu glauben, da es ihrem Wunsch entspricht. Mit dem Wunsch, den Kontakt zum Vater abzubrechen, tragen Kinder eher der Tatsache Rechnung, dass sie den Elternteil, dem sie sich auf Gedeih und Verderb ausgeliefert fühlen, nicht verärgern wollen. Um sich vor dessen Ärger und Vergeltung zu schützen, brechen sie den Kontakt zum anderen Elternteil ab: dem Vater.

Herr Meister:

»Ich habe wegen der eintretenden Entfremdung den Kontakt abgebrochen. Anfänglich, als die Kinder kleiner waren, habe ich die Treffen hauptsächlich mit Spielen ausgefüllt. Als sie heranwuchsen, stellten sich immer mehr Probleme im Zusammenleben wie in der Schule ein. Diesen Problemen konnte ich nicht mehr begegnen, ich war hilflos, da sich die Kinder abschotteten. Sie lehnten jedes Gespräch ab, um auf die Rückkehr der Mutter zu warten, der diese Situation ganz recht war.«

Herr Bregenzer:

»Trotz mehrmaliger Telefonate kommt mein Kind mich nicht besuchen, obwohl wir in demselben Ort wie seine Freundin wohnen – nämlich bei mir um die Ecke. Damit ist der Kontakt zum Kind zu Ende.«

Herr Schreiner:

»Die Kinder wurden unter erheblichen psychischen Stress gesetzt. Eine Entscheidung für den Papa bedeutet, gegen die Mama zu sein, und gegen den Papa bedeutet für die Mama zu sein. Das hat zwei der Kinder überfordert und sie haben sich gegen mich entschieden. Sie verhalten sich nun aktiv ablehnend. Das waren die Kinder, die irgendwie den Kontakt eingestellt haben.«

Herr Frey:

»Ihre Mutter unterbindet den Kontakt mit allen Kräften. An einem Umgangsrecht, das mir alle vierzehn Tage ein ›Besichtigungsrecht‹ meiner Kinder einräumt, daran habe ich wirklich kein Interesse. Ich kann die ganze seelische Belastung, die damit verbunden ist, nicht so ohne weiteres wegstecken. Und längere Umgangsmöglichkeiten während der Ferien, die mehr Nähe und Alltag möglich machen, werden von der Mutter ausnahmslos blockiert. Das war das Ende des Kontaktes.«

Herr Meltzer:

»Ich habe den Kontakt zu meinem mittleren Sohn abgebrochen, weil er mit meinen Vorgaben nicht leben konnte. Mit den beiden anderen ist eigentlich alles ganz gut gelaufen.«

Der trotzige Vater

Hier stoßen wir auf Schilderungen, die auf eine gewisse Trotzhaltung der Männer hindeuten. Diesen Scheidungsvätern scheint Trotz die letzte Möglichkeit zu sein, sich nicht völlig in einer verfahrenen und aussichtslosen Situation zu verlieren und sich endlos entwerten zu lassen. Trotz ähnelt ein wenig dem Stolz. Aber es ist eine Form von Stolz, der das Selbstbewusstsein fehlt. Und vom Selbstbewusstsein hängt die Fähigkeit ab, sich über Probleme mit anderen verständigen zu können. Das wäre in diesen Fällen die ehemalige Ehefrau oder Lebenspartnerin. Exemplarisch für diese Problematik ist Herr Dehmel, der erklärt: »Wenn die Besuche nicht nach meiner Vorstellung ablaufen, dann sehen die Kinder ihren Vater nicht mehr und schlimmstenfalls verlieren sie ihn sogar ganz.« Dabei enthält seine Feststellung eine Schlussfolgerung: Sie verlieren den Vater durch die Mutwilligkeit der Mutter! Es geht in dieser Situation darum, wer von beiden Eltern die Verantwortung dafür trägt, dass die von den Kindern ohnehin nicht geliebte Trennungssituation zusätzlich belastet wird. Im Extremfall entwickelt sich der Trotz zu einer Art Triumph: »Darauf haben die spekuliert!« Oder aus tiefer Kränkung: »Jetzt sind die Kinder alt genug, um zu mir zu kommen und sich für mich zu entscheiden.« So hängen die Entscheidung und der Schritt zu einem neuen Kontakt von den Kindern ab. Die Kinder müssen ihm seine Vaterschaft zurückgeben. In ihre Hände hat er es gelegt, ob er Vater bleibt oder wieder wird. Wenn sie es nicht tun, dann hat er seine Kinder verloren.

Der Trotz ist eine indirekte Bestrafung für alle Ungerechtigkeiten, die dem Mann widerfahren sind. Dabei scheint diesen Scheidungsvätern zu entgehen, dass sie nicht nur die Mutter bestrafen, sondern die Kinder treffen. Es ist durchaus ein Weg, der Exfrau vorzuführen, was sie alles falsch gemacht und letztendlich zerstört hat. Selbst wenn die Kinder die

Vorhaltungen mitbekommen, was im Sinne des Vaters wäre, weil er die Mutter vorführen will, so bleibt den Kindern, dass sie ohne Vater leben müssen. Der Vater steht als der Gute da, die Mutter als die Schlechte. Nur hat weder er etwas davon, noch die Kinder.

Herr Elbe:

»Seit März 2002 macht die Mutter, die früher die Kinder zu meinem Wohnsitz gebracht und geholt hat, den Umgang von der Kindesübergabe an ihrem eigenen Wohnsitz abhängig. Das verweigere ich, weil es bei der letzten Übergabe dort zu Tätlichkeiten zwischen mir und dem Großvater mütterlicherseits kam. Meine Tochter musste das auf meinem Arm miterleben.«

Herr Mai:

»Als meine große Tochter 12 Jahre alt war, habe ich den Kontakt für vier Jahre abgebrochen, weil die Mutter das Kind immer als Transportmittel für Konflikte benutzte. Konflikte, die sie auf Elternebene mit mir nicht regeln konnte.«

Herr Schlegel:

»Ich habe 1999 den Kontakt zu den Kindern abgebrochen. Ich bin der Auffassung, dass die Kinder aus meiner Sicht alt genug sind, um mit dem Zug zu mir zu fahren. Jeder Versuch meinerseits, mich den Kindern zu nähern, wird von der Mutter mit Psychoterror gegen die Kinder beantwortet.«

Herr Frisch:

»Ich habe keine Möglichkeit gesehen, Vater zu sein. Das Kind ist nunmehr seit mehreren Jahren einmal in der Woche in therapeutischer Behandlung. Eine Therapie für mich habe ich abgelehnt. Und ich lasse mich nicht erpressen, in einem solchen System den Sündenbock darzustellen.«

Herr Schnell:

»Weil es unmöglich ist, mit den Jungs Kontakt zu halten. Die Großeltern ihrerseits machen jedes Mal ein Riesentheater, wenn ich die Jungs abhole oder zurückbringe. Darauf habe ich keine Lust mehr. Dass das so kommt, darauf haben sie ja nur spekuliert.«

Die Heimkehr der verlorenen Kinder oder
Die auserwählten Väter

Hier berichten Väter von Konstellationen, in denen die Kinder gegen die Machenschaften ihrer Mutter tätig werden und den Kontakt zum Vater wieder anknüpfen. Diese Väter sind stolz darauf, dass ihre Kinder sich ihnen trotz Abwertung und Entmutigung wieder nähern. Sie selbst hatten offensichtlich den Kampf mit der Exfrau schon verloren gegeben und sich zurückgezogen. Mit ihrem Verzicht auf die Beziehung überließen sie stillschweigend den aktiven Part den Kindern. Dass die Kinder wieder auftauchen, bedeutet für Scheidungsväter zweierlei. Zum einen fühlen sie sich nachträglich mit ihrer Behauptung im Recht, wonach die Mutter den Kindern den Umgang eigentlich vermiesen wollte, aber an den Kindern gescheitert ist. Zum anderen ist die Hinwendung der Kinder zum Vater eine Art der Anerkennung und zugleich Wiedergutmachung für die erlittene Kränkung und den zeitweiligen Machtverlust. Beides – Recht und Anerkennung – wird ihm von den Kindern zuteil.

Herr Streicher:

»Den Kontakt hatte ich 1998 zu meinem Sohn vorübergehend verloren. Insofern ist der Kontakt eigentlich nicht richtig abgebrochen. Der Grund dafür war damals, dass meine Frau durchgesetzt hat, dass Kontakte nur stattfinden, wenn es mein Sohn auch wünscht. Er hat dann nach zwei Jahren von sich aus zu mir zurückgefunden.«

Wie gegensätzlich Vater und Mutter in der Gesellschaft wahrgenommen werden, lässt sich am besten in der Umkehrung des Falles demonstrieren. Man stelle sich vor, ein Vater wollte durchsetzen, dass seine Kinder die Mutter nur dann sehen, wenn sie dies auch wünschen. Die erste Antwort wird sein:»Warum, um Himmels willen, sollte ein Kind seine Mutter nicht sehen wollen?«

Dass es Kindern schwer fällt, gegen Mütter offen aggressiv zu sein, hat nichts mit einer naturhaften Güte von Müttern zu tun, sondern eher damit, dass Kinder Angst haben, sich gegen die Mutter zu stellen. Sie könnte sie ja mit dem Entzug ihrer Liebe strafen. Die Angst der Kinder, ihrer Mutter negative Gefühle zu zeigen, hat mit der Dominanz der Mütter im dem gegenwärtigen Modell der Arbeitsteilung zu tun. Je gegenwärtiger allerdings die Väter im kindlichen Alltag sind, umso eher werden Kinder in der Lage sein, der Mutter gegenüber auch ärgerliche und sogar ablehnende Gefühle zu zeigen. Die vielfache Idealisierung der Mutter in unserer Gesellschaft ist unmittelbarer Ausdruck der Unfähigkeit, sich aus ihrer Abhängigkeit zu befreien. Ihre Idealisierung dient der Beschwichtigung eigener unangenehmer Gefühle gegenüber der Mutter.

Wenn die Kinder von Herrn Glas den Wunsch äußern, ihren Vater nicht zu sehen und die Mutter diesem Wunsch entspricht, so hat sich zuvor die Mutter dahingehend geäußert, dass sie den Kindern die Abwahl des Vaters je nach Bedarf einräumen wird. Niemand käme auf den Gedanken, dass Kinder in einer bestehenden Familie sich solche Optionen ausbedingen. Wenn jedoch nach der Scheidung solche Wünsche bei den Kindern auftreten, sind sie ein Zeichen dafür, dass sie der Mutter ihre Loyalität bekunden wollen. Wenn die Mutter ihren Kindern keine Loyalitätsbekundung abverlangt, weil sie nicht will, dass sie aus Mitleid oder anderen Gründen für sie Partei ergreifen, so wird sie die Kinder fragen:»Was soll es, um alles in der Welt, für Gründe geben, dass ihr nicht zu eurem Vater wollt? Dass meine Beziehung zu ihm zu Ende ist, heißt doch nicht, dass sich zwischen euch und ihm etwas geändert hat!« Unterbleibt diese Frage, so hat die Mutter vorab die Väterlichkeit bereits infrage gestellt. Dann wird sie allerdings die Loyalitätsbekundungen der Kinder befriedigt akzeptieren, weil sie die stillschweigende Übereinstimmung mit der mütterlichen Abwertung des Vaters zum Ausdruck bringen.

Herr Specht:

»Meine Exfrau hat die Kinder genötigt, den Kontakt abzubrechen. Nach der Volljährigkeit haben zwei meiner Kinder den Kontakt wieder zu mir aufgenommen.«

Herr Szoldan:

»Das Kind ist erst 3 Jahre alt und kann noch nicht selbst entscheiden.«

Der Vorwurf des sexuellen Missbrauchs

Es gibt Väter, wie übrigens auch Mütter, die ihre Kinder zur Befriedigung ihrer sexuellen Bedürfnisse missbrauchen. Der Missbrauch durch

Väter wird öffentlich gemacht, der von Müttern noch immer ängstlich totgeschwiegen. Was Männern verallgemeinernd nachgesagt wird, das wird Frauen verallgemeinernd abgesprochen. Klischees sind als Kampfmittel bestens geeignet. So ist der Vorwurf, ein Vater habe sich sexuell an seiner Tochter vergangen, zu einer beliebten Taktik im Kampf um das Umgangsrecht geworden. Der Vorwurf verschmilzt, einmal erhoben, blitzschnell mit Klischees, und Scheidungsväter haben dann nur geringe Chancen, ihre Kinder wiederzusehen.

So boykottiert Frau Mayer die Beziehung zwischen ihrem Exmann und der Tochter. Sie beantragt das alleinige Sorgerecht, um den Vater vom Besuchsrecht auszuschließen. Außerdem strengt sie gleich mehrere Verfahren wegen Körperverletzung an. Jeder Verfahrensschritt zielt darauf ab, die Beziehung von Vater und Tochter zu unterbinden. So wirft sie ihm nach einem Besuchswochenende von Helga vor, er habe seine Tochter sexuell missbraucht. Die Tochter ist an einer Vaginalentzündung erkrankt:

»Ihr Anwalt hat diese Anschuldigung erhoben. Dann hat mein Anwalt mit ihrem Anwalt ganz aufgeregt telefoniert: Ja, so und so sieht es aus. Die Tochter war am Wochenende bei Ihrem Mandanten und kam zurück und sie hätte Brennen beim Wasserlassen gehabt. Und so weiter und so fort. Da sagte dann mein Anwalt: ›Also überlegen Sie sich, was Sie hier tun, wenn Sie das hochspielen wollen. Wir wollen erst einmal untereinander die Sache klären.‹ Der hatte aber schon mit dem Familiengericht telefoniert. Und denn rief mich mein Anwalt an und sagte: ›Herr Mayer, was war da los? Was ist vorgefallen?‹ Ich sage: ›Gar nichts ist vorgefallen. Ich war sogar beim Arzt mit ihr gewesen. Auf meine Krankenkassenkarte, denn ihre Karte ist ja bei der Mutter. Sie hatte da so eine Entzündung und ich sollte ein Sitzbad mit Kamillen machen.‹

Dann rief mein Anwalt das Familiengericht an und berichtete den Sachverhalt. Da sagte die Richterin: ›Das muss der Herr Mayer erst einmal beweisen.‹ Und dann rief mich mein Anwalt wieder an: ›Na ja, selbstverständlich kann ich das beweisen. Hier gleich um die Ecke ist der Kinderarzt, ich gehe hin und lasse mir von dem eine Bescheinigung geben.‹ Bin dann gleich mit der Bestätigung zur Richterin gefahren und habe ihr das auf den Tisch gelegt. Sie hat drübergeguckt: ›Na, dann ist es ja gut!‹ Und dann hat sie es beiseite gelegt. Es ist meiner Frau nicht gelungen, die Beziehung zu meiner Tochter zu zerstören. Ich habe den Kontakt nicht abgebrochen, obwohl ich manchmal das alles nur schwer noch ertragen konnte.«

Herrn Mayer gelang es, auch alle anderen Beschuldigungen zu widerlegen.

Herr Hochgerner:

»Die Mutter wirft mir vor, die Kinder sexuell zu missbrauchen, weil ich meinen Partner vor den Augen der Kinder geküsst habe. Die Kinder sagen aber, selbst vor Zeugen, dass das okay ist. Sie mögen meinen Partner sehr, leider sind die Kindesmutter und die deutsche Justiz völlig borniert.«

Herr Leitner:

»Kinder fanden Pornohefte, und ich habe das zu spät gemerkt. Die Kinder machten sich einen Spaß daraus und erzählten das meiner Ex. Selbige schlachtete das auf dem Jugendamt und beim Anwalt aufs Übelste aus.«

Herr Rainer:

»Sexueller Missbrauch und häusliche, körperliche Gewalt sind die ›Lifestyle‹-Themen des Vorwurfs gegen mich, so wie es in den Medien vorgemacht wird.«

Herr Drews:

»Meine Exfrau hat mir das Besuchsrecht entziehen wollen, weil ›die Kinder zusehen mussten, wie ich mit meiner neuen Partnerin Sex mache‹. Das Gericht ist diesem Antrag nicht gefolgt, aber seitdem sehe ich unseren Sohn nicht mehr.«

Herr Strich:

»Direkt nach der Scheidung hat die Mutter eine Umgangssperre zu meinen Kindern verhängt. Es gab die ganzen Jahre immer wieder Kämpfe um das Umgangsrecht. Wegen des Vorwurfs des sexuellen Missbrauchs hatte ich über zwei Jahre keinen Kontakt zu meinen Kindern. Der Vorwurf wurde widerlegt. Was sie behauptet hatte, konnte sie vor Gericht nicht belegen.«

Die Kinder sind nur im Paket mit der Frau zu haben

Eine Scheidung ist endgültig. Doch ob damit die Beziehung beendet ist, ist damit noch lange nicht gesagt, denn Scheidung und Trennung sind zweierlei. Rechtstatsachen und emotionale Zustände fallen zumeist auseinander. Scheidungen passieren verhältnismäßig schnell, Trennungen können lange währen und sogar misslingen. Wahrscheinlich gibt es mehr misslungene denn erfolgreiche Trennungen. So auch hier. Wir wissen, dass 29 Prozent der Männer an ihrer Exfrau noch hängen und sich wahrscheinlich einen Neubeginn vorstellen könnten. Welche Schritte sie dazu unternehmen, haben wir nicht erfragt.

Allerdings ergaben die Interviews, dass manche Mütter ihre Kinder dazu »verwenden«, die Beziehung wieder anzubahnen, und damit die Endgültigkeit der Scheidung infrage stellen. Dabei werden die Kinder für die sexuellen Wünsche der Frau eingesetzt.

Herr Schritt:

»Meine Ex wollte das Ende der Beziehung, aber auf einmal nicht mehr das Ende von Sexualität. Sie hat die Tochter dafür gehandelt. Wenn sie bei mir in der Wohnung gelegentlich reinschauen darf, kann ich die Tochter dafür sehen.«

Die vielen Beispiele zeigen, dass es eine Sache ist, als Paar auseinander zu gehen. Eine ganz andere hingegen ist die Gestaltung der neu gewonnenen Freiheit, die, obwohl heißt ersehnt, von vielen nicht weniger schwer sich bewerkstelligen lässt als die schwelenden Konflikte, derentwegen sie auseinander gegangen sind. Was für die geschiedenen Erwachsenen – die verheirateten wie die ledigen – bereits eine unvorhergesehene Herausforderung ist, stellt sich für deren Kinder als eine Welt dar, die aus den Fugen geraten und voller Konfusionen ist. Wahrscheinlich leiden viele Kinder an der Trennung ihrer Eltern deshalb so sehr, weil nicht nur ihre Eltern, sondern die Gesellschaft insgesamt sich der Illusion hingibt, dass die Flucht aus schwierigen Phasen einer Partnerschaft schon deren Lösung, zumindest aber der Beginn besserer Zeiten sei.

5. Handgreiflichkeiten, Gesundheit und professionelle Hilfe

In der ersten Befragung von Scheidungsvätern hatte es das Forscherteam versäumt, danach zu fragen, ob es zwischen den befragten Männern und ihren Partnerinnen wegen der Scheidung zu Handgreiflichkeiten gekommen war. Dieses Versäumnis gegenüber einem Phänomen, über das auch heute noch regelmäßig in der Presse berichtet wird, bedarf einer Erläuterung. Denn wie soll man sich erklären, dass Forscher und Forscherinnen, die sich dem brisanten Thema der Scheidung zielstrebig zuwenden, die Wahrscheinlichkeit von Handgreiflichkeiten angesichts beidseitiger seelischer Verletzungen erst einmal ausschließen?

Mit den Verletzungen und gegenseitiger Geringschätzung kehrt oft schleichende Sprachzerstörung ein. Wer aber mit dem anderen nicht mehr sprechen kann, mit dem er einst Intimstes geteilt hat, dem wurde von der Kränkung die Sprache geraubt, was mitunter in tödliches Schweigen driftet oder auch in Geschrei und Handgreiflichkeiten endet. Die Einfühlung in den anderen ist verloren gegangen oder wird gar nicht mehr gesucht. Jeder nimmt sich nur noch aus der Perspektive seiner eigenen Verletzungen und Kränkungen wahr. Der Punkt ist erreicht, an dem das Wort seine Fähigkeit zur Verständigung eingebüßt hat und das Gefühl der Unfähigkeit oder der Rage sich in körperliches Agieren umsetzt. Schmerzhafte Kränkungen verwandeln sich dann in sprachlose Abfuhr von Wut, Entsetzen und vor allem von Hilflosigkeit. Die Hinwendung zur Körpersprache, die das Schlagen darstellt, ist ein Zeichen der Regression und damit auch des Verlustes der Beziehungsfähigkeit.

Dem Forscherteam war dieser Zusammenhang theoretisch nichts Neues. Allerdings hatte unser Team aus Männern und Frauen ein unter Forschern keineswegs unübliches Problem. Es ist nämlich ein Unterschied, ob ein Konflikt intellektuell beschrieben wird oder ob jemand fähig ist, ihn mit seinen schier unerträglichen Gefühlen von Angesicht zu Angesicht zu ertragen. Der Unterschied zwischen der expressiv-emotionalen und der rational-intellektuellen Verstehensweise besteht darin, dass erstere sich den beunruhigenden Gefühlen der Kontrahenten aussetzt. Hingegen zeichnet letztere sich durch das Gegenteil aus: Kein beunruhigendes, geschweige denn ein den Forscher erschütterndes Gefühl soll auftauchen, solange er über Scheidungen nachdenkt. Und das tun nun einmal die meisten Forscher.[27] Entsprechend hilflos ist ihre Forschung für das Verständnis und noch mehr für die Lösung von trennungsbedingten Konflikten.

Nachdem die interviewten Männer uns spontan über ihre handgreiflichen Episoden in den Fragebögen berichtet hatten, merkten wir noch rechtzeitig, dass wir etwas Wesentliches beim Scheidungskonflikt vergessen hatten: Gewaltsames, das durch Sprachzerstörung eingeleitet wird. Dass andere Forscher und vor allem Forscherinnen trotz jahrzehntelanger Gewaltforschung sich den psychischen Dynamiken gewaltträchtiger Situationen bis zum heutigen Tag verschließen, tröstete uns nicht, denn dieser Tradition wollten wir uns nicht anschließen. Vielmehr sahen wir in unserer »Vergesslichkeit« ein Zeichen einer noch nicht ausreichend entwickelten Konfliktfähigkeit. Es war ein unbewusster Widerstand gegen das Erkenntnisziel, das wir uns jedoch selber gesetzt hatten. Es war zugleich ein Indiz für die ansteckende Wirkung, die von einer an Mythenbildungen orientierten Debatte über Gewalt über viele Jahre ausgegangen war. Bis zum Augenblick unserer Selbstkorrektur war unser Forscherteam ein Beispiel dafür, warum die simplen Deutungen von bösen Tätern und guten Opfern so viel Gefolgschaft finden. Sie fordern niemanden heraus und vor allem befreien sie von der Anstrengung, Konflikte als gemeinsames Handeln von Zerstrittenen begreifen zu müssen.

Nachdem die Interviewpartner uns auf ihre handgreiflichen Episoden während ihrer Scheidung hingewiesen hatten, sind wir aufmerksam diesen Informationen nachgegangen. Wir verdanken ihnen, dass solche Episoden in der zweiten Befragungswelle noch erfragt werden konnten. Dabei wurde eine ganz andere Sicht auf die leidenschaftliche Dynamik der Trennung offen gelegt als bislang üblich. Von vereinzelten Untersuchungen abgesehen,[28] ist diese die umfassendste über Handgreiflichkeiten im Zusammenhang von Scheidungen. Sie vermittelt eine Vorstellung von der Entstehung aggressiver Durchbruchshandlungen, die in der Endphase einer Beziehung die Sprachfähigkeit zerstören und eben in körperliche Gewalt ausarten können.

So wichtig die Statistik über Häufigkeit und Anlässe von Handgreiflichkeiten ist, so kann sie uns über die emotionalen Vorgänge hinaus nicht über komplexe psychische Dynamiken informieren. Sie klärt uns nicht über Situationen auf,[29] über Gefühlszustände und Zeiträume, in denen Handgreiflichkeiten entstehen. Aufgrund der statistischen Berechnungen und von Tiefeninterviews lässt sich allerdings sagen, dass derjenige, der schlägt, sei es die Frau oder der Mann, dies nicht nur tut, um gefährdete Macht über den anderen auszuüben, sondern um die eigene Ohnmacht zu verdecken und Schamgefühle darüber zu unterdrücken. Schlagende befinden sich in einer hoch ambivalenten Situation und Gefühlslage, Frauen gleichermaßen wie Männer. Denn wer zuschlägt, gleich in welcher Form, womit und wie lange, oder wer den anderen erniedrigt, der hat die Selbstbeherrschung und die damit einhergehende Fähigkeit, sich über Sprache zu verständigen, verloren. Er ist nicht mehr fähig zu kommunizieren und weicht deshalb auf eine primitive Ebene aus. Er will den anderen verletzen. Zur Erniedrigung des anderen überzugehen, soll die eigene Hilflosigkeit verbergen. Nicht zuletzt an den Beschämungen, die viele Schlagende nachträglich über ihr Verhalten empfinden, wird deutlich, wie quälend das Versagen angesichts uneingelöster Ansprüche an eine gelingende Kommunikation erlebt wird.

An einer lange Zeit zurückliegenden handgreiflichen Episode, die sich zwischen einem Paar ereignete, soll dargestellt werden, wie Handgreiflichkeit und Gefühle von Scham, Schuld und Überlegenheit eng miteinander verwoben sind. Beides voneinander zu trennen, zerreißt, was zusammengehört.

Herr Martin ist ein schlanker, kleiner Mann, der etwas Rechthaberisches an sich hat und gleichzeitig Unsicherheit zu erkennen gibt. Seine Frau ist mindestens einen Kopf größer als er, sie hat rote Haare und zugleich etwas Feuerköpfiges. Sie wirkt sinnlich und verführerisch und ist sprachlich sehr differenziert. Mit Herrn Martin hat sie zwei Kinder, aber zur Heirat konnten sich beide nicht entschließen. Er führt den Haushalt, sie verdient das Geld mit einer Kleinkindgruppe. Sie hüllt Gesprächspartner in einen Schwall leidenschaftlicher Sprache ein. Sein Sprechen ist eher stockend, dennoch ist er von einer überschwänglichen Aufgeschlossenheit. Frau Siebert berichtet nun, dass Herr Martin sich an ihr vergangen habe. Ohne auf die

Vorgeschichte einzugehen, berichtet sie davon, wie er sie am Geländer ihres Wohnhauses mit einem Seil morgens halb entkleidet festgebunden habe, sie nicht zur Toilette habe gehen lassen und sie so zwang, auf den Teppich zu urinieren. Später habe er sie aufs Bett gezwungen und sei »in sie eingedrungen«.

Nach einem langen Gespräch mit Frau Siebert, das erstaunlicherweise wenig Ärger oder Entsetzen zum Ausdruck brachte, benennt sie, was sie an dieser unerfreulichen Episode aber auch befriedigt, wenn nicht sogar entschädigt habe: die Selbsterniedrigung, in die er sich begeben habe. Sie habe ihn so klein, unansehnlich und gescheitert erlebt wie noch nie zuvor. Und sie habe das offenen Auges wahrgenommen.

Denn eigentlich sei er ein sehr humaner Mensch, aber was er gemacht habe, das habe ihn an seine Grenzen geführt, nicht nur das, er habe Grenzen überschritten, was ihm politisch und ethisch unannehmbar sei. Er ist hinter die Sprache zurückgefallen, die ihm das einzige Mittel einer vernünftigen Verständigung sei. Sie habe somit seine Schwäche erkannt und sie habe es genossen, wenn ihr auch erst später bewusst geworden sei, dass er seine hohen Ansprüche an sich selbst nicht einhalten konnte. Er habe sich selber erniedrigt. Das habe sie genossen und sie täte das irgendwie noch immer. Beide blieben die nächsten fünfzehn Jahre noch zusammen.

Frau Siebert genießt die Kluft zwischen dem hoch gesteckten ethischen Selbstbild ihres Partners und seinem aktuellen Verhalten. Was als ein gewalttätiges Auftrumpfen erscheint, erkennt sie als verzweifelte Hilflosigkeit. Daher kann sie äußerst authentisch über seine Beschämung aufgrund der gemeinsamen Lebens- und Liebesgeschichte sprechen.

Eine solche Episode wird im Allgemeinen unter der Chiffre Gewalt oder Vergewaltigung abgelegt. Frau Siebert selber hat das nicht getan, weil sie als langjährige Partnerin, zumal von großer Selbstreflexion, die angedeutete Dynamik geahnt hat, die zwischen beiden sich abspielte und in der auch sie eine nicht zu vernachlässigende Rolle spielte.

Warum haben wir in unserem Fragebogen Männer nach Handgreiflichkeiten und nicht nach Gewalt gefragt, wie das in den Medien und der Wissenschaft eher durchgängig geschieht? Unter den vielen Gründen, die in einer langen Debatte im Forscherteam erörtert wurden, ragt einer heraus, der an einer Episode verdeutlicht werden soll:

Herr Rabe berichtet von der Gerichtsverhandlung zu seinem Sorgerechtsantrag, in der er vortrug, dass seine Frau ihn geschlagen habe. Er wollte sie damit als eine mögliche Gefahr auch für die Kinder darstellen. Der Richter schaut ihn von oben bis unten an und sagt dann sinngemäß: »Aber ich bitte Sie, Herr Rabe, Sie wollen mir doch nicht erzählen, dass ein Mann von einem Meter und achtzig und gesundem Körperbau von einer Frau geschlagen wird, die 10 Zentimeter kleiner und mindestens 20 Kilogramm leichter als er selber ist?«

Da Herr Rabe auf seiner Aussage beharrte, handelte er sich nicht nur die Geringschätzung des Richters, sondern obendrein Zweifel an seiner Glaubwürdigkeit ein. Herr Rabe hatte damit gegen die auch vom Richter geteilte Annahme verstoßen, dass Gewalt etwas mit Körpergröße zu tun haben müsse und dass eine Frau, die kleiner und leichter als ihr Mann sei, es gar nicht wagen würde, ihn zu schlagen. Denn diese Frau sei bestimmt so klug wie der Richter und würde sich wegen der ungleichen Verteilung von Muskelmassen wohlweislich zügeln und nicht zuschlagen. Selbst wenn ihr danach wäre. Deshalb könne nicht sein, dass sie ihn angegriffen habe. Sie müsste ja dumm sein, was der Richter der Frau nicht unterstellen wollte. Diese Sicht teilt der Richter mit den meisten Forscherinnen, die sich mit gewalttätigen Episoden in Partnerschaften bislang befassten.[30] Herr Hamburger interpretiert diese Erfahrung folgendermaßen:

»Meine Frau ist mir mir gegenüber handgreiflich geworden, ohne dass ich etwas dagegen tun konnte. Hier stärkt der Gesetzgeber wieder die Frauen. Ihnen wird alles nachgesehen, was immer sie machen. Frauen sind angeblich schwächer – Männer können sich wehren. Wenn sie sich aber wehren, dann sind sie Schweine.«

Herr Siegel berichtet ebenfalls über richterliche Vorurteile:

»Sie hat mich vor den Kindern geschlagen und mein damals vierjähriger Kleiner hat sich schützend vor mich gestellt. Im Scheidungsverfahren hat das der Richter nur mit einem Lächeln quittiert: ›Sie Armer konnten sich nicht helfen, wie?‹«

Gemäß dem Alltagsbewusstsein lässt der Muskelmassenindex Männer nicht nur prinzipiell als die stärkeren erscheinen, sondern auch als diejenigen, die beinahe risikolos sich ihrer Körperstärke bedienen können und dies auch tun, weil Frauen ihnen darin zumeist unterlegen sind. Männer, so legt es diese Sicht nahe, schlagen, weil sie stärker und erfolgsgewisser sind. Zugleich wird unterstellt, dass das Verbot von Körperverletzungen sie nicht davon abhält, ansonsten übliche Standards zwischenmenschlicher Beziehungen zu verletzen und dass selbst das Strafgesetz sie nicht davor zurückschrecken lässt.

Dieser gängigen Sicht liegt ein archaisches Missverständnis von menschlichen Beziehungen zugrunde, das allenfalls angemessen war, als körperliche Stärke den Mangel an Gerätschaft und Technik als maßgebliche Mittel zur Beherrschung der äußeren Natur auszugleichen hatte. Nur, was für die Rodung von Bäumen in der Vergangenheit zutreffen mag, beschreibt noch lange nicht, wie Männer und Frauen heutzutage miteinander kommunizieren. Gerade weil körperliche Kraft immer weniger für die Beherrschung der äußeren Natur erforderlich ist, können Frauen beispielsweise auch immer mehr Berufe wählen, die früher besondere Körperkräfte voraussetzten.[31]

Gewalt als Ausdruck von Stärke in persönlichen Beziehungen werde, wie der Richter meinte, durchaus zweckrational eingesetzt, wie eben beim Roden von Bäumen oder früher im Bergbau. Was den Mann überfordern und deshalb gefährden würde, das würde er demnach nicht anfassen. Chancen und Risiken der Naturbeherrschung würden gegeneinander abgewogen. Allerdings setzt diese zweckrationale Anwendung den kühlen Kopf der Beteiligten voraus, der Kraft erst planvoll einsetzbar macht. Man kann davon ausgehen, dass diese Logik neben dem Berufsleben allenfalls bei professionellen Killern anzutreffen ist. Nicht jedoch bei Männern und Frauen, die sich in hitzigen Situationen ihrer zerfallenden Liebesbeziehungen befinden. Sie planen Handgreiflichkeiten nicht wie ein Killer ein Verbrechen. Einen kühlen Kopf haben sie zumeist auch nicht, denn Kränkungen, Scham und Erniedrigungen trüben ihnen den Blick. Sie geraten deshalb eher in den Sog einer destruktiven und selbst gefährdenden Spontaneität als in die Nähe des abwägenden Kalküls zweckrationalen Handelns. Beschämungen und Erniedrigungen zwischen zerfallenden Paaren lösen deshalb – neben der depressiven Unfähigkeit, überhaupt noch zu handeln – eine diffuse Gereiztheit aus, die sich bis zur unbeherrschten Aggressivität steigern kann.

Allerdings ist es geradezu typisch für *aggressive Personen*, dass sie sich zu gefährlichen Fehleinschätzungen ihrer eigenen Kräfte verleiten lassen. Denn der Aggressive will möglichst schnell seine als unerträglich empfundene innere Spannung auflösen. Die Folge ist die Verkennung der äußeren Gegebenheiten. Gereiztheit und Aggressivität stehen demnach einem kühl kalkulierenden Kopf im Wege.

Andererseits kann Aggressivität sehr wohl beherrscht und in einen eisernen Willen zur Auseinandersetzung gezwungen werden. Wie jeder weiß, gelingt das nicht immer. Wenn es jedoch gelingt, kann es die Quelle für einen verbissenen Durchsetzungswillen sein. Dann kann, und das wird in der skizzierten Debatte übersehen, die umgewandelte Aggressivität dem körperlich Unterlegenen helfen, den Mangel an Muskelmasse durch raffinierte Taktik zu kompensieren. Angesichts dessen wird der Stärkere möglicherweise zögern, kraftvoll zuzuschlagen, weil er von seiner eigenen Aggressivität bestürzt ist. Auch die Geschichte von David und Goliath zeigt die Unsinnigkeit der Muskelmassentheorie, die Stärke ohne subjektive Besonderheiten denkt.

Im Gegensatz zur gängigen Annahme, dass Gewalttätigkeit zwischen Männern und Frauen aufgrund der geschlechtsspezifischen Verteilung der Muskelmassen Frauen grundsätzlich benachteiligt, legen wir ein komplexes Geflecht seelischer Beziehungen zugrunde, das Männer wie Frauen in Krisen der Partnerschaft gleichermaßen dazu neigen lässt, sich handgreiflich zu verhalten oder einen kühlen Kopf zu bewahren.[32] Wenn wir von Handgreiflichkeiten sprechen, dann müssen die tiefen Kränkungen beider Beteiligten zugrunde gelegt und ihre persönliche Fähigkeit bedacht werden, damit zurande zu kommen. Deshalb kann ein Muskelmassenvergleich nichts über die Wahrscheinlichkeit von Handgreiflichkeiten und über deren Schwere vorhersagen. Noch lässt sich davon ableiten, dass Männer häufiger als Frauen handgreiflich werden. Ausschlaggebend ist allein die Fähigkeit, mit den Belastungen der narzisstischen Erschütterung der Trennung fertig zu werden.

So gesehen ist die Wahrscheinlichkeit für Männer und Frauen annähernd gleich, im Trennungskonflikt handgreiflich zu werden, weil sie wegen der narzisstischen Kränkung, die Enttäuschung über die ursprüngliche Idealisierung des anderen, ihre Selbstkontrolle verlieren. Sie wollen den anderen verletzen und ihn als einen Angreifer, als den sie ihn wahrnehmen, herabsetzen.

Weil nun aber die Handgreiflichkeit erst einsetzt, wenn die Verständigung durch das gemeinsame Sprechen zerstört ist und wechselseitiges Anbrüllen nur noch dem Schatten einer Verständigung gleicht, überrascht es nicht, dass beide Beteiligten völlig unterschiedlich beschreiben, wie ihr Übergriff entstanden ist. Es entspricht der Sprachzerstörung, dass die Erklärungen aus zwei gänzlich verschiedenen Wahrnehmungswelten herzurühren scheinen.[33]

Dass die sprachliche Verständigung in Gewaltepisoden erst einmal zusammengebrochen ist, ist eines. Ein anderes ist, dass beide Partner aufgrund ihrer ehemaligen Liebe sich so gut kennen, dass jeder vom anderen weiß, wie er ihn am schmerzlichsten treffen kann. Der Wunsch, den anderen zu verletzen, weil man sich von ihm selber verletzt fühlt, greift intuitiv auf das Wissen um seine Verletzbarkeiten zu. Die deshalb geradezu maßgeschneiderten Gemeinheiten verletzen den Partner, während sie jede andere Person kalt lassen würden. Welche Handgreiflichkeit weh tut, ist deshalb weniger an äußere Kriterien gebunden als an die verletzenden Bedeutungen, die ein Mann oder eine Frau ihr zumessen.

Die Ergebnisse unserer Befragung dokumentieren *nur* die Sicht der Scheidungsväter. Aber die schmerzlichen Erfahrungen werden damit – wie in der Einleitung bereits thematisiert – keineswegs infrage gestellt. Der Schmerz, den sie empfinden, ist ihr realer Schmerz. Es sei denn, man wollte wie der zitierte Richter ihren Schmerz nicht ernst nehmen und stattdessen traditionelles Männlichkeitsverständnis hochhalten, das in etwa lauten könnte: »Stellt euch doch nicht so an, richtige Männer müssen das wegstecken können! Denkt an eure Väter, die haben ganz anderes durchgemacht!« Nach 1945 wurde dieses Verständnis äußerst zynisch in Erinnerung gerufen, indem das Leid und die Entsagungen der Väter an der Ostfront während der nationalsozialistischen Eroberungspolitik als vorbildhaft für die nachwachsenden Männer ausgegeben wurden.

Vieles spricht in der Tat dafür, dass Männer früher vieles wegsteckten, was schmerzhaft, verletzend und oft tödlich endete. Männlichkeit hat sich in den letzten Jahrzehnten aber soweit verändert, dass sie am Heroischen sichtlich weniger als früher sich erfreut. Männer verzichten auf die traditionellen Bewunderungsformen der Frauen, die damit einhergingen und für die sie sich anstrengen wollten. Aber damit ist allenfalls eine Tendenz beschrieben. Andererseits legt heutige Berichterstattung – ganz im Sinne der alten Heroisierung – immer wieder nahe, dass Unfälle und Katastrophen dadurch besonders schrecklich werden, weil unter den Toten so und so viele *Frauen und Kinder* sind – als würde der Tod von Männern nicht zählen. Hier wird wohl verkannt, dass diese Floskel eigentlich die Selbstverständlichkeit im überlieferten Sinn ausdrücken soll, dass Männer zum Heldenhaften, überspitzt gesagt: zum Tod, bestimmt sind. Vor diesem Hintergrund empfinden Männer heute vieles als verletzend, abwertend und gehässig, was ihre Väter und Onkel wahrscheinlich als unvermeidbare Erwartung von Frauen und kulturellen Standard für robuste Männlichkeit hingenommen und freudig selbst gefordert haben.[34] Die Welt galt damals für Männer eben als besonders hart.

Wie Scheidungsväter alltägliche Handgreiflichkeiten erleben, zeigen die folgenden Aussagen. Sie zeigen, dass Handgreifliches für sie immer in soziale und vor allem psychische Zusammenhänge eingebettet ist und dass es vielfach gerade auch ohne instrumentelle Gewalt – wie Schlagen, Treten, Messerwerfen – daherkommt. Zum Handgreiflichen zählen für sie deshalb die Überschreitungen von Intimitätsgrenzen, der Grenzen zwischen den Generationen, die Öffnung des Privaten hin zum Öffentlichen sowie die Häme Fremder:

»Ich habe meine Frau aus tiefstem Herzen geliebt und ich kann überhaupt nicht begreifen, warum sie gegangen ist. Sie hat das Haus ausgeräumt, als ich im Krankenhaus war. Alles, was mir wichtig war, war sie. Ich war in den ersten Tagen am Rande des Selbstmordes. Nicht wegen meiner Frau, aber wegen meiner damals anderthalbjährigen Tochter. Nur weil ich verlässliche Freunde hatte, bin ich von diesem Schritt abgekommen. Sobald ich an die Kinder dachte, zerriss es mir das Herz.«

»Damals wurde mein Sohn bei Begegnungen weggerissen, dann hinter dem Haus versteckt gehalten, damit die ›Nabelschnur zu mir durchtrennt‹ wird.«

»Ich fühlte mich seit Jahren von meiner Ehefrau gekränkt und herabgesetzt, vor Freunden diffamiert und als ›Loser‹ hingestellt: Ich empfand das als Psychoterror, hatte aber nicht die charakterliche Stärke, mich dagegen zu wehren.«

»Ich wurde von den Schwiegereltern aus dem Haus geprügelt. Meine Frau hat dabeigestanden und es sichtlich genossen.«

»Trotz der Tatsache, dass das gemeinsame Haus zu 50 Prozent auch mein Eigentum ist, wurde mir das Leben im Haus so schwer gemacht, zum Beispiel mit einem Angriff mit einer vollen Selters-Flasche, Bedrohung mit einem Messer und verbale Beleidigungen, dass ich rausgeekelt wurde.«

Fast alle Antworten deuten darauf hin, dass das Handgreifliche seine wesentlichen Bedeutungen aus der psychischen Verarbeitung erst erhält. Es ist demnach nicht die schwere gläserne oder die leichte Kunststoffflasche, die den Schmerz ausmacht, sondern die Art und Weise, wie Handlungen wahrgenommen und welche Motive dem Aggressor zugeschrieben werden. Diese Selbstwahrnehmung weicht von der traditionellen Selbstinstrumentalisierung von Männern für Frau, Familie und Vaterland ab, nach der vielerlei Unerfreuliches im Leben eines Mannes, sei es im Beruf oder durch Krieg, eben hinzunehmen sei, weil es zur männlichen Existenz dazugehöre. Diese Tradition ist nicht mehr wie früher im männlichen Selbstverständnis verankert, obwohl sie immer noch ein wesentliches Element von erwarteter Männlichkeit in unserer Kultur ist. Nicht zuletzt aus diesen Veränderungen, die auch das Geldverdienen nicht mehr allein sinnstiftend für Männer gestaltet, leitet sich auch die Forderung von vielen Vätern ab, nach der Trennung die Beziehung zu den Kindern fortführen zu können. Deshalb hat sich in einer Reihe von modernen Gesellschaften jenseits der öffentlichen Wahrnehmung eine entschlossene männliche Kultur des Kampfes für den Erhalt ihrer Beziehung zu den Kindern entwickelt. Väterorganisationen, die in modernen Gesellschaften wie Australien, Nordamerika, Großbritannien und Deutschland entstanden und international vernetzt sind, organisieren den Wunsch nach Beziehungskontinuität, der in ein modifiziertes Verständnis von Männlichkeit und deshalb auch von Weiblichkeit eingebettet ist. Neben den klassischen Solidarisierungsformen, in der einer für den anderen hilfreich einsteht, werden handgreifliche Episoden als Beziehungsgeschehen und als Teil einer nachlassenden Heroisierung von Männlichkeit thematisiert.[35]

Statistische Zahlen zur Handgreiflichkeit

Nicht wenige Facetten vom Mythos einer »universell starken und deshalb gewalttätigen Männlichkeit« wollen es, dass Männer generell friedlos seien. Der komplementäre Mythos besagt, dass Frauen universelle Friedfertigkeit verkörpern.[36] Unsere Befragung von Männern hat nun zu ganz anderen Ergebnissen geführt als diese Mythen nahe legen.

Fast ein Drittel aller befragten Männer[37] berichteten davon, dass es zu Handgreiflichkeiten während ihrer Scheidung gekommen sei. Davon gingen fast zwei Drittel von den Expartnerinnen aus. Frauen erscheinen in diesem Zusammenhang somit erstmals als aggressiv und handgreiflich in einem strapazierenden Beziehungskonflikt. Aus der Sicht unserer

Forschung entpuppt sich die Trennung von Partnern erstmals auch als das lebensgeschichtlich und psychodynamisch bedeutsamste Zentrum von Handgreiflichkeiten. Scheidungen sind ein hochgradig mit Gewaltphantasien und -handlungen gesättigter sozialpsychologischer Kontext. Wundern kann das eigentlich nicht.

Handgreifliche Episoden während der Scheidung können die Geschichte eines Paares prägen. In 45 Prozent dieser Fälle handelte es sich nämlich nicht nur um ein- oder zweimalige »Entgleisungen« während der heißen Trennungsphase, sondern um körperliche Auseinandersetzungen, die sich über einen längeren Zeitraum erstrecken. Dabei wurde in unserer Befragung deutlich, dass Frauen weitaus häufiger handgreiflich werden als allgemein angenommen. Es gibt demnach eine eigenständige »Kultur« weiblicher Handgreiflichkeiten.

Tabelle 1: Vorkommen von Handgreiflichkeiten (2. Befragungswelle, 1.600 Befragte)

Kam es zwischen Ihnen und Ihrer Partnerin zu Handgreiflichkeiten?	Nein	68,2%
	Ja	31,8%
Gesamt		100%
Von wem sind die Handgreiflichkeiten ausgegangen?	Von meiner Partnerin	64,4%
	Von mir	14,8%
	Von uns beiden	20,8%
Gesamt		100%
Wie oft kam es dazu?	Einmal	29,5%
	Zweimal	25,5%
	Öfter	45,0%
Gesamt		100%

Tabelle 2: Wer hat begonnen?

		Wie oft?			
		Einmal	Zweimal	Öfter	Gesamt
Wer hat begonnen?	Meine Partnerin	60,6%	65,8%	68,0%	65,3%
	Ich	22,8%	16,2%	7,5%	14,2%
	Wir beide	16,5%	18,0%	24,5%	20,5%
Gesamt		100%	100%	100%	100%

Tabelle 3: Wer hat mit Handgreiflichkeiten angefangen, und wer ist Schuld an den Konflikten in der Partnerschaft?

		Von wem sind die Handgreiflichkeiten ausgegangen?			
		Von meiner Partnerin	Von mir	Von uns beiden	Gesamt
Wer hat Schuld an den Konflikten?	Ich	0,7%	4,3%	0,0%	1,1%
	Eher ich	2,3%	12,9%	1,0%	3,6%
	Wir beide	32,3%	50,0%	57,1%	40,1%
	Eher meine Ex-Frau	43,6%	17,1%	29,6%	36,7%
	Meine Ex-Frau	21,1%	15,7%	12,2%	18,5%
Gesamt		100%	100%	100%	100%

Tabelle 4: Initiator der Handgreiflichkeiten nach Trennungswunsch

		Von wem sind die Handgreiflichkeiten ausgegangen?			
		Von meiner Partnerin	Von mir	Von uns beiden	Gesamt
Wer wollte die Trennung?	Ich	36,8%	17,1%	33,0%	33,0%
	Meine Partnerin	51,3%	71,4%	55,7%	55,2%
	Wir beide	11,9%	11,4%	11,3%	11,7%
Gesamt		100%	100%	100%	100%

In unserer Befragung zeigte sich, dass zwischen dem Initiator der Handgreiflichkeiten und der Anzahl der körperlichen Attacken ein Zusammenhang besteht. Wenn die Handgreiflichkeiten von Männern begonnen wurden, dann handelte es sich oftmals um einen einmaligen »Ausrutscher«. Wurden die Krisen hingegen von *beiden* Partnern mit körperlicher Gewalt ausgetragen, dann war zu beobachten, dass es sich um ein Muster partnerschaftlicher Auseinandersetzungen handelte, das für die Geschichte der Partnerschaft und die Weise, Konflikt auszutragen, eher typisch war.

Ebenso besteht ein statistischer Zusammenhang zwischen Handgreiflichkeiten und der Schuld daran. Das Ergebnis lässt sich auf die einfache Formel bringen: Wer schlägt, hat die Schuld an den Problemen, weil er oder sie die Regeln einer an Sprache orientierten Verständigung massiv verletzt. Unsere Interviewpartner sahen es so, dass derjenige, der zu schlagen beginnt, der Schuldige ist; beginnt der Scheidungsvater, so ist er schuldig, beginnt die Scheidungsmutter, dann sieht er folglich die Schuld bei ihr.

Allerdings gibt es hier einen Widerspruch im sonst stark differenzierten Selbstverständnis von Scheidungsvätern. Die Männer benennen einen Schuldigen: sich selber, die Partnerin oder beide. Andererseits beschreiben sie die Entstehung und den Kontext von Handgreiflichkeiten wie der dazugehörigen Verletzungen so hellsichtig, dass die Vorstellung eines einzigen Schuldigen nicht überzeugt. Denn wo immer Konflikte gerade in intimen Beziehungen sich einstellen, ist es schwer, von einseitiger Schuld zu sprechen.[38]

Dieser Widerspruch gibt eine weitere Dimension frei, die gesellschaftlich bedeutsam ist. Wenn ein Paar nämlich glücklich ist, dann sieht jeder darin ein Geschehen, an dem beide ihren Anteil haben. Man sagt: Die beiden sind glücklich! Aber die Gemeinsamkeit gilt für schlechte Zeiten einer Beziehung nicht weniger: eben das Unglück. Zumal aus der Perspektive des geteilten Unglücks sich überhaupt erst die Chance ergibt, sich über die gegenseitigen Verletzungen zu verständigen. Es gehört zum Wesen der Sprachzerstörung, dass zwischen den Beteiligten das früher übliche einfühlsame Verstehen zerbricht. Damit geht zumeist auch das Gefühl für die Verletzbarkeiten des anderen zeitweise verloren.

Wie sehr Handgreiflichkeiten mit anderen paardynamischen Ereignissen zusammengesehen werden, zeigt sich daran, dass Männer, die Handgreiflichkeiten begonnen haben, den Entschluss zur Trennung zu 71,4 Prozent bei der Partnerin sehen.[39] Möglicherweise wird das unter Scheidungsvätern weit verbreitete Gefühl der Ohnmacht durch den Trennungswunsch der Partnerin teilweise ausgelöst. Der hohe Anteil an Scheidungen, die von den Partnerinnen herbeigeführt werden, lässt Zweifel aufkommen, ob es sich zumindest anfänglich um einvernehmliche Trennungen handelt. Das würde die besonders schmerzhaften Kränkungen von Männern erklären, zumal wenn sie es gewohnt waren, dass die maßgeblichen Entscheidungen für das gemeinsame Leben in der Vergangenheit von ihnen erwartet wurden. In einzelnen Interviews hat sich das bestätigt. Die narzisstische Kränkung ist dann so ausgeprägt, dass von so schwerem seelischem Leid berichtet wurde, dass man annehmen konnte, die Kränkung habe erst kürzlich stattgefunden. In Wirklichkeit lag sie aber bereits viele Jahre zurück. Ein nachvollziehbarer Grund für diese Kränkung war, dass Scheidungsväter die Trennung als überfallartig erlebten. Beispielhaft beschreibt das Peter T.: »Schau doch mal auf Deinen Schreibtisch, da liegt etwas für Dich!« (vgl. die zweite Fallgeschichte) oder Martin W. (erste Fallgeschichte), der auf dem Schreibtisch das Schreiben des Rechtsanwalts vorfand, in dem ihm die Scheidungsabsicht mitgeteilt wird und der Anspruch, dass die Tochter zukünftig bei der Exfrau leben solle. Auch in anderen Fällen wurde die Scheidung durch die Post von einem »dritten« im Auftrag der Ehefrau mitgeteilt.

Kam es zu Handgreiflichkeiten zwischen den Partnern, dann teilten vor allem die Mütter den Kindern die Absicht mit, sich vom Vater zu trennen. Es war nicht der Vater, der es tat. Das geschah unabhängig davon, wer von beiden begonnen hatte, handgreiflich zu werden. Viele Väter wiesen darauf hin, dass die Expartnerin ihnen den Abschied von den Kindern verwehrt habe. Über die Gründe dafür lässt sich nichts sagen.

Die Suche nach professioneller Hilfe

Für ihr Bewusstsein von Hilflosigkeit und Scheitern spricht, im Gegensatz zum Mythos vom gesprächsunwilligen Mann, dass 62 Prozent der Scheidungsväter professionelle Hilfe aufsuchten. Sie erleben Handgreiflichkeit nicht nur als etwas Störendes, sondern auch als etwas, das sie mit ihrem Selbstbild nicht vereinbaren können. Denn ganz im Gegensatz zu Theorien über »gewalttätige Männlichkeit« werden Handgreiflichkeiten von Scheidungsvätern nicht als ein gängiges Mittel betrachtet, um Konflikte auszutragen:

»Okay, Handgreiflichkeit war letztlich das auslösende Moment zur räumlichen Trennung. Wir wollten es uns und vor allem den Kindern nicht länger zumuten; wir hatten auch beide ehrlich Angst, die letzten Grenzen zu überschreiten und irgendwann auf der Titelseite der Deutschlandausgabe von *Bild* zu erscheinen.«

Viele Männer glauben, nur mit professioneller Hilfe diese negativen Erlebnisse bewältigen und die Gefahr einer Wiederholung beherrschen zu können. Zumeist suchen sie Hilfe bei Psychotherapeuten, Familien-

oder Eheberatern, aber ebenso bei Rechtsanwälten, Psychiatern und in Vätervereinen.[40]

Tabelle 5: Bei welcher Berufsgruppe haben sie um Hilfe nachgesucht? (Mehrfachantworten waren möglich

Jugendamt	47,2%
Rechtsanwalt	56,4%
Psychotherapeut	33,6%
Arzt/Psychiater	21,9%
Psychologischer Berater	18,6%
Mediator	10,6%
Familienberatungsstelle	36,3%
Väterverein	22,1%
Geistlicher	10,8%
Andere	6,8%

Die große Bedeutung von Psychotherapeuten (33,6 Prozent) deutet auf einen differenzierten Blick der Männer auf ihre Trennung hin. Sie wollen offenbar durch Gespräche ihre Probleme lösen. Denn zum Psychotherapeuten geht in der Regel nur, wer sich die Erklärung seines Unglücks selber erarbeiten möchte. Das Gegenteil wäre die Einnahme von Psychopharmaka, die der Arzt verordnet.

Welche Hilfe Männer jedoch in Anspruch nehmen, hängt von ihrer Bildung und ihrem Einkommen ab. So bevorzugen Männer aus den unteren Einkommensschichten eher das Jugendamt (47,2 Prozent), wahrscheinlich nicht nur, weil dessen Leistungen kostenlos sind, sondern weil es nach ihren Lebenserfahrungen mit professionellen Hilfen diejenige Instanz ist, an die man sich wendet, wenn man *nicht mehr weiterkommt*. Das Jugendamt wird oft als Teil von »Vater Staat« gesehen und als »für einen zuständig« erlebt. Deshalb erwarten Scheidungsväter aus den unteren Schichten dort am ehesten Hilfe und ein »offenes Ohr« für ihre Probleme.

Dem steht allerdings entgegen, dass viele von ihnen über ausgesprochen schlechte Erfahrungen mit Jugendämtern berichten. Sie fühlen sich vor allem von deren Mitarbeiterinnen oft durch Vorurteile über »*die* Scheidungsväter« oder »*die* Männer« missverstanden. Angedeutet wird, dass dort eine »feministische Gesinnung« herrsche, die sich allgemein gegen Männer richte. So heißt es: »Die wissen einfach alles immer besser. Und sagen kann man denen gar nichts. Und zuhören wollen sie erst recht nicht!« Der prekäre Ruf von Jugendämtern unter Scheidungsvätern ist deshalb problematisch, weil sie von Familiengerichten in Scheidungsverfahren regelmäßig angehört werden.[41] Sie geben Prognosen zum Kindeswohl ab. Nicht selten geht es dabei um Fragen, wie viele oder ob überhaupt Besuche des Kindes bei seinem Vater nach der Scheidung sinnvoll erscheinen. Prognosen zum Kindeswohl sind immer problematisch und werden von ausgewiesenen Professionen nur mit größten Vorbehalten ausgesprochen. Da Mitarbeiter von Jugendämtern zumeist keine professionelle Qualifizierung für familiendiagnostische Beurteilungen während ihres Studiums erwerben und oft über keine Zusatzausbildung verfügen, sind sie überfordert, den richterlichen Erwartungen nach zuverlässigen Entscheidungsgründen zu entsprechen.

Die Mischung aus richterlichen Erwartungen und unzureichender Qualifikation wird in einigen Amtsstuben durch Ideologien, wie die von der »Herrschaft des Patriarchats« überbrückt, die es gerechtfertigt erscheinen lassen, jede Mutter tendenziell als ein Opfer »repressiver Männerherrschaft« zu sehen. Ihr aus »Parteilichkeit« zu helfen, verleiht der Arbeit des Jugendamtes vermeintlichen zusätzlichen Sinn und gesellschaftspolitische Legitimation. Das steht allerdings im Widerspruch zu den rechtsstaatlichen Grundlagen des Handelns von Jugendämtern. Diesen Widerspruch beschreibt ein Scheidungsvater in einem Rundbrief einer Väterorganisation im Internet:

»Ich habe negative Erfahrungen mit dem Jugendamt gemacht. Man war nicht in der Lage, einer Besuche verweigernden Mutter, die über vierzehn Gerichtsinstanzen ging, die meinen Missbrauch an meinem Kind erfand, die Gewalt einbrachte, die gelogen hatte und alles dieses auf dem Rücken des Kindes austrug, die Lizenz zum Erziehen zu nehmen. Das Jugendamt hatte eine Art Kinderlähmung und stand mit Hilflosigkeit an der Wand. Was machte dann das Jugendamt nach vielen Jahren? Es brachte den Vorschlag, den Umgang von Vater und Kind auszusetzen! Im Klartext: Die Mutter hatte die kriminelle Energie und der Vater wurde rausgeschossen! Das Jugendamt arbeitet mit dem Richter zusammen und der übernahm diesen Vorschlag und setzte den Umgang von Vater und Kind aus!«

Bei einem Arzt oder Psychiater hingegen suchen Scheidungsväter zumeist Hilfe, wenn die Handgreiflichkeit von ihnen selber ausging und fast jeder fünfte Scheidungsvater, der über körperliche Auseinandersetzungen berichtete, zumal wenn sie von seiner Exfrau ausgingen, war in einem Väterverein organisiert.[42]

Bei den zentralen Streitpunkten, der Aufteilung des gemeinsamen Vermögens und vor allem der Besuchsregelung, traten ebenfalls gehäuft Handgreiflichkeiten auf. Da seit 1998 die gemeinsame elterliche Sorge für geschiedene Ehepaare gilt, ist dieser Kriegsschauplatz zum Teil geschlossen worden. In Partnerschaften, in denen es zu Übergriffen der Expartnerin kam, sind Scheidungsväter am unzufriedensten mit der vereinbarten Besuchsregelung. Väter, die nur alle vierzehn Tage ihre Kinder sehen dürfen und dies als sehr unbefriedigend erleben, weil sie sie häufiger sehen möchten, berichteten ebenso über Handgreiflichkeiten. Diese fanden aber bereits während der Partnerschaft statt. Dort, wo auf Konflikte gewalttätig reagiert wurde, wurde während der Trennungsphase überhaupt häufig gestritten: Die Expartnerin verweigerte den Dialog mit dem Befragten, zudem hielt sie Scheidungsvereinbarungen nicht ein, und vor allem kam es in mehr als der Hälfte aller Fälle zu familiengerichtlichen Auseinandersetzungen.

Darüber hinaus erschüttern Scheidungen das Selbstwertgefühl vieler Männer. Denn dass sie als Brotverdiener von Bedeutung sind, fällt nicht mit Überlegenheit und Anerkennung im familiären und partnerschaftlichen Alltag zusammen. Noch Mitte des vergangenen Jahrhunderts war das Modell nicht unüblich, dass in proletarischen Verhältnissen der Ehemann seine wöchentliche Lohntüte der Ehefrau aushändigte, sie ihm sein Taschengeld zuwies und den Rest für den Haushalt und, sofern etwas übrig blieb, zum Sparen festlegte. Ob die Rolle des Brotverdieners dazu ausreicht, sich auch als Herr im Haus zu fühlen, wird nicht unwesentlich von der Fähigkeit bestimmt, sich gegenüber dem anderen durchsetzen zu können. Die *patriarchalischen* und *matriarchalischen Komponenten* der Beziehungen[43] standen offensichtlich in einem persönlich sehr spannungsreichen Verhältnis zueinander. Sie werden noch immer individuell gestaltet. Wie immer diese tradierten Verkehrsformen sich in den letzten Jahrzehnten wandelten, so hat es – wie unsere Studie zeigt – ein konstantes Element im Hinblick auf das Verständnis von Väterlichkeit darin gegeben. Es wird wesentlich davon bestimmt, ob es dem Mann gelingt, Frau und Kinder durch seine Arbeit über die Jahre zu erhalten. Erfolgreiche Väterlichkeit und Männlichkeit sind in diesem klassischen Rollenarrangement durch Zuverlässigkeit der Versorgung festgelegt. Wenn es zur Scheidung kommt, fällt in den unteren Schichten die gewohnte Lebenssicherung zumeist weg und die soziale Deklassierung zieht ein. Dann kann der Ehemann seine väterlichen Pflichten nicht mehr erfüllen. Wenn sie in der gewohnten Weise oder überhaupt nicht mehr zahlen können, wird ihre Väterlichkeit infrage gestellt. Sie dürfen die Kinder nicht mehr sehen, denn der Vater, der seine Kinder nicht versorgt, ist nicht nur ein schlechter, sondern überhaupt kein Vater mehr. Zuverlässige Sorge ist in dieser Form von Vaterkultur der Kern der Väterlichkeit.

Handgreiflichkeit, Gesundheit und psychische Dynamik

Männer mit häufigen Handgreiflichkeitsepisoden berichten von Auswirkungen auf ihren beruflichen Alltag und ihre Gesundheit. Fast ein Drittel derer, die auf eine Beziehungsgeschichte mit Gewaltepisoden blicken, leidet unter ständigen seelischen Beschwerden. Dabei ist es unerheblich, ob die Aggression von ihnen oder der Exfrau ausging. So wenig wie das Auflisten von Baumaterialien etwas über deren Verwendung oder die ästhetischen Anmutungen des Bauwerks aussagt, so wenig erklärt die Auflistung von Gewaltmitteln – wie Messer, Gabel, Schere, Tritt – etwas über die Psychodynamik zwischen Menschen, die handgreiflich werden. So gesehen spielt es für das Verständnis der Paarbeziehung keine Rolle, ob mit einer Tasse geworfen, einem Messer gedroht oder einem Besen zugeschlagen wurde. Relevant ist das allenfalls vor Gericht. Jede Verletzung bringt aber seelische Belastungen unterschiedlichen Grades mit sich. Das gilt auch, wenn keine körperlichen Verletzungen vorliegen. Zwar mögen körperliche Wunden schmerzen, der größte Schmerz wird jedoch zumeist von den psychischen Kränkungen abgeleitet.

Jede Trennung reicht in die Geschichte einer Partnerschaft zurück. Sie umfasst die realisierbaren wie die illusionären Glückserwartungen, die jeder an den anderen hatte. Trennungen, zumal wenn Kinder beteiligt sind, gehen in aller Regel mit einer enttäuschenden Bilanz der mehr-

oder langjährigen Beziehungen einher. Deshalb wird oft das Schöne und Beglückende rückwirkend ebenfalls zerstört, obwohl es keine Illusion, sondern gemeinsame Lebenspraxis war. Dann werden mitunter auch die erfüllten Wünsche in ihr Gegenteil verkehrt. Diese Neigung kann, wie unsere Interviews zeigten, aber durchaus sinnvoll bewältigt werden, obwohl nicht selten die Enttäuschung in sadistische Entwertungen bis hin zu Handgreiflichkeiten umschlägt. Aber nicht nur der andere wird entwertet, sondern auch die eigene Geschichte, sodass nichts Gutes in einem selbst übrig bleibt.

Dass die Trennung einst durch große Liebe Verbundene zu Ausbrüchen von Gewalt führt, ist keineswegs verwunderlich. Verwunderlich ist allein das langjährige Schweigen darüber. Wenn sich in jeder dritten von uns untersuchten Trennung Handgreiflichkeiten einstellen, so bedeutet das nicht, dass alle anderen Trennungen den Impuls des Gewalttätigen – eben Draufzuhauen – nicht in sich empfunden hätten. Das Gefühl, durch die Trennung vom anderen entwertet zu werden, löst genauso viel Ärger, Zorn und Unbeherrschtheit aus wie bei handgreiflich gewordenen Paaren. Bei fast zwei Dritteln unserer Befragten siegte aber die Beherrschung über die aggressiven Impulse. In der Mehrzahl der Trennungen kam es deshalb nicht zu Handgreiflichkeiten.

Abermals ist bemerkenswert, dass die Gewaltforschung bislang zwischen dem sozialpsychologischen Zusammenhang von Trennungen und Handgreiflichkeiten keine Verbindung entdecken konnte. Vielmehr haben die Forscherinnen sich darauf beschränkt, Gewaltmittel jenseits ihrer komplexen Entstehung wie fleißige Bibliothekare in vorgefertigte Regale zu sortieren. Wie Handgreiflichkeiten mit anderen Aspekten der Partnerschaft, des Kinderwunsches und des Selbstwertgefühls unentwirrbar verwoben sind, blieb unterbelichtet. Herr Freising deutet das an:

»Ich habe die Handgreiflichkeiten ihrerseits über mich ergehen lassen, weil ich nicht von meinem Sohn getrennt werden wollte, aber die Abtreibung war zu viel. Sie hat gekratzt, gebissen, getreten, gekniffen und geschlagen mit der Faust und der flachen Hand.«

Diese Episode allein als »Schlagen mit der flachen Hand und Faust« zu katalogisieren, würde wesentliche Aspekte der psychischen Realität ausblenden. Herr Freising äußert den Wunsch, vom Sohn nicht getrennt zu werden, in Verbindung mit einer Abtreibung und Handgreiflichkeitsformen, die auf das eigene emotionale Überwältigtsein, Hilflosigkeit und Härte der Expartnerin hindeuten. Andererseits überschreitet die Abtreibung eine Grenze für ihn, die er nicht ertragen konnte. Ähnlich komplex ist auch der Befund, den Herr Weinreich skizziert:

»Sie hat nicht mit mir geredet, sie hat mir für alles die Pauschalschuld gegeben. Sie hat unseren Sohn nur in die Welt gesetzt, um ihrem im Sterben liegenden Vater ein Enkelkind zu präsentieren, ich habe mir meinen Sohn wirklich gewünscht.«

Diese vielfach miteinander verknoteten Fäden können wahrscheinlich nur in vielen Gesprächen mit beiden Beteiligten aufgelöst werden. Dass die Sicht der Männer nicht die ihrer Expartnerinnen sein wird, kann dabei als selbstverständlich angenommen werden. Beides lässt aber den komplexen Kontext ahnen, in den nicht nur die Handgreiflichkeit, sondern auch die vorausgegangenen Konflikte eingebettet sind.

Ohne Kontext lassen Handgreiflichkeiten sich aber nicht verstehen und ebenso lassen sich keine Änderungen bewirken. Es gibt keinen anderen Weg, als Verhalten innerhalb von sozialen und psychischen Verhältnissen zu verstehen.[44] So wurden in der Gewaltforschung zwar Handlungen aufgelistet und ihre Häufigkeit erfasst. Aber sie wurden weder als Indiz für ein individuelle Beziehungsdynamik noch als Ausdruck eines Geschlechterarrangements und von Kulturen verstanden. So gesehen war die Gewaltforschung der vergangenen zwanzig Jahre nicht nur weitgehend eine Verschwendung von Ressourcen, sondern ein Beitrag zur Verschärfung einer ominösen Feindseligkeit zwischen Männern und Frauen. Auch Betroffene wählen mitunter solche Polarisierungen. Sie tun es, um sich ihrer Verantwortung zu entziehen, Schmiede ihres glücklichen wie unglücklichen Lebens zu sein. Die Bedeutung von Wissenschaft besteht aber darin, solche Form der Leugnung von Verantwortung gerade einsichtig zu machen, um alle Beteiligten zu befähigen, ihren eigenen Anteil an Gewaltepisoden zu erkennen.

Im Gegensatz zur etablierten Gewaltforschung klassifizieren viele Männer Handgreiflichkeiten nicht in leicht, schwer oder besonders schwer. Natürlich verkennen sie nicht den Unterschied zwischen einer Ohrfeige, einem Tritt vors Schienbein, einem Hammer und dem anekdotisch belasteten Nudelholz. Aber sie sprechen subtil oder ausdrücklich die Dynamik an, die einen noch so blindwütig erscheinenden Gewaltausbruch in einen aufklärbaren Kontext rückt. Herr Schwer, der die Abtreibung der Schwangerschaft als Handgreiflichkeit erlebte, deutet diese Vielschichtigkeit an:

»Bis heute fand kein Gespräch statt, ich weiß nicht, weshalb sie sich von mir trennte. Offensichtlich wollte sie ein Kind, und als sie schwanger war, trennte sie sich und wollte keinen Vater dazu. Ich bot immer wieder Gespräche, auch vermittelte bei Familienberatungsstellen, an, sie lehnte ab. Sie verweigert außerdem den Umgang mit meinem Sohn, auch Dritten gegenüber ohne Begründung: ›Ich will es eben nicht. Es ist mein Sohn.‹«

Der Verführung sich entziehen

Die Analyse von gewalttätigen Episoden lässt die Facetten erkennen, die im Zustand der Sprachzerstörung zwischen Partnern wirksam sind. Verstehen, das auf versöhnende Wiederannäherung zielt, bleibt in schwierigen Fällen zumeist dem Gespräch mit dem Psychotherapeuten vorbehalten. Ein heilendes Gespräch setzt allerdings voraus, dass beide Beteiligten die Episode verstehen möchten, dass sie beschämt sind und dass sie eine Wiederholung nicht wünschen, zumal wenn ihre Kinder Zeugen der Gewalttätigkeit waren. Dann sind beide ausreichend motiviert, gemeinsam wieder zu sprechen und nach Lösungen zu suchen, sei es, dass sie sich in Würde und Respekt trennen wollen, oder sei es, dass sie ihrer Beziehung eine neue Chance geben wollen,.

Keine Handgreiflichkeit kommt wie ein Blitz aus heiterem Himmel, auch wenn es oft so wahrgenommen wird. Jeder aggressiven Szene geht ein aktueller oder schwelender Konflikt voraus, der die sprachliche Verständigung erschüttert hat. Dazu zählt oft die Unfähigkeit, das Irritierende zu benennen. Der Ärger, die Wut, die Ohnmacht und die Scham, die sich darüber allmählich aufbauen, machen gereizt und führen letztlich zu ausagierter Aggressivität. Aggressivität auszuagieren ist nur *eine* Möglichkeit, auf das verletzte Selbstwertgefühl zu reagieren. Bei der anderen macht der Gekränkte sich die Kränkung zu Eigen und wendet sie gegen sich selber. Es kommt zu Verstimmungen, die sich bis zur Depression steigern können.

Angesichts von besonders schweren Handgreiflichkeiten, die ohnmächtiges Mitgefühl und Zorn auslösen, fällt es Beobachtern nicht immer leicht, sich dem Wunsch nach Identifizierung mit dem »Opfer« und der Verurteilung des »Täters« oder der »Täterin« zu entziehen. Wenn diesem Drang nachgegeben wird, endet der Verstehensversuch abrupt. Das Ziel, die handgreiflich Verstrickten zu gemeinsamer Sprache wieder zu befähigen, ist dann in weite Ferne gerückt. Das hilft dem Einzelnen so wenig wie dem Gemeinwesen, die Häufigkeit von Handgreiflichkeiten zu vermindern.[45]

Von den zahlreichen Psychodynamiken, die Handgreiflichkeiten zwischen Partnern auslösen können, sei eine erwähnt, die von den befragten Männern oft genannt wurde und die als *Verführung zum Schlagen* beschrieben wurde. Es sei der Partnerin darum gegangen, sie zum Schlagen zu »stimulieren« – eben »zur Weißglut zu treiben«. Viele Scheidungsväter befürchteten also, gegen ihren Willen schwach und zu Handgreiflichkeiten verführt zu werden. In den guten Zeiten einer Partnerschaft ist die Verführung zumeist ein willkommener und genussvoller Aspekt des gemeinsamen Lebens. In schlechten Zeiten empfinden Männer die Verführung zur Handgreiflichkeit hingegen als einen Versuch, etwas tun zu sollen, das ihnen Selbstachtung sowie den Respekt ihrer Partnerin raubt. Im Gegensatz zur Verführung, die kunstvoll und erotisierend die Widerstände des anderen mit dessen schwankender Zustimmung schrittweise außer Kraft setzt, wird in der *provozierenden Verführung* die Aggressivität offen angestachelt.

»Ich glaube, sie hat es bewusst bis zum Äußersten provoziert, um dann am Ende als unschuldige, geschlagene Frau mit reiner Weste dazustehen.«

»Ich hätte niemals gedacht, dass mich eine Frau so provozieren oder verletzen könnte. Ich habe weder vorher noch nachher jemals eine Frau geschlagen.«

Andere Scheidungsväter deuten eigene Handgreiflichkeiten als von der Frau provozierte Niederlagen oder wie in den folgenden Äußerungen als Sieg ihrer Selbstbeherrschung:

»Sie hat blind mit den Fäusten zugeschlagen. Ich habe mich nicht provozieren lassen und bin in solchen Situationen geflüchtet.«

»Meine Frau hat mich explizit herausgefordert, provoziert, sie zu schlagen. Ich habe darauf nie entsprechend reagiert.«

Der Mann soll schwach werden, damit er tut, was er nicht will: handgreiflich werden. Die Frau setzt ihre aggressiv getönte Verführungsabsicht hingegen dazu ein, den Mann dazu zu bringen, an ihrer Stelle die Handgreiflichkeit zu begehen, nach der es ihr selbst zumute ist. Die Psychodynamik wirkt in beiden Konstellationen im Sinne einer Delegation. Einen anderen zur Gewalttätigkeit zu verführen, ist deshalb in gewisser Hinsicht das Gleiche wie die Handgreiflichkeit selber zu begehen. Der Unterschied besteht darin, wie Außenstehende und Beteiligte darauf reagieren. Öffentlich wird zumeist der Schlagende missbilligt, aber nicht derjenige, der dazu verführt hat. Weil das so ist, zeigen viele Männer, die handgreiflich wurden, tiefe Schuld- und Schamgefühle. Andererseits sind sie stolz, wenn sie sich nicht zur Handgreiflichkeit haben verführen lassen. Das zeigt unsere Studie. Die Folge davon ist in vielen Fällen, dass die Partner sich voneinander entfernen oder sogar die Beziehung abbrechen.

»Ich bin an dem Tag sofort aus der gemeinsamen Wohnung ausgezogen, als ich die Hand schon erhoben hatte, nachdem sie mir einen Wischlappen ins Gesicht geworfen hatte. Ich bin heute noch erleichtert, dass ich gerade so die Kurve noch gekriegt hatte.«

Dabei fällt auf, dass die Handgreiflichkeit auf ebenso großer Intimität beruht wie die psychische Provokation, die nur möglich ist, weil der Provozierende sich den Schwachstellen des anderen »intim nähern« kann. Der Provozierende möchte die Beziehung nämlich nicht selber beenden. Das soll der andere tun, der durch die verpönte Handlung sich von der Norm der Gewaltlosigkeit verabschiedet. Das muss nicht für immer sein – im Fall von Herrn Hoch und seiner Ehefrau entscheidet es aber über die Frage von Schuld und Unschuld bei der Scheidung. Tut der Provozierte, was der Provozierende sich wünscht, dann ist die logische Folgerung: »Ich habe schon immer geahnt, dass du so bist, wie du dich jetzt verhältst!« oder »Jetzt zeigst du, wie du wirklich bist!« Der Provozierte hat den gewünschten Beweis seiner Gewalttätigkeit selber erbracht, wenn die Handgreiflichkeit einsetzt. Dann wurde mit der Verführung ein ungeliebter Impuls erfolgreich an den anderen delegiert. Das gilt für beide Partner im Hinblick sowohl auf die sexuell-erotische als auch auf die handgreiflich-sadistische Verführung. Männer, die die verführerische Provokation fürchten, versuchten auf vielfältige Weise die Beherrschung zu bewahren. Einige flüchten aus der Szene, weil sie nicht sicher sind, ob sie auf Dauer widerstehen können. So sagt Herr Satorius:

»Sie hat blind mit beiden Fäusten zugeschlagen. Ich habe mich nicht provozieren lassen und bin in solchen Situationen geflüchtet. Ich habe einfach das Feld geräumt.«[46]

Herr Münzer räumt hingegen seine Verführbarkeit ein:

»Die Partnerin versuchte mit gezielter Provokation, mich zum Schlagen zu drängen. Glücklicherweise vergeblich!«

Er gibt seine Ambivalenz zu erkennen, denn er kann sich vorstellen, dass die Verführung hätte gelingen können, aber: »Glücklicherweise vergeblich!« Er hat den Impuls gespürt, aber gerade noch beherrschen können. Beide sind demnach zur Handgreiflichkeit bereit. Die Frau setzt sie anders in Szene als der Mann. Ganz anders hat sich Herr Hoch verhalten:

»Meine Exfrau hat mit allen Mitteln versucht, mich dazu zu bringen, dass ich sie schlage. Selbst wenn ich ihr nur die Hände festgehalten habe, um mich zu wehren, legte sie es so aus, als wenn ich sie geschlagen hätte. Als ich einmal während eines Disputs spät in der Nacht einschlief, hat sie mir mit einem Tritt eine Rippe gebrochen; ich tat so, als wäre nichts geschehen.«

Die Szene lässt erkennen, dass Herr Hoch – der sich so passiv gibt, als wäre nichts geschehen – selber noch als zielstrebig Handelnder auftritt. Er tut das, indem er die Gewalttätigkeit seiner Frau verleugnet. Das Verleugnete entpuppt sich als Rippenbruch. Er hat so getan, als schmerzten ihn die Rippen nicht, was angesichts der Schmerzhaftigkeit solcher Brüche bemerkenswert ist. Nun könnte man darin vorschnell eine heroische Schmerzmissachtung sehen, die nicht nur typisch männlich sei, sondern nebenbei und sogar lobenswerterweise zur Minderung der Spannung beigetragen habe. Denn er habe auf eine weitere Zuspitzung verzichtet. Herr Frei erklärt das so:

»Frauen denken, dass sie einem Mann nicht wehtun können und die Männer tun alles, damit diese Illusion erhalten bleibt. Die physiologische Stärke des Mannes wird zum starken Mann aufgewertet, der er aber nicht ist.«

Vielleicht möchte manch einer im Stoischen von Herrn Hoch Zeichen der Gewaltlosigkeit, sogar der Friedfertigkeit angesichts einer Körperverletzung sehen, das nach Anerkennung ruft. Herr Hoch verleugnet nicht nur die Aggression seiner Frau, sondern auch seine eigene. Seine den Schmerz verleugnende Passivität trägt nämlich dazu bei, die Eskalationsspirale anzutreiben. Seine Verweigerung des nächtlichen Gesprächs – er schläft ein – hat seine Partnerin extrem hilflos gemacht. Während sie sein Schweigen nicht ertragen konnte, quält ihn ihre Forderung. Wäre sie hingegen eine Sadistin, so hätte sie ihn wahrscheinlich nicht mit Schlägen, sondern weiterhin mit Worten für den Rest der Nacht gequält. Schweigen und keine Regungen zu zeigen, selbst wenn man schmerzhaft verletzt wurde, ist kein friedensstiftendes Verhalten. Passivität heißt keineswegs, nichts zu tun, sondern etwas in einer bestimmten Weise nicht zu tun. Mit der Folge, dass der andere etwas tut, was man ihm nicht zufügen möchte – zum Beispiel Tritte. Passivität ist in der Episode von Herrn Hoch weder friedfertig, noch ist sie generell ein Zeichen für »Unschuld« oder gar Handlungsunfähigkeit. Sie kann vielmehr auf sehr eigene Weise eine Handlung herbeiführen – wie in diesem Fall.

Herr Hoch hat seine Frau durch seine provokante Passivität zu massiven Handgreiflichkeiten verführt und es ihr unmöglich gemacht, mit ihm ins Gespräch zu kommen. Sie wähnt sich hilflos und erreicht keine Resonanz. Sein stiller Genuss daran ist, sie hilflos zu erleben und sich selbst als »unberührbar«. Er steht nach seinem aktiven Passivitätsmodell seinen Mann, der sich seine Verletztheit nicht anmerken lässt. Ganz wie in Kinofilmen, in denen Helden trotz schwerer Verletzungen stehen bleiben, weiterkämpfen, keine Gefühle zeigen und einfach tot umfallen.

Ähnliche verhält es sich bei Herrn Soest, der genussvoll seine Unerreichbarkeit als die Isolation seiner Partnerin erlebt:

»Sie hat mich angespuckt, sie ist mir mit Gewalt auf einen Fuß gesprungen, sie hat mir den Strom zum Buchlesen abgestellt und meine Hand eingeklemmt, ich habe nichts unternommen.«

Während die handgreifliche Ehefrau verzweifelt nach Kontakt sucht, stellt sich ihr Ehemann tot, sodass sie seinen Totstellreflex als Beziehungsverlust erlebt. In ihrer Verzweiflung versucht sie, ihn aus seiner Abschottung herauszureißen, damit er sich ihr zuwenden möge.

Herr Schwarz kann die Auswirkungen seiner Sprachlosigkeit sogar ganz offen beschreiben:

»Während der letzten fünf Ehejahre wurde ich zweimal pro Jahr – meist im November/Dezember – geschlagen. Vom Einreichen der Scheidung bis zu ihrem Auszug vielleicht einmal pro Woche. Habe nie zurückgeschlagen! Das machte sie aber noch aggressiver!«

Herr Schreck schildert sein Verhalten folgendermaßen:

»Sie holte mich nachts aus dem Schlaf und wollte diskutieren. Als ich das nicht wollte, würgte sie mich am Hals. Als ich sagte, dass ich nun endgültig gehen werde, da es keine gemeinsame Basis mehr gäbe, stellte sie sich in den Türrahmen, nachdem sie mir vorher Kontaktlinsen und Brille weggenommen hatte (ich habe eine Brennschärfe von 9 Zentimetern ohne Sehhilfen), und wollte so mein Gehen verhindern. Als Reaktion rutschte mir hier einmal die Hand aus.«

Frau Schreck hat ihrem Ehemann seine Behinderung auf erniedrigende Weise vorgeführt und über seine Sehfähigkeit herrschaftlich verfügt. Die beschriebene Szene legt nahe, dass sie ihrem Mann das verzweifelte Angebot machte, mit ihr zu sprechen, obwohl handgreifliche Aufforderungen zur Nachtzeit besonders unerträglich sind. Vielleicht raubten unbesprochene Probleme ihr den Schlaf oder sie litt sogar unter Panikattacken. All das wissen wir nicht. Aber es ist vorstellbar. Andererseits ist sie rücksichtslos, wenn nicht sadistisch, denn sie raubt ihrem Mann den Schlaf. Als er darauf nicht reagiert, würgt sie ihn. Herr Schreck hingegen sieht oder will die Notlage, in der sich seine Frau befindet, nicht sehen. Er benutzt ihren gewalttätigen Ruf nach sprachlicher Verständigung dazu, die Partnerschaft endgültig aufzukündigen. Sie sprechen also weder über die Beziehung noch über die erniedrigende Art der Beziehungsaufnahme und über die Hilflosigkeit, welche »dahinter steht«. Als Reaktion auf ihr Würgen und Quälen rutscht ihm die Hand aus. Er sieht darin einen Reflex, eben einen Ausrutscher, als fiele die Verantwortung dafür nicht ihm zu.

Viele der interviewten Männer verfügen über ein ausgeprägtes Verständnis für handgreifliche Episoden, besonders wenn ihre Kinder dabei in irgendeiner Weise beteiligt werden. Sie sehen dann nicht nur die zerrüttete Beziehung, sondern auch, dass Gewalt zwischen Eltern für die

Kinder ein höchst irritierendes Erlebnis ist, zumal wenn sie stillschweigend einbezogen werden und unklar ist, welche Rolle sie dabei eigentlich spielen. So ist es bei Herrn Meister:

»Ich komme von der Arbeit nach Hause, habe Hunger und möchte essen. Sie verbietet mir, die Küche zu betreten, weil sie diese gerade sauber gemacht hat. Ich betrete trotzdem die Küche mit dem Kind auf dem Arm. Sie prügelt mit einem Besen auf mich und das einjährige Kind ein. Ich musste die Wohnung verlassen, um nicht die Beherrschung zu verlieren. Sie verfolgt mich auf der Straße und streitet weiter.«

Sind die Kinder älter, so fürchten die Väter um ihre Autorität, mit der auch die Kinder einen Teil des elterlichen Schutzes verlieren würden:

»Sie hat die Kinder vom Fenster aus zuschauen lassen, wie ihr neuer Mann mich öffentlich mit einem Hammer bedroht hat. Ich wollte die Kinder abholen und bekam sie nicht.«

So zeigt sich, dass die Auflösung der Elterlichkeit die alltäglichen Beziehungen zu den Kindern grundsätzlich verändert. Was als selbstverständlich galt, muss neu gestaltet werden. Am meisten leiden darunter die Kinder, die das Zerbrechen der Familiengeschichte am heftigsten erleben. Aber auch die Hoffnungen der Geschiedenen auf eine bessere Zukunft werden auf lange Zeit von ungeahnten Problemen umlagert. Viele der damit auftretenden Konflikte sind durchaus lösbar. Allerdings setzt das voraus, was noch lange nicht gesichert ist: Scheidungen müssen sehr viel genauer und selbstkritischer als bisher von Erwachsenen wie von der Gesellschaft aus der Perspektive des kindlichen Erlebens wahrgenommen werden.

Schluss: Neue Perspektiven in der Scheidungsdebatte

Ich wage die Behauptung, dass kaum jemand die Absenkung seines Lebensstandards durch Scheidung zum Anlass nehmen wird, auf diese deshalb zu verzichten. Ein Rückgang der Scheidungsziffern ist von dieser Seite deshalb kaum zu erwarten. Ebenso werden Klagen über aufgelöste Familien und kindliches Leid nicht nachlassen. Aber auch das wird an den Scheidungszahlen wohl nichts ändern. So lange die Entscheidung über die Trennung vom Lebenspartner nach Abwägung aller Vor- und Nachteile, soweit man sie vorwegnehmen kann, zugunsten der individuellen Lebensgestaltung ausfällt, so lange wird es keine allzu großen Anstrengungen geben, einem gravierenden Konflikt in der Partnerschaft anders als durch Auseinandergehen zu begegnen.

Was im Einzelfall eine persönliche Entscheidung ist, entpuppt sich aber andererseits immer mehr als enormes Potential an gesellschaftlichen Konflikten mit weit reichenden Wirkungen. Die hohe Scheidungswahrscheinlichkeit bedeutet für Kinder aller Altersstufen eine allgegenwärtige Unsicherheit, von der sie sich bedroht fühlen. Sie fürchten, ihre Eltern zu verlieren. Diese Furcht ist inzwischen zum Thema von Pausengesprächen unter Schülern geworden, und auch in Kindergärten wird von den Betreuenden mit Behutsamkeit über Scheidungskinder und deren Symptome gesprochen. Sogar Universitäten schärfen in der Ausbildung ihren Blick für diese Gruppe von Kindern mit »Störanfälligkeit« und entwickeln pädagogische Konzepte für den Schulalltag, um helfen zu können.

Wahrscheinlich auch vor diesem Hintergrund entschied der Gesetzgeber mit dem neuen Kindschaftsrecht von 1998, dass Vater und Mutter, auch wenn sie sich getrennt haben, weiterhin gemeinsam für ihre Kinder sorgen sollen. Beide sind seitdem gesetzlich verpflichtet, sich auch nach der Scheidung den Kindern zu widmen. Wer sich dieser Verpflichtung entzieht, liefert den Nachweis seiner mangelnden Eignung als Elternteil. Ungeachtet der nicht gelösten Konflikte und emotionalen Spannungen der Geschiedenen wird von ihnen erwartet, zum Wohl ihrer Kinder zu kooperieren. Die Freiheit der Scheidung wird damit nicht angetastet, sehr wohl aber die übliche Freiheit, über den Wunsch der Kinder nach beiden Eltern zügig hinwegzugehen.

Nach allen Erfahrungen bleibt die Erwartung nach kooperierenden Eltern in nicht wenigen Fällen illusionär. Auch unsere Forschungsergebnisse zeigen, dass sich ungelöste Paarprobleme stets zum Nachteil der Kinder auswirken. Gerade die Regelung des Umgangs in großer zeitlicher Nähe zur Scheidung ist mit großen Ressentiments aufgeladen. Ähnliches ist beim Zahlungsgebaren von Scheidungsvätern – übrigens nicht weniger bei zahlungspflichtigen Scheidungsmüttern – zu beobachten. Denn die Zuverlässigkeit der Unterhaltszahlung wird nachweislich davon bestimmt, ob die Expartnerin den Wunsch des Vaters nach Kontakt mit seinen Kindern anerkennt, fördert oder blockiert. Je stärker die Väterlichkeit von der Exfrau eingeschränkt wird, umso größer ist die Wahrscheinlichkeit, dass der Scheidungsvater mit »Drehen am Geldhahn« reagiert. Das trifft die Expartnerin empfindlich, denn unregelmäßige wie unvollständige Zahlungen schaffen eine Atmosphäre der existentiellen Bedrohung. Aber die gesetzlich verordnete gemeinsame Sorge der Eltern stellt eine familienrechtliche Veränderung dar, die auf jeden Fall für den Einstieg in Streitigkeiten eine höhere Motivation zum Streiten voraussetzt.

Angesichts des Leidens, dem Kinder durch die Konfliktunfähigkeit ihrer geschiedenen Eltern ausgesetzt sind, muss die Gesellschaft jenseits abstrakter Gesetzesnormen zusätzlich sozialpolitisch tätig werden, um die Interessen der Kinder zu wahren. Hierbei handelt es sich um ein gesellschaftliches Großprojekt, das überhaupt erst begonnen werden muss. Auch die Debatte über besondere Formen der Unterstützung ist erst noch zu führen. So müssen verfügbare Institutionen und Hilfen auf ihre Tauglichkeit hin untersucht werden. So haben wir zwar Hunderte von Frauenhäusern und Beratungsstellen für Drogensüchtige, aber keine annähernd systematische Versorgung für Kinder, die an der Scheidung ihrer Eltern leiden oder durch sie traumatisiert wurden. Das sagt durchaus etwas über gesellschaftliche Prioritäten aus.

Es ist ernsthaft zu prüfen, ob das Gerichtswesen für Familienangelegenheiten von seinen Zielsetzungen, seinen Möglichkeiten und seiner Personalausstattung her grundsätzlich geeignet ist, zur Lösung von Scheidungskonflikten jenseits von deren justiziablen Aspekten Wesentliches beizutragen. Zu dieser prinzipiellen Frage treten ideologische Komponenten hinzu. So etwa die Begünstigung und Idealisierung der Mutter, wie sie häufig in Urteilen zum Ausdruck kommt. Sie ist ideologisch, weil sie von einem trivialen Mutterverständnis ausgeht: *Mutter ist die Beste*. Statt der Weisheit erbaulicher Muttertagssprüche zu folgen, wäre darüber nachzudenken, die helfenden Berufe so zu spezialisieren, dass sie in erfolgversprechender und einfühlsamer Weise auf die besonderen Probleme von Scheidungsfamilien eingehen können. Das gilt aus den genannten Gründen besonders für Jugendämter.

Wie unsere Befragung ergab, finden Scheidungsväter bei Jugendämtern oft nur in eingeschränktem Maß Verständnis und Mitgefühl für ihre emotionale Lage, was einem lösungsorientierten Handeln nicht wenig im Wege steht. Besonders ausgeprägt scheint dies bei Mitarbeiterinnen von Ämtern vor allem städtischer Regionen zu sein. Scheidungsväter treffen dort statt auf offene Ohren eher auf Vorurteile und Zurückweisung. Das ist umso folgenschwerer, weil gerade Jugendämter von einer ganz großen Zahl von Scheidungsvätern aufgesucht werden, die aufgrund ihres Bildungsstandes und ihrer finanziellen Ressourcen nur schwer Zugang zu familienberaterischen oder psychotherapeutischen Hilfen finden.

Als gesellschaftliche Hilfe werden vereinzelt seit der Familienrechtsreform von 1998 auch der *begleitete Umgang* und der *Verfahrensbeistand* für Kinder praktiziert. Im Rahmen unserer Forschung entpuppte sich das eher als der hilflose Wunsch von Jugendämtern und Richtern, für sie unlösbare Probleme an die nächste »professionelle« Stelle weiterzureichen. Sie entsprechen aber bisher nicht annähernd den Erfordernissen einer professionellen Differenzierung, wie sie im Rahmen einer gesellschaftlichen Initiative zum Wohl von Scheidungskindern erforderlich wäre. Ganz abgesehen davon, dass die Kommunen für die gesetzlich vorgeschriebene Leistung kein Geld ausgeben wollen. Erfolge in diesen Bereichen sind allenfalls auf persönliches Engagement von Mitarbeiterinnen und Mitarbeitern zurückzuführen. Institutionell gesichert sind sie hingegen nicht. Gute Hilfe wird damit zu einem glücklichen Zufall, nicht aber zu einem erwartbaren Zustand.

Die gängige Praxis der Familienpolitik, die vielfältigen Probleme der Scheidung auf Unterhaltszahlungen einzuschränken, verwechselt das Symptom eines Konflikts mit dessen komplexem Wesen. Solche Politik ist weitgehend Realitätsverleugnung. Vor allem die familienministerielle Forschung, die nur nach finanziell messbaren Benachteiligungen sucht, ohne sich dafür zu interessieren, welche verletzten Interessen der Väter und Kinder dahinter stehen, verkennt nicht nur das Problem, sondern, was noch schlimmer ist, sie blockiert auch die Suche nach Lösungsstrategien, indem sie falsche Fährten legt.[47] Scheidungsprobleme sind keine Geldprobleme, sie ziehen allenfalls welche nach sich, und selbst dann sind sie immer Symptom für Machtkämpfe und Kränkungen zwischen auseinander gefallenen Eheleuten oder Lebenspartnern.[48]

Neben den unmittelbar zu bedenkenden Interessen der Kinder gibt es weiterhin eine bislang vernachlässigte demographische Perspektive, wie Scheidungen gesellschaftlich wahrgenommen werden. Sie bezieht sich in erster Linie auf Männer.[49] Nun leben wir aber in einem gesellschaftlichen Klima, in dem die Tendenz herrscht, männliche Vorstellungen von Väterlichkeit infrage zu stellen. Der Vater ist als funktionierender und erfolgreicher Versorger erwünscht und kann sich – nach dieser Vorstellung – dort ausreichend bewähren, etwa als Mitwirkender am alltäglichen Leben, soweit es nicht über die berüchtigten Handreichungen beim Müllentsorgen und Wickeln hinausgeht. Nun scheint das aber den Vorstellungen eines wachsenden Teils junger Männer nicht mehr zu entsprechen. Wenn Väterlichkeit leidenschaftlicher und engagierter verstanden wird, was zunehmend der Fall ist, dann wird der Mann nicht selten als lästiger Eindringling ins mütterliche Hoheitsgebiet erlebt. Eine eigenwillig gestaltete Väterlichkeit, die nicht mehr mit den Vorstellungen der Mutter zusammenfallen muss, wird deshalb oft mit Skepsis betrachtet und als Beschneidung mütterlicher Kompetenzen wahrgenommen. Was es durchaus auch ist, wenn nämlich die Väterlichkeitsvorstellungen breiter und anders angelegt sind, als die Mutter sich das bislang wünscht. Oder wie die Bundesfamilienministerin Ursula von der Leyen im Hinblick auf die mütterliche Herrschaftssphäre ihrer eigenen Lebensorganisation und im Verhältnis zum Vater ihrer Kinder sagte: »Ich musste einige Domänen öffnen, die bis dahin nur ich besetzt hatte.«[50] Dann stellen sich tatsächlich konkurrierende Eingriffe in die althergebrachte, aber nur selten thematisierte Sphäre weiblicher Herrschaft ein, die zum Arrangement der Geschlechter genauso selbstverständlich zählt wie die patriarchale Sphäre.

Auch nach der Scheidung gibt es in diesem Arrangement eine Reihe von Anpassungsproblemen, die nicht zuletzt vom Partnerschaftsmodell bestimmt werden, wie das Paar in guten Zeiten die familiären Aufgaben – im Wesentlichen polarisiert (ihr die Familienarbeit, ihm die außerhäusliche Arbeit) oder eher komplementär (beide annähernd gleich in beiden Bereichen) – aufgeteilt hat. Was sich vor der Scheidung bewährt hat, wird danach zum Problem, weil die Beziehung zwischen Mann und Frau nicht mehr besteht.

Es ist eine gesellschaftliche Aufgabe von hoher Priorität, den Wunsch der Männer nach Väterlichkeit zu unterstützen und zugleich zu fordern. Dass dieser Wunsch trotzdem nicht respektiert wird, stellt eine Missachtung des Kindschaftsrechtes von 1998 und der Rechte der Männer auf Väterlichkeit jenseits des Geldverdienens dar. Langfristig kann es nicht ohne Folgen bleiben, wenn Väterlichkeit nur als Ergänzung von Mütterlichkeit akzeptiert, sogar noch stärker abgewertet wird als bisher oder als Übernahme einer vermeintlichen »Gutmütterlichkeit« bei gleichzeitiger Liquidierung tradierter Väterlichkeitsformen verfolgt wird.[51] Viele Faktoren bestimmen, ob Männer und Frauen sich für Kinder entscheiden. Einer davon ist die Bereitschaft, Vater zu werden und nach der Geburt der Väterlichkeit eine individuelle Gestalt geben zu können.

Der Kinderwunsch von Männern und Frauen hat unterschiedliche Gründe, die hier nicht dargestellt werden können. Unbestritten ist jedoch, dass der Wunsch Vater zu werden durch seine schwächere biologisch-anatomische Fundierung im Vergleich zur Frau sehr viel mehr eine persönliche Entscheidung darstellt, die auf die Anerkennung der Väterlichkeit durch die sie umgebende Kultur angewiesen ist. Der Kinderwunsch von Männern ist nicht so essentiell ausgeprägt, und er bedarf deshalb einer stärkeren kulturellen Ermutigung. Durch Empfängnis, Schwangerschaft, Geburt und die unmittelbare Angewiesenheit des Säuglings auf die Mutter verfügen Frauen über eine andere biologisch-anatomische Fundierung ihrer Beziehung zu den Kindern. Sie wirkt wie ein »freiwilliger Zwang«, nach der Geburt beim Kind zu bleiben und es auch später nicht so ohne weiteres ins eigenständige Leben zu entlassen. Aus dieser Fundierung lässt sich jedoch nicht folgern, dass Mütter gegenüber Vätern generell geeigneter sind, für ihr Kind zu sorgen, und ihnen deshalb der Vorzug zu geben sei. Kinder brauchen die elterlichen Gegensätze für die Entwicklung ihrer Geschlechtsidentität. Eine stärkere biologische Fundierung der Mutterschaft ist aber ebenso wenig ein Garant für gute Mütterlichkeit, wie die Schwängerung eine für gute Väterlichkeit ist. Beide, Väterlichkeit wie Mütterlichkeit, bedürfen der gesellschaftlichen Anerkennung.

Sozialer Abstieg oder Der Weg in die Armut

Wer sich scheiden lässt, befreit sich aus einer unglücklichen Beziehung in der Hoffnung auf eine bessere Beziehung in der Zukunft. Doch der Preis des erhofften neuen Glücks, so es sich überhaupt einstellt, kann bedrückend hoch sein. Wer von neuem Glück und neu gewonnener Freiheit spricht, der kann die Auswirkungen seiner Trennung auf seine Kinder nicht übersehen. Denn den höchsten Preis entrichten sie. So ist das eine ohne das andere offensichtlich nicht zu haben. Wo Licht ist, da ist bekanntlich auch Schatten.

Einige wesentliche Veränderungen seien deshalb skizziert, die eine Scheidung für das getrennte Paar sowie das Bedürfnis der Kinder nach Elterlichkeit immer mit sich bringt, die aber zumeist erst nach der Trennung wahrgenommen werden und somit wohl eine böse Überraschung für die meisten wohl sind.

Alle Studien zeigen, dass Scheidungen den Lebensstandard der Mehrheit *aller* Beteiligten senken. Wer die Betreuung der Kinder übernimmt, der findet sich häufig auch in einer kleineren Wohnung wieder, kann weniger Urlaub machen, muss Lebensgewohnheiten der Kinder einschränken, und auf jeden Fall ist das Haushaltsgeld gemindert. Gerade für Geschiedene der unteren Einkommensgruppen endet die Scheidung mit sozialer Deklassierung. Die Zukunft ist vielfach nur noch mit staatlicher Hilfe zu meistern. Neben der Armut führt auch die Abhängigkeit von Sozial- und Jugendamt nicht selten in eine Mentalität des Forderns und der Wunscherfüllung ohne Vorleistung. Nicht die Armut ist für Kinder schädlich, sondern die Erfahrung, dass Geld fließt, das nicht der Arbeit einer geliebten Person zugeordnet werden kann, die darin ihre Fürsorglichkeit äußert. Neben der Beschämung, die das bei Kindern auslöst, geht damit ein merklicher Verlust an Einfühlungsvermögen für Beziehungen zwischen Menschen einher. Die eigene Glücksfähigkeit wird damit nicht weniger eingeschränkt als die Beziehungsfähigkeit im Erwachsenenalter.

Nach der Scheidung gibt es die objektive Verarmung durch Deklassierung, aber auch die subjektiv bedingte, die von feindseligen Handlungen zwischen den Getrennten verursacht wird. Wir haben deshalb versucht, den schillernden Mythos der zahlungsunwilligen Männer genauer zu untersuchen. Denn einerseits lässt sich nicht in Abrede stellen, dass es prinzipielle Zahlungsverweigerer unter Scheidungsvätern gibt, die ungerechtfertigt und rechtswidrig nicht zahlen. Andererseits lässt sich aber auch nicht übersehen, dass Zahlungsverweigerung in aller Regel das Ende von unerquicklichen Auseinandersetzungen zumeist über Besuchsrechte markiert. Armut und Kampfdynamik der Getrennten bestimmen wesentlich deren Zukunft.

Wir haben deshalb den Blick auf diese an unerfreulichen Auswirkungen reiche psychische Verletzungsdynamik gerichtet, die in der Forschung – sowohl in Deutschland als auch in den USA – bislang wie eine separate und unerhebliche Welt abgetan wird – als spiele sie bei der verlässlichen wie der ausbleibenden Zahlung keine Rolle. Die meisten Scheidungsväter zahlen nicht, weil die Scheidung sie an den Rand oder direkt in die Armut treibt.[52] Der Gang der Exfrau zu den Vorschusskassen ist deshalb meistens eine Folge der Verarmung und nicht der Willkür des Mannes. Für viele Männer endet die Deklassierung beim finanziellen Selbstbehalt für ihr eigenes Leben, für die Frau beim Sozialamt.

Was Mitgefühl für Frauen auslöst, führt zumeist zu Vorwürfen gegen Männer. Bei der Klärung dieser Mitleidsdynamik stehen wir noch am Anfang. So lange der Mythos vom zahlungsunwilligen Mann die öffentliche Meinung beherrscht, so lange setzen die meisten ihre Hoffnung darauf, dass die Armut der »alleinerziehenden Mutter« durch Fremd- wie Selbstdisziplinierung der »haltlosen Männer« beendet werden kann. Oder, nur so war die politische Kampagne des US-Präsidenten Bill Clinton in den amerikanischen Massenmedien effektiv, indem zahlungsunwillige Väter zur Hebung der Zahlungsmoral zur Fahndung durch das FBI auf Plakaten ausgeschrieben wurden. Sie sollten angeprangert und durch Beschämung zur Zahlung angehalten werden.

Die Verwalter der Unterhaltsvorschusskassen im eigenen Land wissen hingegen, dass sie meistens tätig werden, weil Männer nicht zahlen können. Scheidung ist für viele ein Gang in die Armut und mit einem sozialen Abstieg verbunden, den die meisten sich vorab nicht hinlänglich vorstellen konnten. Das hat zur Konsequenz, dass die Wiederverheiratungsquote von geschiedenen Männern seit Jahren kontinuierlich sinkt. 1965 haben sich von 100 geschiedenen Männern 79 wieder verheiratet, 1994 waren es von 100 nur noch 58.[53]

Die Männer kämpfen mit dem Geld, das sie abtreten sollen, die Frauen mit den Kindern, die sie nicht abtreten wollen. Beides ist durch eine komplizierte Psychodynamik verbunden. Wie den Männern das Geld, so dienen die Kinder den Frauen als Waffe. Der Einsatz von Kindern als Kampfmittel macht deren Leben unerfreulich und endet nicht selten mit dem Verlust des Vaters. Untersucht und erklärt wurde, wie Zahlungswillkür und Zahlungsdisziplin von Männern entsteht. So gut wie nichts wissen wir hingegen darüber, wie das teilweise höchst irritierende Verhalten von vielen Scheidungsmüttern zu erklären ist, das vor einer harschen Instrumentalisierung der Kinder für ihre Feindseligkeit nicht halt macht.

Das *Divorce Related Malicious Mother Syndrome*[54] (Mütterliches Bösartigkeitssyndrom nach der Scheidung) und ebenso das *Parental Alienation Syndrome* (PAS)[55] beschreiben dieses Phänomen, das zusehends ins öffentliche Bewusstsein rückt. Es setzt sich aus Verhaltensweisen und Strategien der Exfrau zusammen, die nach Lösungen für Konflikte sucht, die sie selber, die Kinder wie den Exmann betreffen. Wesentlicher noch ist jedoch der Bestandteil des Syndroms, der Frauen für ihre eigenen innerpsychischen Erschütterungen durch die Scheidung Ursachen und Schuld beim Expartner suchen lässt, wo sie allerdings nicht oder nicht nur zu finden sind. Einiges deutet darauf hin, dass Schuldgefühle das unbewusste Motiv der Bösartigkeit sind.

Eine Syndrombeschreibung sollte dazu dienen, vergebliche, wenn auch in ihren Folgen bösartige Konfliktlösungsversuche von Expartnerinnen zu analysieren, um Scheidungskonflikte in ihren Auswirkungen vor allem auf die Kinder zu verstehen. Die zerstörerischen Auswirkungen des Bösartigkeitssyndroms lassen Ärger und Enttäuschung unter geschiedenen Männern über Exfrauen durchaus nachvollziehbar erscheinen, aber sie erklären nicht hinreichend, warum diese Gruppe von Frauen sich so verhält. Der Hinweis auf scheidungsbedingten Neid reicht zur Klärung nicht aus, zumal die meisten Scheidungen von Frauen eingereicht werden und deshalb anzunehmen ist, dass sie wissen, worauf sie verzichten wollen.

Das sollte Neid und Missgunst eigentlich in Grenzen halten. Auf die Klärung der verschatteten Motive des Bösartigkeitssyndroms andererseits zu verzichten, läuft darauf hinaus, Bösartigkeit in schweren Konflikten als weibliche Natur auszugeben. Aber weder Gutartigkeit noch Bösartigkeit von Frauen und Männern sind naturgegeben, sondern misslingende oder gelingende Versuche, mit Lebenskonflikten zurande zu kommen. Wir sehen deshalb im Bösartigkeitssyndrom einen kontinuierlichen, den Alltag strukturierenden Versuch jener Gruppe von Scheidungsmüttern, die ihre gewohnte Zuständigkeit, die zugleich ihre Herrschaft über die Kinder markiert, trotz gravierenden Auswirkungen um jeden Preis aufrechterhalten wollen. Diese Strategien schaden allen – den Kindern, die dem Vater entfremdet werden, dem Expartner, der seine Kinder verliert, und letztlich auch der Exfrau selbst. Denn angesichts der schweren Folgen, die für die Kinder daraus entstehen, wird sie früher oder später mit deren Vorwurf konfrontiert werden, den Vater ihnen genommen und ihre Kindheit im Interesse einer autokratischen Lebensgestaltung verdunkelt zu haben.

Über die Psychodynamik, unter der Bösartigkeit in Scheidungen sich entwickelt, wissen wir nur wenig. Und Forschung darüber gibt es kaum. Deshalb wird das Problem hier auch nur benannt. Scheidungsmütter sind ihrem Wesen nach nicht bösartig, aber sie schlagen oft grausame Wege ein, um mit ihren seelischen Kränkungen, peinigenden Schuldgefühlen sowie ihrer sozialen Deklassierung zurande zukommen. Zukünftige Scheidungsforschung muss an diesen ungelösten Konflikten ansetzen, wenn sie nützliche Einsichten hervorbringen will, die in der Beratung, der Psychotherapie von Scheidungskindern und deren Eltern und in der Familienpolitik verwendet werden können.

Scheidung – was sie für Kinder bedeutet

Das Folgenreichste an jeder Scheidung sind deren Auswirkungen auf die Kinder. Paradoxerweise wird darüber, was Eltern und Gesellschaft in Konflikte stürzen könnte, eher verhalten gesprochen und nur recht belanglos geforscht. Denn die Erfahrungen der Kinder sind durchaus bedrückend, wenn nicht oft sogar traumatisch. Sie leiden an der Trennung ihrer Eltern, ganz egal welche körperlichen oder psychischen Krankheitssymptome sie dabei entwickeln. Die meisten Eltern wissen das, es irritiert sie und es macht ihren Entschluss äußerst ambivalent, oder sie haben davon zumindest eine beunruhigende Ahnung.

Es verwundert keineswegs, dass von den meisten Eltern immer wieder Versuche unternommen werden, für diese Belastung eine Lösung zu finden, wenn schon kein Ausweg möglich ist – und vielleicht Trost dafür zu suchen, was sie *»mit der Scheidung ihren Kindern angetan haben«.* Das deutet nicht unbedingt auf ein besonders detailliertes Wissen darüber hin, was den Kindern nach der Scheidung ins Haus steht, aber es verweist auf ein damit verbundenes weit verbreitetes Unbehagen. Denn dass Kinder leiden, weil sie die Scheidung ihrer Eltern nicht wollen, entgeht ihnen ebenso wenig wie die ahnungsvolle Ungewissheit, dass die Scheidung selber die Quelle des Leidens sein könnte. Aber es ist ihnen weitgehend unklar oder sie vermeiden zu viel irritierende Klarheit darüber, worin das Wesentliche ihrer elterlichen Trennung, jenseits von räumlicher Trennung, schwierigen Besuchsarrangements, Hautausschlägen, einseitigen Loyalitätserwartungen und anderen sichtbaren wie unsichtbaren Krankheitssymptomen eigentlich bestehen könnte. Auch sollte man nicht vergessen, dass viele Eltern, die sich trennen, bereits selber Kinder aus geschiedenen Ehen sind. Sie haben also emotional eine Vorerfahrung, die sie mit den Gefühlen ihrer Kinder verbinden könnte, wenn sie sich selber scheiden lassen. Sie haben die Schrecken sozusagen aus eigener Hand erlebt, die sie ihren Kindern jetzt wiederum bereiten. Dass sie deshalb nach Trost suchen, ist eigentlich verständlich. Aber wahrhaftiger Trost lässt sich nur finden, wenn man sich über die ganze Breite dessen bewusst wird, was die Scheidung für Kinder bedeutet und was sie für einen selber bedeutet hat, als man als Kind die Scheidung der Eltern erlebte.

Ich möchte deshalb eine Überlegung vorschlagen, die dem Anspruch nach Wahrhaftigkeit zumindest ein Stück näher kommt. Dabei geht es nicht nur um Geschiedene, sondern um Erwachsene allgemein. Sie sollen versuchen, sich in ihrer Vorstellungswelt den Schrecken auszusetzen, die Kinder in aller Regel erleben, wenn die Eltern auseinandergehen. Wäre das so einfach, dann würde es alltägliche Praxis sein. Aber da es unsäglich schwer ist, ist es das nicht. Ich glaube, dass von Ausnahmen abgesehen, gerade Scheidungsentschlossene es sich nicht vergegenwärtigen können, was ihre Scheidung über ihre Kinder bringt, egal ob sie verheiratet sind oder nicht. Sicherlich darf davon abgesehen werden, dass ihre anstehende Trennung sie selber emotional extrem belastet. Aber in vielen Fällen werden sie schon während der Abwicklung ihrer Trennung oder in der langen Zeit danach zu Beobachtern dessen, was die Trennung in ihren Kindern auslöst. Sie erleben Probleme wie das Einnässen, das Nägelkauen, den Hautausschlag, das nervöse Augenzucken oder psychosomatisches Leid wie gestörten Schlaf, Aufmerksamkeitsstörungen, endlose Verträumtheit, Niedergeschlagenheit und vieles andere Ungewohnte oder sie merken ganz allgemein, dass ihre Kinder einfach nicht mehr so glücklich und froh wie früher sind. Sie merken, dass den Kindern die gemeinsame Elterlichkeit fehlt, die nur so lange möglich war, wie die Eltern ein Paar waren – selbst dann noch, als die Partnerschaft bereits von Zerwürfnissen gezeichnet war, die auch die Kinder belasteten. Diese Erfahrung ist dann besonders bedrückend, wenn Eltern davon ausgingen, dass ihre Trennung ein wenig auch der Kinder wegen notwendig sei, weil sie ihnen das zerfallende partnerschaftliche Leben nicht länger mehr zumuten wollten.

Sie nehmen deshalb wahr, dass die Trennung den Kindern die wichtige Kontinuität des Alltags nahm. Und Kontinuität ist das, was gerade Kindern Sicherheit vermittelt. Der Alltag ist weggebrochen und etwas Neues, höchst Ungewisses zieht herauf. Ebenso beginnt für den geschiedenen Vater wie die geschiedene Mutter etwas Neues in der Beziehung zu ihren Kindern. Was das sein wird, lässt sich im Voraus nicht ahnen. Und übermitteltes Wissen gibt es dazu auch nicht. Schließlich spricht niemand über diese Besonderheiten der Trennung. Was diese für das einzelne Kind bedeuten, kann im Allgemeinen nicht gesagt werden. Aber Eltern realisieren, dass die Kinder ihre Trennung als einen schweren Eingriff in ihr Leben empfinden, dass sie das nicht wollten, weil es sie stört und Unentbehrliches wegnimmt. Das anzuerkennen, fällt den meisten Eltern sicher schwer. Nur, Kinder müssen damit leben; ob es die Eltern wahrnehmen, spielt für sie keine Rolle. Allerdings machen Eltern ihren Kindern das Leben besonders schwer, wenn sie nicht wahrhaben wollen, dass die Probleme der Kinder mit ihrer Trennung als Paar in Zusammenhang stehen. Vielleicht tun sie das, weil sie sich mittlerweile schämen oder über die Auswirkungen ihrer Trennung für die Kinder entsetzt sind.

Was die Lage der Kinder jenseits der familiären Situation zusätzlich verschärft, ist das unüberhörbare Schweigen der Gesellschaft zu ihren Erfahrungen. Für Kinder selbst ist es wahrscheinlich nicht so sehr ein Zeichen von Interesselosigkeit als ein untrügliches und zugleich warnendes Zeichen dafür, dass sie darüber nicht sprechen sollen, weil sie sonst ihre Eltern verärgern und darüber hinaus abweisendes Stirnrunzeln bei Erwachsenen auslösen. Damit fällt für sie aber etwas weg, was bislang typisch für die Beziehung der Kinder zumindest zu ihren Eltern war. Sie konnten so ziemlich über alles mit ihnen reden, mal ganz offen, mal vorsichtig oder auch verschämt, was außerhalb der Familie nur schwer unterzubringen war.

Die Frage bedarf nun der genaueren Betrachtung, was es ist, was die Kinder als störend und aggressiv erleben und was sie mit Auflösung der gemeinsamen Elterlichkeit verbinden. Ich werde diese vielschichtige Erfahrung hier nicht ausführlich erörtern können. Deshalb werde ich die kindliche Erfahrung vorerst als eine *grundsätzliche Weltveränderung* benennen. Hier werden lediglich Aspekte davon beschrieben. Weitergehendes ist einer späteren Publikation vorbehalten.[56]

Was lässt sich als Kernerfahrung der Kinder in einer *grundsätzlich veränderten Welt* beschreiben? Sie erleben die Trennung so, dass Vater und Mutter ihre Paarbeziehung beenden. Das gilt auch den Erwachsenen als das Wesen der Scheidung. Damit ist für Kinder aber sehr viel mehr verbunden. Sie werden Vater und Mutter zukünftig nämlich nicht mehr in der verbundenen Elterlichkeit erleben, die bislang ihren Alltag geprägt hat und die sie bruchlos von einem zum anderen hat wechseln lassen. Bei Streit mit einem von ihnen konnten sie Sicherheit beim anderen suchen, mit dem sie »gut waren«. Die Eltern bestätigen ihnen diesen Verlust dadurch, dass sie sich auch nicht mehr als die Eltern fühlen, die sie früher waren. Sie verhalten sich auch nicht mehr wie früher. Sie treten kaum noch gemeinsam auf und wenn sie es tun, sind sie trotzdem getrennt, man merkt ihnen an, dass sie kein Paar mehr sind. Und es entgeht Kindern nicht, dass beide ihre Elterlichkeit beendet haben. Denn als Vater und Mutter können sie gemeinsam nur so lange auftreten, wie sie ein Paar sind, das in einer erotisch-libidinösen Beziehung zueinander steht. Kinder merken schnell, dass sie nach der Trennung fortan ohne gemeinsame Elterlichkeit auskommen müssen. Es gibt sie ganz einfach nicht mehr. Was für sie übrig bleibt, sind Vater und Mutter als Einzelwesen. Deshalb werden die Geschiedenen zukünftig nur als Vereinzelte, als Mutter und als Vater, den Kindern gegenübertreten können, sozusagen jeder für sich, aber nicht mehr vereint als ein an Ambivalenzen reiches und doch von erotischen und sexuellen Spannungen wie von einem gemeinsamen Lebensentwurf zusammengehaltenes Paar. Vor allem zeigt sich der Verlust der Elterlichkeit darin, dass Vater und Mutter ihre Absicht aufgegeben haben, sie gemeinsam zu erziehen. Sie wollen sie auch nicht mehr als Paar aufwachsen sehen. Das mag ihnen klar sein oder nicht. Kinder nehmen es als ein Zeichen der elterlichen Abkehr wahr und als einen unwiederbringlichen Verlust. Das hat für sie einen ungewohnt aggressiven Zug, den sie an ihren Eltern nicht kannten, zumal wenn die Eltern die eingetretene *grundsätzliche Veränderung der Welt* nicht wahrhaben wollen. Darüber kann die Kinder niemand hinwegtrösten. Sie müssen damit fertig werden.

Da es bei Scheidungen unterschwellig oft darum geht, sie möglichst wenig belastend für Kinder zu gestalten, um den Eltern belastende Gefühle zu ersparen, keimt die Hoffnung oft auf, mit einer möglichst friedlichen Scheidung die *grundsätzliche Weltveränderung* durch den Verlust der Elterlichkeit gar nicht erst aufkommen zu lassen. So sehr Eltern sich das als Trost wünschen, so unerheblich ist es für die Kinder, ob Vater und Mutter im Ärger, im Zorn, mit Respekt und Anerkennung für die guten Seiten der Vergangenheit oder gänzlich ohne jedes Aufheben auseinander gehen. Es ist für die Kinder unerheblich, dass sie ihnen die *hereinbrechende Weltveränderung* versüßen wollen. Es ändert nichts daran, dass sie die gewohnte Elterlichkeit von Vater und Mutter verloren haben. Ihr Leben ist einer weitreichenden Veränderung unterzogen worden. Deshalb können sie Vater und Mutter zukünftig immer nur in zweierlei Gestalt begegnen. Einmal als Erinnerung an eine elterlich zusammengehaltene Familiengeschichte aus der guten alten Zeit mit ihren letztlich doch lösbaren Konflikten und zum anderen als frei schwebender Vater oder frei schwebende Mutter der Gegenwart und einer ungewissen Zukunft.

Dass es sich hier um eine grundsätzliche Weltveränderung der Kinder im Verhältnis zu ihren Eltern für den Rest ihres Lebens handelt und nicht um eine durch Freundlichkeit ausgleichbare unangenehme Episode, die bei etwas gutem Willen auf allen Seiten nach Scheidungen sich aber vermeiden lässt, erfahren Kinder regelmäßig in einer immer wiederkehrenden Situation. Es ist der Gang von der Wohnung des Lebensmittelpunkts zum besuchsberechtigten Elternteil. Das ist meist noch der Vater, aber es werden auch zunehmend Mütter.

Ob der Besuch beim »anderen Elternteil« einvernehmlich oder richterlich angeordnet wurde, ob der Vater die alte gewohnte Wohnung noch betreten darf oder als Zeichen schwelender Feindseligkeit nur noch bis zum Korridor vorgelassen wird, wo die Kinder beim Schuheanziehen übergeben werden, oder ob er sich schüchtern nicht in die alte Wohnung wagt vorzudringen, all das ändert nichts an der schmerzlichen Beobachtung der Kinder, dass die beiden nicht mehr zusammengehören. Versuchen sie aus ihnen trotzdem noch gemeinsame Eltern zu machen, so laufen sie Gefahr, sie zu beschämen oder zu verärgern. Denn sie wollen auf ihre kindliche Art geschehenes Unheil rückgängig machen. Sensible Eltern könnten das als eine Quelle erleben, die ihnen Schuldgefühle bereitet, sie aber auch wegen der unerfüllbaren Sehnsucht der Kinder nach dem alten Zustand leiden und trauern lässt. Deshalb stellen Kinder solche Zusammenführungsversuche meist bald ein.

Gerade besonders einfühlsame Eltern, die den Abgrund ahnen, der sich für ihre Kinder aufgetan hat, hoffen, die alte Elterlichkeit den Kindern gelegentlich noch bieten zu sollen. Aber solche Arrangements haben den Charakter eines künstlichen Gebildes und dienen, so kann man vermuten, den Eltern eher als tröstende Beschwichtigung für eigenes Unbehagen. Für Kinder ist es nur ein Vorgaukeln einer untergegangenen Welt, über deren Verlust sie sich offen nicht beschweren dürfen. Ob Kinder solche Vorspiegelungen den groben oder subtilen Feindseligkeiten vorziehen, die sie in kindlicher Ohnmacht anlässlich von Besuchen beim »Besuchselternteil« an sich vorüberziehen lassen müssen, wissen wir nicht. Aber schmerzlich ist auf jeden Fall, wenn Vater und

Mutter sich in eisiger Verbissenheit die Kinder aushändigen, als wären sie nicht länger das sichtbare Zeichen dafür, dass beide sich geliebt, erotisch und sexuell begehrt haben und dass die Ausgehändigten daraus hervorgegangen sind. Und dass sie die Liebe zu ihren Kinder vor allem in der Gemeinsamkeit als Paar genossen haben. Spätestens in solchen Situationen wissen Scheidungskinder nicht mehr, wie sie ihre Gegenwart und ihre Vergangenheit als Teil einer fortlaufenden Geschichte erleben sollen. Sie sind innerlich zerrissen und suchen verzweifelt, ohne wie früher auf die Hilfe der Eltern hoffen zu können, nach einer beschwichtigenden Lösung.

Die Scheidung der eigenen Eltern ist nicht nur eine bedrückende Erfahrung; Scheidungen erschüttern wegen ihrer noch immer steigenden Häufigkeit auch den Glauben an die Langlebigkeit partnerschaftlicher Beziehungen, die gerade junge Leute in Umfragen sich ständig wünschen. Damit wird eine gesellschaftspolitische Auswirkung der Scheidung erkennbar.

Diesen Erfahrungen von Kindern muss die Forschung sich erst noch zuwenden. Vereinzelte Forschung zeigt bereits, dass es selbst unter zivilisierten und keineswegs trostlosen nachpartnerschaftlichen Umgangsformen für Kinder immer ein besonderes Problem gibt.[57] Wie können sie nämlich die neuen Welten der separierten Eltern in ihrem eigenen Innern in Einklang bringen? Welche Erfahrungen mit ihren Eltern aus der Vergangenheit dürfen sie noch so wach halten, dass ihre eigene Lebensgeschichte und die gemeinsame mit den Eltern ohne Angst erinnert werden kann (»damals habe ich …« oder »damals hat Papa und nicht du …« und »war das nicht so, dass Mama aber nicht du …«). Jede kindliche Erinnerung ist von der allgegenwärtigen Ungewissheit belastet, dass sie auf die entwertete Geschichte der Eltern als Paar stößt, die das alles so nicht mehr hören wollen.

Wie können oder müssen sie sich gar gegenüber Vater oder Mutter nach der Trennung verhalten, damit sie die Eltern mit ihren Hoffnungen und Erinnerungen weder verletzen noch kritisieren? Denn die immer gegenwärtige Angst eines Scheidungskindes gilt der Frage, ob eine kleinere Unart bereits ausreicht, dass Vater oder Mutter oder sogar beide sich ebenso endgültig von ihm trennen, wie sie es untereinander getan haben. Je kleiner die Kinder sind, umso weniger nachvollziehbar sind für sie die elterlichen Erwägungen, die zur Trennung führten. Abhängig von ihrer psychosexuellen Entwicklung werden sie deshalb dazu neigen, eigene Begründungen zu phantasieren, die mit ihrer Vorstellungswelt verbunden sind, in denen sie selber dann zu den Schuldigen der elterlichen Trennung wegen ihrer »unguten Phantasien« werden. »Was habe ich falsch gemacht, dass die Eltern sich haben scheiden lassen?« Vielfach dürfen die Kinder in ihren Gefühlen an diese Elterlichkeit sich nicht mehr erinnern, oder sie fürchten es zu tun, weil sie damit Erinnerungen zusammenführen könnten, von denen die Eltern sich verabschiedet haben. Diese Vergangenheit schließt aber die Kinder besonders intensiv ein, weil sie in die elterliche Beziehung vertrauensvoll eingebunden waren. So trifft sich in diesen Fällen die verdrängte Geschichte der Eltern mit dem leidenschaftlich auf Erinnerung bestehenden Wunsch der Kinder, die Vergangenheit in Erinnerung zu erhalten, ganz besonders, weil die Gegenwart die gemeinsame Elterlichkeit nicht mehr kennt. Viele Eltern können sich deshalb nicht mehr in der gewohnten Intimität des einfühlsamen Verstehens auf die Kinder beziehen, wie die das gewohnt waren, geschweige denn, dass sie sich mit ihnen noch vorbehaltlos freuen können.

Was Kinder in dieser Konstellation als besonders lähmend empfinden, ist die Unveränderbarkeit ihrer Situation. Der Verlust ist final. Viele Eltern arbeiten sich an dieser Unveränderbarkeit in der Hoffnung auf wiedergutmachende Handlungen ergebnislos ab. Es liegt deshalb nahe, dass die aufgelöste Elterlichkeit die Kinder aggressiv und unerklärlich bockig werden lässt. Auf aktuelle Anlässe wollen ihre Eltern solches Verhalten eher nicht beziehen. Das geht auch nur im Rückblick auf die *grundsätzliche Weltveränderung,* die eingetreten ist. Elterliches Verständnis und vor allem Einfühlung in das vermeintlich Unverstehbare im Verhalten ihrer Kinder setzt deshalb voraus, dass sie sich der *grundsätzlichen Weltveränderung* bewusst werden, die mit ihrer Trennung eingesetzt hat. Weil das aber bislang meist unüblich und ausgesprochen belastend ist, erwarten sie von den Kindern dann eher Selbstdisziplin und Unterdrückung ihrer aggressiven Gefühle. Sie hoffen auf Rücksicht, denn auch als Eltern haben sie es mit der neuen Situation keineswegs leicht. Den Wunsch nach kindlicher Rücksichtnahme zu äußern, wird am häufigsten Müttern zufallen, bei denen 85 Prozent der Kinder nach der Scheidung ihren Wohnsitz haben. Lassen die Kinder sich von ihrem Nörgeln und ihrer Aggressivität nicht abbringen, dann verstehen Eltern das völlig zu

Recht als eine verworrene Kritik, die sie an ihrer Trennung üben. Lassen sie hingegen das aggressive Verhalten durchgehen, dann kann sich das schnell zu ausdrücklicher Kritik verdichten. Von der diffusen Aggressivität zum ausdrücklichen Vorwurf ist dann nur noch ein kurzer Weg. Es ist für Eltern schwer zu ertragen, wenn die diffuse Gereiztheit ihrer Kinder sich eruptionsartig zu bombigen Sätzen wie solchen verdichtet: »Ich finde es blöd, dass ihr euch habt scheiden lassen! Warum habt ihr mich eigentlich in die Welt gesetzt, wenn ihr mich dann doch nicht gemeinsam haben wollt?« Oder: »Werdet ihr euch auch von mir einmal trennen, wenn ich euch Ärger bereite?« Viele Eltern kennen solche Sätze bereits und erinnern sich nur mit Schrecken an unerwartete Äußerungen aus den seelischen Tiefen ihrer Kinder. Von solchen Befürchtungen werden Eltern nicht grundlos geplagt. Besonders diejenigen unter ihnen nicht, die selber Scheidungskinder sind und die Erfahrungen aus der kindlichen Sicht selber gemacht haben, aber vom Erinnern jetzt fernhalten. Daher rührt oft der nicht enden wollende Versuch, die Kinder für die verlorene gemeinsame Elterlichkeit zu entschädigen, aber zugleich sie daran zu hindern, die in der Trennung enthaltene Aggressivität in Sätzen, wie die gerade erwähnten, anzusprechen.

Sowohl die individuelle als auch die gesellschaftliche Neigung, die *grundsätzliche Weltveränderung* durch Scheidungen nicht öffentlich werden zu lassen, sondern vielmehr ein unbestimmtes Geheimnis daraus zu machen, von dem aber alle irgendwie ein vages Wissen haben, kann Kinder in die depressive Verstimmung oder die Depression treiben. Das Leben nach der Scheidung ist für viele Kinder mit hoher und zugleich schwer auflösbarer emotionaler Ambivalenz verbunden. Sie dürfen die Vergangenheit und Gegenwart ihres emotionalen Lebens nicht mehr so ohne weiteres zu dem zusammenhängenden Erlebnisraum verbinden, der er im Schutz der Elterlichkeit einst war. Ebenso wenig können sie die schlechten mit den guten Gefühlen für die Eltern zusammenbringen.

Da die meisten Eltern nicht sehenden Auges ihre Kinder mit der Scheidung verletzen wollen, löst die Suche ihrer Kinder nach Orientierung nach der *grundsätzlichen Weltveränderung* Versuche aus, das Schwerwiegende zu mildern. Dass sie jede Äußerung ihrer Kinder, die in die Richtung eines Vorwurfes geht, liebevoll überhören oder in einer ihnen erträglichen Weise interpretieren, ergibt sich unmittelbar und keineswegs selten daraus. Sie bedienen einen psychischen Mechanismus, der sie selber schützt, der aber für die Kinder bedeutet, dass sie die Wahrheit, die ihnen wichtig und interessant sowie eine Voraussetzung ihres seelischen Gleichgewichtes ist, nicht ans Tageslicht ziehen dürfen. So lernen die Kinder beim Zuhören, was die Eltern nicht ertragen, wenn es die Kinder sagen würden.

Die Suche der Kinder nach der Wahrheit in ihrer *grundsätzlich veränderten Welt* wird dadurch noch erschwert, dass nicht nur die Öffentlichkeit, sondern auch Verwandte, Kollegen und Freunde der Familie ebenso *liebevoll weghören*, wenn Kinder die Scheidung beurteilen wollen. Deshalb tun sich nicht nur die Geschiedenen selber, sondern ebenso Politiker, Wissenschaftler, Kinderschutzbeauftragte und Kirchen schwer, die *grundsätzliche Weltveränderung* zu benennen, die eine Scheidung für Kinder nun einmal ist. So lange das nicht wahrgenommen werden soll, so lange muss niemand das Leid der Kinder mit der Scheidung ihrer Eltern unmittelbar in Verbindung bringen. Eine Reihe anderer Ursachen gilt dann ebenfalls als wahrscheinlich. Die Thematisierung der elterlichen Trennung liegt dann auch nicht als drängendes gesellschaftspolitisches Problem auf der Hand.

Es verwundert einigermaßen, dass die Weltveränderung, die von Erwachsenen gegen den Willen ihrer Kinder durchgesetzt wird, nicht Inhalt von leidenschaftlichen öffentlichen Diskussionen ist, obwohl die Forschung viele Schädigungen und Nachteile im Alltag, die Kindern daraus erwachsen, bereits benannt hat. Sie werden sich als Gesellschaftsrisiken kumulativ in den kommenden Generationen durchsetzen.

Die Nachlässigkeit gegenüber diesen Gesellschaftsrisiken hat viel damit zu tun, wie über Interessen von Kindern seit den sechziger Jahren diskutiert wurde. Nach einer anfänglich *beziehungsorientierten* Sicht auf die Probleme von Eltern und Kindern, nicht weniger als die von Männern und Frauen, setzte zum Ausgang des 20. Jahrhunderts eine Vorstellung sich durch, die alles Problematische simplifizierend auf »Gewalt« reduzierte. Es ging zuletzt nur noch darum, wer der Täter und wer das Opfer von Gewalt sei, und alle wollten selbstverständlich nur auf der Seite der Opfer stehen. Weder in der Öffentlichkeit noch in der von Feministinnen monopolisierten so genannten Gewaltwissenschaft wurde aber nach Ursachen und Wirkungen von Konflikten gefragt. Feinsinnige Verstehensversuche von Konflikten in menschlichen Beziehungen waren zumindest in dieser Wissenschaft unmöglich. Alles Konflikthafte, das erst verstanden werden muss, bevor man es lösen kann, wurde im Handumdrehen als »instrumentelle Gewalt« katalogisiert.[58] Es entstand eine hysterisch aufgeladene Atmosphäre, in der nicht nur alles Bedrückende als Gewalt bezeichnet,[59] sondern differenzierte Fragen selber als Gewalt abgetan wurden. So geriet als Folge dieser Diskussion auch die Frage unter die Räder, welche Auswirkungen die *grundsätzliche Weltveränderung* durch Scheidungen für Kinder hat. Weil diese *Weltveränderung* in der Regel ohne Schläge für die Kinder vonstatten zu gehen scheint – kontextabhängige Studien liegen nicht vor, die möglicherweise das Gegenteil zeigen würden –, wurde den alltäglichen Reaktionen der Kinder auf die aggressiv erlebte Auflösung der gemeinsamen Elterlichkeit jede Aufmerksamkeit versagt. Deshalb wurden Scheidungen aus der Perspektive von Kindern nicht untersucht. Sie entsprachen nicht dem Klischee von der instrumentellen Gewalt, dem Prügel, Tritte, Messer, blutende Wunden, gebrochene Beine und Ähnliches zugeordnet wurden.[60]

So hat sich das Dilemma ergeben, dass wir jeden schon öffentlich der Gewalttätigkeit zeihen, der absichtlich oder unachtsam seinem Kind den Teddy wegnimmt, dass aber andererseits Scheidungen, die Kindern die gemeinsame Elterlichkeit für immer nehmen, ohne Möglichkeit sie ihnen wie einen weggenommenen Teddy je wieder zurückgeben zu können, nur unter dem verkümmerten Aspekt des *guten Rechts* von Erwachsenen auf freie Lebensgestaltung rangieren.

Wie könnte deshalb eine veränderte Debatte zu diesen Erfahrungen in einem Jahrhundert vertieften Verständnisses für kindliche Bedürfnisse ansetzen? Wir müssen beginnen, die *grundsätzliche Weltveränderung* zu verstehen, die für sie einsetzt. Diese Debatte muss öffentlich werden und darf nicht auf kleine Kreise psychotherapeutischer oder soziologischer Reflexion begrenzt bleiben. Denn letztlich geht es darum, dass nicht nur Geschiedene, sondern auch die gesamte Gesellschaft in einer Art und Weise reagieren, die es Kindern erlaubt, ihre belastenden Erfahrungen zukünftig anders zu verarbeiten, als das zurzeit noch zumeist der Fall ist. Einige wenige habe ich skizziert. Wesentlich an dieser Perspektive ist, dass der verletzende Charakter einer Scheidung für Kinder, hier als Elterlichkeitsverlust zusammengefasst, in seinen Auswirkungen nicht nur erkannt, sondern anerkannt wird.

Es gibt eine Reihe von gesellschaftlich wirksamen Strategien auf Scheidungen zu reagieren, die als solche zumeist nicht so ohne weiteres erkennbar sind. Eine Strategie soll hier ebenfalls skizziert werden, weil sie vor allem auf Frauen zielt, die nach der Scheidung die Kinder übernehmen wollen oder übernehmen müssen – oder beides. So können wir bei vielen Müttern beobachten, dass sie sich in endlosen Spiralen für die Kinder unter den schwierigen Verhältnissen nach der Scheidung einigermaßen verzweifelt hingeben. Das wird gesellschaftspolitisch durchaus gerne gesehen und geht mit einem rechtlich verbrieft anmutenden Anspruch auf Mitleidsbekundungen der Gesellschaft einher. Wobei die Spirale der Opferbereitschaft von den Medien in steter Aufwärtsbewegung gehalten wird. Der Grund ist naheliegend. Die Gesellschaft mit ihren Institutionen sieht es nur allzu gerne, wenn eine angebbare Person für einen heilsamen Weg benannt werden kann, der Kinder aus einem im Halbdunkel gehaltenen Problem zu entkommen zu helfen scheint. Deshalb stellt sich niemand dieser Spirale in den Weg, wenn Mütter in einer eigenartigen Mischung aus Bewunderung, Mitleid und Zwang in den Strudel der Selbstaufopferung getrieben werden. Die meisten sind darüber durchaus ehrlich erfreut. Sicher ist das einer der Gründe, warum nach der Scheidung *die alleinerziehende Mutter* mit Mitleid geradezu umworben wird und viele sich zu einem Wettlauf verabredet zu haben scheinen, wer ihr Leid am ergreifendsten ausmalen kann.

Aber dieses Mitleid hat gänzlich unentdeckte Seiten. Die eine bezieht sich auf den Sadismus, der gegen die *alleinerziehende Mutter* gerichtet ist. Das Sadistische besteht darin, nicht mehr und nicht weniger zu erwarten, als dass sie vorführt, wie durch mütterliche Hingabe das Leid der Kinder geradezu wundersam geheilt werden kann und die Gesellschaft damit ein Problem los ist. Es ist ganz so, als ließen sich Scheidungen mit etwas gutem Willen und Opferbereitschaft von Frauen in eine erquicklich endende Episode für die Kinder verwandeln. Das Sadistische ist die Unerreichbarkeit des frommen Wunsches, nach dem Frauen es schon richten werden, über die ein Denk- und erst recht ein Redeverbot verhängt sind. Die *grundsätzliche Weltveränderung* der Kinder lässt sich nämlich nicht wie von mütterlicher Wunderhand heilen. Sie ist nur erreichbar durch eine Sensibilisierung der Gesellschaft für die Leiden der Kinder nach dem Ende der gemeinsamen Elternschaft. Dieser Blick zerstört die Illusion, die viele sich machen, die die Welt der Kinder noch nicht verstanden haben, weil sie aus Angst vor der bedrückenden Entdeckung davor zurückschrecken.

Gesellschaftspolitisch gesehen ist das zweischneidige Mitleid mit *alleinerziehenden Müttern* der einfachste Weg, das Leid der Kinder der öffentlichen Wahrnehmung zu entziehen. Mütter werden idealisiert und dadurch überfordert. Und so trägt die Gleichzeitigkeit von Mitleid und unbarmherziger Überforderung, die wir hier beobachten, dazu bei, dass die Verantwortung für Kinder aus Scheidungen gar nicht erst öffentlich werden kann. Man kann darin ein bedrückendes Zeichen von Kinderfeindlichkeit erblicken.

Wenn die größere Gesellschaft sich schon weigert, die *grundsätzliche Weltveränderung* für Kinder als brisantes Problem anzugehen und eher selbsttrügerische Wege wie die sadistisch gestimmte Mütterverherrlichung beschreitet, dann liegt es auf der Hand, dass Kinder aus Scheidungen nur schwer ihre Enttäuschung und ihren Zorn hörbar machen können. Sie müssten gegen das hermetische Schweigen der Gesellschaft ihre Stimme erheben. So lange die jeweiligen Eltern keinen offenen Umgang mit der *Veränderung* in deren Leben praktizieren können, so lange wird die gesellschaftliche Erstarrung über die kindlichen Erlebnisweisen sich nicht auflösen.

Wie könnte aber zumindest *ein* Weg von vielen in etwa aussehen, der die Gesellschaft befähigt, die *grundlegende Weltveränderung* im Leben von Kindern sich offen und einfühlsam anzueignen, damit der mit der Scheidung verbundene Verlust der gemeinsamen Elterlichkeit nicht durch eine ängstliche Vermeidung der kindlichen Erlebnisse noch schlimmer ausfällt?

Nehmen wir einmal an, dass Eltern sich immer darum bemühen werden, ihre Trennung als Paar so zu gestalten, dass ihre Kinder davon nicht in Mitleidenschaft gezogen werden. Das löst vielfältige Anstrengungen aus. Viele sehen den geeigneten Weg dorthin darin, dass sie die Kinder von anstehenden Entscheidungen ausschließen und ihnen so einen beschützten Raum während der Scheidungswehen bieten. Eine so schwere Entscheidung lässt sich aber nicht verheimlichen. Es ist eine Illusion zu glauben, dass Kinder davon nichts merken. Dadurch entsteht eine diffuse Atmosphäre der Bedrückung, die von den Kindern als bedrohlich erlebt wird. Es ist eine schwebende Ungewissheit, die sich breit macht, die von Eltern aber oft als rücksichtsvolles Heraushalten gemeint ist. Es sei dahingestellt, ob es sich hier wirklich nur um Rücksicht handelt oder auch um die eigene Unsicherheit und Angst darüber, was aus einer bestürzenden Mitteilung sich alles entwickeln könnte. Denn Kinder werden darauf nicht mit Begeisterung reagieren. Niedergeschlagenheit, Zorn oder auch blankes Entsetzen sind als spontane Reaktion sehr viel naheliegender. Solchen von den Eltern mit der Scheidung ausgelöste Gefühlen sich auszusetzen, fällt äußerst schwer. Die Eltern sind mit anderem hinlänglich belastet. Offenheit den Kindern gegenüber erfordert hingegen sehr viel Mut. Aber auf diesen Mut sind die Kinder dringend angewiesen und sie sollten die Gewissheit haben, dass ihre Eltern ihnen auch eine schreckliche Wahrheit mitteilen und sie nicht hinauszögern. Hier handelt es sich nicht so sehr um eine Frage nach der Ehrlichkeit, sondern vielmehr darum, dass Kinder auf die *grundsätzliche Weltänderung* mit Gefühlen reagieren können, die den anstehenden Umbrüchen angemessen sind; die ihren Gefühlen von Trostlosigkeit, Verlassenheit, Zorn, Niedergeschlagenheit oder Bodenlosigkeit entsprechen. Aber welcher Vater und welche Mutter werden sich in einer für sie bereits selber niederdrückenden Zeit diesen niederschmetternden Gefühlen aussetzen wollen? Sie fürchten sich in nachvollziehbarer Weise davor. Wer sich aber scheiden lässt, der muss diese fast heroische Fähigkeit aufbringen. Wer das nicht vermag, dem bleibt kein anderer Weg, als die Kinder durch seine Untätigkeit dazu zu zwingen, sich schützend vor die Eltern zu stellen, damit diese nicht die Bestürzung erleiden müssen, die sie ihren Kindern gerade zugefügt haben. Für die Kinder hat das weit reichende Folgen. Denn wenn die Eltern sich als die Verursacher des Schrecklichen offen zu erkennen geben, dann haben sie einen guten Grund, in einer Atmosphäre der Offenheit, wenn auch einer schrecklichen, ihr Leid als Verletzungen von außen zu erleben. Dann können sie ihr Gefühl, abgewiesen, übersehen und vernachlässigt worden zu sein, in einer Weise wahrnehmen, die den Verletzungen und ihrem Verzicht auf Glück angemessen ist; sie können ihre negativen Gefühle gegen die Eltern richten. Der andere – eher übliche – Weg ist einfach und fast alternativlos: Die Kinder richten die Folgen des Schreckens gegen sich selbst. Sie werden in vielen Formen – körperlich oder psychisch – krank oder sozial auffällig, die einen in minderer Form, die anderen in schwerer, die einen unmittelbar, die anderen später. All das wurde von der

Forschung und der psychotherapeutischen Praxis mit Scheidungskindern dokumentiert.

Kinder erwarten von ihren Eltern die Größe und die Offenheit, dass sie ihren Zorn und ihre Enttäuschung über die anstehende *Weltveränderung* ausleben dürfen, ohne sich deshalb der Gefahr auszusetzen, den elterlichen Unmut auf sich zu ziehen oder, schlimmer noch, die Eltern deshalb ohnmächtig zu erleben. Zumeist reden wir mit unseren Kindern über andere Katastrophen und andere schicksalhafte Ereignisse, wie den Hunger in der Welt, die Klimaveränderungen, die Folgen des Tsunami und das Sterben des deutschen Waldes. Katastrophen, die Kinder mit großer Aufmerksamkeit aufnehmen, obwohl sie deren Auswirkungen nur halb verstehen. Wir müssen mit ihnen auch darüber reden, wenn sie unsere gemeinsame Elterlichkeit verlieren. Denn das Wissen über Schreckliches macht stärker als das Unwissen, das beschützend gemeint ist. Die Kinder erleben das eher als Unaufrichtigkeit und als ein Zeichen von Mutlosigkeit, das es wohl auch ist.

Anmerkungen

1 Gerhard Amendt: »Beziehungsfähigkeit ist die kultivierte Überschreitung von Grenzen«. In: *Kuckuck*, Beziehungen, 2/2003, S. 4–7.

2 Gerhard Amendt: »Genderized Power. Männliche Passivität und weibliche Aktivität«. In: *texte – psychoanalyse. ästhetik. kulturkritik*, 22/1 (2002), S. 13–30.

3 Vgl. Paul R. Amato: »More than money? Men's contributions to their children's lives«. In: Alan Booth, Ann C. Crouter (Ed.): *Men in families: When do they get involved? What difference does it make?*, Hillsdale 1997.

4 Michael Greßmann: *Neues Kindschaftsrecht*, FamRZ-Buch Nr. 6, 1998; Martin Lipp: »Das elterliche Sorgerecht für das nichteheliche Kind nach dem Kindschaftsrechtsreformgesetz«. In: *Zeitschrift für das gesamte Familienrecht* (FamRZ), 45/2 (1998), S. 65–76.

5 Wir haben für dieses Buch nur solche Materialien aus den umfangreichen Berechnungen des Forschungsprojektes herangezogen, die unmittelbar bedeutungsvoll für eine *neue Sicht* auf väterliche und kindliche Erfahrungen nach der Scheidung sind. Auf weiteres Material aus den umfangreichen Interviews und ausführliche statistische Angaben wurde deshalb verzichtet. Interessierte können weitere Daten abrufen unter www.igg.uni-bremen.de unter *Wissenschaftlicher Abschlussbericht*.

6 Siehe hierzu Judith S. Wallerstein, Julia M. Lewis, Sandra Blakeslee: *The Unexpected Legacy of Divorce. A 25 Year Landmark Study*, New York 2000 (dt.: *Scheidungsfolgen – Die Kinder tragen die Last. Eine Langzeitstudie über 25 Jahre*, Weinheim 2002).

7 Vgl. Gerhard Amendt: *Vatersehnsucht*, IGG-Universität Bremen, Bd. 7, 1999.

8 Roland Proksch: *Begleitforschung zur Umsetzung der Neuregelungen zur Reform des Kindschaftsrechts*, Schlussbericht, März 2002 – Kurzfassung unter http://www.bmj. bund.de/media/archive/200.pdf. Nach dem neuen Recht behalten Eltern, die miteinander verheiratet waren (also nicht die ledigen Väter) die gemeinsame elterliche Sorge für ihre gemeinschaftlichen Kinder trotz Trennung oder Scheidung unverändert, es sei denn, dass das Familiengericht einem Elternteil auf dessen Antrag hin die elterliche Sorge oder einen Teil der elterlichen Sorge allein überträgt (§ 1671 BGB). Die Neuregelung führte zur Aufhebung des bisherigen so genannten Zwangsentscheidungsverbundes. Danach konnte eine Ehe grundsätzlich nur im Verbund mit der amtlichen Entscheidung über die elterliche Sorge geschieden werden. Auch für geschiedene Eltern mit gemeinsamer elterlicher Sorge gilt grundsätzlich, dass sie die elterliche Sorge in gegenseitigem Einvernehmen zum Wohl des Kindes ausüben

müssen. Bei Meinungsverschiedenheiten müssen sie versuchen, sich zu einigen (§ 1627 BGB).

9 Vgl. die psychoanalytischen Studien von Judith S. Wallerstein:»Children of Divorce: The Psychological Tasks of the Child«. In: *American Journal of Orthopsychiatry*, 53/2 (1983), S. 230–243;»Tailoring the Intervention to the Child in the Separating and Divorced Family«. In: *Family and Conciliation Courts Review*, 29/4 (1991), S. 448–459; zusammen mit Sandra Blakeslee: *The Good Marriage. How and Why Love Lasts*, Boston 1995 (dt.: *Gute Ehen. Wie und warum die Liebe dauert*, Weinheim 1996); sowie die Studie von Françoise Dolto: *Scheidung. Wie ein Kind sie erlebt*, Stuttgart 1990, und die empirische Untersuchung von Elizabeth Marquardt: *Between Two Worlds. The Inner Lives of Children of Divorce*, New York 2005.

10 In der Studie des Bundesministeriums der Justiz (Roland Proksch: Begleitforschung zur Umsetzung der Neuregelung zur Reform des Kindschaftsrechtes, o.O. 2000, 1. Zwischenübersicht,) wurden die Eltern gefragt, wie sie die Zufriedenheit ihrer Kinder mit der gemeinsamen elterlichen Sorge einschätzen. Abgesehen davon, dass Väter ihre Kinder mit der neuen Regelung viel zufriedener als die Mütter einschätzen, würde heute niemand mehr auf den Gedanken kommen, Kinder nicht direkt zu befragen und stattdessen elterliche Sichten zu erheben, die sehr wahrscheinlich deren eigene Wunschvorstellung, eben projektiv, wiedergeben.

11 Siehe Elizabeth Marquardt (Anm. 9). Dies ist eine der ersten repräsentativen Studien, in denen Kinder direkt danach befragt wurden, wie sie als Kinder von Geschiedenen – im Gegensatz zu Kindern aus intakten Familien – ihre Kindheit rückwirkend beurteilen würden. Die Ergebnisse lassen all die Zustände des kindlichen Elends und die Symptome der Traumatisierung erkennen, die die Gesellschaft, Familienpolitik und Scheidungseltern nicht wahrhaben wollen. Die Studie von Judith S. Wallerstein u.a. (Anm. 6) hingegen hat mit nicht repräsentativen Vergleichsgruppen über viele Jahre gearbeitet. Die Studie von Marquardt bestätigt im Wesentlichen ihre qualitativen Langzeitstudien von Scheidungsschicksalen.

12 Bundesministerium für Soziale Sicherheit, *Generationen und Konsumentenschutz: Positive Väterlichkeit und männliche Identität*, Wien 2005.

13 Vgl. Sanford L. Braver: *Divorced Dads. Shattering the Myths*, New York 1998.

14 Siehe unter: http://www.vafk.de für Informationen und Kontakte.

15 Dieter Emmerling:»Ehescheidungen 2003«. In: *Wirtschaft und Statistik*, Heft 2 (2005), S. 97–108. In den USA ist das gesellschaftspolitische Problembewusstsein im Hinblick auf Scheidungen wesentlich verbreiteter. Siehe hierzu die Arbeiten von Ross A. Thompson, Paul R. Amato (Ed.): *The Postdivorce Family. Children, Parenting, and Society*, Thousand Oaks, California 1999; oder die Forschung von Braver (Anm. 13) und Wallerstein (Anm. 6).

16 Vgl. Gunnar Heinsohn:»Finis Germaniae?«. In: *Kursbuch*, 162/11 (2005), S. 24.

17 Die Kultur der Männer- und Väterfeindlichkeit zeigt messbare Folgen. So klafft der Kinderwunsch von Männern und Frauen in Deutschland europaweit am schärfsten auseinander. Während Männer in Deutschland sich durchschnittlich 1,59 Kinder wünschen, möchten junge Frauen hingegen mindestens zwei Kinder, im statistischen Mittel 1,75 Kinder. Österreichische Männer wünschen sich 1,78, Frauen 1,84 Kinder,

belgische Männer wollen 1,81, ihre Frauen 1,86 Kinder. In: *The Demographic Future of Europe – Facts, Figures, Policies, Ergebnisse der Population Policy Acceptance Study* (PPAS), hg. vom Bundesinstitut für Bevölkerungsforschung, Wiesbaden 2006, S. 10f.

18 Jost Halfmann: *Makrosoziologie der modernen Gesellschaft. Eine Einführung in die soziologische Beschreibung makrosozialer Phänomene,* Weinheim-München 1996, S. 79–94.

19 Christian Schmitt, Ulrike Winkelmann: *Wer bleibt kinderlos? Sozialstrukturelle Daten zur Kinderlosigkeit von Männern und Frauen,* DIW – Discussion Papers 473, Berlin 2005; BMFSFJ: *Facetten der Vaterschaft – Bestimmungsstücke einer innovativen Väterpolitik,* Berlin 2005.

20 Zeichen für einen Wandel ist die Veröffentlichung »1. Österreichischer Männerbericht«, vorgelegt dem Österreichischen Nationalrat, Bundesministerium für Soziale Sicherheit Generationen und Konsumentenschutz, 2006.

21 Auch hierfür sensibilisiert sich Politik. So plant die deutsche Regierung für das Jahr 2006 mit Rückwirkung auf die Altfälle, Väter primär für die Kinder zahlungspflichtig zu machen und dann erst für die Exfrau. Die nicht seltene lebenslange Alimentierung der Exfrau nach der Scheidung soll eingeschränkt werden und von ihr ein größerer Beitrag zur eigenständigen Finanzierung ihres Lebens durch Teilhabe am Arbeitsprozess erzwungen werden. Siehe auch Philip Longman: *The Empty Cradle. How Falling Birthrates Threaten World Prosperity And What to Do About It,* New York 2004.

22 Vgl. Braver (Anm. 13, S. 103): »Wir fanden heraus, dass nicht ein einziger Vater davon ausging, dass das System (der Scheidung) ihn … begünstigt. 75 Prozent sahen Vorteile nur für geschiedene Mütter. Und Mütter stimmen zu, dass das System zu ihren Gunsten arbeitet.« (Übersetzung G. Amendt).

23 Vgl. Frank Dammasch, Hans-Geert Metzger (Hg.): *Die Bedeutung des Vaters. Psychoanalytische Perspektiven,* Frankfurt/M. 2006; Judith Trowell, Alicia Etchegoyen: *The Importance of Fathers. A Psychoanalytic Re-Evaluation,* New York 2006; Heinz Walter (Hg.): *Männer als Väter. Sozialwissenschaftliche Theorie und Empirie,* Frankfurt/M. 2002. Siehe auch Bundesministerium für Soziale Sicherheit, Generationen und Konsumentenschutz: *Vaterentbehrung. Eine Literaturanalyse,* Wien, Klagenfurt 2003; Samuel J. Liebman, Steven C. Abell: »The forgotten parent no more: A psychoanalytic reconsideration of fatherhood«. In: *Psychoanalytic Psychology,* 17/1 (2000), S. 88–105; auch die Arbeiten von Wassilios E. Fthenakis, Beate Minsel: *Die Rolle des Vaters in der Familie,* Schriftenreihe des BMFSFJ, Bd. 213, Stuttgart 2002.

24 Vgl. Ursula Rabe-Kleberg: »Feminisierung der Erziehung. Chancen oder Gefahren für die Bildungsprozesse von Mädchen und Jungen?«, Expertise für: 12. Kinder- und Jugendbericht zum Thema »Bildung, Betreuung und Erziehung vor und neben der Schule«, 2005. Kritisch dazu Gerhard Amendt: »Über die These von der Verdammnis durch die Frauen«. In: *Das Parlament,* Nr. 46, 08.11.2004.

25 Diese Frage bezieht sich nur auf die erste Befragungswelle.

26 Eine systematische Darstellung ist dem Projektabschlussbericht zu entnehmen: www.igg.uni-bremen.de.

27 Durch welche unbewussten Mechanismen die eigenen Erkenntnisinteressen sabotiert werden können, beschrieb in einer epochalen ethnopsychoanalytischen Arbeit George Devereux: *Angst und Methode in den Verhaltenswissenschaften,* Frankfurt/M. 1984.

Ausnahmen sind im Bereich der Scheidungsforschung die bereits erwähnten Arbeiten von Wallerstein (Anm. 6 und 9), die sich als Psychotherapeutin Scheidungserfahrungen näherte; ebenso Helmuth Figdor: *Kinder aus geschiedenen Ehen: Zwischen Trauma und Hoffnung. Wie Kinder und Eltern die Trennung erleben*, Gießen 2004, und Françoise Dolto (Anm. 9).

28 Von der grundsätzlichen Kritik der dekontextualisierten Gewaltforschung sind vor allem Arbeiten ausgenommen wie jene von Straus, Hamby, Boney-McCoy, Sugarman: »The Revised Conflict Tactics Scales (CTS2). Development and Preliminary Psychometric Data«. In: *Journal of Family Issues*, 17/3 (1996), S. 283–316; sowie Straus, Hamby, Finkelhor, Moore, Runyan: »Identification of Child Maltreatment with the Parent-child Conflict Tactics Scales: Development and Psychometric Data for a National Sample of American Parents«. In: *Child Abuse and Neglect*, 22 (1998), S. 249–270. Siehe auch Richard B. Felson: »Violence and Gender Reexamined«. American Psychological Association, Washington DC 2002, der gängige Forschung replizierte, um in der Wiederholung unter gleichen methodischen Bedingungen den Wahrheitsgehalt von Gewaltstudien zu prüfen. Vielfach zeigte sich, dass deren Ergebnisse sich nicht bestätigen ließen. Sie waren eben falsch.

29 Siehe Details im Abschlussbericht Gerhard Amendt: Scheidungsväter 2005, Handgreiflichkeiten, S. 89–105 (Anm. 5).

30 Vgl. Linda Kelly: »Disabusing the Definition of Domestic Abuse: How Women Batter Men and the Role of the Feminist State«. In: *Florida State University Law Review*, 30 (2003), S. 791–855; Michael Bock: »Gewalt gegen Männer – ein vernachlässigtes Problem«. In: Birgitta Sticher-Gil (Hg.): *Gewalt gegen Männer im häuslichen Bereich – ein vernachlässigtes Problem!?* Dokumentation der Tagung vom 18. November 2002 in der Aula der Fachhochschule für Verwaltung und Rechtspflege Berlin.

31 Sogar das heute selbstverständliche Führen von Straßenbahnen durch Frauen war in meiner Kindheit mit körperlicher Anstrengung verbunden, weil die Feststellbremsen per Hand angezogen und beim Rangieren schwere Kupplungsstücke auf gleiche Höhe gehievt werden mussten. Es wäre interessant, die Integration von Frauen in die außerhäusliche Sphäre auch als Folge einer generellen technischen Erleichterung der Arbeit beziehungsweise der Befreiung von Muskeltätigkeit – sprich körperlicher Stärke – zu erforschen und nicht nur eine Folge verminderter »patriarchalischer Macht« oder Diskriminierung darin zu sehen.

32 Vgl. Philip G. Zimbardo: »A Situationist Perspective on the Psychology of Evil. Understanding How Good People Are Transformed into Perpetrators«. In: Arthur G. Miller (Ed.): *The Social Psychology of Good and Evil: Understanding our Capacity for Kindness and Cruelty*, New York 2004, insbesondere das »Stanford Prison Experiment« und die situative Befähigung zur Aggression.

33 Vgl. Jason Williams, Cara Kennedy, Sanford L. Braver und William A. Griffin: »Matched Reports of Domestic Violence Among the Recently Divorced«, Ariziona State University 2001, unveröffentlichtes Manuskript. Hier wurden beide Eheleute zu ihrer Sicht der Handgreiflichkeiten während der Trennungsphase befragt.

34 Es sei hier auf die Parallele zu Frauen hingewiesen, von denen viele über lange Zeit ihre eingeschränkte sexuelle Lustfähigkeit als ein von Mutter und Tanten vorgelebtes

Stück Natur übernommen haben und die sich in den sechziger Jahren trotz deren beispielhaft wirkender Verzichtsbereitschaft dagegen auflehnten. Ähnliches passiert heute in der Neuorientierung von Männern an Väterlichkeit.

35 Siehe Details im Abschlussbericht von Gerhard Amendt: Scheidungsväter 2005, Väterverein S. 151ff (Anm. 5).

36 Siehe vor allem Margarete Mitscherlich: *Die friedfertige Frau. Eine psychoanalytische Untersuchung zur Aggression der Geschlechter*, Frankfurt/M. 1978.

37 Hier geht es um die zweite Befragungswelle, an der 1.600 Männer teilnahmen.

38 Wenn wir die Partnerinnen unserer Interviewpartner befragt hätten (Kreuzbefragung), dann hätten sie ihr »eigenes« Bild gezeichnet. Allerdings wäre dieses Bild genauso affektgezeichnet wie das ihrer Partner. Was wäre also die Wahrheit der Szene? Um das zu wissen, müssten beide Beteiligte an der Handgreiflichkeit interviewt werden. In der Gewaltforschung ist das bislang nicht üblich. Die feministische Gewaltforschung wusste aufgrund der so genannten »Theorie vom Patriarchat«, dass Männer die Gewalttätigen sind. Es kam demnach nur noch auf die Quantifizierung männlicher Gewalt an. Frauen nach ihrer Handgreiflichkeit zu befragen, war nach dieser Ideologie über das Geschlechterverhältnis überflüssig. Ausnahmen waren die Arbeiten von: Ernest N. Jouriles, K.D. O'Leary: »Interpersonal Reliability of Reports of Marital Violence«. In: *Journal of Consulting and Clinical Psychology*, 53 (1985), S. 419–421; Maximiliane E. Szinovacz: »Using Couple Data as a Methodological Tool: The Case of Marital Violence.« In: *Journal of Marriage and the Family*, 45 (1983), S. 633–644; Williams u.a. (Anm. 33). Nach Gewaltepisoden in der Scheidung befragte Männer und Frauen geben jeweils gleichermaßen eine zwei- bis dreifach häufiger erlittene Gewalt (Viktimisierung) an, als Gewalt, die sie dem anderen zugefügt haben. Diese bemerkenswerterweise nicht veröffentlichte Studie stellte die gesamte Forschung der letzten 20 Jahre infrage, die aus einseitigen Befragungen – zumeist von Frauen – politische und soziale Forderungen oder Bilder einer allgemeinen männlichen Gewalttätigkeit ableitete.

39 Zu ähnlichen Ergebnissen kommen andere internationale Studien. Siehe Braver (Anm. 13, S. 134ff).

40 Siehe Details im Abschlussbericht von Gerhard Amendt: Scheidungsväter 2005, Professionelle Hilfe, S. 106ff (Anm. 5).

41 Kinder- und Jugendhilfegesetz (KJHG) § 17.

42 Ein Verzeichnis der Organisationen wie Vätervereine oder Väteraufbruch mit zahlreichen Hinweisen und Links zu unterschiedlichen Solidarorganisationen und konkreten Hilfen ist erreichbar über die Homepage: http://www.vafk.de/frankfurt/. Die Organisation verfügt über viele Landesverbände.

43 Siehe hierzu die ethnologische Studie von Maja Nadig: *Die verborgene Kultur der Frau. Ethnopsychoanalytische Gespräche mit Bäuerinnen in Mexiko*, Frankfurt/M. 1987.

44 Siehe Gerhard Stemberger für die psychotherapeutische Diagnostik: »Der Mensch soll als leibseelisches Ganzes in seinen sozialen Bezügen erfaßt werden und nicht als eine Ansammlung isolierter Defizite und Entgleisungen«. In: Bartuska, Buchsbaumer, Mehta, Pawlowsky, Wiesnagrotzki (Hg.): *Psychotherapeutische Diagnostik. Leitlinien für den neuen Standard*, Wien 2005, S. 106.

45 Vor allem Psychotherapeuten sind darin geschult, die Versuchung zur moralischen Identifizierung frühzeitig zu bemerken und sich dem Denken von Opfer und Täter zu entziehen.

46 In amerikanischen Western gestatten die Helden den Frauen sich auszutoben, solange die Tirade auf hammerartige Schläge auf die Brust beschränkt bleibt. Sich an die Männerbrust anlehnen oder hilflos und enttäuscht trommelnd an deren Stärke zu appellieren, damit sie weiterhin standhält und trotz Trommelfeuer nicht flüchtet, ist ein kulturell anerkanntes Modell für weibliche Handgreiflichkeit, die deshalb als erträglich galt, weil sie die hohen Erwartungshaltungen an die Männer nicht infrage stellte, sondern sie geradezu bestätigte. Sie ist keine narzisstische Kränkung, die das Arrangement der Geschlechter in Nevada oder Arizona infrage gestellt hätte. Ohrfeigen würden dieses Arrangement hingegen schon eher infrage gestellt haben, weil die Ohrfeige als für Kinder Bestimmtes etwas Demütigendes enthält. Der Ohrfeige fehlt im Gegensatz zum wütend-verzweifelten und zugleich appellierenden Brusttrommeln die Anerkennung der männlichen Stärke und abrufbarer Versorgung und des Schutzes. Das eine ist ohne das andere nicht zu verstehen.

47 Typisch für einen grundsätzlichen Mangel an psychodynamisch bestimmtem Verstehen von Zahlungsgebaren ist die Studie des Familienministeriums, die durchgeführt wurde von: Hans-Jürgen Andreß, Henning Lohmann: *Die wirtschaftlichen Folgen von Trennung und Scheidung*, Band 180 der Schriftenreihe des Bundesministeriums für Familie, Senioren, Frauen und Jugend, Stuttgart 2000.

48 Siehe Gerhard Amendt: Unterhalt (Anm. 35).

49 In diese Richtung geht Frank Schirrmacher: *Minimum. Vom Vergehen und Neuentstehen unserer Gemeinschaft*, München 2006.

50 Ursula von der Leyen: »Das Kindergeld ist unantastbar«. In: *Süddeutsche Zeitung*, 21. Februar 2006, S. 6.

51 So wird zum Beispiel die Aufhebung tradierter Väterlichkeitsformen gefordert und deren Ersetzung durch traditionelle Mütterlichkeit. Abgesehen davon, dass es auch diese nur in ungezählten individuellen Formen gibt, sollen Männer diese normierte Mütterlichkeit einfach nur kopieren, damit Väterlichkeit für Kinder wieder sinnvoll werden kann. Hierzu Ursula Rabe-Kleberg: »Feminisierung der Erziehung. Chancen oder Gefahren für die Bildungsprozesse von Mädchen und Jungen?«, Expertise für: 12. Kinder- und Jugendbericht zum Thema »Bildung, Betreuung und Erziehung vor und neben der Schule«, 2005.

52 Hans-Jürgen Andreß, Miriam Güllner: »Scheidung als Armutsrisiko«. In: Eva Barlösius, Wolfgang Ludwig-Mayerhofer (Hg.): *Die Armut der Gesellschaft*, Opladen 2001, S. 169–197. Dass die häufig unzureichenden Unterhaltszahlungen nicht nur dem Unwillen der Unterhaltspflichtigen, sondern auch ihren geringen Einkommen geschuldet sind, wird indirekt auch aus anderen Indikatoren deutlich. So zeigt die Untersuchung beispielsweise, dass Unterhaltsprobleme in Ostdeutschland sehr viel häufiger auftreten als in Westdeutschland, was sicherlich nicht damit zu tun hat, dass ostdeutsche Männer zahlungsunwilliger sind als westdeutsche, sondern dass sie durch die schlechtere wirtschaftliche Lage in Ostdeutschland ihren Zahlungspflichten besonders schwer nur nachkommen können.

53 Für die östlichen Bundesländer ging im vergleichbaren Zeitraum die Zahl von 78 auf 51 zurück. In: Bundesministerium für Familie, Senioren, Frauen und Jugend (Hg.): *Die Familie im Spiegel der amtlichen Statistik,* Bonn 1997 (Dezember).

54 Ira Daniel Turkat: »Divorce-Related Malicious Mother Syndrome«. In: *Journal of Family Violence,* 10/3 (1995), S. 253–264, und dies.: »Divorce-Related Malicious Parent Syndrome«. In: *Journal of Family Violence,* 14/1 (1999), S. 95–97.

55 Ein anderer Versuch, die Strategien der Entfremdung von Geschiedenen und ihren Kindern zu beschreiben und diagnostizierbar zu machen, wurde erstmals formuliert aus psychiatrischer Perspektive von Richard A. Gardener: *The Parental Alienation Syndrome and the Differentation Between Fabricated and Genuine Child Sex Abuse,* New Jersey 1987. In den USA spielt dieses diagnostische Verfahren eine anerkannte Rolle.

56 Gerhard Amendt: »Psychologische Grundtatbestände der elterlichen Trennung«, voraussichtlich 2007.

57 Vgl. Marquardt (Anm. 9).

58 Beispielhaft Carol Hagemann-White: »European Research on the Prevalence of Violence Against Women«. In: *Violence Against Women,* 7/7 (2001), S. 732–759. In diesem Text wird allerdings vieles unter der Hand widerrufen, was zuvor als wissenschaftlich verifizierte Wahrheit ausgegeben wurde und für die Beratung von Familienpolitik maßgeblich war.

59 Die Vorstellungen, die in Frauenhäusern und Selbsthilfegruppen die Arbeit strukturierten, waren in den meisten Fällen von einem beziehungslosen Verständnis von Handgreiflichkeiten bestimmt. Weil der Beziehungsaspekt in der Gewaltdebatte durch einen moralischen Affekt ersetzt worden war, der Frauen statt Heilung das Bewusstsein verordnete, ein Opfer zu sein, haben viele Frauenhausmitarbeiterinnen eine »neue« Therapierichtung entwickelt. Sie wird als »parteilich« bezeichnet – eine andere Beschreibung dafür, dass es keinen Beziehungsaspekt geben darf. Für Frauen mit Missbrauchserfahrungen war das eine Wiederholung ihrer ursprünglichen Erfahrung. Denn auch im Frauenhaus mussten sie »jemandem zu Willen sein« und durften sich nicht nach ihren eigenen Bedürfnissen verändern.

60 Über das Schweigen der Männer und der männlichen Wissenschaftler siehe Amendt (Anm. 2).